RUEDIGER DAHLKE
NICOLAUS KLEIN

DAS SENKRECHTE WELTBILD

SYMBOLISCHES DENKEN
IN ASTROLOGISCHEN URPRINZIPIEN

WILHELM HEYNE VERLAG
MÜNCHEN

HEYNE ESOTERISCHES WISSEN
Herausgegeben von Michael Görden
13/9574

14. Auflage

Copyright © 1986 by Heinrich Hugendubel Verlag, München
Genehmigte Taschenbuchausgabe
Printed in Germany 2001
Umschlaggestaltung: Atelier Adolf Bachmann, Reischach
Umschlagillustration: Dieter Bonhorst, München
Satz: KortSatz GmbH, München
Druck und Bindung: Ebner Ulm

ISBN 3-453-15282-4

Inhalt

Vorwort 10

Die Wiederentdeckung der alten Götter 14

**Die astrologischen Archetypen der
antiken Götterwelt** 57

Ares/Mars — das aggressive Urprinzip 59
Aphrodite/Venus — das ausgleichende Urprinzip 63
Hermes/Merkur — das vermittelnde Urprinzip 68
Der Mond — das widerspiegelnde Urprinzip 72
Die Sonne — das lebenspendende Urprinzip 78
Hades/Pluto — das zersetzende Urprinzip 82
Zeus/Jupiter — das entwickelnde Urprinzip 89
Kronos/Saturn — das einschränkende,
begrenzende Urprinzip 97
Uranos — das exzentrische, unstete Urprinzip 104
Poseidon/Neptun — das auflösende Urprinzip 111

Karikaturen der zwölf Tierkreiszeichen 122

Widder 125
Stier 129
Zwillinge 132
Krebs 135
Löwe 139
Jungfrau 143
Waage 147
Skorpion 151
Schütze 155
Steinbock 159
Wassermann 163
Fische 167

Die Steinbock-Analogiekette   172

Tabellarischer Teil   181

Technisch-astrologische Charakteristika   184
Farben — kabbalistische und indische Zuordnung   188
Farben   190
Form und Gestalt (Signatur)   191
Geruch   192
Geschmack   193
Materialien   194
Buchstaben und Laute   195
Landschaftsformen   196
Wetterentsprechungen   198

Allgemeine Zeichencharakteristik   200
Orte und Situationen   200
Wochentage   201

Zeichenentsprechungen in Ebenen des Mineralreiches   202
Mineralien   202
Schmuck und Edelsteine   204
Metalle   205

Zeichenentsprechungen in Ebenen des Pflanzenreiches   206
Pflanzen allgemein   206
Bäume und Obstbäume   208
Sträucher, Büsche   209
Gemüsearten, Gewürze   210
Heilpflanzen   212
(Schmuck-)Blumen   214
Obst/Früchte   215

Zeichenentsprechungen in Ebenen des Tierreiches   216
Tiere allgemein   216
Haustiere   218
Hunde   219
Vögel   220

Fische 221
Pferde 222
Insekten, Gliederfüßler 223

Zeichenentsprechungen in Ebenen des Menschenreiches bezogen auf das einzelne Individuum 224
Vornamen 225
Gestalt des Menschen 226
Denken/Fühlen/Handeln 228
Haus, Wohnung, Einrichtung 230
Normale Bekleidung – Herren 232
Elegante Bekleidung – Herren 234
Stoffe und Muster 236
Normale Bekleidung – Damen 237
Elegante Bekleidung – Damen 238
Speisen 240
Getränke 242
Meine Lieblingsmelodie 243
Berufe 244
Hobbys 246
Sportarten 248
Werkzeuge 250
Künstlerische Beschäftigungen 252
Erwachsenenspiele 254
Kinderspiele 255
Zeitschriften 256
Anspruchsvolle Literatur 258
Unterhaltungsliteratur 260
Urlaubsformen 262
Automarken 264
Musikinstrumente 266
Verkehrsmittel 267

Gemeinschaftsbezogen 268
Soziale Lebensformen 268
Philosophien 270
Rechtsgebiete 272
Religionen (nach äußerem Erscheinungsbild) 274

Länder — nach Mentalität 275
Länder — nach astrogeografischer Zuordnung 276
Städteaszendenten 277
Länder und Städte — nach astrologischer Überlieferung 278
Kunst- und Baustile 280
Tänze 281
Musikrichtungen 282
Stilrichtungen in der Malerei 284
Berühmte Gemälde 286
Schauspieler (nach Rollencharakteristik) 288
Berühmtheiten/Künstler (Sonnenstand) 290
Wissenschaftler, Philosophen, Lehrer 292
Politiker (nach Sonnenstand) 294

Analogien im Bereich der Medizin 296
Organe 296
Knochen des menschlichen Skeletts 298
Muskeln des menschlichen Körpers 300
Physiologisches Prinzip und Körperfunktionen 301
Konstitutionstypen 302
Krankheitsprinzipien 304
Krankheitsdispositionen 306
Therapieformen 308
Diäten (Ernährungsformen) 310
Homöopathische Mittel 312
Bach-Blütenmittel 314

Analogien im Bereich der Psychologie 315
Motto des Auftretens 315
Hauptmotivation/Lebenswunsch 316
Stimmungen 318
Angriffs- und Verteidigungsmechanismen 320
Sprechweise/Stimmlagen 322
Meditationsformen/esoterische Übungen und Wege 324
Archetypische Stimmungsbilder 326
Todesarten 328
Zentrale Lernaufgabe 330

Zeichenentsprechungen zu anderen Symbolsystemen 332
Tierkreis und I Ging 332
Sprichwörter 334
Engel 336
Apostel Christi 337
Biblische Geschichten der Tora (Bücher Mose) 338
Biblische Geschichten des Neuen Testaments 340
Tierkreis und Tarot 342

Sonderkapitel 343

Die Planeten der Urprinzipien 344
Planeten und Lebensphasen 348
Elementezuordnung (nach Dr. Folkert) 350
Tierkreis und Körperregionen 354
Planeten- und Körperfunktionen 360
Tierkreis und Physiognomie 360
Physiognomie des Kopfes (1) 362
Physiognomie des Kopfes (2) 364
Iris und Planetenprinzipien 367
Planetenentsprechungen in Händen und Füßen 370
Tierkreis und Zahlen 371
Planetenentsprechungen und Zahlen 374
Das Wesen der Zahl in grafischer Darstellung 377
Tierkreis und Kabbalah 379
Tierkreis und Chakren (A) 382
Tierkreis und Chakren (B) 384
Die klassischen sieben indischen Planetengottheiten 387
Die indischen Hauptgötter 389
Vishnus Inkarnationen (die Avatare) 392
Die indischen Tierkreiszeichen 395
Germanische Göttersymbolik 396
Tierkreis und Mythos 400
Tierkreis und Märchen 409

Schluß 425
Bibliographie 427
Kurzbiographie 428
Veröffentlichungen 429

Vorwort

Die Königin der Wissenschaften — so nannte man in früheren Zeiten einmal die Astrologie — und sie ist Königin geblieben, auch wenn sie nun schon etliche Zeit im Exil verbringen mußte. Die neuen, selbsternannten Könige haben große Angst vor ihrer Rückkehr und sparen deshalb nicht mit Beschimpfung, Fluch und Spott — doch auch solches Treiben ist letztlich nur Zeichen der Hochachtung und Verehrung, wenn auch in pervertierter Form; zeigt doch so viel Aggression etwas von der wahren Angst, die man vor der Königin Astrologie hat.

Zur Zeit wächst nun wieder die Zahl derer, die die Rückkehr der Astrologie aus dem Exil vorbereiten und — zum Glück — sind es zur Zeit nicht die ›Dummen im Lande‹, welche die Renaissance der Astrologie vorbereiten — ganz im Gegenteil, es sind die Mutigen, welche sich aus den Denkklischees unseres sich ›wissenschaftlich‹ nennenden Zeitalters befreien und es wagen, selbst zu denken. Jene Mutigen entdecken dann, daß der Astrologie zwar ein anderes Denksystem zugrunde liegt als der Wissenschaft, daß aber ›anderes Denken‹ nicht zwingend gleichzusetzen ist mit ›falschem Denken‹.

Alle Weltbilder sind Bilder von der Welt — also menschliche Versuche, die unfaßbare Wirklichkeit und Wahrheit gleichnishaft abzubilden. Für dieses Unternehmen gibt es viele Möglichkeiten. Sie sind alle legitim — solange man sich bewußt bleibt, daß das Bild eben nur ein Bild ist, das sich der Mensch in seiner — nicht zu vermeidenden — Subjektivität macht. Alles Sichtbare ist nur ein Gleichnis und jede Form drückt einen Inhalt aus. Ist man sich dessen bewußt, so werden die Bilder Brücken zur Wirklichkeit, sie werden zum Symbolon (griechisch: symballein = zusammenwerfen), das uns in Verbindung bringen kann mit dem, was uns zur Ganzheit fehlt: mit dem Numinosen, dem Metaphysischen, dem Wirklichen.

Doch unser wissenschaftliches Zeitalter ist krank, es ist unheil, da es zu glauben anfing, daß die Bilder, die man von der Welt entwarf, bereits die Wirklichkeit selbst sind. Die Wissenschaft blieb in den Formen stecken und erklärte sie zur Wirklichkeit. Man beraubte die Formen ihrer Bedeutung — und die Welt sank in die Bedeutungslosigkeit; Formen ohne Sinn sind sinnlos. Die formale, materielle Welt wurde zum Selbstzweck — man glaubt, ohne das Numinose, das Metaphysische, ohne das ›Göttliche‹ leben zu können. Hier liegt der Fehler: vegetieren vielleicht, leben nicht. Denn Leben bezieht seinen Wert aus dem Sinn — und dieser liegt außerhalb bloßer Formen, Funktionen oder Fortschrittsideologien.

Die Unmöglichkeit, den Menschen über funktionale (sprich: soziale) Maßnahmen zu erlösen, ist seit längerer Zeit sichtbar, auch wenn noch viele, ihrer Angst folgend, dieses brüchige Konzept lautstark der Menschheit weiterhin verkaufen wollen. Die Seelen sind hungrig, sie sehnen sich nach echten Bildern, die als Symbolon dienen können, um Welt und Leben wieder begreifen zu lernen. Da mögen die unverbesserlichen Rationalisten staunen und verzweifelt die Hände ringen. Es nützt nichts, das Pendel der Geistesgeschichte schlägt nun wieder in die andere Richtung aus — dem Gesetz des Wandels folgend. In dieser Entwicklung rehabilitiert man nun altehrwürdige Systeme, die unsere moderne Zeit in ihrer Arroganz so voreilig als abergläubischen Unfug wegwerfen zu müssen glaubte.

Die Astrologie ist eines dieser großartigen Systeme der Vergangenheit. Sie hat es nicht nötig, von der Wissenschaft ›anerkannt‹ zu werden, sondern kann dank ihrer Souveränität abwarten, bis die funktionalen Weltbilder abdanken. Unsere Welt und unsere Zeit braucht wenig so nötig wie die Astrologie — nicht, um die Zukunft zu prognostizieren, Unglück zu verhindern oder um Schicksal zu manipulieren, sondern sie braucht die Bilder und Symbole, um wieder mit der Wirklichkeit in Kontakt treten zu können. Die Astrologie ist die Lehre von den archetypischen Urprinzipien. Sie beschreibt — ähnlich dem chinesischen Weisheitsbuch I Ging — die wirkenden Seins-Prinzipien dieses Universums. Die Beschäftigung mit Astrologie lehrt, die Inhalte und Bedeutungen ›sehen‹ zu lernen, die an den Formen haften, selbst jedoch jenseits der Formen existieren. Astrologie läßt erkennen, wie sich die ›Wirklichkeiten‹ (Plato nennt sie die ›Ideen‹, Jung die ›Archetypen‹) in den Formen ausdrücken und auskristallisieren. Unter diesem Blickwinkel wird dann aber jede Form zum Ausdruck und damit Welt zum Gleichnis. Um den Weg von der Form zum Inhalt zu finden, müssen wir deuten – und nur dadurch wird dann Welt ›bedeutungs-voll‹, denn nicht gedeutete Welt bleibt bedeutungslos.

Eine solche Begegnung mit der Welt setzt aber ein anderes ›Sehen‹ voraus, als wir es gewöhnlich gelernt haben. Das Sehen muß zum Betrachten werden im wörtlichen Sinn – denn betrachten heißt: trächtig machen. Diese andere Art des Sehens und des Denkens nennen wir auch das ›senkrechte Denken‹, denn es folgt dem Gesetz der Analogie. Analogie beschreibt einen nicht-kausalen Zusammenhang, einen Zusammenhang, der nicht dem linearen Wirkprinzip von Ursache und Wirkung folgt, sondern der eine ›Immer-wenn-dann‹-Beziehung formuliert, die man auch Synchronizität (C.G. Jung) nennen kann. Wissenschaftliches Denken ist linear-kausal und bewegt sich dadurch nur innerhalb von definierten Ebenen oder Schichten der formalen Realität – deshalb sprechen wir hier vom ›waagrechten Denken‹. Das senkrechte Denken der Analogie steht diesem Denken polar gegenüber – es ist für unsere Zeit ungewohnt, wir müssen es erst wieder neu verstehen und lernen.

Das vorliegende Buch entstand aufgrund sehr vieler Fragen von Schülern, die wir in unseren Seminaren mit dem Konzept des senkrechten Denkens bekannt gemacht haben. Alle, die einmal das Konzept und die praktische Tragweite des analogen Denkens begriffen hatten, suchten nun nach einem Lehrbuch bzw. Nachschlagewerk über Analogieketten, um sich durch ein solches Hilfsmittel schulen zu können. Trotz der ursprünglichen Bedenken, ob ein solches Nachschlagewerk nicht auch von gedankenlosen Benützern mißbraucht und mißverstanden werden könnte, haben Nicolaus Klein und Dr. Rüdiger Dahlke nun ein Buch entstehen lassen, das an Umfang und Stoffülle die anfänglichen Erwartungen an ein solches Nachschlagewerk weit übertrifft. Aus dem Nachschlagewerk ist ein Lehrbuch für neues Sehenlernen geworden. Um die gebotene Stoffülle wirklich ganz auszuschöpfen, muß allerdings der Leser selbst einigen Fleiß investieren, denn dieses Buch ist bestimmt keine Nachttischlektüre.

Vielmehr halten Sie ein Buch in der Hand, mit dem man viele Jahre lang wirklich arbeiten kann – und das unabhängig davon, ob der Leser nun Astrologe ist oder nicht. Garniert wird diese anspruchsvolle Kost durch den Humor, mit dem die Autoren den Urprinzipien unserer Welt nachspüren.

Ich freue mich sehr, daß dieses schon längst fällige Buch in die Manifestation getreten ist. Ich danke den Autoren für dieses Werk und wünsche ihm, daß es möglichst vielen Menschen das offenbaren wird, was in ihm steckt. Die Zeit ist reif.

München, Januar 1986   Thorwald Dethlefsen

Die Wiederentdeckung der alten Götter

Ein Anstoß zum Umdenken

Wir wissen heute unendlich viel mehr als jemals in geschichtlichen Zeiten; sind wir doch vor allem im letzten Jahrhundert über alle Maßen geschickt darin gewesen, der Natur ihre Geheimnisse zu entreißen. Um nicht in diesem noch stetig anwachsenden Wissenswald verlorenzugehen, wurde bereits begonnen, die unüberschaubaren Daten und Informationen aus den herkömmlichen Bibliotheken in Mikrofilmarchive und Computerzentren zu überführen. Mit Stolz und Zufriedenheit können wir feststellen, daß aus den zarten Wissenspflänzchen, die sich zu Beginn des Jahrtausends in einigen wenigen Klöstern verborgen hielten, ein stattlicher Wald geworden ist.

Diese immense Wissensansammlung ermöglicht uns ein immer bequemeres, praktischeres und effizienteres Leben. Erstaunlich bleibt allerdings angesichts dieser Entwicklung, daß wir so wenig zufrieden und glücklich sind, ja, es scheinen sich im Gegenteil immer mehr Menschen inmitten des Wissenswaldes regelrecht unwohl zu fühlen. In der Tat hat unsere Situation etwas Gespenstisches: Kein einzelner ist heute mehr in der Lage, alle Wissenszweige des weiten Waldes zu überblicken, geschweige denn, zu beherrschen. Ja, man könnte meinen, das Wissen habe begonnen, uns zu beherrschen. Dem schwer durchschaubaren, computergesteuerten Datendschungel steht der einzelne Mensch hilflos gegenüber.

Inzwischen möchte er sich und seine Daten sogar geschützt wissen vor einer Gesellschaft, die beinahe alles weiß, sieht und kann. Schon gibt es in Industrie und Politik wieder Kuriere, die Wissen und Information in althergebrachter Weise in Köfferchen transportieren, um vor elektronischen Lauschangriffen sicher zu sein. Eindrücklicher noch sind Versuche einzelner Menschen, dem modernen Wissensdschungel gänzlich zu entfliehen durch Rückzug in entlegene Landkommunen oder ferne Kulturen, die die Informationsflut noch nicht erreicht hat. Die Wissenschaften und in ihrem Gefolge die Technik haben uns ohne Zweifel weit gebracht, und tatsächlich helfen sie uns immer noch ganz beträchtlich, nur machen sie uns in ihrer Übermacht auch hilflos. Es bleibt die Frage, ob daran das Wissen schuld ist und es sich wirklich lohnt, dem Wissenswald ein für allemal den Rücken zu kehren.

Bis vor kurzer Zeit hat es kaum Kritik am Wissenszuwachs gegeben. Wir können endlos in der Geschichte zurückgehen und treffen immer nur auf Vorfahren, die ganz begierig auf mehr Wissen und Einsicht in die Gesetze der Natur waren. Der Überdruß an neuen Entdeckungen und dem Fortschritt im allgemeinen ist ein neues Phänomen. Natürlich kann man sagen, die Alten hatten es auch viel leichter, gab es doch noch nie so eine ausufernde Flut an Wissen und Neuerungen wie heute. Das ist zweifellos richtig, doch unsere frühen Vorfahren hatten es noch in anderer Hinsicht leichter, verfügten sie doch über ein Denksystem, das den Umgang mit den Erscheinungen der Welt sehr erleichterte und unserem heutigen modernen Denken gerade entgegengesetzt war. Schauen wir uns einfach einmal an, wie sie wohl einer so schwierigen Situation wie unserer heutigen begegnet wären.

Möglicherweise hätten sie versucht, den Willen der Götter zu erforschen und zu diesem Zweck ein Orakel befragt oder den Sternenhimmel oder sie hätten den Vogelflug beobachtet oder ihre Schlüsse aus dem Gedärm der Opfertiere gezogen.

All das empfinden wir heute als höchst irrational, und das ist es natürlich auch – aber vielleicht liegt gerade darin eine Lösungsmöglichkeit und Hoffnung für uns, die wir so über alle Maßen vernünftig geworden sind. Wir treffen hier tatsächlich auf eine andere Art zu denken. Wenn wir all die oben erwähnten Lösungsvorschläge der Alten zusammen betrachten, finden wir dahinter sicher nicht unser vertrautes kausales Denken, aber auch nicht blinden Aberglauben, wie es vielleicht auf den ersten Blick scheinen mag. Vielmehr begegnen wir hier einem qualitativ wirklich neuen bzw. eigentlich alten Denken, das seinerseits bestimmten Gesetzen gehorcht und nicht völlig unerklärlich, irrational und unnachvollziehbar bleiben muß. Es handelt sich um analoges, senkrechtes Denken. Was sich dahinter verbirgt, wollen wir nun eingehender betrachten. Eine ausführliche Einführung in diese Denkart findet sich bei Thorwald Dethlefsen in dem Buch ›Schicksal als Chance‹*. Der Autor beginnt mit zwei Begriffsketten, deren gemeinsame Grundidee es herauszufinden gilt. Die erste Kette lautet: Hund, Vogel, Ameise, Krokodil, Bär, Elefant, Fisch. Die zweite Kette beinhaltet: Blei, Steinbock, Zähne, Efeu, Klosterzelle, Schwarz, Bergarbeiter. Die Gemeinsamkeit der ersten Kette fällt uns sogleich ins Auge, denn natürlich handelt es sich ausnahmslos um Tiere. Bei der zweiten Kette aber ist die zugrunde liegende Idee weniger offen-sichtlich. Das liegt aber nur daran, daß wir senkrechtes Denken nicht gewohnt sind. Hinter der zweiten Kette steht nämlich ein gemeinsames Urprinzip. Nun haben wir heute wenig Zugang zu solchen Urprinzipien – erschließen sie sich uns doch nicht durch kausales Denken mit der Standardfrage ›warum?‹. Außer in bestimmten Richtungen der Psychologie, wie etwa der Jungschen Archetypenlehre spielen die Urprinzipien in unserem heutigen Wissen keine Rolle. Ganz anders im Unbewußten, wo sich vieles, um nicht zu sagen alles, um sie dreht. Trotz solcher Erläuterungen mag die Lösung für unsere zweite Begriffskette noch immer nicht auftauchen, so sehr sind wir dem horizontalen Denken unserer Zeit verhaftet. Ein Bild mag Licht in das Dunkel bringen.

Stellen wir uns den Wissenswald aus lauter geraden, hohen Fichten vor. Dieser Wald nun möge das gesamte Wissen unserer Zeit darstellen. Betrachten wir den Wald von oben, so haben wir ein grünes Meer vor uns, das ausschließlich aus Ästen besteht, die die Stämme vollständig verdecken. Die verschiedenen Ebenen der horizontal wachsenden Zweige mögen die vielen Zweige

---

* Thorwald Dethlefsen, Schicksal als Chance, Bertelsmann 1979 oder Goldmann TB.

der Wissenschaft darstellen. Manche liegen oberflächlicher, andere tiefer, aber sie wachsen alle waagerecht. Es gibt ihrer unübersehbar viele, und sie sind unendlich entfaltet und differenziert bis in die feinsten Nadeln. Solange wir den Wald von oben betrachten, haben wir auch nicht das geringste Gefühl, daß uns etwas fehlt, im Gegenteil, wir haben gut zu tun, all die Zweige und Ebenen zu erforschen, und hin und wieder wird sogar in der Tiefe noch ein ganz neuer ›Zweig‹, eine neue Ebene, entdeckt und sogleich auch erforscht. Wenn wir uns nun jenem Wissenszweig zuwenden, der unsere erste Begriffskette umfaßt, so finden wir in dieser Ebene lauter Äste, die die Namen von Tieren tragen, die ganze Etage aber führt die Bezeichnung ›Zoologie‹. Suchen wir dagegen die Begriffe unserer zweiten Kette, so finden wir sie in allen Ebenen verstreut und dazu noch über- und untereinander. Die Lage wird sofort klarer, wenn wir in den Wald hineingehen und dabei eine neue Sicht entdecken: die Welt der

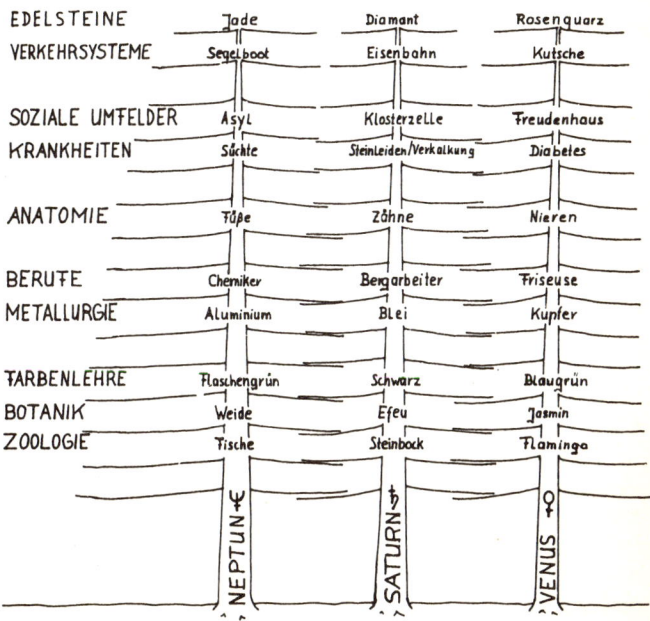

Stämme. Da gibt es nun einen Stamm, der all jene Begriffe aus unserer zweiten Kette verbindet. Er ist sogar von hier sehr leicht zu finden: Wir brauchen nur den einen Begriff aus dem Tierreich, nämlich ›Steinbock‹ in der schon bekannten Ebene ›Zoologie‹ zu suchen, und in einer senkrechten Kette, d. h. am selben Stamm, finden wir darüber und darunter auch all die anderen Begriffe der zweiten Kette. Den Begriff ›Efeu‹ z. B. entdecken wir ein bißchen höher in jener waagerechten Ebene, die sich ›Botanik‹ nennt, ›Blei‹ auf der Ebene ›Metallurgie‹, ›Klosterzelle‹ auf der horizontalen Ebene ›soziale Umfelder‹, ›Schwarz‹ bei ›Farbenlehre‹ usw. Auf dem Stamm unseres Baumes aber steht: ›Saturnprinzip‹.

Weiter können wir von hier aus entdecken, daß dieses Prinzip auf jeder der waagerechten Ebenen einen Repräsentanten hat; schließlich handelt es sich ja um ein Urprinzip. So könnten wir unsere senkrechte Begriffsreihe noch beliebig erweitern. Auf der horizontalen Ebene, die den Namen ›Verkehrssysteme‹ trägt, steht etwa beim Urprinzip ›Saturn‹ der Begriff ›Eisenbahn‹, und auf einer anderen waagerechten Ebene, der der Krankheiten, finden wir dort die Begriffe ›Verkalkung‹ und ›Steinleiden‹. Falls sich auf irgendeiner Horizontalebene kein Begriff für unser Urprinzip findet, so kann das nur heißen, daß er noch nicht entdeckt ist, denn natürlich schneidet unsere Senkrechte (unser Urprinzipien-Stamm) diese Ebene, genau wie auch alle anderen. Ein Blick auf andere Stämme in unserem Wissenswald zeigt noch weitere Urprinzipien (senkrechte Ketten), etwa das ›Venus-Prinzip‹ oder das ›Neptun-Prinzip‹. Im Wald dieser Urprinzipien stehend, ist es nun nicht mehr schwer, so verschiedenartige Begriffe wie: Fische, Rauschgift, Füße, Flaschengrün, Suchterkrankungen, Chemiker, Räucherstäbchen unter einen Hut bzw. Stamm zu bringen. Wir brauchen nur den betreffenden Baum zu suchen und finden das Urprinzip ›Neptun‹.

Der Wissenswald und die in ihm verborgene Ordnung wird unser Thema bleiben, vorerst genügt es aber zu erkennen, daß es neben der üblichen Einteilung des Wissens in waagerechte Ebenen noch eine zusätzliche in senkrechte Ebenen gibt. Die Frage nach dem Sinn dieser ›neuen‹ Einteilung wollen wir noch etwas zurückstellen und im Augenblick offenlassen, selbst wenn unser gewohntes kausales Denken bereits jetzt ablehnend reagieren sollte. Das wäre nicht erstaunlich, denn seine Vorgehensweise ist ausschließlich horizontal und damit wissenschaftlich. Das senkrechte Denken dagegen findet sich vor allem in der Esoterik, und wir sind nicht zufällig über das Orakel und die Astrologie der Alten auf diese Spur gestoßen. Esoterisches Wissen unterscheidet sich nicht nur, aber auch dadurch vom wissenschaftlichen, daß es sehr alt ist. Den vielleicht charakteristischsten Unterschied können wir wiederum im Bild des Wissenswaldes entdecken. Die Ebenen der Äste und Stämme stehen senkrecht aufeinander und haben damit zwar Schnittpunkte, aber keinerlei Berührungsflächen. Daher ist es durchaus verständlich, daß Wissenschaftler und Esoteriker immer wieder total aneinander vorbeireden, solange sie ihren jeweiligen Standpunkt zum einzig wahren erklären. Insofern brauchen wir für unseren Versuch der Annäherung an das senkrechte Denken der Alten eine gehörige Portion Offenheit.

Starres Beharren auf einem der beiden Weltbilder verhindert die Möglichkeit des Umdenkens, wohingegen Offenheit für die andere Position viel Bewegung in unser Denksystem bringen kann. Wie schon anfangs betont, können wir durchaus stolz auf die Ergebnisse unseres (waagerechten) Vernunftdenkens sein, andererseits gibt es wenig Veranlassung, diesen Stolz zu übertreiben. Zwar hat uns dieses Denken sehr viel Fortschritt gebracht, es fragt sich nur wohin. Denn Fortschritt hat ja kein erreichbares Ziel, außer eben immer wieder neuen Fortschritt. Die Jagd nach immer mehr Fortschritt aber erfüllt immer mehr Menschen mit immer mehr Unbehagen. Dabei hatte alles so gut begonnen auf der (wissenschaftlichen) Suche nach der Wahrheit. Seit aber die Wissenschaft immer schneller immer neuere Wahrheiten zu Tage fördert, hat mit deren Lebensdauer auch die Freude an ihnen nachgelassen. Die Physik als fortgeschrittenste Einzelwissenschaft fördert inzwischen sogar paradoxe Wahrheiten ans Tageslicht, die für unser Vernunftdenken wenigstens so schwer verdaulich sind wie das Analogiedenken der Alten (etwa die Wellen-Korpuskel-Doppelnatur des Lichtes). Die Physik hat uns offensichtlich an eine Grenze gebracht, und diese Grenze könnte sehr wohl die des vernunftgeprägten (waagerechten) Denkens der linken Gehirnhälfte sein. Auch in anderen konkreten Problembereichen unseres Lebens, wie etwa der Umweltsituation, scheint es mit diesem Denken nicht recht weiterzugehen. Auf die drängendsten Fragen unserer Zeit liefert es immer wieder nur dieselbe Antwort: »Noch mehr vom selben!« Noch mehr Technik gegen die schädlichen Auswirkungen der Technik, noch mehr Chemie gegen die Schäden der Chemie, letztlich noch mehr linkshemisphärisches Denken, um mit den Problemen fertig zu werden, die uns aus dem linkshemisphärischen Denken erwachsen sind. Daß dieses System kurzfristig nur schlecht, langfristig überhaupt nicht mehr funktioniert, können viele Menschen inzwischen in ihrem eigenen Körper nachvollziehen. Die ursprünglich so überzeugende Gleichung: »Für mehr Symptome immer mehr Medikamente!« geht nicht auf, und das ist nicht nur im eigenen Körper so, sondern immer deutlicher auch in dem der Gesellschaft und sogar dem unserer Erde. Jene tiefe Kluft, die unsere Welt heute teilt, von Politikern als Nord-Süd-Gefälle umschrieben, ist zuerst und vor allem eine Kluft des Denkens, denn in all den reichen, mächtigen Ländern herrscht das linkshemisphärische Denken vor, während die armen Länder häufig hilflos zwischen dem ganzheitlich intuitiven (rechtshemisphärischen) Denken ihrer Tradition und dem importierten Vernunftdenken hin- und herschwanken. Während die Reichen an Überfluß und Abgasen zu ersticken drohen, verhungern die Armen. Diese Kluft des Denkens hat aber nicht nur die Welt geteilt, sie spaltet auch die einzelnen Menschen. In unserer vernunftbeherrschten Atmosphäre ist der ganzheitlich-gefühlsbetonte Gegenpol so lange verdrängt worden, daß er sich zunehmend in Fehlleistungen und Krankheiten Luft machen muß. Dem linken, rationalen Denken, das dem männlichen Prinzip des Herrschens verpflichtet ist, fehlt als Ausgleich jenes ganzheitlich-intuitive, dem weiblichen, empfangenden Prinzip verbundene Denken der rechten Gehirnhälfte. Diese verlorengegangene Verbindung zwischen Gefühl und Vernunft ist hinlänglich bekannt und inzwischen ein breites Thema; über das unterschiedliche Denken der beiden ›Gehirne‹ wird sogar heftig geforscht. Das Problem dabei ist nur, daß sich das rechtsseitige, intuitive, dem weiblichen Prinzip verbundene Denken nicht herbeibringen, -reden oder gar -zwingen läßt. Da ist nichts zu ›machen‹ und wenig zu erreichen. Es läßt sich nicht ›in den Griff bekommen‹, nicht produzieren und schon gar nicht kaufen. All diese Begriffe stammen aus dem Repertoire des anderen (linken) Gehirns. Intuitives, rechtshemisphärisches Denken kann bestenfalls unter günstigen Umständen wachsen. Es ist schon schwer genug, dieses Denken mit unserer logischen (von der linken Hemisphäre geprägten) Sprache zu beschreiben. Viel geeigneter wären künstlerische Ausdrucksformen. Tatsächlich schaffen Künstler oft aus der rechten Gehirnhälfte. Ihnen geht es offensichtlich mehr um ganzheitliches, intuitives Erfassen der Wirklichkeit als darum, einen Sachverhalt möglichst vernünftig, funktional und kostensparend auszudrücken. Mit dieser Haltung sind die Künstler aber auch zu den Indianern unserer Industriegesellschaften geworden: Sie leben in ihren Reservaten unter sich, und sie werden geduldet, verstanden aber werden sie nicht. So kommt es, daß auch die Kunst die Kluft zwischen den beiden Denksystemen (und damit Gehirnhälften) nicht mehr schließen kann.

Die Möglichkeit, eine Brücke über den Abgrund zu schlagen, liegt unserer Meinung nach im senkrechten Denken, das zwar anfangs auch vom Verstand gesteuert ist, aber sehr bald zum ganzheitlichen Erkennen von Bildern, Symbolen und Mustern führt und so die Möglichkeit bietet, eine Verbindung zwischen dem ur-teilenden Denken der linken Gehirnhälfte und dem verbindenden der rechten herzustellen. Unter diesem Blickwinkel mag es sich lohnen, das senkrechte Weltbild der Alten und sein Urprinzipiendenken einer eingehenden Prüfung zu unterziehen.

Falls die Urprinzipien tatsächlich verläßlich sein sollen, müßten sie unveränderlich sein. Umgekehrt würde folgen, daß, falls sie sich theoretisch doch einmal ändern sollten, auch alle ihre Repräsentanten in den waagerechten Ebenen der Wirklichkeit sich mit ändern müßten. Jedem Urprinzip sollte auf jeder waagerechten Ebene wenigstens ein Repräsentant zukommen, und umgekehrt müßte sich jeder Repräsentant der Wirklichkeit, der ja auf irgendeiner Waagerechten liegen muß, auch einem senkrechten Urprinzip unterordnen lassen. Wenn wir uns also die waagerechte Ebene im Pflanzenbereich vornehmen, werden wir für jedes Urprinzip wenigstens eine Pflanze finden. Aus der Beziehung dieser Pflanzen zueinander sollten wir nun auch etwas über die Beziehung der entsprechenden Urprinzipien zueinander aussagen können. Das gleiche müßte für die waagerechte Ebene der Berufe gelten: Für jedes Urprinzip finden wir in dieser Ebene wenigstens einen typischen Beruf. Wenn wir nun Menschen mit diesen Berufen an einem Ort zusammenbringen würden, müßten wir aus ihrem Zusammenwirken auf das Zusammenwirken der durch sie repräsentierten Urprinzipien schließen können, wie auch auf das Zusammenwirken entsprechender Repräsentanten auf irgendeiner anderen konkreten Ebene. Hier sind wir nun beim analogen oder senkrechten Entsprechungsdenken angekommen. Wir schließen von einer Ebene auf irgendeine andere, und dabei ist es im Prinzip egal, ob wir als Urprinzipienrepräsentanten die entsprechenden Pflanzen in einem Garten, die Fische eines Aquariums, die Tiere eines Zoos oder die entsprechenden Sterne des Himmels wählen. Wenn die Grundvoraussetzungen, d. h. die Urprinzipien stimmig sind, muß es mit dem Analogiedenken theoretisch möglich sein, aus der Beobachtung der Fische im Aquarium auf die Pflanzen des Gartens zu schließen, von denen auf das Verhalten entsprechender Menschen, von denen auf das Verhalten der Tiere im Zoo und umgekehrt und schließlich von dem Verhalten der Sterne am Himmel auf all die übrigen Ebenen und umgekehrt. Hierbei handelt es sich offensichtlich um eine Art des Denkens, und diese Art ist zweifelsfrei nicht kausal.

Wenn wir in unserem Beobachtungszoo erleben, wie der Tiger den Steinbock reißt, können wir daraus schließen, daß zugleich in unserem Garten die Brennesseln den Efeu überwuchern werden und irgendwo Soldaten alte Leute umbringen könnten, und zwar, weil Tiger, Brennessel und Soldat auf der einen Seite, Steinbock, Efeu, alte Leute auf der anderen jeweils einem Stamm oder Urprinzip zugeordnet werden können. Das Gemeinsame, in der Analogie Verbindende von Tiger, Brennessel, Soldat, könnte man etwa im Prinzip der Schärfe, Aggression (Mars) sehen, dem man auch die Farbe Rot zuordnet. Dagegen entsprechen Steinbock, Efeu, alte Leute einander durch das verbindende Prinzip der Kargheit (Saturn). Wir würden nun sicher nicht sagen: Weil der Soldat den Greis erschlagen hat, mußten die Brennesseln den

Efeu überwuchern. Der Zusammenhang ist offensichtlich kein kausaler, sondern das Gemeinsame ist die Parallelität oder Synchronizität der Ereignisse – Begriffe, die wichtig für das senkrechte Denken sind und oft fälschlich mit Kausalität verwechselt werden.

Unser obiges Beispiel von Steinbock, Tiger, Greis und Soldat ist einfach zu abwegig, als daß es uns Schwierigkeiten machen könnte. Aber es gibt genug Situationen, wo wir eine Kausalität unterstellen, die völlig irreal ist, einfach weil wir kein anderes Denkmodell haben. Nehmen wir ein Alltagsbeispiel: Seit Jahren kommt jeden Abend um 20.00 Uhr im Fernsehen die Tagesschau. Folglich bürgert sich ganz von selbst ein ›Kausalzusammenhang‹ ein, der ganz abwegig ist. Weder kommt die Tagesschau, weil es 20.00 Uhr ist, noch ist es 20.00 Uhr, weil die Tagesschau gerade kommt. Hier handelt es sich eindeutig um Synchronizität, obwohl wir es häufig anders sehen und ständig anders sagen. Dieses Beispiel mag banal klingen. Es gibt aber durchaus Fälle, wo wir uns durch die Beschränkung auf das Kausalitätsdenken den Blick auf die Wirklichkeit gründlich verstellen. Unsere Medizin etwa wird von der einen Frage beherrscht: Warum wird der Mensch krank? – Und alles forscht nach den ›Ursachen‹. Folgerichtig hat man alle an Lungenentzündung Erkrankten gründlich untersucht und bei allen auch entsprechende Bakterien, die dann Pneumokokken genannt wurden, gefunden. Nur, was man lange übersah, war, daß die meisten Menschen diese Bakterien in ihrer Lunge beherbergen, ohne *deswegen* Lungenentzündung zu bekommen. Auch in diesem Fall handelt es sich wohl eher um Synchronizität als um Kausalität. Die Kette dieser Beispiele läßt sich noch lange und bis zur Absurdität fortsetzen. Das einpolige kausale Denken spielt uns oft üble Streiche. So ist etwa die Behauptung, Heroinabhängige seien süchtig geworden, weil sie schon früher mit Marihuana angefangen hätten, eine echte Stilblüte unseres kausalen Denkens, denn dann müßte ja auch der Satz: »Muttermilch ist die gefährlichste Einstiegsdroge überhaupt, *weil* mit ihr alle Suchtleiden beginnen«, eine wissenschaftliche Offenbarung sein.

Wir wollen nun noch einmal zum senkrechten Denken und den Analogieschlüssen der Alten zurückkehren. Obwohl es zwar theoretisch möglich sein muß, von *allen möglichen* Beobachtungsebenen, etwa dem Vogelflug, der Eingeweideschau, dem Kartenorakel, auf alle möglichen Parallelebenen zu schließen, sind diese Verfahren in der Praxis höchst umständlich und unzuverlässig. Im Laufe der Menschheitsgeschichte sind zwar sehr viele verschiedene Methoden ausprobiert worden, jedoch hat sich die Beobachtung der Himmelsebene am praktikabelsten erwiesen und so die Astrologie zum gängigsten System der Urprinzipiendeutung werden lassen.

Da es uns um ein neues Denkmodell geht, sollten wir uns hüten, der Astrologie von vornherein mit vorgefaßten Meinungen zu begegnen, immerhin ist sie wenigstens so alt wie ihre Schwester, die Astronomie, auf die wir uns heute so viel zugute halten. Unsere Vorfahren haben sich sogar hauptsächlich als Astrologen für Astronomie interessiert. Zumindest sollten wir feststellen, daß all die großen frühen Astronomen, wie etwa Johannes Kepler, die die Wissenschaft der Astronomie heute stolz zu ihren Gründungsvätern rechnet, vor allem Astrologen waren. Mit der Erwähnung dieses großen Namens kann es nicht darum gehen, die Stimmigkeit der Astrologie zu belegen, sondern nur jene Offenheit zu schaffen, die für ein vorurteilsfreies und neues Betrachten notwendig ist. Vielleicht haben wir es uns einfach zu leicht gemacht, wenn wir, ähnlich wie es die Chemie mit ihren alchemistischen Vorläufern getan hat, die eine Hälfte des Wissens hochloben und die andere in Bausch und Bogen als Aberglauben verdammen.

Der Sternenhimmel eignet sich deshalb so gut als Abbildungssystem der Wirklichkeit, weil er leicht beobachtbar ist und die Bewegungen der Planeten sich beliebig lange voraus und auch zurückberechnen lassen. Als eine waagerechte Ebene unserer Wirklichkeit muß der Himmel genauso geeignet sein zur Auffindung von Urprinzipienrepräsentanten wie jede andere irdische Ebene. Und in der Tat ließen sich auch entsprechende Planeten ausmachen.

Bevor wir uns den Bezeichnungen der einzelnen Prinzipien und der sie repräsentierenden Himmelskörper zuwenden, wollen wir vorher noch ein Hauptvorurteil gegen die Astrologie betrachten. Astrologiegegner wehren sich vor allem gegen die Vorstellung, die Himmelskörper hätten Einfluß auf uns Menschen. Es sollte jetzt schon deutlich geworden sein, daß dieser Vorwurf an der esoterischen Astrologie vorbeigeht, ja, sie ist sogar derselben Meinung. Schon weil es keine Kausalität in dieser Beziehung gibt, kann es keinen Einfluß der Sterne auf uns geben. Es handelt sich vielmehr um ein synchrones Geschehen. Natürlich ist niemand krank, *weil* der Saturn..., sondern: Der Saturn zieht seine Bahn am Himmel, *und* jemand ist krank hier auf der Erde.

Beide Beobachtungen stehen *nebeneinander* ohne *weil;* ein *während*, das die Gleichzeitigkeit ausdrückt, würde dazwischen passen. Andererseits stehen die beiden Beobachtungen auch nicht zufällig nebeneinander, wie am Bild des Wissenswaldes klargeworden sein mag. Sie ›fallen‹ vielmehr gesetzmäßig ›zu‹-sammen.

Einer der grundlegendsten Sätze der Esoterik lautet: Wie oben – so unten. Dieser Satz bringt das senkrechte, analoge Denken auf die kürzeste Formel. Es heißt nicht etwa: ›Weil oben – deshalb auch unten‹, sondern schlicht ›wie oben – so unten‹. Oben und unten sind analog, und so ist die Astrologie eine Art Meßinstrument des Oben und zeigt uns damit über die Analogie auch das Unten an. Wie jedes Meßinstrument *verursacht* sie natürlich nicht, was sie anzeigt. Wer würde schon behaupten, die Leeranzeige der Tankuhr verursache die Leere im Tank. Andererseits ist aber die Tankuhr auch nicht zufällig immer gerade auf Null, wenn der Tank leer ist. Wir haben es auch hier wieder mit Synchronizität anstelle von Kausalität zu tun.

Nun wollen wir uns noch mit der zentralen Frage beschäftigen, wie sinnvoll das senkrechte Denken in Theorie und Praxis für uns sein kann, und vor allem, ob es überhaupt stimmige Ergebnisse liefert, wo es doch offensichtlich außerhalb der Esoterik keine Rolle spielt.

Ein wohl ziemlich bekanntes und einfaches Beispiel aus dem medizinischen Bereich liefern uns die Raucher, und vor allem jene Raucher, die schon einmal versucht haben, diese Angewohnheit loszuwerden. Von ihnen kann man nicht selten hören, daß das Rauchen sie schlank halte, denn als sie es aufgaben, hätten sie rapide zugenommen. Die Beobachtung ist genauso richtig, wie der Kausalzusammenhang falsch ist. Es gibt auch nicht den geringsten physiologischen Grund, warum das Rauchen schlank machen sollte. Aber hinter Rauchen, Trinken und Essen steckt dieselbe orale Befriedigung (oder das Venus-Prinzip). Und so wird einfach die Ebene verschoben. Es wird gegessen, anstelle zu rauchen: Das zugrunde liegende Prinzip aber wird weiter erfüllt. Genausogut könnten die Betreffenden auch das Rauchen durch Daumenlutschen oder Küssen ersetzen, denn solange das Prinzip erfüllt bleibt, sind die Ebenen durchaus austauschbar. Ein etwas komplizierteres Beispiel können wir im Bereich der Suchtbehandlung in der Psychiatrie erleben. Im Kampf gegen die Drogensucht haben Psychiater inzwischen vielfältige Erfahrungen mit dem Thema ›Drogen‹ gemacht und das Umfeld der Sucht ausgiebig durchleuchtet: So fanden sie etwa, daß Süchtige fast immer die Suchtmittel wahllos austauschen, wenn sie nicht genug von ›ihrer‹ Droge bekommen, d. h., sie neigen dann auch dazu, alle möglichen Tabletten und Aufputschmittel zu schlukken, an chemischen Dämpfen zu schnüffeln, bis hin zum exzessiven Genuß von Alkohol, Nikotin und selbst Tee, ja, bis zum gierigen Essen von Kaffeepulver. Außerdem fiel die chaotische Lebensweise der Süchtigen auf, die jede Form von Ordnung meiden, sich bevorzugt einfach treiben lassen, die Tage verträumen; selbst die Musik, die sie lieben, ist meist unstrukturiert, eher elektronische Sphärenmusik, die sie weit weg von der Erde führt. Auffällig ist auch bei ihrem ansonsten ausgeprägten Desinteresse an allem der hohe Bezug zu spirituellen Themen, östlichen Meditationen, Meditationsmusik und Räucherstäbchen, überhaupt exotischen Düften und wallenden Gewändern. All diese Dinge haben die Psychiater überhäufig im Umfeld der Sucht entdeckt und aus ihrer Sicht folgerichtig auch alle verboten. Selbst in liberalen Kliniken, wo Antibabypillen frei verteilt werden und Popmusik zum Alltag gehört, bleiben Räucherstäbchen und Sphärenmusik streng geächtet, und Meditation wird als Weltflucht abgelehnt. Trotz des großen Aufwandes, den die Psychiatrie mit dem Drogenproblem treibt, liegen die Rückfallquoten meist deutlich über 90%, wenn man den Betrachtungszeitraum etwas weiter steckt. Für die Schulmedizin ebenso unverständlich wie inakzeptabel ist das Phänomen, daß engagierte religiöse Gruppen, manche der sogenannten ›Jugendsekten‹ und Meditationszirkel oft nachweislich mehr Erfolg mit den Süchtigen haben.

Sobald wir hinter all dem das Neptun-Prinzip erkennen, sind wir zumindest nicht mehr überrascht: Die Schulmedizin hat zwar die Neptun-Kette ungewollt entdeckt, aber statt mit diesem Wissen zu arbeiten, verbietet sie rigoros alle Repräsentanten dieses Prinzips und läßt ihre Patienten so ohne Chance. Die religiösen Gruppen und Meditationszirkel dagegen bieten, meist wohl unbewußt, einen Ersatz aus der Neptun-Kette, nämlich Meditation oder Religion und haben damit Erfolg, denn das Prinzip wird weiter erfüllt, nur auf anderer Ebene.

Viele der scheinbar unlösbaren oder völlig unlogischen Probleme aus allen Bereichen der Gesellschaft sind ein dankbares Feld für einen Versuch mit dem senkrechten Denken. Betrachtet man z. B. die Unfälle, die sich in der Industrie oder auch im Privatverkehr ereignen, so findet man, daß sie keineswegs statistisch normalverteilt von allen Beteiligten im selben Maße erlitten werden. Vielmehr ist es eine relativ kleine Gruppe, die aller Logik zum Trotz das Unglück in Form des Unfalls anzuziehen scheint. Versuche mit Umbesetzungen in der Industrie haben ergeben, daß es trotzdem dieselben Personen bleiben, die die Mehrzahl der Unfälle erleiden, was schließlich sogar den Begriff ›Unfaller‹ entstehen ließ. Natürlich führte das zu soziologischen und psychologischen Recherchen, die die Ursachen finden sollten, aber in der Praxis nichts Sinnvolles oder Praktikables erbrachten. Würde man hinter dem Unfall aber das betreffende Urprinzip, nämlich ›Uranus‹ erkennen, gäbe es vielfältige praktische Möglichkeiten, z. B. wäre auch ›Abwechslung‹ ein Begriff aus der Uranuskette. Die Unfall›opfer‹ verschaffen sich ja gerade über ihre Unfälle unbewußt Abwechslung und erfüllen so das Urprinzip, das allerdings auch schon mit abwechslungsreicher Arbeit erfüllt wäre.

Einen anderen Beleg für das unbewußte Wirken und die Stimmigkeit des senkrechten Denkens liefern uns Sprichwörter, Volksweisheiten und nicht zuletzt bestimmte Ausdrucksweisen unserer Umgangssprache, die sich ja auffällig häufig der Logik entziehen. »Liebe geht durch den Magen«, weiß das Sprichwort. Das ist bestimmt nicht logisch, aber es stimmt doch. Lieben und Essen hat mit ›Hereinlassen‹, ›sich für etwas öffnen‹ zu tun, und beides untersteht dem Venusprinzip. Dieselbe Verbindung zeigt uns das Sprichwort: »Was der Bauer nicht kennt, das frißt er nicht«, das doch eigentlich besagen will, was der Bauer nicht kennt, das mag er nicht, liebt er nicht. Der Volksmund ersetzt problemlos ›lieben‹ durch ›fressen‹, sind sie doch Repräsentanten desselben Urprinzips Venus. So kennen wir auch Ausdrücke wie ›süßes Mädchen‹, anstelle von hübsches Mädchen oder wir finden ›die Puppe zum Anbeißen‹, ›zum Vernaschen‹ oder haben sie ›zum Fressen gern‹; all das Ausdrücke desselben Urprinzips, in diesem Falle dem der Venus.

Ähnlich sagt der Volksmund: »Da hast du Schwein gehabt«, wenn er meint: »Da hast du Glück gehabt.« ›Schwein‹ und ›Glück‹ unterstehen auch dem gleichen Urprinzip, nämlich Jupiter. Auch Holz untersteht diesem Urprinzip, und so klopft man dreimal auf Holz, wenn man weiterhin Glück haben will, man setzt sich sozusagen mit dem Urprinzip der Fülle und Expansion direkt in Verbindung. Auf der anderen Seite »sieht man schwarz«, wenn man nichts Gutes erwartet. Auch das ist logisch kaum zu erklären. Wer allerdings senkrecht zu denken gelernt hat, weiß, daß sowohl Schwarz als auch Pech demselben Urprinzip der Reduzierung, des Zusammenziehens, nämlich Saturn, unterstehen. Er weiß auch, daß die Farbe Rot und die Begriffe ›Zorn‹ und ›Wut‹ demselben Prinzip, nämlich Mars angehören, und so kann er auch den Ausdruck »jemand sieht rot« auf einer tieferen Ebene verstehen. Diese Aufzählung ließe sich noch lange mit Redensarten und Sprichworten weiterführen. Sie zeigt uns aber auch schon so ausreichend, wie nah und eingängig uns diese Art des Denkens über die Sprache immer noch ist.

Bei unserem Versuch der Einschätzung des senkrechten, analogen Denkens wollen wir uns nun noch einigen großen Forschern zuwenden, die durch ihre Einfälle und Ideen die Wissenschaft entscheidend vorangebracht haben.

Soweit es überhaupt Berichte darüber gibt, wie sie zu ihren bahnbrechenden Einsichten kamen, fällt auf, wie häufig sie sich dabei gar nicht des streng logischen, kausalen Denkens bedienten. Von dem Chemiker Kekulé ist bekannt, daß er auf der Suche nach der Erklärung für das zu seiner Zeit unnachvollziehbare energetische Verhalten der Kohlenstoffverbindungen die Lösung eines Nachts träumte. Er sah im Traum eine Schlange, die sich in ihren eigenen Schwanz biß, und im selben Moment wußte er, daß die gesuchte Struktur zyklisch sein mußte – der Benzolring war gefunden, gefunden durch bildhaftes, analoges Denken im Schlaf. Erst auf dem Boden dieser Entdeckung konnte die organische Chemie ihren Siegeszug antreten, der uns alle die neuen Materialien, von synthetischen Textilien bis zur Plastiktüte, bescherte und die ganze Flut der modernen Arzneistoffe. Watson und Krick, die Entdecker der Struktur der Erbsubstanz (der sogenannten DNS), beschreiben in ihrem Buch ›Die Doppelhelix‹, wie sie das Geheimnis mehr durch Spielen mit Modellen und Analogiedenken lüfteten, als durch streng wissenschaftliches Forschen. So begeistert ihre analytisch denkenden Kollegen über die Entdeckung waren, so unangenehm berührt waren sie von dem Buch darüber. Es wurde als unseriös, weil unwissenschaftlich, betrachtet.

Von Einstein ist hinlänglich bekannt, daß sein Denken sehr unkonventionell war und den gewohnten Rahmen des Wissenschaftlichen oft verließ. Häufig machte er Ausflüge in mystische Bereiche der Intuition und des Gefühls, und tatsächlich war er wohl im waagerechten wie im senkrechten Denken gleichermaßen bewandert, weshalb er oft auch nur halb verstanden wurde. Ähnliches ist von großen Erfindern bekannt. Auch sie haben vielfach ihre genialen Entdeckungen mehr erträumt und erspielt als in wissenschaftlichen Versuchsreihen entdeckt. Häufig waren sie als Sonderlinge oder gar Spinner bekannt, was uns auf dem Hintergrund der senkrechten Urprinzipien nicht weiter erstaunt, denn alles Außergewöhnliche, die Norm Verlassende, die Kontinuität Unterbrechende untersteht genauso dem Uranusprinzip wie Erfindungen, verrückte Einfälle und auch die schon erwähnten Unfälle und auch jener Vogel, den man jemandem zeigt, den man für verrückt oder sonstwie aus der Norm(alität) fallend hält. Auch wenn jemand ›nicht richtig tickt‹, verläßt er die Norm (Saturn) und untersteht dem Uranus; unterstützend kann man sich dann noch an den Kopf (ebenfalls Uranus) tippen. Das Denken der Erfinder ist meist bildhaft und analog, immer aber ist es unkonventionell und radikal, und darin gleicht es dem Denken großer Wissenschaftler. Bezeichnenderweise ist das Wort ›radikal‹, das ja ›die Wurzel betreffend‹, ›an die Wurzel gehend‹ meint, bei uns zu einem Schimpfwort verkommen. Das ist natürlich kein Zufall, wenn wir an unser Bild vom Wissenswald zurückdenken. Selbstverständlich muß die vernunftgeprägte Fortschrittsfront ein Denken, das bis an die Wurzeln geht, fürchten wie der Teufel das Weihwasser, denn dort an den Wurzeln würde man irgendwann auf die Urprinzipien und damit das senkrechte Denken stoßen. Lieber soll sich alles schön brav im Bereich der vielen Zweige der Wissenschaft abspielen, die Wurzeln bleiben tabu. So werden radikale Denker ausgegrenzt, abgeschoben oder gar eingesperrt, und das gilt sicherlich auch noch bis in unsere Zeit. Anfangs wurden die genialen Denker von ihren Zeitgenossen stets bekämpft, behindert oder wenigstens ignoriert. Die Reihe ist lang und reicht von Kopernikus bis Wilhelm Reich, sie schließt praktisch alle großen Ärzte von Semmelweis bis Sauerbruch ein und reicht sicherlich noch weiter bis in die Gegenwart, denn gerade die radikalen Denker der Gegenwart dürften es sein, die die not-wendigen Gedanken denken, die uns zu einem neuerlichen Umdenken verhelfen könnten. Leider können wir sicher sein, daß sie im Moment gerade das Schicksal aller Radikalen in unserer mittelmäßigen Gesellschaft erleiden.

Eine wichtige Anwendungsmöglichkeit des senkrechten Denkens können uns auch Psychotherapie und astrologische Beratung zeigen: Wie wir schon sahen, haben Süchtige sehr häufig mit dem Urprinzip Neptun Probleme. Nun haben mit diesem Prinzip auch viele Menschen zu tun, die nicht süchtig werden. Das ist auch leicht verständlich, denn Sucht ist ja nicht die einzige Möglichkeit, sich mit diesem Prinzip auseinanderzusetzen. Sie ist sogar eine denkbar unangenehme Ebene. Aus unserem früheren Beispiel wissen wir, daß etwa auch die Beschäftigung mit Religion oder Meditation eine Auseinandersetzung mit diesem Prinzip darstellt. Wenn der Therapeut um die senkrechten Ketten der Urprinzipien weiß und diejenigen Urprinzipien kennt, die gerade als Lernaufgabe für seinen Klienten anstehen (diese Kenntnis läßt sich z. B. dem Horoskop entnehmen), kann er ihn auf dieser Basis ziemlich fundiert beraten, und z. B. eine geeignete Meditationsform als Alternative zum Drogenkonsum vorschlagen.

Sehr oft suchen sich Menschen allerdings intuitiv und ohne therapeutische Hilfe zweckmäßige Ebenen aus. Wenn der Blick und das Ohr dafür geschult sind, wird man solche Lösungsversuche überall entdecken, und dieses ›Durchblicken‹ kann viel Spaß machen. Nehmen wir eine fiktive Gruppe von Männern mit dem Problem oder Prinzip eines überdurchschnittlichen Jagdinstinktes und dem Bedürfnis, sich ständig die eigene Überlegenheit beweisen zu müssen. Einer von ihnen wird vielleicht tatsächlich Berufsjäger und kann so seiner Leidenschaft ohne jeden Aufhebens, sozusagen hauptberuflich nachgehen. Ein anderer mag die Jagd auf Rehe und Hasen zu seinem Hobby machen und sich seine Überlegenheit über die Kreatur an den Wochenenden beweisen. Wieder ein anderer wird die flotten Hasen und sanften Rehe im Dickicht der Diskotheken anpirschen, und seine Jagderfolge mögen ihm dieselbe Befriedigung geben. Ein anderer wiederum kauft sich einen schnellen Sportwagen und jagt seinesgleichen auf den Autobahnen. Ein anderer mag Kriminalkommissar werden und Verbrecher jagen. Der nächste ist in der Wahl seiner Opfer völlig frei. Er ›schießt‹ nämlich Bilder, und auch bei seinen ›Schnappschüssen‹ muß er sich vorsichtig anpirschen und auf die Lauer legen, bevor die Falle, in diesem Zusammenhang der Auslöser, zuschnappen kann. Handelt es sich um einen Prominenten der eigenen Rasse, so steht ihm auch die Treibjagd im Verband mit anderen Kollegen offen, und alles endet dann in einem Blitzlichtfeuer. Vielleicht hat er sich aber auch schon längst eine eindrucksvolle ›Telekanone‹ besorgt, und kommt damit in aller Heimlichkeit auf Distanz zum Schuß. Schließlich bliebe auch noch die Jagd auf den Erfolg, jenes besonders anspruchsvolle, weil so scheue Wild.

Als abschließenden und wieder ernsthafteren Beleg für die Sinnhaftigkeit des senkrechten Denkens möchten wir noch einige fiktive Problemsituationen aus dem Alltag betrachten, die Sie vielleicht anregen, Probleme ihres eigenen Lebens unter dem Aspekt des senkrechten Denkens ›neu‹ anzuschauen. Denn sicherlich überzeugt nichts so grundlegend wie die eigene Erfahrung. Nehmen wir zuerst eine alltägliche Krankheitssituation: Jemand bekommt eine Erkältung. Üblicherweise setzt er zuerst alle Hoffnung auf die Wissenschaft, die ja auch schon nach den

Ursachen gefahndet hat und auch tatsächlich eine gewisse Anzahl von ›Ursachen‹ gefunden hat: in diesem Fall verschiedenste Viren. Da uns aus dieser wissenschaftlichen Erkenntnis aber keinerlei Hilfe erwächst (gegen Viren gibt es außer der vorherigen Impfung noch kein Mittel), es für eine Impfung viel zu spät ist und sie auch fast nie hilft, da es viel zu viele verschiedene Viren gibt, ist dieser Fall besonders geeignet, sich in das Neuland des analogen Denkens vorzuwagen. Auf der körperlichen Ebene haben wir bei Erkältung offensichtlich ›die Nase voll‹. Nun bietet sich die Suche nach Analogieebenen an, auf denen wir ebenfalls die Nase voll haben. Zuallererst drängt sich da die Möglichkeit auf, daß wir vielleicht auch seelisch gerade die Nase voll haben. Das ist meist eine sehr lohnende Frage, die uns der Heilung viel näher bringt als aller Kampf gegen Viren. Übrigens hat die medizinische Wissenschaft in diesem Fall wieder das Problem, daß die beschuldigten Viren uns fast ständig umgeben und wir meist nicht erkranken, sondern eben nur, wenn wir ›die Nase voll haben‹. Stellen Sie sich vor, wie schlecht Ärzte dastehen würden, wenn das nicht so wäre. Ständig sind sie von Menschen umgeben, die sie anstecken könnten. Zum Glück sind sie aber nicht andauernd erkältet, sondern auch nicht öfter als ihre Patienten, nämlich nur dann, wenn sie selbst ›die Nase voll‹ haben. Dieses Denken bewährt sich übrigens generell bei allen Krankheiten.*

Ein anderes Beispiel: Jemand befindet sich auf einer für ihn wichtigen Reise, und alles geht schief. Es ist wirklich ›wie verhext‹. Er grübelt und zerbricht sich den Kopf, versucht weit vorauszudenken und alle nur vorstellbaren Hindernisse vorwegzunehmen, und trotzdem klappt nichts. Es ist wirklich nicht seine ›Schuld‹, die ganze Umwelt scheint sich gegen ihn verschworen zu haben und seinem Ziel im Wege zu stehen. Wenn einem solches widerfährt, gibt es zwei Denkvarianten. Wissenschaftlich bietet sich an, die einzelnen Pannen sorgfältig zu untersuchen und auf ihre ›Ursachen‹ abzuklopfen. Natürlich wird man genügend davon finden. Und dann kann man versuchen, in Zukunft noch vernünftiger vorzugehen, noch mehr Vorsicht walten zu lassen. Das wäre jenes hinlänglich bekannte Rezept: ›noch mehr

---

* Siehe hierzu Dethlefsen/Dahlke, ›Krankheit als Weg‹, Bertelsmann 1983

vom selben‹. Die andere Variante, das analoge Denken, würde ganz anders aussehen. Aus dem großen Widerstand, dem man in der Umwelt (im Außen) begegnet, würde sich der Analogieschluß anbieten, daß auch in einem selbst (innen) ein entsprechender Widerstand existieren muß. Nicht *wegen* des äußeren Widerstandes, sondern parallel dazu, da die Beziehung von innen und außen keine kausale, sondern eben eine synchrone ist. Weiter könnte es sich lohnen, darüber nachzusinnen, mit welchem Urprinzip man da in Auseinandersetzung liegt. Möglicherweise gibt es ja eine andere, dem Urprinzip ebenso zugehörige Ebene, auf der man sich angenehmer mit dem Prinzip auseinandersetzen könnte als durch Reifenpannen, geschlossene Schranken, Umleitungen, Staus oder andere Blockaden.

Zum Abschluß noch ein Beispiel, das jedem geläufig sein müßte, nachdem wir alle lange Jahre in Schulen und anderen Ausbildungsstätten verbracht haben. Wohl jeder hat auf diesem Weg ein Lieblingsfach gehabt, meist wohl eines, das ihm besonders leicht fiel. Aber leider war da bestimmt auch ein Problemfach, wo alles unverhältnismäßig schwer und mühselig war. Die übliche Antwort der linken Gehirnhälfte auf diese Situation ist uns geläufig: noch mehr vom selben! Also noch länger und noch intensiver gerade den Stoff dieses Faches einpauken. Daß das die Beziehung zu diesem Gebiet nicht gerade fördert, ist hinlänglich bekannt, und so bleibt der Widerwille bestehen. Eine Möglichkeit des analogen Denkens wäre dagegen, nachzuschauen auf welcher senkrechten Kette dieses Gebiet liegt und so wiederum herauszufinden, welches Urprinzip da Schwierigkeiten macht. Vielleicht ist eine Lösung der Lernaufgabe auf einer viel sinnvolleren, weit tiefer liegenden Ebene möglich.

In Jahren intensiver Arbeit im psychotherapeutischen und astrologischen Bereich haben wir erlebt, daß Urprinzipien, die als Lernaufgaben anstehen, sich nicht umgehen lassen. Die Ebene allerdings, auf der wir lernen, ist oft austauschbar und damit auch wählbar. Voraussetzung dafür ist allerdings, daß uns das Problem bewußt ist und wir mit den Prinzipien des senkrechten Denkens vertraut sind. Letztlich müssen wir das in Frage kommende Urprinzip auf alle Fälle lernen – entweder unbewußt, langwierig und dadurch meist schmerzlich oder eben bewußt.

Alles bisher über das senkrechte Denken Gesagte beabsichtigt nun nicht, den Gegenpol, das waagerechte Denken, zu entwerten; beide Arten sind legitime Möglichkeiten, die Wirklichkeit zu beschreiben. Die eine macht deshalb die andere nicht falsch oder wertlos. Daß auch einseitig analoges Denken in Sackgassen führen kann, sehen wir an einem Land wie Indien, wo das überkommene Entsprechungsdenken so überbetont wurde, daß das horizontale Denken der Wissenschaft daneben gar keine Ausbreitungschance bekam. Die Lösung liegt wohl tatsächlich auch hier in der Mitte: in der Mitte der Kluft zwischen dem analytischen Denken (der linken Gehirnhälfte) und dem ganzheitlich-intuitiven Denken (der rechten Gehirnhälfte). Das senkrecht-analoge Denken aber kann uns helfen, diese Kluft zu überbrücken und vielleicht sogar zu schließen, denn es steht tatsächlich zwischen den Extremen von rechts und links, von Vernunft und Intuition, und es ist darüber hinaus im Gegensatz zur reinen Intuition lernbar. Offenbar haben wir in unserem Teil der Welt in der Vergangenheit ein ziemliches Defizit an ganzheitlichem Denken entwickelt, und das senkrechte Denken ist ein lernbarer Schritt in Richtung Ganzheit. Im Gegensatz zum analytischen Denken ist es nicht ur-teilend, nicht zerlegend, sezierend, sondern im Gegenteil verbindend und vereinigend. Entsprechend dem alten Spruch: »Solve et coagula« folgt es damit sicher nicht zufällig auf eine Zeit des analytischen Denkens (solve) mit seinem wiedervereinigenden Aspekt (coagula). Dabei bedient es sich weniger abstrakter Worte als das analytische Denken, sondern verwendet Bilder und Symbole. Dieses Vorgehen aber ist weitgehend subjektiv und so hebt das senkrechte Denken die vom horizontalen Denken geforderte strenge Trennung zwischen Subjekt (dem Beobachter) und Objekt (dem Beobachteten) tendenziell auf. Auch in diesem Aspekt ist das senkrechte Denken eher verbindend als trennend. In seiner letzten Konsequenz führt das Denken der Esoterik zu einer völligen Aufhebung der Trennung zwischen Subjekt und Objekt. »Tat tvam asi« – »Ich bin das«, lautet ein vedischer Grundsatz. Dahinter steht die Erfahrung, daß ich in allem bin, was ich wahrnehme. Und alles, was ich wahrnehme, ist auch in mir. Dieser Satz ist von der linken Gehirnhälfte überhaupt nicht zu verstehen, und auch für die rechte ist es ein langer Weg, bis diese Wahrheit existentiell erkannt werden kann. Dieser lange Weg ist allerdings keine Voraussetzung für senkrechtes Denken; ganz im Gegenteil erfordert es überhaupt keine großen Anfangsschritte und kann in praktisch jeder Situation begonnen werden. Und es wird zu einem generellen Umdenken führen. Letztlich ist keine esoterische Richtung oder Disziplin ohne diese Art des Denkens vorstellbar, und dieses Denken kann zugleich der erste Schritt in die Esoterik sein.

Die eindrucksvolle Renaissance der Esoterik in der heutigen Zeit ist sicherlich kein ›Zufall‹, sondern fällt uns gesetzmäßig zu, wie auch das damit verbundene senkrechte Denken.

Bevor Sie uns nun weiter zum praktischen Umgang mit diesem neuen alten Denken folgen, können Sie ja das bisher Besprochene ›noch einmal überschlafen‹. Auch das ist übrigens ein guter Rat in allen schwierigen Situationen und ein weiterer Hinweis dafür, daß das Volkswissen in schwierigen und wichtigen Situationen dem Verstand schon immer mißtraut hat. Denn die erhoffte Klärung und Erkenntnis im Schlaf ist wohl sicher kein Kind des analytischen Denkens.

Auf dem bisher zurückgelegten Weg mag der Eindruck entstanden sein, daß es im Wissenswald zwar unzählige horizontale Wissenszweige gibt, aber nur jene senkrechten Wissensstämme aus dem Bereich der klassischen Astrologie. Dem ist aber ganz und gar nicht so. Die von uns bisher gewählten Beispiele entstammen zwar alle dem Rahmen der klassischen sieben (bzw. heute zehn) Urprinzipien, aber es gibt noch viele andere, in gleichem Maße praktizierbare Urprinzipieneinteilungen. So zerfällt die Wirklichkeit aus der Sicht der Taoisten in die beiden Grundkräfte Yin und Yang. Hinter allen Erscheinungsformen dieser Welt erkennen sie das Wechselspiel der polaren weiblichen und männlichen Grundkräfte. In diesem Fall verwendet man also nur zwei senkrechte Ketten. Wir könnten auch die drei vom Hinduismus bekannten Grundkräfte, die sogenannten Gunas (Tamas, Rajas und Satva) benutzen und hätten dann drei senkrechte Ketten, um dieselbe Schöpfung zu beschreiben. Diese drei Urprinzipien, das aufbauende, erhaltende und auflösende Prinzip entsprechen übrigens in etwa jenen drei Grundvektoren, die unsere moderne Physik zur

Beschreibung der Wirklichkeit verwendet. Auch die vier Elemente der Alten: Feuer, Wasser, Luft und Erde erlauben uns, alle Erscheinungsformen einzuordnen und so die Welt auf vier Urprinzipien zurückzuführen. Ebensogut lassen sich die fünf chinesischen oder indischen Elemente zugrunde legen. Das Periodensystem der Elemente unserer modernen Chemie mit seinen über hundert Urprinzipien ist übrigens eines der wenigen Beispiele für senkrechtes Denken in der Wissenschaft. Um so mehr Prinzipien wir benutzen, desto differenzierter wird die Einteilung, um so differenzierter können wir auch damit arbeiten, desto näher liegt aber auch die Gefahr, sich in Einzelheiten zu verlieren – in der ›Welt der zehntausend Dinge‹ hängenzubleiben. Denken wir etwa an das System des I Ging, das mit seinen 64 Möglichkeiten eine sehr differenzierte Beschreibung der Welt erlaubt – oder auch jenes sehr ähnliche mit ebenfalls 64 Möglichkeiten arbeitende System des genetischen Codes der DNS, auf das sich alles organische Leben dieses Planeten zurückführen läßt. Beim näheren Betrachten gehen diese beiden, mit ihren 64 Möglichkeiten so außerordentlich vielfältigen Systeme, allerdings auch wieder auf wesentlich einfachere, in diesem Fall auf ein Dreiersystem zurück. Wie leistungsfähig auch noch sehr einfache Systeme, wie das der Zweiheit, sein können, sehen wir an unseren scheinbar so komplizierten Computern. Alle diese elektronischen Wundergehirne und ihre fast unvorstellbaren Leistungen beruhen auf dem Zweierschritt: Letztlich können Computer immer nur zwischen ›ja‹ und ›nein‹, ›plus‹ und ›minus‹ oder wie auch immer wir die beiden Pole nennen wollen, unterscheiden. Das ganze Geheimnis liegt dabei in ihrer fabelhaften Geschwindigkeit.

Die Leistungsfähigkeit eines Dreiersystems können wir am Beispiel des Farbfernsehers erkennen, wo das ganze Spektrum der Farben aus drei Einzelfarben gemischt wird.

Wenn wir uns nun einer dieser Urprinzipieneinteilungen näher zuwenden wollen, um an ihr senkrechtes Denken zu demonstrieren, so wählen wir dazu das System der Astrologie, nicht, weil es das einzige ist, sondern weil es uns besonders praktikabel erscheint, sowohl zum Einstieg in dieses Denken als auch zur weiteren Anwendung. Die Astrologie ist jene Lehre, die in ihrer klassischen Form mit sieben und heute im allgemeinen mit zehn Urprinzipien arbeitet, die sich noch weiter in zwölf Urbilder differenzieren. Wichtig ist, sich von Anfang an klarzumachen, daß wir die Astrologie nicht als die Lehre von den Sternen, sondern als jene der Urprinzipien betrachten. Sie benutzt lediglich den Sternenhimmel als besonders einfache, weil leicht zugängliche Beobachtungsebene. Prinzipiell bleibt diese Ebene jedoch durch jede andere ersetzbar. Wenn wir also in Zukunft von Mars, Venus oder Mond sprechen, so meinen wir damit in erster Linie das betreffende Urprinzip und erst in zweiter Linie den entsprechenden Repräsentanten am Himmel. Der große Wert, den wir auf diese Unterscheidung legen, mag anfangs ein wenig übertrieben erscheinen, wird später aber immer wichtiger. Es geht uns gerade nicht darum, Sie anzuregen, ständig zum Himmel zu starren, um das Leben auf der Erde begreifen zu können, sondern ganz im Gegenteil! Der Sternenhimmel bietet uns eine einfache Einstiegsebene, die aber mit der Zeit immer unwichtiger werden sollte, weil die entsprechenden Prinzipien überall in der alltäglichen Umgebung erkannt werden.

Damit wollen wir uns den Namen der Urprinzipien und ihren Symbolen zuwenden: Im Altertum ging man von sieben Urprinzipien aus, deren Repräsentanten die Himmelskörper Sonne, Mond, Merkur, Mars, Venus, Jupiter und Saturn waren. Allerdings differenzierten die Alten ihr System der Astrologie noch weiter in zwölf Urbilder, die sogenannten Stern- oder Tierkreiszeichen des Fixsternhimmels. Jedem dieser zwölf Urbilder ordneten sie eines der beweglichen Urprinzipien zu, wobei in den meisten Fällen zwei Tierkreiszeichen sich ein bewegliches Prinzip teilen mußten. In diesen Fällen wurde also die Symbolik des einen Urprinzips noch einmal aufgespalten und auf zwei Sternbilder verteilt. Als im Laufe der Zeiten noch die Planeten Neptun, Uranus und Pluto entdeckt wurden, nahmen diese die Plätze von bisher doppelt vertretenen Urprinzipien ein, so daß heute nur noch Merkur und Venus gleichzeitig zwei Sternzeichen zugeordnet werden. Dieses Verfahren der Zuordnung zeigt uns schon, daß es in der Symbolik der Tierkreiszeichen eine gewisse Überlappung gibt, die sich in der Praxis als sehr vorteilhaft erweist, da so auch kleine Unterschiede und Nuancen ausdrückbar werden. Das ist auch der Grund, warum wir im folgenden mit den zwölf

Sternzeichen des Zodiaks arbeiten wollen, anstelle der zehn Himmelskörper. Der Unterschied ist ein geringer, da wir ja schon vorher festgestellt haben, daß auch die beweglichen Himmelskörper nur Repräsentanten der Urprinzipien sind, die nun ihrerseits wieder durch zwölf Bilder repräsentiert werden. Der wichtigste Unterschied besteht letztlich darin, daß die Symbolik der Urprinzipien Merkur und Venus noch einmal in je zwei Prinzipien aufgespalten wird.

Jedes Urprinzip ist durch eine eigene und differenzierte Symbolik gekennzeichnet, wobei es aber mehr oder weniger große Ähnlichkeiten zwischen einzelnen Prinzipien, z. B. jenen, die demselben Element unterstehen, gibt.

In den graphischen Symbolen der sieben alten Urprinzipien zeigt sich eine Dreiteilung, die nach esoterischer Auffassung die ganze Wirklichkeit durchzieht, die Teilung in Körper, Seele und Geist:

»Für den Geist setzte man in alten Zeiten das Symbol des Kreises, der die Einheit und Vollkommenheit des Geistprinzips versinnbildlichen sollte, für die Seele den Halbkreis, beziehungsweise eine Schale, welche die Empfänglichkeit, Aufnahmefähigkeit und Beeindruckbarkeit des seelischen Prinzips darstellen sollte und schließlich für den Körper das Symbol des Kreuzes, das analog zur Zahl 4 das Wesen der Materie repräsentiert. Aus diesen drei Grundsymbolen ○ ☾ + bildete man durch Zusammensetzung die Symbolbezeichnungen der einzelnen Urprinzipien.« »So wurde die Sonne Repräsentant des Geistprinzips und erhielt das Symbol eines Kreises mit einem Zentrum: ☉. Der Mond repräsentiert das Seelische und Empfängliche: ☾. Das Kreuz (+) als Symbol der Materie kommt alleine nicht vor, da Materie ohne eine der beiden anderen Prinzipien nicht lebensfähig ist. Das Symbol des Merkur ☿ zeigt uns, daß alle drei Prinzipien im harmonischen Ausgleich vereinigt sind. Das Marssymbol ♂ (dies ist die ursprüngliche Schreibweise, wegen der Verwechslungsgefahr wird heute meist das Kreuz durch einen Pfeil ersetzt: ♂) zeigt uns, wie die Materie über den Geist dominiert, aber der Geist die Materie von unten in Bewegung setzt; dazu als Gegenpol die Venus ♀, bei der eindeutig der Geist über die Materie dominiert. Beim Jupiterprinzip ♃ dominiert das Seelische über das Materielle, aber das Saturnprinzip ♄ zeigt deutlich, wie die Materie auf der Seele lastet.«*

Die später entwickelten Zeichen für Neptun ♆, Uranus ⛢ und Pluto ♇ folgen diesem Aufbau nur noch bedingt.

Das folgende Schema zeigt in der obersten Zeile den Namen des jeweiligen Tierkreiszeichens, darunter das entsprechende Symbol des Zeichens, darunter den Namen des zugeordneten Urprinzips und wiederum darunter dessen Symbol.

Widder	Stier	Zwillinge	Krebs	Löwe	Jungfrau
♈	♉	♊	♋	♌	♍
Mars	Venus	Merkur	Mond	Sonne	Merkur
♂	♀	☿	☽	☉	☿

Waage	Skorpion	Schütze	Steinbock	Wassermann	Fisch
♎	♏	♐	♑	♒	♓
Venus	Pluto	Jupiter	Saturn	Uranus	Neptun
♀	♇	♃	♄	⛢	♆

Die Tierkreiszeichen sind Urbilder. Ihre Namen meinen das jeweilige Urprinzip und sind deshalb nicht zu konkret zu nehmen. Natürlich ist auch der Schafbock eines der Tiere, das im Tierreich das Prinzip ›Widder‹ repräsentiert. Darüber hinaus umfaßt das Prinzip ›Widder‹ aber viel mehr, nämlich auch den Tiger und den Jaguar und überhaupt alle Raubtiere. In diesem Sinne als Raubtier gehört auch der Löwe hierher. Daß das Tier ›Löwe‹ auch noch einem eigenen Tierkreiszeichen den Namen gibt, liegt daran, daß in diesem Fall das Majestätische, Herrschende, der König der Wüste und der Tiere überhaupt im Vordergrund gesehen werden.

Eine Zusammenfassung der Grundsätze jener esoterischen Astrologie, die für unser weiteres Vorgehen bestimmend sein wird, entnehmen wir dem schon mehrfach zitierten Buch ›Schicksal als Chance‹:

---

* Thorwald Dethlefsen, Schicksal als Chance, Bertelsmann 1979 (oder Goldmann TB)

1. Die Astrologie beschäftigt sich mit den archetypischen Urprinzipien, die auf der Ebene der Ideen die Urbausteine darstellen, aus denen die Wirklichkeit in allen ihren Erscheinungsformen zusammengesetzt ist.
2. Diese Urprinzipien durchziehen senkrecht alle Ebenen der Erscheinungsformen. So entstehen Analogieketten, deren einzelne Glieder zwar verschiedenen Ebenen angehören, die aber alle ein gemeinsames Prinzip repräsentieren.
3. Die Beobachtung einer beliebigen Ebene läßt sich mit Hilfe der Analogie auf jede andere Ebene übertragen. Die Bezugsebene der Astrologie ist der Himmel
4. Die Urprinzipien der Astrologie heißen Sonne, Mond, Merkur, Mars, Venus, Jupiter und Saturn. Die Himmelskörper gleichen Namens sind lediglich die Repräsentanten dieser Prinzipien. In neuerer Zeit arbeitet man noch mit drei weiteren Prinzipien, nämlich Neptun, Uranus und Pluto.
5. Es gibt keine kausalen Wirkzusammenhänge zwischen den Gestirnen und den verschiedenen Ebenen der Wirklichkeit.
6. Die Astrologie ist somit ein Meßinstrument der Wirklichkeit, das etwas anzeigt, ohne es zu erzeugen. Auch ein Thermometer mißt Temperatur, ohne Temperatur zu erzeugen.
7. Astrologie denkt grundsätzlich senkrecht, gemäß des esoterischen Axioms: wie oben, so unten.

Mit dem Zwölfersystem der Astrologie haben wir ein noch gut überschaubares Modell der Wirklichkeit. Ein zusätzlicher Vorteil der Astrologie ist, daß sich ihre 12 Zeichen über die Elementenlehre sehr leicht auf ein Vierersystem zurückführen lassen, und dieses wiederum geht auf das Zweiersystem der positiven und negativen Zeichen zurück. Wenn wir die vier Elemente Feuer, Wasser, Luft und Erde als senkrechte Urprinzipien verwenden, können wir die 12 Tierkreisbilder problemlos zuordnen.

Feuer	Erde	Luft	Wasser
Widder	Stier	Zwillinge	Krebs
Löwe	Jungfrau	Waage	Skorpion
Schütze	Steinbock	Wassermann	Fische

Dieses Einteilungssystem in vier Elemente-Urprinzipien hat in unserer Kultur eine Tradition bis in die Neuzeit, entspricht es doch der Temperamentenlehre, die die Menschen in vier Haupttypen unterteilt. Wir wollen die Elementenlehre an dieser Stelle aber auch deshalb ausführlicher darstellen, weil sie in unsere spätere Arbeit mit eingeht, wenn wir beginnen, die Erscheinungsformen der Welt auf die 12 (astrologischen) Urprinzipien aufzuteilen. Wie obige Tabelle schon zeigte, fallen jeweils 3 Tierkreiszeichen unter ein Element und verdeutlichen dessen verschiedene Aspekte. Für das Feuerelement als Beispiel symbolisiert der Widder das frühe Feuer, den ersten Funken und Impuls, der Löwe zeigt das Feuerelement in seiner größten Macht und Ausdehnung, während das Schützeprinzip dem abgeklärten Feueraspekt entspricht.

1. Das Feuerelement

Bildhafte Betrachtung	Abstraktion
Feuer richtet sich nach oben aus	Polbezug oben Hierarchie
Feuer leuchtet, bringt Licht	Licht, Helligkeit
Feuer ist heiß (warm)	Wärme, Hitze, Abgabe, Leben
Feuer (Wärme) dehnt aus	Ausdehnung, Expansion, Dynamik, Entwicklung (Evolution)
Feuer ist unwägbar	Flüchtigkeit, Leichtigkeit, Zeitlosigkeit
Feuer (Wärme) ist (präsente) Energie	Energie, Leben
Feuer bedarf eines Stoffes, um hier existieren zu können. (›Brennmaterial‹) Dem wendet es sich zu	Abhängigkeit, Zuwendung
Feuer ›verzehrt‹ das Brennmaterial	Verbrauch, Austrocknung
Feuer verwandelt, z. B. wird aus Eis (fest) Wasser (flüssig) Dampf (gasförmig)	aktive Wandlung, Sublimation, Überführung in Feinstoffliches
Feuer ist ›feurig‹ und kommt z. B. vor als Funke, Glut, Flamme	›Feurigkeit‹

Daraus läßt sich beispielsweise zusammenfassend ableiten, daß ›Feuer‹ einen besonderen Bezug zur Willenskomponente im Menschen besitzt und dem *cholerischen* Temperament am nächsten kommt.

psychologische Entsprechung

Führung, Leitung
+ Autorität, Auftrieb, ›Streben nach oben‹
− Dominanzgelüste, Machtstreben, Selbstherrlichkeit

+ wirkt erhellend, schöpferisch klug (›hell‹)
− evtl. Beachtungsanspruch, Anerkennungsanspruch

Lebendigkeit, Beschleunigung
+ Wärme, Ausstrahlung, Geben
− Hitzigkeit, Aggression (Verbrennung)

+ Dynamik, Schnelligkeit, Organisationsfähigkeit (Überblick)
− Übergriff, Wucherung, Prunk, Maßlosigkeit

+ Leichtigkeit
− Flüchtigkeit (ohne Ausdauer)

+ Energie (›energisch‹), Willenskraft, Begeisterung
− ichbetonte Durchsetzung, Egoismus

+ Zuwendung (aktiv)
− Abhängigkeit

+ Verwertung, Benutzung
− Ausnützung anderer

+ ›Läuterung‹, Initiative, Impuls, Anregung zur Änderung
− Vergewaltigung zur Änderung

+ Begeisterungsfreude, Bewegungslust
− Vorschnelligkeit, Hektik

2. Das Wasserelement

Bildhafte Betrachtung	Abstraktion
Wasser folgt Gefällen nach unten	Polbezug unten
Wasser versucht eine horizontale Ruheposition einzunehmen	Ruhe, Horizontalbezug
Wasser paßt sich vorgegebenen Formen an, schmiegt sich an sie an	Anpassung, Hingabe
Wasser dringt in andere Stoffe ein (Prinzip der Osmose)	Eindringen, Osmose
Wasser löst feste Stoffe, weicht sie, quillt sie auf	Lösung ›Erweichung‹, ›Quellung‹
Wasser nimmt Stoffe auf	Aufnahme
Wasser ›netzt‹ an Dingen	Haftungsbestreben
Wasser löscht Feuer	Löschung
Wasser ist kalt, relativ undurchsichtig (im Vergleich zu Luft beispielsweise)	Kälte, Trübung
Wasser ist ›wäßrig‹, physikalisch: flüssiger Zustand, kommt z. B. vor als Meer (See), Tümpel, Quelle, Fluß	›Wäßrigkeit‹ Flüssigkeit

Zusammenfassend liegt eine innere Verwandtschaft mit der Gefühlsregion des Menschen einerseits und dem *phlegmatischen* Temperament nahe.

psychologische Entsprechung
+ Unterordnung, Demut − ›Kriecherei‹, Duckmäuserei
+ Ruhe, Passivität − Trägheit, Faulheit
+ Hingabe, Anpassung − Unselbständigkeit
+ Einfühlung − Einschleichen
Intuition, Ahnungsvermögen + Lösungskraft (passiv) − Verweichlichung, Auflösung
+ Aufnahmefähigkeit (z. B. ›kann zuhören‹) − Vereinnahmung, Aussaugen
+ Bindungsfähigkeit − ›Verhaftetsein‹, Abhängigkeit
+ Dämpfung überstarker Energie − Willenlosigkeit
+ Aggressionslosigkeit − Kälte, Dummheit (be-trübt, ›trübe Tasse‹)

›nahe ans Wasser gebaut‹ instabil (fließend)

3. Das Luftelement

Bildhafte Betrachtung	Abstraktion
Luft richtet sich von selbst nach keiner Richtung aus	Entpolarisierung, kein Polbezug
Luft hält sich in der Mitte (zwischen Feuer: oben; Wasser, Erde: unten)	Vermittlung, Neutralität, Relativität, Austausch
Luft ist elastisch (läßt sich komprimieren, dehnt sich, wenn Kompression nachläßt, von selbst aus). (physikalisch: gasförmiger Zustand)	Elastizität, Flexibilität
Luft ist sehr beweglich	Beweglichkeit
Luft ist leicht	Leichtigkeit
Luft ist nicht faßbar, greifbar, fest	Flüchtigkeit, Feinstofflichkeit
Luft bietet wenig Widerstand	Widerstandslosigkeit
Luft ist ›zwischen den Dingen‹	Interesse (lat.: inter = zwischen, esse = sein)
Luft ist (relativ) durchsichtig, durchlässig, hell	Durchsichtigkeit, Durchlässigkeit, Helligkeit
Luft ist ›luftig‹	›Luftigkeit‹

Hieraus wird analog ein innerer Zusammenhang zur Gedankenregion im Menschen und eine Verwandtschaft mit dem *sanguinischen* Temperament erkennbar.

psychologische Entsprechung
+ Vielseitigkeit − Zerstreutheit
+ Vermittlung, Austausch, Ausgleich, Harmonie − Unentschlossenheit, Unverbindlichkeit
+ Elastizität, Flexibilität − Grundsatzlosigkeit
+ Beweglichkeit, Agilität − Instabilität
+ Leichtigkeit, Beschwingtheit − Oberflächlichkeit, ›Hansdampf in allen Gassen‹
+ Feinheit − Flüchtigkeit, keine Ausdauer
+ Nachgiebigkeit − Opportunismus
+ Wissensdrang, Interesse − Neugier (ohne Verbindlichkeit, vgl. oben)
+ Klarheit − Kontrastarmut, Konturlosigkeit
+ Beschwingtheit − ›Luftikus‹

4. Das Erdelement

Bildhafte Betrachtung	Abstraktion
Erde fällt nach unten	Polbezug unten
Erde ≙ Mineral ≙ Stein ≙ Sand ist fest (physikalisch: fester Zustand)	Festigkeit, Härte
Erde zeigt von den Elementen am deutlichsten Form	Form, Struktur, Ordnung
Erde ist das dauerhafteste der vier Elemente	Dauer, Zeit
Erde grenzt sich am deutlichsten gegenüber der Umgebung ab	Abgrenzung, Distanz, Isolation
Erde hat Bezug zum Grund	Grund
Erde (der feste Zustand) hält zusammen	Zusammenhalt, Bindung
Erde ist schwer	Schwere
Erde ist greifbar, materiell, ›real‹, meßbar	Greifbarkeit, Materialismus, ›Realität‹, Meßbarkeit
Erde ist ›erdig‹, kalt, kommt z. B. vor als Kristall, Lehm, Sand	›Erdigkeit‹, Kälte, Undurchsichtigkeit, Dunkelheit

Die Übersicht läßt eine enge Beziehung des ›Erdelements‹ zum Körper und zum *melancholischen* Temperamentstypus erkennen.

psychologische Entsprechung
+ Unterordnung, Bescheidenheit − schwaches Selbstvertrauen, Duckmäuserei
+ Festigkeit, Verläßlichkeit − Unnachgiebigkeit, Härte, Dogmatismus, Steifheit, mangelnde Flexibilität
+ Sinn für (körperl.) Form, Sinn für Struktur, Ordnung − Zwang durch Ordnung, Form etc.
+ Ausdauer, Geduld, Zeitgefühl − Zeitdruck, Langsamkeit, Trägheit
Distanz, Geradlinigkeit + Sicherungsbestreben, Klarheit (durch Abgrenzung) − Abweisung, Widerstand, Isolation
+ Gründlichkeit, Tiefgründigkeit, Bodenständigkeit, Solidität (lat.: solus = Boden) − Pedanterie
+ Zusammenhalt, Verläßlichkeit, Treue − Resistenz gegen Lösung (z. B.: Hartnäckigkeit)
+ Gewichtigkeit, Bedeutung − Schwermütigkeit (Melancholie), Pessimismus (nimmt Dinge zu schwer)
+ ›Realismus‹, Wirklichkeitssinn, Verwertung − ›Materialismus‹, Berechnung, Zweckdenken
Greifbarkeit, aber Undurchsichtigkeit + Sachlichkeit − Trockenheit, Kälte

Genauso können wir natürlich die Begriffe positiv und negativ, männlich und weiblich oder wie die Taoisten sagen würden, Yang und Yin als senkrechte Ketten verwenden, dann hätten wir folgendes Bild:

+ Yang	− Yin
Widder	Stier
Zwillinge	Krebs
Löwe	Jungfrau
Waage	Skorpion
Schütze	Steinbock
Wassermann	Fische

Daraus ergibt sich auch, daß alle Feuer- und Luftzeichen Yang sind, alle Wasser- und Erdzeichen Yin.

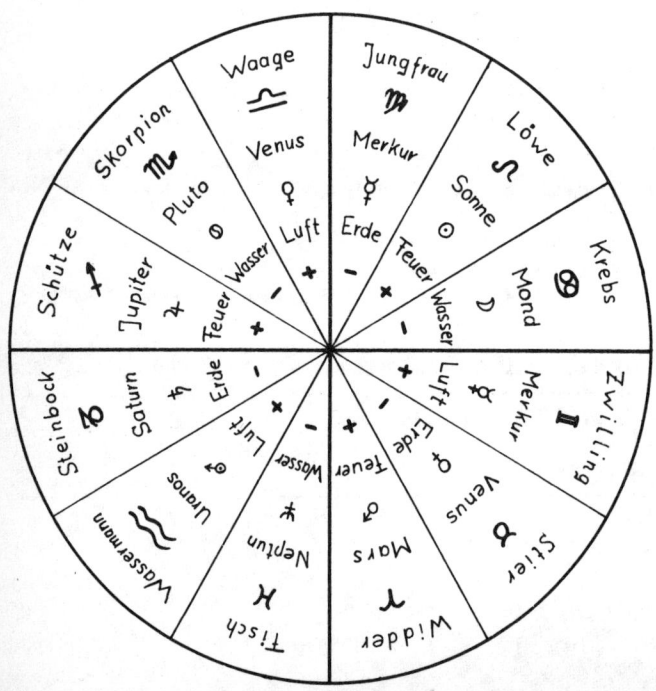

Auf diese Weise ist es also sehr schnell möglich, die ganze Fülle der Erscheinungsformen der Wirklichkeit, die in den zwölf Urbildern eingefangen ist, wiederum auf die vier Elemente zurückzuführen, die ihrerseits Ausdruck der Grundpolarität der Welt sind.

Und wir können noch einen Schritt weitergehen, denn die Astrologie liefert uns auch ein gutes Bild für das Ganze, das hinter all den Systemen liegt und das es nicht aus dem Auge zu verlieren gilt. Wir können uns nämlich den Tier*kreis* als geschlossenes System vorstellen, wie es im allgemeinen geschieht. Die vollkommene, alles umfassende Kreisform symbolisiert in diesem Falle die Ganzheit (des Universums) — siehe Grafik S. 50.

Wenn wir die Zweidimensionalität des Tierkreises jetzt einmal um eine dritte Dimension erweitern und ihn als Spirale darstellen, die sich nach oben zu langsam verjüngt, so folgt zwar auf Fische auch wieder der Widder, aber auf einer etwas höheren Ebene, und auf dieser Ebene liegen alle Zeichen schon näher um den Mittelpunkt. Schließlich, nach beliebig vielen Windungen der Spirale, endet alles in einem Punkt, und alle Zeichen werden zu dem Einen. Dieses Bild macht deutlich, daß letztlich alles, auch die Polarität von Positiv und Negativ, die vier Elemente, die sieben Himmelskörper und die zwölf Zeichen nur Ausdruck des Einen sind.

Betrachten wir den Anspruch dieses Buches, die Welt der Erscheinungen unseren zwölf senkrechten Ketten oder Urbildern unterzuordnen, so ist von vornherein klar, daß solch ein Versuch immer unvollständig bleiben muß. Wie dick das Buch auch würde, von der Vielfalt der Formen könnte es nur einen kleinen Teil erfassen. Das ist gut so, denn es ist nicht unser Ziel, auch nur in die Nähe von Vollständigkeit zu gelangen. Das wesentliche Anliegen ist nicht, dem Leser oder Benutzer eine vollständige Weltordnung vorzulegen, sondern ihm eine Möglichkeit nahezubringen, die Welt zu betrachten und ein Stück zu durchschauen. So liegt auch der Schwerpunkt mehr auf dem senkrechten Denken als auf den senkrechten Ketten. Letztlich liegt die Chance darin, selber senkrecht denken zu lernen. Das Lesen und Nachvollziehen der von uns vorgedachten Ketten und Zuordnungen ist lediglich Voraussetzung, wie natürlich auch der Umgang mit

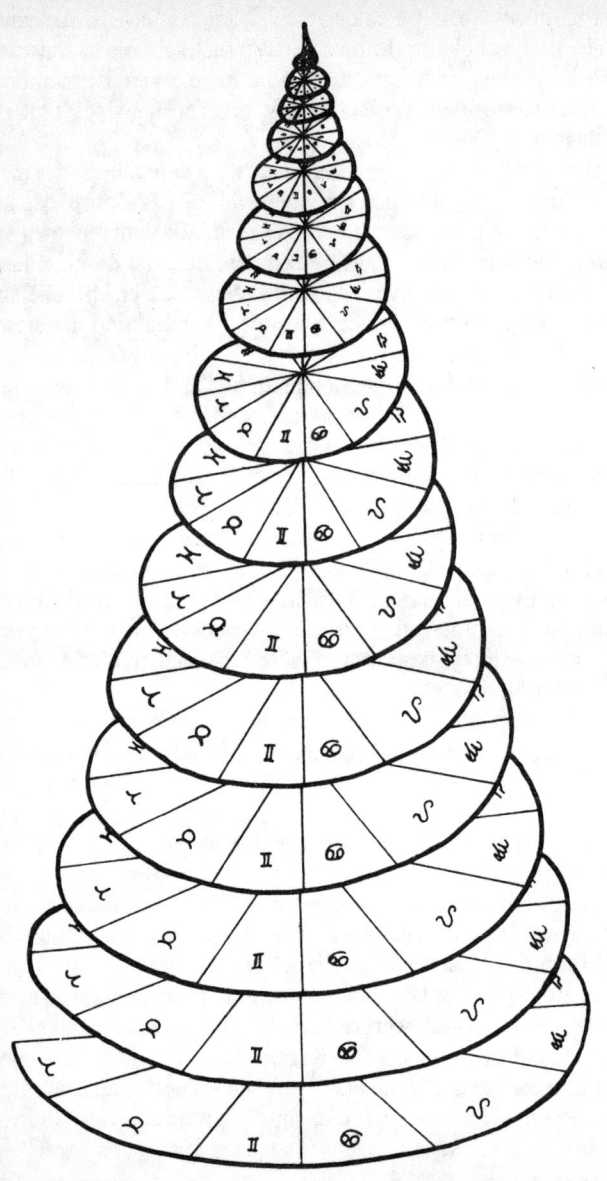

den Prinzipien der Astrologie Voraussetzung für ein sinnvolles Arbeiten mit diesem Konzept ist. Wie jedes Hilfsmittel sollte auch dieses Buch über sich hinausführen und sich schließlich überflüssig machen. Eine Krücke ist nur so lange sinnvoll, wie man nicht ohne sie laufen kann. Sie kann gefährlich werden, wenn man sich an sie gewöhnt und so das freie Gehen vergißt.

Um das Nachvollziehen unserer Gedankengänge bei der Einteilung in die senkrechten Ketten zu erleichtern, werden wir manche Begriffe kommentieren, bzw. ihre Zuordnung erklären. Denn natürlich sind Zuordnungen nicht eindeutig. Die Prinzipien treten in der Welt der Erscheinungsformen selten rein auf, sondern meist in allen möglichen Vermischungen und Kombinationen. Für den einen steht mehr der eine Anteil im Vordergrund, für den nächsten ein anderer. So, wie für den einen das Glas halb voll und für den anderen halb leer ist.

Wir stoßen hier natürlich sehr bald auf das Problem aller Deutung und Zuordnung. Das Symbol ist noch stimmig, weil es das Ganze enthält und so nicht wertet. Mit jeder Deutung und Zuordnung zu einer konkreten Ebene aber kommt auch Eingrenzung und damit Wertung dazu und somit auch notwendigerweise schon ein Fehler, denn jede Abgrenzung schließt etwas aus, und dieses Etwas fehlt damit zur Ganzheit.

Strenggenommen muß so jede Zuordnung unter Urprinzipien Fehler machen, weil sie ein- und damit auch ausgrenzt, weil sie von der konkreten Wirklichkeit abstrahiert und sie verallgemeinert. Wir sollten uns dieser Fehler ständig bewußt sein, machen aber müssen wir sie, da gibt es keine Wahl, bzw. wir können lediglich wählen, welche Fehler wir machen.

In diesem Zustand werden wir notgedrungen bleiben, bis wir so erleuchtet sind, daß wir in allem das ununterschiedene Eine erkennen. Solch ›fehlermachendes‹ Vorgehen der Scheidung und Unterscheidung ist auch durchaus im Einklang mit dem esoterischen Weg, denn, wenn wir noch einmal an die Alchemie denken, finden wir vor dem Vereinigen das Lösen: solve et coagula. So ist das Auflösen, Zerteilen und Unterscheiden notwendige Voraussetzung auf dem Weg zur unterschiedslosen Einheitsschau.

Zur ersten inhaltlichen Annäherung an die Urprinzipien und ihre Repräsentanten wollen wir einen uralten Weg nachvollziehen. Die Himmelskörper tragen ja auffälligerweise die Namen von Göttern und Göttinnen des Klassischen Altertums, und diesen wollen wir uns zuwenden. Heute verwendet die Astrologie die Namen der römischen Götterwelt, wobei wir dahinter ohne Problem die entsprechenden griechischen Repräsentanten entdecken. Nur die beiden Hauptlichter des Himmels, Sonne und Mond, werden ins Deutsche übersetzt, jedoch waren sie früher natürlich auch Repräsentanten des Sonnengottes und der Mondgöttin.

Viele moderne Menschen blicken mit milder Nachsicht auf den sogenannten Polytheismus der Alten, die für jedes Problem einen eigenen Gott hatten, wohingegen unsere Hochreligion natürlich nur einen Gott kennt. Schauen wir uns jedoch unsere christliche Religion genauer an, so müssen wir feststellen, daß gerade dort, wo sie wirklich lebendig ist, sich eine ganz ähnliche Entwicklung ergeben hat. So gibt es im Katholizismus auch die Möglichkeit, verschiedenste Instanzen anzurufen, von der Mutter Maria bis zum unbekanntesten Heiligen, besonders deutlich noch im alten Ritus mit den vielen Anrufungen und Fürbitten. Auch hier steht für jedes Problem ein eigener Heiliger zur Verfügung.

Offenbar haben wir es bei allen Religionen mit zwei groben Richtungen zu tun: der exoterischen Seite, die sich rasch ausbreitet und im Volk Wurzeln faßt, da ihr Denken einfach zu verstehen ist. Parallel dazu finden wir aber an der Quelle jeder Religion eine esoterische Version, die zwar zum Ur-sprung der Religion unabdingbar gehört, deren Denken aber so anspruchsvoll ist, daß es praktisch nie eine Massenbasis findet und eben esoterisch bleibt. Wenn wir diese beiden Richtungen im Kopf behalten, mag unsere Einschätzung früherer Religionen umfassender und auch gerechter werden. Sicherlich hat die exoterische Religion der Antike, die auch Staatsreligion war, die betreffenden Götter als anthropomorphe Wesen betrachtet und sie auch in ihrer menschenähnlichen Gestalt verehrt. Genauso sicher ist aber auch, daß es parallel dazu eine esoterische Tradition gab, die in den Himmelskörpern Urprinzipien sah und in den entsprechenden Götterdarstellungen lediglich Bilder, die der inhaltlichen Ausformulierung dieser Urprinzipien dienen sollten. Rein äußerlich mag der Unterschied nicht sehr groß gewesen sein, denn auch die esoterische Tradition hat diese Götter verehrt und ihnen geopfert, jedoch ist der innere Unterschied ein gewaltiger. Hier wurden Urprinzipien verehrt, deren namengebende Repräsentanten sich zwar am Himmel bewegten, die aber auch auf der Erde überall entsprechende Repräsentanten hatten, in allen Erscheinungen und jedem Menschen. Wenn also den Götterrepräsentanten geopfert wurde, so setzte man sich mit den betreffenden Urprinzipien (auf allen Ebenen) in Verbindung.

Zwischen dieser Situation und der heutigen ist in unseren Augen nur *ein* wesentlicher Unterschied: Damals wurde den Urprinzipien bewußt geopfert, heute geschieht es unbewußt. Das scheint nur auf den ersten Blick so erstaunlich, denn da unsere heutigen Opfer eben unbewußt und damit als Opfer unbemerkt dargebracht werden, erkennen wir sie natürlich nur noch mit besonders (durch senkrechtes Denken) geschultem Blick.

Wenn die Alten etwa dem Urprinzip Saturn opferten und sich zurückgezogen mit dem Sterben auseinandersetzten, so sind wir natürlich über solchen Aberglauben erhaben. Auch von den entsprechenden, noch bestehenden Feiertagen (Totensonntag, Fronleichnam) wollen die meisten modernen Menschen nichts mehr wissen. Das Urprinzip Saturn allerdings besteht weiter, und es fordert weiter Beachtung und damit Opfer. Wo es sie nicht mehr durch das bewußte Opfer erhält, holt es sich die notwendige Zuwendung über Krankheiten, die dann oft Einsamkeit und Gedanken ans Sterben mit sich bringen. Oder aber man erlebt das Prinzip Saturn über einen Todesfall, der einem nahegeht, oder wird plötzlich ›aus heiterem Himmel‹ depressiv und bringt so in überzeugender Symbolik dem Urprinzip Saturn sein Opfer dar. Die unbewußten Opfer sind sicherlich fast so wirksam wie die bewußten, ob sie allerdings so viel intelligenter sind, bleibt zu bezweifeln. Einen prinzipiellen Unterschied jedenfalls gibt es nicht zwischen dem Kriegstanz eines Eingeborenenstammes, dem kriegerischen Schaukampf der Fußballfans in unseren modernen Arenen oder der kriegerischen Gesinnung der uns repräsentierenden Politiker: Sie alle opfern dem Urprinzip Mars.

Um die Urprinzipien im einzelnen kennenzulernen, wollen wir jetzt den Alten folgen und ihre Götter wiederentdecken. Dabei werden wir vielfach auf sehr konkrete menschliche Verhaltensbilder stoßen. All das soll uns aber lediglich Symbol sein für das dahinter verborgene archetypische Urprinzip.

Die astrologischen Archetypen der antiken Götterwelt

Wenn wir uns nun den einzelnen Urprinzipien zuwenden, beschreiten wir einen sehr alten Weg. Wir wollen uns ihnen in jener Gestalt nähern, die sie in der Mythologie der Antike annehmen. Hier treten sie uns als Gottheiten des griechischen Pantheons gegenüber. Die heute gebräuchlichen Namen entstammen allerdings der späteren römischen Version (sie werden im Text öfter an zweiter Stelle miterwähnt), die mit der ursprünglichen griechischen weitgehend übereinstimmt. Für uns ist es ziemlich gleichgültig, welcher dieser beiden Parallelebenen wir uns zuwenden. Da aber die griechische die ursprünglichere ist, bleiben wir im wesentlichen bei ihr. Ebenso gleichgültig ist es, ob die einzelnen Mythologeme entsprechend den Planeten geformt oder andersherum die Planeten den Götterprinzipien zugeteilt wurden. Wir haben hier lediglich zwei Ebenen derselben Wirklichkeit vor uns und sind somit wieder in unserem Urprinzipienwald angelangt: Auf welche Verzweigungsebene der Äste wir auch schauen, senkrecht verbindet derselbe Stamm dasselbe Prinzip.

Die Stimmigkeit der einzelnen Urprinzipien läßt sich nicht so leicht beweisen, am besten erlebt man sie durch den Umgang mit ihnen. Wer aber doch Beweise sucht, findet sie wohl am schnellsten auf dem Gebiet der Astrologie. Interessant mag in diesem Zusammenhang die Tatsache sein, daß in der Antike die drei transsaturninen Planeten Neptun, Uranus und Pluto noch gar nicht entdeckt waren. Natürlich wirkten die Urprinzipien in ihrer zeitlosen Beständigkeit damals genauso wie heute. So entstand auch nie ein Problem aus der Tatsache, daß diese Planeten noch unentdeckt waren. Die entsprechenden Götter existierten ja schon und charakterisierten die entsprechenden Prinzipien deutlich. Am Himmel wurde damals ihre Rolle von anderen Planeten mitübernommen, so wie es bis heute noch in zwei Fällen geschieht. Folglich ist die Disziplin der Astrologie durch das Hinzukommen der drei neuen Planeten nicht richtiger oder falscher, sondern lediglich differenzierter geworden. Auch wird das Auffinden noch weiterer Planeten mit noch raffinierteren Meßinstrumenten das System nicht in seinem Wesen verändern, sondern lediglich weiter verfeinern. Interessant ist allerdings, daß die beiden ›jüngsten Planetenkinder‹ Neptun (1846) und Pluto (1930) erst in unserer streng rationalen Zeit aufgefunden wurden und trotzdem die richtigen Namen bekamen, ganz in Übereinstimmung mit der alten Urprinzipienlehre.

Anfangs mag das Erkennen des Urprinzips im Sein und Wirken der gleichnamigen Göttergestalt nicht so einfach sein, vor allem, weil die Handlungen der Götter oft widersprüchlich, ja, paradox erscheinen. Wir müssen uns dazu klarmachen, daß es sich bei diesen Prinzipien um Symbole handelt, und Symbole enthalten eben das Ganze, die beiden Hälften der Wirklichkeit – die Licht- und die Schattenseite. Letztlich handelt es sich weniger um Definitionen als um Bilder. In diesen Götterbildern finden wir eben, gerade weil sie stimmig sind, eine Licht- und eine Schattenseite. In der Welt der Polarität hat alles auch eine Kehrseite.

Um die Urprinzipienkette bei der Beschreibung der mythologischen Geschichten noch deutlicher zu ent-decken, sind jene Begriffe, die das gerade beschriebene Prinzip besonders typisch charakterisieren, *kursiv* gedruckt.

Die Reihenfolge der folgenden zehn Götterprinzipien mag auf den ersten Blick beliebig erscheinen, tatsächlich ist sie auch ziemlich gleich-gültig. Eine andere, genauso geeignete Aufeinanderfolge wäre etwa die nach der Hierarchie im Olymp gewesen, mit Zeus (Jupiter) beginnend oder ebenso denkbar eine chronologische Reihe mit dem Urvater Uranos an der Spitze des Stammbaumes. Auch hätten wir die Planeten nach ihrer Nähe zur Erde ordnen können und dann mit Mond und Merkur begonnen. Die hier gewählte Reihe entspricht der der Astrologie, und wir werden so den Göttern in der Folge begegnen, wie sie uns auch im Tierkreis entgegentreten. Deshalb beginnen wir mit Ares (Mars), der dem Widder zugeordnet ist.

♂
Ares/Mars –
das aggressive Urprinzip

Ares ist der Sohn des Zeus und der Hera. Aber von beiden Eltern, wie auch von den meisten anderen Göttern, wird er gehaßt wegen seiner wilden, ungezügelten Leidenschaft für Kampf und Mord. Im Unterschied zu Athene, der bedachten und maßvollen Göttin des Krieges, liebt Ares den Kampf um des Kampfes willen. Ihm sind Recht und Gesetz völlig gleichgültig, und er stellt sich wahllos auf die eine oder andere Seite, wenn nur der Krieg dabei gewinnt. Unter den Göttern hat lediglich seine Schwester Eris eine ähnliche Einstellung; auch sie fördert Kampf und Krieg, wo immer sich eine Gelegenheit bietet, allerdings nicht durch direkte Einmischung und Kampf wie ihr Bruder, sondern dadurch, daß sie wahllos Gerüchte ausstreut und Eifersucht sät. Außer Eris hegen noch Hades und Persephone eine gewisse Zuneigung für Ares, sind sie doch auf die Opfer seiner grausamen Schlachten und Kriege angewiesen. Venus, die schöne und gerechte Göttin der Liebe, hat ein leidenschaftliches Liebesverhältnis zu dem so ganz von ihr verschiedenen Kriegsgott. Zwar ist er von stattlicher Gestalt, riesengroß und kräftig und dabei noch schöngliedrig, ansonsten aber ist er in seiner ungestümen Ungeduld, seinen ungerechten Wut- und Zornausbrüchen und seiner Vorliebe für Gewalt das gerade Gegenteil der ausgleichenden und friedlichen Göttin der Liebe. Nur in dieser Vereinigung der Gegensätze gelingt es Mars, wenigstens ab und zu Frieden und Entspannung zu finden. Und in solch einem Moment wird die Tochter Harmonia gezeugt. Oft herrscht allerdings auch in dieser leidenschaftlichen Beziehung Streit und Eifersucht, und so werden ihnen auch die Kinder Deimos, der Schrecken, und Phobos, die Furcht, geboren.

In seiner wilden, triebhaften Kampfweise ist Mars durchaus nicht unbesiegbar, im Gegenteil. Der geschickten Kriegführung der Athene muß er sich mehrfach ergeben, wie in der Schlacht um die Stadt Pylos. Athene steht hier auf seiten des angreifenden Herakles, während Mars die Partei der Städter ergreift. Seine

Niederlage ist schließlich so total, daß Athene seinen bewußtlosen Körper zurück zum Olymp bringen muß.

Aus tiefster Verachtung für Recht, Gesetz und Ordnung hat Mars kein einziges Mal das Gericht angerufen. Nur einmal mußte er als Angeklagter vor dem Areopag erscheinen im ersten bekanntgewordenen Mordprozeß überhaupt. Die Anklage lautete, wie bei ihm nicht anders zu erwarten, auf *mut-willigen* Mord. In seiner Verteidigung behauptete Mars, er habe seine Tochter nur vor einer Vergewaltigung retten wollen und deswegen in Notwehr getötet. Da es außer der Tochter keine Zeugen gibt, muß er freigesprochen werden. Wobei es sicherlich so war, daß ihm die Vergewaltigung lediglich willkommener Anlaß zum Morden war, denn ihm selbst ist das Vergewaltigen nicht so fremd wie Hilfeleistung. Wenn er – selten genug – zu Hilfsdiensten bereit ist, muß es schon um seine ureigensten Interessen gehen. Als etwa Hades, der Gott des Totenreiches, in die Gefangenschaft des Sisyphos gerät und kein ›Sterblicher‹ mehr sterben kann, fühlt Mars sich ernstlich bedroht. Nicht einmal die frisch erschlagenen Krieger, selbst diejenigen mit abgetrenntem Kopf, können noch sterben, und Mars macht sich auf, den Hades zu befreien. Ansonsten leistet er nur dann Hilfe, wenn Gewalt, Kampf und damit Opfer für ihn zu erwarten sind. Neben der reinen Kampfeslust im Krieg zieht ihn auch der Kampf der Geschlechter an.

Sein heißes, schnell erregbares Blut und seine wilde Männlichkeit machen ihn zum Vater einiger Kinder, die fast alle Krieger werden. Um diese Nachkommen kümmert er sich hauptsächlich, wenn es gilt, sie zum Streit anzustacheln oder ihnen im Kampf beizustehen. So dient er seinem Sohn Kyknos als Sekundant in dessen Duell mit Herakles. Einem anderen Sohn, dem König Oinomaos, stellt er zu einem *Wettkampf* zwei Stuten, die *schnellsten* von ganz Griechenland, und einen *Speer* zur Verfügung. Selbst wenn er ausnahmsweise einmal eine Tochter zeugt, wendet sich auch die dem Kampf zu, wie die Amazonenkönigin Penthesilea. Selbst der mit Venus gezeugte Liebesgott Eros kann die väterliche Herkunft nicht verleugnen, ist er doch ein *wilder* Knabe, der seine *Pfeile* ohne Achtung vor Rang und Namen *wahllos* verschießt oder aber die Herzen mit seinen *schrecklichen Fackeln in*

Brand setzt. Von den übrigen Göttern wird Eros für so *wenig verantwortungsbewußt* erachtet, daß er gar nicht in den Olymp aufgenommen wird.

Die grundsätzliche Situation des Urprinzips Mars wird in seinem Zeichen ♂ anschaulich deutlich. Der Pfeil, der den Kreis verläßt, zeigt die *zentrifugale Kraft*, die *geradlinig* nach außen strebt. Wir haben hier ein klares Symbol für die ungerichtete *Energie*, den *Impuls* und die *Aktivität* des marsischen Prinzips. Auch der gewalttätige Ares/Mars folgt lediglich dieser Uridee der Wirklichkeit. In der Polarität der Welt kommt dann die Wertung dazu, und Mars verliert dabei leicht unsere Wertschätzung. Andererseits zeigt sich dieses Prinzip der zentrifugalen Kraft in der konkreten Welt des klassischen Griechenlands auch als großer *Mut*, als *Tatkraft* und *Tapferkeit* des Kriegsgottes, sowie als sein *unbändiger Wille*. In diesen Eigenschaften liegt auch eine beeindruckende *Ehrlichkeit*. Im Gegensatz zu seinem Halbbruder Hermes/Merkur ist Ares kein Taktierer. Er sieht nur den geraden Weg und folgt ihm *kompromißlos* und *pfeilgerade*. Wertend könnte man auch sagen, Ares verfolge sein Ziel *blindwütig*. Auf alle Fälle liegt in seiner unbeirrbaren Ehrlichkeit auch die Tendenz zur Unvorsichtigkeit. Aber nicht nur Vor-sicht ist Ares fremd, Rück-sicht liegt ihm sogar noch ferner. Sein Blick ist ja *gerade* und ausschließlich nach *vorn* gerichtet. Der Gedanke an Rück-zug oder gar Nach-sicht ist ihm in all seinen Abenteuern und Schlachten nie gekommen. Mars ist ein Freund von schnellen Entschlüssen und klaren Entscheidungen. Unbeirrt und oft skrupellos, immer aber cholerisch, folgt er seinen Affekten.

Als seine Schwester Eris und er selbst einmal nicht zu einer Hochzeit eingeladen werden, zu der alle anderen Olympier geladen sind, zettelt er sofort einen Streit an. Er erreicht, daß die Kentauren sich sinnlos betrinken und über ihre Nachbarn herfallen. Die Hochzeit endet in einem blutigen Krieg. Ein ähnliches Spiel hatte Eris auf einer früheren Hochzeit getrieben, weswegen sie und ihr Bruder eben auch nicht eingeladen worden waren. Solche Gründe aber interessieren Mars und seine Schwester nicht. Sie sehen nur die Beleidigung und zeigen sofort und ohne weiteres Nachdenken ihre *Zähne*. Bei seinen brutalen Rachegelüsten geht Mars nicht selten mit dem Kopf durch die Wand.

Auch in Eifersuchtssituationen neigt er zu schneller, blutiger *Rache*. Als er etwa von Persephone erfährt, daß seine Geliebte Venus ihn mit dem schönen Jüngling Adonis betrügt, verwandelt er sich sogleich in sein Wappentier, einen *wilden Eber* und *spießt* Adonis direkt vor den Augen der Geliebten auf. Aus Adonis' *Blut*, das von seinen *spitzen Hauern* tropft, wachsen die ersten Anemonen.

Mars' *Einseitigkeit* und Ungerechtigkeit wird noch deutlicher, wenn man bedenkt, daß auch Venus ihn in fremden Betten fand, einmal etwa in dem der Eos, der Göttin der Morgenröte. Dieses kurze Verhältnis zu Helios' Schwester mag überraschen, andererseits aber hat Ares ein natürliches Verhältnis zu den *Dingen des Anfangs*. So ›liegt ihm‹ die *erste Morgen-röte* ›nahe‹, wie ihm von den Jahreszeiten der Frühlingsanfang entspricht mit seiner jugendlichen Kraft, dem Aufbrechen der Erde unter den kräftigen, lanzenförmigen ersten Keimen und ›*Trieben*‹.

Nicht zufällig heißt der erste Frühlingsmonat März nach ihm, und im Altertum wurden ihm zu Ehren im Frühling *Wettrennen* und *Waffentänze* veranstaltet. In Mars' Auftreten ist auch immer etwas jugendfrisch Mitreißendes und Überschäumendes – Kraft und Initiative liegen fast immer bei ihm.

Aktivität ist sein Wesen, allerdings im Unterschied zu Hermes/Merkur mit einer *eindeutigen* Betonung auf der Energie, dem *Impuls*. Aller Antrieb kommt von ihm, wie ja auch die ihm zugeordneten Triebe es sind, die uns ›treiben‹. Er ist die Kraft, die alles von sich wegschleudert und alle Spannungen zur Explosion treibt. Dabei ist er aber nie die eigentliche Quelle der Energie, das ist eindeutig die Sonne. Mars ist der dynamische Ausdruck der Energie in der Welt, und er ist dabei wahllos. Es geht ihm nicht um Gut oder Böse, sondern um die Dynamik an sich. Wo immer er auftaucht, drängt er unbeirrbar auf Entladung und damit letztlich Entspannung, auch wenn das oft anders zu sein scheint.

Ein gutes Beispiel für sein Wesen haben wir in der germanischen Mythologie an Odins Kriegern, den *Berserkern*. Diese sind so verrückt auf Kampf und Gewalt und in ihrem Kampf so hemmungslos und blindwütig, daß sie im Frieden in Ketten gelegt werden müssen. Im Krieg freigelassen, sind sie dann außer Rand und Band. In der griechischen Kadmos-Legende finden wir die entsprechende Parallele. Als Kadmos eine dem Ares gehörende Schlange erschlägt und auf Athenes Geheiß ihre *Zähne* aussät, springen daraus sogleich geharnischte Kämpfer hervor, die ›Spartaner‹, die, als Kadmos einen Stein zwischen sie wirft, sogleich aufeinander einschlagen. Es *entbrennt* ein solcher Kampf, daß nur wenige überleben.

Manchmal heißt es auch, die Schlange sei ein Drachen gewesen, auf alle Fälle ist es ein furchterregendes Ungeheuer, das auf Ares' Insel Kolchis das Goldene Vlies bewacht. Im direkten Kampf hätten die Argonauten gegen es kaum bestehen können. Mit einer kleinen List aber gelingt es typischerweise recht leicht, das kampferprobte Untier des Mars-Prinzips zu täuschen, ähnlich wie es Hermes/Merkur im ›Handumdrehen‹ schafft, dem Ares sein umgegürtetes Schwert aus der Scheide zu stehlen. Die Argonauten treffen auf ihrer gefährlichen Reise noch häufig auf Mars und seine Vertreter. So begegnen sie auch seinen gefährlichen, sich von Menschenfleisch ernährenden Todesvögeln.

Nach allen bisher aufgeführten Taten und Schandtaten des Mars verwundert es nicht, daß er als Unglücksbote und Zerstörer in Verruf geriet, ein anderer Name für ihn, Ara, bedeutet sogar Unglück und Fluch. Allerdings sollten wir auch nicht vergessen, daß er als erster Impuls zu allem Anfang gehört und seine Lieblingsbeschäftigung, der *Krieg*, von Heraklit zu Recht als ›Vater aller Dinge‹ bezeichnet wird.

♀
Aphrodite/Venus — das ausgleichende Urprinzip

Um die Geburt der Venus ranken sich verschiedene Legenden, die uns alle zusammen und jede einzeln wesentliche Züge der Göttin enthüllen. In einer dieser Erzählungen finden die Fische des Flusses Euphrat ein Wunderei. Mit vereinten Kräften schaffen sie es ans Ufer, und eine Taube kommt herbeigeflogen und bebrütet das Ei, bis die Liebesgöttin aus ihm herauswachsen kann. In einer anderen Version entsteigt Venus einer Meeresmuschel, weshalb auch die Perle eng mit ihr verbunden ist. Die bekannteste Geschichte weiß zu berichten, daß Venus ein Kind des Himmelsgottes Uranos und seiner Gattin Gaia, der Mutter Erde ist. Uranos, der mit Vorliebe seine eigenen Kinder verschlingt, wird von Kronos/Saturn, seinem eigenen Sohn, mit einer Sichel entmannt. Das abgeschlagene Glied des Vaters schleudert Kronos ins Meer, und sogleich bildet sich daraus weißer Schaum, dem am Strand der Insel Kythera die wunderschöne Aphrodite/Venus entsteigt, woher auch ihr Name, die ›Schaumgeborene‹, stammt.

Welchen Mythos wir auch betrachten, immer kommt Venus aus dem wäßrigen Element, das für die Seele, das Gefühl und das Weibliche schlechthin steht. Und so erstaunt es auch nicht, daß das Gefühl stets der Urgrund bleibt, aus dem sie lebt. Ihre Geburt hat darüber hinaus immer etwas Wundervolles, Übernatürliches, dem Wunder der Liebe, das ihre Domäne wird, Angemessenes. Die Taube als Symbol des *Friedens* und der *Harmonie* ist eine ebenso würdige Amme wie die Muschel, die in ihrer Mandalaform mit dem Kleinod der Perle in ihrer Mitte auf die Einheit als Ziel der Polarität verweist. Mit der Perle, die auch Symbol der Tränen ist, klingt dabei schon an, daß die Liebe(sgöttin) auch den *Schmerz* und die *Trauer* kennt.

Die Geschichte des seine eigenen Kinder fressenden Uranos rückt andererseits auch die Eifersucht in die Nähe. Daß die Liebe in dieser Erzählung aus der Kastration des mächtigsten Herrn des Himmels entsteht, mag andeuten, daß nach der Entmachtung der Macht nur noch die Liebe bleibt.

Wo und wie immer Venus geboren wurde, alle Berichte sind sich einig, daß sie dem Wasser entstieg und wunderschön war. Zeus nahm sie als Adoptivtochter an, und da sie bald seine Lieblingstochter war, machte er sie zur Göttin der *Liebe* und *Schönheit* und zur Herrin über die Herzen der Menschen. Die Liebe zu den anderen Göttern aber verbot er ihr. Davon ausgenommen ist nur Hephaistos, der häßliche und verkrüppelte Gott der Schmiede und Vulkane, den er ihr zum Gatten gab. Das mag auf den ersten Blick eine absonderliche Partnerwahl scheinen. Sie kommt aber tatsächlich dem Bedürfnis der Venus entgegen, die auch und vor allem der *Harmonie* verpflichtet ist. Harmonie aber entsteht aus dem Ausgleich der Gegensätze. Unter diesem Versöhnungsaspekt paßt der häßliche Hephaistos sehr wohl zu der schönen Venus.

Andererseits hält sich Venus aber nicht allzu genau an Zeus' strenge Vorschriften. Zu sehr ist sie der Hingabe und Zärtlichkeit, der *Anmut* und formvollendeten Schönheit und nicht zuletzt der *Sinneslust* zugetan. So sind ihre drei Kinder auch nicht von Hephaistos, sondern von dem schöngliedrigen, aber wilden Kriegsgott Mars. In seinem Aussehen mag dieser ihr zwar gleichen, in seiner ungeduldigen, ungestüm kriegerischen Art aber ist er gerade ihr Gegenpol, und sie kann auch hier ihrer Hauptaufgabe, der *Versöhnung der Gegensätze mit dem Ziel der Ausgewogenheit*, nachleben. Eines der Kinder aus dieser Beziehung ist dann auch die Tochter Harmonia, die mit ihrem Attribut, dem Halsband mit abwechselnd weißen und schwarzen Perlen, den Ausgleich der gegenpolaren Kräfte (männlich-weiblich, Krieg-Frieden, Kampf-Liebe) symbolisiert. So wächst aus Krieg und Frieden die Harmonie der Mitte.

Ein anderes Kind ihrer Beziehung zu dem wüsten Kriegsgott ist Eros/Amor, der Gott der Liebe. Mit den Kriegswerkzeugen des Vaters, Pfeil und Bogen, vertritt er das Anliegen der Mutter, die Liebe, unter den Sterblichen. Als Gott der Leidenschaft schafft er neben der Liebe eben auch Leiden. Bei seiner Mutter dagegen tritt dieser Aspekt hinter ihrem *lebensbejahenden*, Freude, Schönheit und Glück ausstrahlenden Wesen zurück.

Venus kann den Anordnungen ihres Vaters Zeus gar nicht streng folgen, denn ihr ganzes Wesen ist nicht etwa wie bei Merkur vom Denken geprägt, sondern ganz im Gegenteil vom *Fühlen*. Das Gefühl der Liebe vor allem und ihre Sehnsucht nach dem harmonischen Ausgleich der Kräfte bestimmen ihr Leben. In diesem Bestreben hat sie durchaus Ähnlichkeit mit Merkur. So ist auch sie eine Diplomatin, allerdings nicht aus Schlauheit und Raffinesse, sondern aus ihrem Bedürfnis zu versöhnen, die Gegensätze auszugleichen und weil ihr der Frieden heilig ist. Um seinetwillen ist sie zu jedem Kompromiß bereit, ja, Kompromißbereitschaft ist ein Teil von ihr. Um des lieben Friedens willen neigt sie auch zu mancher *Schmeichelei* und sogar Unehrlichkeit – auch hier dem Merkur nicht unähnlich, – wenn auch aus ganz anderen Beweggründen. Auch ihre Vordergründigkeit und *Oberflächlichkeit* erinnern an den Götterboten, wobei diese Eigenschaften bei ihr aus der leichtlebigen Eleganz und ihrem Versöhnungsbestreben wachsen. Merkurs kopfbetontes Vernunftdenken kommt dagegen hin und wieder zu kurz bei ihr. Wenn sie sich aber auch noch mit diesem Prinzip verbindet, wie in ihrer Beziehung zu Hermes, mag aus der Vereinigung von Liebe und Vernunft durchaus die Einheit erwachsen, wie sie körperlich in dem gemeinsamen Kind ›Hermaphroditos‹ zutage tritt.

Gewöhnlich aber sind die Liebesbeziehungen der Venus weniger von Vernunft als von glühender Leidenschaft geprägt. Sie tut alles für die Liebe, ja, paßt sich dem Geliebten, wenn der sie nur ehrlich liebt, bis zur Selbstaufopferung an. Als sie sich etwa Hals über Kopf in Adonis verliebt, kann sie den Kopf tatsächlich weder oben noch klar behalten. Es geht ihr ja aber auch gar nicht um den Kopf, sondern ums *Herz*. Und so folgt sie Adonis fast blind überall hin, vernachlässigt ihm zuliebe ihre eigenen göttlichen Pflichten in ihrer Kultstätte Paphos, ja, vernachlässigt sogar ihre äußere Schönheit und ihren Sinn für Ästhetik, um sich ganz dem Geliebten anzupassen. Für ihn ist sie bereit, alles zu opfern. Als Adonis ihren besorgten Rat mißachtet und dem eifersüchtigen Mars in der Gestalt eines wilden Ebers zum Opfer fällt, ist der Schmerz grenzenlos, und sie verfällt in rasende Verzweiflung. Um jeden Preis will sie Adonis festhalten und sammelt sein Blut, aus dem die Anemonen entstehen, um so eine ewige Erinnerung an seine Liebe zu behalten. Manche Quellen besagen, sie habe sich sogar an die Unterwelt gewandt, um sich wenigstens einen Teil von Adonis zu erhalten und ihn nicht ganz der Persephone überlassen zu müssen.

In dieser Geschichte klingen auch die Schattenseiten der Venus an, das unbedingte Verschmelzenwollen mit dem Ziel ihrer Liebe, das bis zum ›Fressen aus Liebe‹ gehen kann. Auch zeigt sich hier schon deutlich, daß Liebe wirklich blind macht. Weitere Schattenseiten der Göttin liegen in schrankenloser *Sinnenlust, Eifersucht* und ungezügelten Ausschweifungen auf erotisch-sexuellem Gebiet, bis hin zu den ›venerischen‹ Krankheiten (Geschlechtskrankheiten), die ja mit ihrem Schmerz und ihrer Last ebenfalls in den Herrschaftsbereich der Venus fallen.

Diesen dunkleren Seiten der Venus, die oft auch mit den mythologischen Namen der Mondgöttinnen Ischtar, Astarte und Hekate in Zusammenhang gebracht werden, stehen eine Menge heller Seiten dieses urweiblichen Prinzips gegenüber. So ist die Venus auch für ihre Großzügigkeit bekannt. Sie kann reich beschenken und auch weitherzig verzeihen. In ihrem ausgleichenden, harmonisierenden Wesen ist sie auch ausgesprochen *gerecht*, so daß sie zur *Schutzpatronin der Justiz* wurde, was sich in ihrem Symbol der Waage ausdrückt. Das Bestreben der Rechtsprechung ist es ja vor allem, ein entstandenes Ungleichgewicht wieder auszugleichen, den Weg zurück zur Harmonie zu finden. Dort, wo sich die Rechtsprechung den Gedanken der Rache zu eigen macht, deren Ziel ja nicht die Mitte, sondern das andere Extrem ist, verläßt sie den Bereich der Venus zugunsten des Pluto. Venus strebt im Gegenteil den Ausgleich jeder Einseitigkeit an, sie ist lebensbejahend und voller Sympathie für beide Seiten. So fördert sie Gefühlskontakte und -wärme, liebt das Angenehme und Schöne, und deshalb liegt ihr auch die *Kunst* besonders am Herzen. So kommt es, daß man Venus auch oft in Theatern und allen anderen der Kunst geweihten Plätzen antrifft. Sie liebt das Schöne bis zum Luxus und die *Großzügigkeit* bis zur Verschwendung. In der Natur hält sie sich noch am ehesten in gepflegten Parkanlagen oder lieblichen Blumenwiesen auf. Ihre Zeit ist der reife Frühling.

Opferbereitschaft, Hingabe und große *Sensibilität* sind ihre Stärken, wobei ihre eigentliche Stärke ihre Schwäche ist, ihr urweibliches, nachgiebiges und aufnehmendes Wesen. Neben der Mondgöttin ist sie das weiblichste Wesen unter den Göttern, was wir schon an ihrer Herkunft aus dem Meer, dem Mare, der mit der christlichen Jungfrau Maria geteilten Heimat ablesen können. Den ewig jungfräulichen Aspekt finden wir auch bei Venus, die ihre Jungfernschaft nach Belieben im Meer erneuern kann. Allerdings scheut sie sich nicht im mindesten, diese ständig wieder ihrer Lust und Liebessehnsucht zu opfern.

Liebe und Gefühl im allgemeinen gehen ihr über alles, und sie wacht eifersüchtig über ihre Vorherrschaft in diesem Bereich. Als einmal das Gerücht auftaucht, eine Sterbliche, Smyrna, die Tochter des Königs von Kypros, sei schöner als sie, straft sie die

Rivalin hart für diese Beleidigung. Ebenso eifersüchtig verteidigt sie ihren magischen Gürtel, der jeden in Liebe zu seiner Trägerin entflammen läßt. Sie verleiht ihn wohl, aber nur nach eigenem Gutdünken, und hier liegt der Gedanke an Kuppelei nicht so fern. Die anderen Göttinnen haben dagegen kaum Aussicht, ihn für ihre Zwecke geliehen zu bekommen.

Als sich umgekehrt Venus einmal heimlich an einem Webstuhl versucht, wird sie von Athene, der Herrin über diesen Bereich, ertappt. Athene braucht ihr nur zu drohen, sich selbst aus diesem Bereich zurückzuziehen und ihn ihr ganz zu überlassen. Sofort entschuldigt sich Venus für ihren Übergriff und geht seither jeder Form von Arbeit geflissentlich aus dem Weg.

☿
Hermes/Merkur –
das vermittelnde Urprinzip

Hermes/Merkur ist der Sohn des Zeus und der Maia, eines jener sieben Mädchen, die der Himmel von der Erde raubte, um sie als Sterne in das Bild des Orion zu schicken. Hermes ist unehelicher Herkunft, denn Zeus hatte sich des Nachts heimlich von der Seite seiner Gattin Hera weggestohlen, um Maia zu lieben. Obwohl also von edelster Geburt, bleibt Hermes' Existenz erst einmal zehn Monate verborgen, bis Maia den Knaben zur Welt bringt. Jetzt erst wird das Verhältnis des Göttervaters zu ihr bekannt.

Hermes ist von allem Anfang an auf sich gestellt bzw. nimmt sein Leben sogleich und freiwillig selbst in die *Hand*, nachdem er bereits mit wunderbarer Schnelligkeit am Vormittag seines ersten Lebenstages zu einem Knaben herangereift ist. Als sich die Mutter Maia einmal nur umdreht, *packt* er sogleich die Gelegenheit beim Schopf und flüchtet aus dem Nest. Er läßt die Wiege (in der Grotte des Berges Kyllene), die Mutter und die Heimat zurück und macht sich auf die Suche nach Abenteuern.

Noch am selben Tag soll er zur Mittagszeit durchs Land Pieria gestreift sein. Aus einem gefundenen Schildkrötenpanzer schnitzt er sich eine Leier, auf der er auch gleich aufs vortrefflichste zu spielen weiß.

Am Abend seines ersten Lebenstages raubt er auch noch die Rinderherde seines Halbbruders Apollo, eines legitimen Sohnes des Zeus, und er verfährt dabei so geschickt und listig, daß der Diebstahl zunächst verborgen bleibt. Schließlich wird das Verschwinden der Rinder von Apollo bemerkt, und als Hermes nach anfänglichem geschicktem Leugnen entlarvt wird, verteidigt er sich so raffiniert und zugleich liebenswert, daß ihm niemand, auch nicht sein Vater Zeus, gram sein kann. Seine Verteidigungsrede ist so gewandt und liebenswürdig, daß er im *Handumdrehen* alle Beteiligten mit sich und der verruchten Tat versöhnt. Verwegen benutzt er die an sich schwierige Situation auch gleich noch, um seinen Platz unter den Göttern des Olymp zu fordern, denn ganz nebenbei erwähnt er, daß er das Fleisch zweier gestohlener Kühe den zwölf Göttern geopfert hätte. Auf die Frage der Götter, wer denn der zwölfte Gott sei, versichert er liebenswürdig, daß er den zwölften Teil gegessen habe, aber keinen Bissen mehr als ihm zustünde. Die übrigen 11 Teile habe er zu Ehren der olympischen Götter verbrannt. Darauf kann auch Zeus nur noch lächeln.

Auf dem Rückweg in die Heimat zur gestohlenen Herde schließt er obendrein noch einen günstigen *Handel* mit dem Bruder Apoll ab. Der ist nämlich von Hermes' Leierspiel so fasziniert, daß er ihm im Tausch für die Leier die ganze Rinderherde überläßt. Durch diesen Erfolg gewitzt und sicherlich nicht frei von Berechnung *fertigt* Merkur sich eine Flöte, mit deren lieblichen Tönen er Apoll noch einmal so verzaubert, daß er ihm im Tausch für die Flöte auch noch die Fähigkeit der Weissagung abhandeln kann und Apolls goldenen Stab, der dem Gott der Viehzucht und der Hirten zukommt.

Zeus ist von des Sohnes Geschick und Fähigkeiten so angetan, daß er seiner Bitte nachgibt und ihn zum Boten der Götter ernennt und damit zum Herrn über alle *Kommunikation*. Zum Zeichen dieser Berufung bekommt Merkur/Hermes nun einen geflügelten Helm und ebensolche Sandalen, die ihm erlauben, mit beflügelten Schritten in Windeseile von Ort zu Ort zu eilen. Seine Aufgabe ist es, den Willen der Götter an die Menschen zu *übermitteln* und auch umgekehrt, den Menschen Gehör im Himmel zu verschaffen. Er ist der klassische Vermittler. Seine früh entwickelte körperliche Beweglichkeit kommt ihm dabei ebenso zugute wie seine *flinke Intelligenz* und *Geistesgegenwart*, die sich in seiner Rede- und Überredungskraft *ausdrücken*. So wird er auch zum Gott der *Sprache* und *Rhetorik*. Es gibt wenig, was er nicht mit Hilfe der Sprache erreichen könnte. Als Meister des Doppelsinnes der Worte und auch darin, die Wahrheit in seinem Sinne zu drehen und zu wenden, kann er vieles ›drehen‹ und zu seinem Vorteil wenden. Indem er sich der Sprache so meisterlich bedient, macht er allerdings oft die Wahrheit zur Lüge, und wem er hilft, den betrügt er auch leicht.

Als Götterbote unterstehen ihm auch alle Wege, die geraden ebenso wie die krummen. Er ist zugleich Herr der *Händler* und *Kaufleute* einerseits und der *Diebe*, *Betrüger* und Wegelagerer andererseits. Die Notwendigkeit, solch gegensätzliche Aufgaben in sich zu vereinen, läßt ihn zu einem schlauen, ja oft listigen und manchmal sogar *verschlagenen Diplomaten* werden. Denn bei allem Zweckdenken ist ihm auch eine natürliche Neutralität zu eigen, aus der er stets die *Relativität der Dinge* erkennt.

Immer in Bewegung und voller Unruhe ist Hermes kein Kind von Traurigkeit. Nichts und niemand ist vor seinen Streichen sicher, weder das Schwert des Mars noch der Gürtel der Venus, ja nicht einmal das Zepter seines Vaters Zeus. Andererseits kann ihm aber auch niemand wirklich böse sein, da ihn jeder mag und er auch allenthalben gebraucht wird; besonders sein Vater Zeus verdankt ihm die Errettung aus mehr als einer peinlichen Affäre.

Als Gott der Wege ist Hermes auch für die Reisenden zuständig und speziell für die Reise der Seelen in die Unterwelt. In dieser Funktion ist er uns als der ›Psychopompos‹ bekannt. Aber auch in ›Hermestrismegistos‹, dem dreimal großen Hermes, begegnen wir ihm wieder, denn er ist es auch, der den Menschen das Wissen der Esoterik bringt und schließlich die *Gegensätze zusammenführt* und vereinigt, wie sein Zeichen, der Hermes-Stab, andeutet. Im Caduceus winden sich die beiden Schlangen der Polarität um die eine Mitte. Dieser Stab wurde als Äskulapstab zum Zeichen der Ärzte, und so ist Merkur auch ihr Herr.

Nun mag es fast scheinen, als habe Merkur wirklich mit allem zu tun, und als Gott der Kommunikation und *Mittler zwischen den Welten* ist es in gewisser Weise auch so. Andererseits sind all seine vielen Aufgabenbereiche doch aus den wenigen Grundprinzipien seiner frühesten Geschichte zu verstehen.

Die Beweglichkeit, die er gleich nach seiner Geburt und der Flucht aus der Wiege zeigt, bleibt ein bestimmendes Element in körperlicher wie in geistiger Hinsicht. Das *Geschick seiner Hände*, mit dem er die erste Leier fertigt, bleibt ein vorrangiges Prinzip. Alles, was mit den geschickten Händen im Konkreten wie im übertragenen Sinne zu tun hat, bleibt sein Revier: sowohl das *Handwerk* und jedes geschickte *Hantieren* als auch der *Handel*, wo ja die Waren von Hand zu Hand gehen, wie auch alles Handeln im Sinne von aktiv werden, wobei er sich diesen Bereich mit dem Kriegsgott Ares/Mars teilen muß. Bei Merkur liegt der Schwerpunkt jenes Handelns, das wirklich mit *leichter Hand* geschieht. Wandert der Schwerpunkt dagegen mehr zu den Arme(e)n und damit zu schwerwiegenderen Taten, so ist Mars angesprochen.

Mit seinen geschickten Händen und seinen flinken Gedanken kann Hermes/Merkur alles mögliche *be-greifen* und *er-fassen*. Im Doppelsinn dieser Worte können wir den ganzen Umfang seines Reiches erkennen. Denn nicht nur mit den Händen, auch mit den Gedanken kann er alles in Beziehung zu allem bringen. Er handhabt die Handwerkzeuge genauso geschickt wie die Begriffe und Zahlen der Sprache, denn auch Denken, Reden, Schreiben und Rechnen ist letztlich nichts anderes als In-Beziehung-setzen. Und selbst Lügen und Betrügen stellt ja lediglich Beziehungen her, wenn auch falsche.

Wie sich beim Bau der Leier und dem Raubzug gegen Apolls Herde zeigte, ist Merkur auch erfinderisch und so, wie er auf der Erde immer wieder Neues findet und erfindet, neue Dinge und neue Wege, tut er dies wiederum auch in übertragenem Sinne. Er weist den Wissenschaftlern und Gelehrten den Weg in der Forschung, ja, er ist es, der den Menschen das Wissen überhaupt erst brachte. Neben der wissenschaftlichen Analyse untersteht ihm auch die Vermittlung des Wissens an die Schüler. Der Vermittlung, dem In-Beziehung-setzen, gilt ja generell sein Hauptaugenmerk. Gerne bringt er Menschen zusammen, läßt sie miteinander reden, handeln, streiten oder auch flirten; geht der Streit allerdings tief, so überläßt er Mars das Feld; geht der Flirt tiefer, tritt er gern zu Venus' Gunsten zurück.

Die schnelle, verbindende Aktivität an der Oberfläche ist seine Domäne, und hier ist er unübertroffen. Der *Verkehr* ist sein Herrschaftsbereich, sowohl auf den Straßen und Wegen, als auch zwischen den Menschen. Das oberflächliche Miteinanderverkehren der Menschen mit all den Verstellungen und Gebärden, all das, was da nicht tief und vielleicht nicht ganz ehrlich, aber auch nicht böswillig falsch ist, in all dem ist Merkur zu Hause.

Er ist der Herrscher der Oberfläche, und folglich fehlt ihm die Dimension der Tiefe. Seine Möglichkeiten liegen im *Denken* und *Handeln*, und auch diesen beiden Funktionen bleiben ja die letzten Tiefen des Lebens verborgen.

☾

Der Mond —
das widerspiegelnde Urprinzip

Mit dem Mond kommen wir zum Gegenpol der Sonne. All das, was im Sonnenprinzip als Potenz liegt, tritt beim Mond in die Erscheinungswelt. Ähnlich, wie es kaum möglich ist, dem qualitätsfreien Sonnenprinzip Eigenschaften zuzuschreiben, ist es jetzt auf der Gegenseite schwierig, all die vielen Eigenschaften des Mondprinzips in einer Göttergestalt unterzubringen. Und so verwundert es nicht, daß es in den meisten alten Kulturen mehrere Mondgöttinnen gibt. Wir wollen uns auch hier einer Reihe von ihnen widmen, da der Mond ein Prinzip darstellt, das für uns besonders wichtig ist. Ist es doch gerade das Mondhafte, Weibliche, das unserer vom männlichen Gegenpol beherrschten Zeit so mangelt. In diesem Buch hatten wir uns anfangs die Aufgabe gestellt, die beiden Pole der Wirklichkeit einander näherzubringen, uns die Mitte dazwischen zur Aufgabe zu machen. So wird es besonders wichtig, den im allgemeinen so vernachlässigten Mond hier ausführlich zu erleben.

Wie weit wir uns vom Wesen dieses Urprinzips entfernt haben, sehen wir in der Sprache: Wir sagen ›der Mond‹ und ›die Sonne‹ und haben damit gerade die Polarität vertauscht und uns den Zugang verstellt. Der Mond ist das Urweibliche und ist in fast allen Sprachen folglich auch weiblichen Geschlechts. Konsequenterweise gibt es auch in allen Kulturen nur Mondgöttinnen und Sonnengötter. Wir hingegen sprechen vom ›Mann im Mond‹ und haben den Mond-tag zum unattraktivsten Tag der Woche gemacht, während wir die Sonne, das männliche Prinzip, am Sonntag feiern. Dieses Ungleichgewicht zeigt sich auch deutlich im Verhältnis von Verstand und Instinkt. Der ›sonnenklare‹ Verstand hat den Instinkt unserer naturverbundenen Vorfahren weitgehend ersetzt. In den frühen Mondreligionen der sogenannten ›Primitiven‹ lebte der magische, dem Analogiedenken verhaftete Mensch, der aus der Natur wie aus einem Bilderbuch las. Mit der Machtübernahme der Sonnengötter drängte sich dann der homo faber, der Macher, in den Vordergrund und ersetzte Instinkt und Gefühl durch Verstand und Macht.

Nach diesem kurzen geschichtlichen Ausflug wird noch einmal klar, daß es nicht um den Ersatz des männlichen durch das weibliche Prinzip gehen kann – das würde wiederum in die Einseitigkeit führen –, sondern um den Ausgleich in der Mitte. Beide Prinzipien ergänzen sich vielmehr, als daß sie sich ausschließen, ja, sie sind aufeinander angewiesen. Das Urmännliche, Sonnenhafte, muß das Urweibliche, Mondhafte, befruchten. Das Weibliche ist *aufnahmebereit* und auch dazu bereit, die gezeugte Frucht *auszugebären* und damit aus ihrem Schoß zu entlassen, bis sie es dereinst zurückholt. Diesen Gedanken können wir in den Kreisläufen der *Natur* nacherleben, die ja weitgehend vom Mond bestimmt werden, bis hin zum *Zyklus der Frauen*. Das Samenkorn wird befruchtet und muß daraufhin zurück in den *Schoß der Erde* für ein Viertel des Jahres, um in Ruhe und wie tot zu verharren. Anschließend beginnt das *Keimen* und *Wachsen*, die Befreiung aus der Dunkelheit und schließlich das Blühen und *Austragen der Frucht*. Sobald der neue Same befruchtet ist, beginnt der Kreislauf von vorne, und sowohl das Samenkorn als auch der Körper der alten Pflanze müssen zurückkehren in den Schoß von Mutter Erde.

In der griechischen Mythologie wird dieser Kreislauf von der Göttin Kore dargestellt. Sie ist die Tochter der Demeter, der dem Mond zugeordneten Göttin der Kornfelder. Die junge fröhliche Demeter, deren Priesterinnen sterbliche Frauen und Männer in die Geheimnisse der Ehe einweihen, ist selbst unverheiratet und bekommt ihre Tochter Kore unehelich von Zeus. Später verliebt sich Hades, der Herrscher der Unterwelt, in Kore und entführt sie mit Gewalt in sein finsteres Totenreich. Demeter sucht die geliebte Tochter neun Tage und Nächte voller Verzweiflung, und schließlich findet sie sie mit Hilfe der alten Hekate und des allessehenden Helios, der allerdings erst zum Reden gezwungen werden muß. Nach heftiger Auseinandersetzung zwischen allen Beteiligten findet Zeus den ›natürlichen‹ Kompromiß: Kore soll ein Viertel des Jahres als Persephone Königin der Unterwelt bei Hades sein und die übrigen Dreiviertel des Jahres mit ihrer Mutter Demeter im Licht der Welt verbringen. Die alte Hekate soll diesen Pakt überwachen.

In Demeter, der Göttin des Ackerbaus, finden wir die vier wesentlichen Seiten des Mondprinzips ausgedrückt, ähnlich wie wir sie auch in den vier Mondphasen sehen können: Neumond − zunehmender Mond − Vollmond − abnehmender Mond.

Dem *Neumond* entspräche hier die Empfängnis, wie ja auch die Mythologie weiß, daß die Mondgöttin Selene (römisch Luna) z. Z. des Neumondes (der Konjunktion von Sonne und Mond) im Ehebett des Sonnengottes verschwindet, weshalb der Himmel dunkel bleibt. Darauf folgt die Zeit des Wachstums, des zunehmenden, wachsenden Mondes, die bei *Vollmond* in der *Geburt*, dem Ausstoßen der Frucht endet. Die Periode des *abnehmenden Mondes* entspricht dem Vergehen, dem Sterben und damit der Rückkehr in den Mutterschoß. So beherrscht Demeter alle Phasen des Weiblichen: das Aufnehmende (bei Empfängnis und Sterben) und das Gebende (bei Geburt und Wachstum). *Werden* und *Vergehen* sind ihr Reich.

Allerdings wird die Gestalt der Demeter dem Urprinzip Mond, das nicht nur für das Mutterprinzip, sondern für die Große Mutter, das Weibliche schlechthin, steht, allein nicht gerecht. In der babylonischen Mondgöttin Ischtar haben wir eine eher umfassende Figur. Sie herrscht uneingeschränkt über alles Leben auf und unter der Erde, ist Göttin der Fruchtbarkeit und des Wachstums wie auch Zerstörerin des Lebens und so auch *Göttin der Unterwelt, des Unbewußten, Dunklen, Verschlingenden*. Sie lebt beide Seiten des Mondes zugleich, ist die gebärende und verschlingende Mutter, der weiße und der schwarze Mond. Als Göttin der Unterwelt ist sie auch Rachegöttin, Mutter der Angst und des Irrsinns, Herrscherin im Schattenreich. In der jüdischen Religion wird diese dunkle Rolle der Todesmutter durch Lilith, die erste Frau, dargestellt.

Die griechische Mythologie personifiziert diesen Teil des Mondprinzips in Hekate, der schrecklichen Göttin der Nacht. Sie erscheint auf ihrem von schwarzen Pferden gezogenen Wagen, begleitet von ihren Töchtern, den schamlosen Empusen, *furchterregenden Gespenstern*, die für *Alpträume* und irre, *lunatische* Phantasien* sorgen. Hekates Attribute sind Geißel, Dolch und Fackel, und ihr sind drei Körper gegeben, der eines Löwen, eines Hundes und eines Pferdes. Sie verführt die Männer im Schlaf, saugt ihnen das Blut aus und verzehrt ihr Fleisch. Manchmal wird sie deshalb auch in eine aufgedunsene Blutblase gehüllt oder als dreiköpfige Hundsgöttin dargestellt. Sie erscheint überfallartig auf der Erde, trägt Schrecken, Alpträume und Tod unter die Menschen und verschwindet genauso rasch wieder in der Unterwelt. Als Göttin der Zauberkunst und oberste Hexenpriesterin wird sie selbst vom Göttervater Zeus respektiert, und niemals tastet er ihr altes Vorrecht an, den Sterblichen jede Gunst zu gewähren oder zu verweigern. In der Unterwelt ist sie die Hüterin der Todesschwelle. Ähnlich wie die kanaanäische Lilith ist Hekate Symbol der negativen Mutter, die ihre Kinder verführt, tötet und wieder verschlingt, die die Männer mit ihrer dunklen Erotik anzieht, in den Bann hemmungsloser Sexualität schlägt und schließlich kastriert. Ihr Symbol ist der Neumond und damit der schwarze Mond. Neben den schrecklichen Empusen ist auch Skylla, jenes Meeresungeheuer mit seinen sechs Hundeköpfen, das Seeleute fängt, ihnen die Knochen bricht und sie schließlich verschlingt, eine Tochter Hekates. Im Verein mit

---

* Im Englischen heißt ein Verrückter ›lunatic‹, und auch in unserem Wort ›Laune‹ erkennen wir noch Luna, die Mondgöttin.

dem gefährlichen Strudel Charybdis gelingt es der Skylla einmal fast, den Sonnenhelden Odysseus zu verschlingen.

Die eigentliche Mondgöttin der Griechen ist Selene (röm. Luna). Sie ist die Göttin der Frauen, die die Gefühle und das Liebesleben beherrscht und hierin der Venus/Aphrodite recht nahesteht. Die typischen *nächtlichen Liebessehnsüchte*, die dem Mondprinzip zugehören, werden in folgender Erzählung lebendig:

Als der junge schöne Gott Endymion in der Grotte des Berges Latmos in ewigen Schlaf versunken ist, nähert sich ihm die anmutige Selene feinfühlend, kaum, daß sie ihren Himmelslauf unter dem Horizont beendet hat. Sie verführt den Schlafenden mit zärtlichen Liebkosungen und gibt sich ihm in Liebe hin, ohne dabei auch nur ein Wort zu sprechen. Aus dieser Verbindung gebiert Selene 50 Töchter. In ihrer großen *Fruchtbarkeit* unterscheidet sie sich wieder deutlich von Venus/Aphrodite.

Eine andere Geschichte berichtet uns, daß es Pan, dem naturverbundenen Hirtengott, gelang, sie zu verführen. Er bedeckte seine haarige, bocksgestaltige untere Körperhälfte mit weißen, schönen Fellen und täuschte Selene so. Sie war bereit, auf ihm zu ›reiten‹ und erlaubte ihm schließlich, mit ihr zu tun, was er nur wolle.

Nicht nur diese völlige *Hingabe* und *Ergebenheit* sind typisch für das Mondprinzip, auch die Verbindung zu Pan ist nicht zufällig, denn *Naturverbundenheit, Instinkt* und *Natürlichkeit* gehören genauso zum Mond, wie die in der Beziehung zu Endymion gelebte traumhafte *Anpassung, Innigkeit, Unschuld* und *Fruchtbarkeit*.

Neben Demeter, Hekate und Selene wird auch Hera, die Gattin des Zeus, als Mondgöttin verehrt. Kronos und Rhea sind ihre Eltern, und so ist sie zugleich Zeus' Schwester. Die Jahreszeiten waren ihre Ammen, und dadurch ist sie mit dem Werden und Vergehen der Natur und allen Lebens befaßt. Zeus, ihr Mann und Bruder, hatte sie einst vergewaltigt und so gezwungen, ihn zu heiraten, um der Schande zu entgehen. Ihre Hochzeitsnacht auf der Insel Samos dauerte 300 Jahre, und sie gebar Zeus die Kinder Ares, Hephaistos und Hebe. Zugleich aber bewahrte bzw. erneuerte Hera ihre Jungfräulichkeit durch regelmäßige Bäder in den

Quellen von Argos. Als Frau des Göttervaters und Mutter seiner Kinder obliegen ihr die Sorge für *Ehe, Mutterschaft* und *Häuslichkeit*. In ihrem ebenso eifersüchtigen wie vergeblichen Wachen über Zeus' eheliche Treue zeigt sich aber auch die *Abhängigkeit* und *Unselbständigkeit* und nicht zuletzt die *Launenhaftigkeit* der Mondgöttin. Ihre Art ist es nicht, von sich aus aktiv zu werden. Sie ist im Gegenteil von Natur aus eher *passiv*. Wehe aber, sie entdeckt Zeus' Untreue, desto heftiger ist ihre *Reaktion*. Auch hierin gleicht sie ganz typisch dem Mond, der ja nicht strahlt wie die Sonne, sondern ›nur‹ ihren *Widerschein reflektiert*, ihr Licht *aufnimmt* und *widerspiegelt*. So ist der Mond eigentlich *Spiegel*, und das Mondprinzip hat weniger mit der reinen Wirklichkeit der Einheit zu tun als mit den gespiegelten Erscheinungsformen der polaren Welt, eben jener Scheinwelt der Maja. Auch im Schleier der Isis finden wir diese selbe Wahrheit ausgedrückt, denn auch Isis ist eine Mondgöttin.

Schließlich haben wir noch in Artemis (röm. Diana) eine klassische Mondfrau. Als Göttin der Jagd hält sie sich meistens in der Natur auf, was sie mit Pan verbindet, dem sie auch ihre Jagdhunde verdankt. In ihrem *unsteten* Jagdleben verdeutlicht sie die Prinzipien des *Wechselhaften* und der *Rastlosigkeit*, auch eine gewisse *Richtungslosigkeit*, wie sie für Kinder typisch ist. Tatsächlich ist sie auch Beschützerin der Kinder und die der wilden Tiere. Auch hierin zeigt sich wieder ihre *Naturnähe* und ihr Hang zum *instinktiven* Leben, ohne bewußte Kontrolle der Seelenkräfte. Sie lebt vollständig keusch und ist doch zugleich Schutzpatronin der Gebärenden und Hebammen. In ihr kommt der Doppelcharakter des Mondprinzips wieder deutlich zum Ausdruck. Ist sie doch Jagdgöttin und Beschützerin der Tiere in einem. Mit ihren Todespfeilen kann sie den Sterblichen jederzeit Seuchen und Tod schicken, andererseits kann sie sie aber auch von allen Leiden heilen.

Und endlich finden wir unter diesem Prinzip auch Maria, die christliche *Mutter* Gottes, ebenfalls eine Mondgöttin. Tatsächlich wird sie häufig auf einer Mondsichel stehend dargestellt.

All diese Göttinnen mit ihren vielen Eigenschaften haben uns die verschiedenen Aspekte des Mondhaften nahegebracht. Auch das Unübersichtliche, das dadurch entstanden ist, gehört zum

Mond. Es ist eben die undurchsichtige Welt der Mütter, in die Faust hinab muß, die Welt der *unbewußten Sümpfe* mit all ihrem dunklen und kalten Urgetier, den Schlangen, Kröten und Spinnen, den fabelhaften Märchenwesen der Schattenwelt auch. Dieser Welt, oder besser, diesem Ursumpf, der alles verschlingen will, entspricht im Prinzip das Empfangende, Aufnehmende, das bei jeder Befruchtung die Basis neuen Lebens ist. Dem Prinzip des Aufnehmens gegenüber und ebenfalls zum Mond gehörend, steht das des Ausstoßens, Gebärens, Keimen- und Wachsenlassens.

Werden und Vergehen, Ausstoßen und Aufnehmen liegen so nahe beieinander im Urprinzip des Mondhaften.

⊙
Die Sonne –
das lebenspendende Urprinzip

Die Sonne ist das erste und wichtigste Urprinzip, und trotzdem oder gerade deshalb spielt sie in der Mythologie eine geringe Rolle. Als Quelle allen Lebens und damit auch aller anderen Götter gehört sie auf eine andere Ebene und entzieht sich weitgehend der Beschreibung mit Worten, die alle der Sprache und damit der polaren Welt angehören. Die Sonne ist und war schon immer Symbol der Einheit, des höchsten göttlichen Prinzips. Als Repräsentant der Transzendenz läßt sie sich in der Welt der Gegensätze nur annähernd beschreiben, und der Versuch muß immer unvollkommen bleiben, eben, weil diese Welt und ihre Sprache unvollkommen sind. Die Sonne aber verkörpert Vollkommenheit, soweit Vollkommenheit überhaupt verkörpert werden kann. Ihr entspricht das weiße Licht, so, wie es uns von der Sonne erreicht. Dieses Licht ist farblos, und man kann es nicht sehen, und doch birgt es alle Farben in sich. So enthält auch das Sonnenprinzip alle anderen Prinzipien, wenn wir dies auch nicht unmittelbar erkennen können. Sein astrologisches Symbol ist der Punkt im Kreis, und auch hierin spiegelt sich dieselbe Wahrheit: Der Punkt hat laut Definition keine räumliche Ausdehnung und gehört so gar nicht in diese materielle Welt, sondern in jene der reinen Ideen. In Indien kommt ihm als ›Bindu‹ heilige Bedeutung zu; tatsächlich ist er heil – ist nichts und enthält doch alles in der Potenz, wie sich im Kreis zeigt, der ja nichts anderes ist, als ein mit Raum aufgeblasener Punkt. Diesem ursprünglichsten aller Urprinzipien in der Götterwelt einen Platz zu bestimmen, ist zu keiner Zeit schwergefallen, es aber den anderen Göttern gemein zu machen und mit anthropomorphen Eigenschaften auszustatten, konnte nicht gelingen.

Das Sonnenprinzip nimmt unumstritten den ersten Platz in jeder Hierarchie ein, wobei seine Verehrung höchste Abstraktionsfähigkeit voraussetzt. So kam es, daß dieses Urprinzip vielfach zerstückelt werden mußte, um in der polaren Welt in Erscheinung treten zu können. Für die alten Ägypter verkörperte Horus die Morgensonne, Ra die Sonne des Mittags und Atoum die des Abends. Nachts nahm die Sonne schließlich die Form des Kadavers Knoum an. Den Inkas war die Sonne der eine einzige Gott; ihr König, der auch höchster Gott auf Erden war, wurde als Sohn der Sonne verehrt. Die Inder lassen Brahma in der Sonne wohnen, jenen Gott, der ihr höchster ist und doch auf der Erde äußerlich kaum in Erscheinung tritt.

Auch im christlichen Bereich finden wir die Sonne und ihr Licht als höchstes Prinzip wieder. So wird Gott im alten Testament mit Lichterscheinungen versinnbildlicht, ebenso wie Jesus im Neuen Testament. Dieses Licht ist so intensiv, daß kein Sterblicher es ertragen kann. Jesus Christus wird das ›Licht der Welt‹ genannt, wohl im Anklang an den Vater, als Licht des Himmels. Schließlich finden wir in der christlichen Mystik eine wahre Metaphysik des Lichtes. Die Mystiker (etwa Meister Eckart) suchen und finden in ihren Herzen die alles überstrahlende Liebe der Einheit. Um diesen unbeschreiblichen Zustand zu verdeutlichen, wählen sie nicht zufällig das Bild der Sonne.

Die alten Griechen schließlich kennen zwar in Helios einen Sonnengott, lassen aber dieses Urprinzip auf Erden von anderen Göttern vertreten, sehr deutlich etwa von Apoll, aber auch von den Urprinzipiengöttern, die uns hier beschäftigen. Die Sonne ist von Materie ungebundene Urkraft (im Gegensatz zu Mars!). Sie ist als Ursprung allen Seins auch die gemeinsame Verbindung aller Wesen und Dinge, auf Erden aber überläßt sie Merkur dieses Prinzip. Auch alle Schönheit ist sie, aber noch nicht in irdische Stoffe geflossen wie Venus. Als Ursprung allen Seins ist sie auch der Urschoß und überläßt doch der Mondgöttin die Fruchtbarkeit auf Erden. Sie ist auch alle Weisheit und aller Überfluß, und hierin vertritt Jupiter sie auf Erden, genau wie Saturn für sie das zerstörende, reduzierende Prinzip auf die Erde bringt. Wir wollen hier nun bei ihrer reinen Darstellung in der Götterwelt bleiben, und uns dem Sonnengott Helios zuwenden.

Helios ist das Kind der Titanen Theia und Hyperion. Seine beiden Schwestern sind die Mondgöttin Selene und die Göttin der Morgenröte Eos. Helios verbringt die Nacht in seinem prächtigen Palast bei Kolchis im fernsten Osten. Gewecket vom ersten Schrei des Hahns, der ihm geweiht ist, und angekündigt von seiner Schwester Eos, der Göttin der Morgenröte, spannt er seine vier Pferde an und lenkt seinen strahlenden Sonnenwagen über den Himmel. Auf diesem Wege kann er alles sehen, was auf Erden geschieht, wobei er gar nicht besonders neugierig oder auch nur aufmerksam ist. Er mischt sich kaum in die Angelegenheiten der anderen Götter und Sterblichen. Selbst als die Gefährten des Odysseus sein heiliges Vieh stehlen, übersieht er dies. Tatsächlich besitzt er mehrere Viehherden, die jeweils so viele Tiere zählen wie das Jahr Tage hat. Die Götter müssen es schon sehr weit treiben, bis Helios sich zum Eingreifen durchringt. Als etwa einmal Venus und Mars ihr Schäferstündchen bis in den hellen Tag ausdehnen, bleibt ihm nichts anderes übrig, als Hephaistos, den Gatten der Venus, einzuweihen. Aber das geschieht dann ohne große Absicht oder gar Schadenfreude, es geschieht einfach.

Gegen Abend erreicht Helios' Wagen den Westen, und er begibt sich in seinen dortigen Palast, der dem des Ostens in seiner Pracht nicht nachsteht. Hier angekommen, spannt er die vier Pferde aus und läßt sie auf den Inseln der Seligen weiden. Während der Nacht fährt er auf dem Strome Okeanos, der die ganze Welt umfließt, zurück in den Osten. Er benutzt dazu eine Fähre, die ihm der Götterschmied Hephaistos gebaut hat und auf die er sein vierspänniges Gespann bequem verladen kann und obendrein selbst noch ein bequemes und weiches Ruhelager findet.

Seine Heimat auf der Erde ist die Insel Rhodos, auf der er mit der Nymphe Rhode lebt und sieben Söhne zeugt, den Tagen der Woche entsprechend. Alle sieben wurden bekannte Astronomen, und einer von ihnen, der Brudermörder Aktis, wurde verbannt und brachte so die Astrologie nach Ägypten, wo er die Stadt Heliopolis gründete. Obwohl Helios keine auffällige Rolle im Leben der Götter spielt, ja, er ist nicht einmal auf dem Olymp zu Hause, ist er doch vollkommen unersetzlich. Als er nämlich einmal der ehrgeizigen Bitte seines Sohnes Phaëton entspricht und diesem erlaubt, den Sonnenwagen zu lenken, erweist sich der Sohn sogleich als zu schwach, die vier weißen Pferde zu zügeln. Zuerst fährt er zu hoch über der Erde, so daß alle Welt friert und darauf so niedrig, daß alles verbrennt. Schließlich tötet Zeus den ungeschickten Wagenlenker mit einem seiner Blitze.

Helios ist ein fast eigenschaftsloser Gott, von ihm sind weder Vorlieben noch Laster bekannt, er ist fast genauso qualitätsfrei wie das reine, lebensspendende Urprinzip Sonne. Auch die Sonne unterscheidet ja nicht: Sie scheint dem Heiligen wie dem Mörder und läßt beide leben. In ihr ist die Polarität noch weniger aufgespalten als in den anderen Urprinzipien, sie ist weder gut noch böse, sie *ist* einfach – wertungsfrei, unverwickelt und doch unersetzlich.

Wollen wir das Wirken dieses Urprinzips in der polaren Welt erfassen, sind wir auf Bilder angewiesen, die in diesem Fall notgedrungen fehlerhaft sein müssen, denn jedes Bild schließt ja irgend etwas ein und etwas anderes damit aus. Die Sonne aber schließt eben nichts aus. Trotzdem wollen wir uns nun konkreten und damit fehlerhaften Beschreibungen dieses Prinzips zuwenden.

Helios, so hatten wir gehört, ist der Allsichtige; obwohl er sich nicht um die konkreten Dinge kümmert, bleibt ihm doch nichts verborgen. Anders als sein Sohn Phaëton kennt er den *richtigen Weg* durch die Mitte. Er hat die höchste *Autorität*, wenn er sie auch nicht ausspielt, und er schaut auch von der *höchsten Position* auf die Erde herab. Er lebt in jedem Moment, ist das Prinzip des reinen Geistes und kümmert sich nicht um Vergangenheit und Zukunft. Aus seinen *Strahlen* wächst alle *Vitalität, Energie* und *Kraft*. Im Ablauf eines Tages enthüllt er die Prinzipien der

Wärme und Entfaltung. Er hat die *größte Macht* und *dominiert* alles, und doch macht er nichts aus dieser Macht.

Gehen wir einen Schritt weiter in Richtung Materie und schauen uns an, wie dieses Urprinzip sich in anderen Göttern auswirkt, so stoßen wir auf Eigenschaften wie *Individualität* und *Großzügigkeit, Eigenverantwortung, Selbst-Bewußtsein* und Stolz. Gehen wir noch weiter in Richtung materieller Verdichtung in die Welt der Sterblichen, treffen wir auf Machtstreben, Subjektivität, Großspurigkeit, Selbstüberschätzung, Angabe, Arroganz und Egodominanz, aber auch auf Autorität, Situationsechtheit und Verantwortlichkeit.

Diese Prinzipien suchen sich in der polaren Welt ihr entsprechendes Milieu, und wir finden sie an Königshöfen und in Chefetagen, inmitten von Glanz und Prunk, in der feudalen Gesellschaft eher als in der Demokratie, bei dem Familienoberhaupt und überhaupt allen Oberhäuptern, unter Königen viel eher als unter Bettlern und wenn unter Bettlern, dann nur als ihr König.

Dieses Urprinzip stellt das Zentrum auf jeder Ebene dar, und alles andere kreist um es (siehe auch das astrologische Zeichen der Sonne). Auf der Ebene des Atoms ist es der Kern, um den die Elektronen schwingen, in der Zelle ist es Kern, um den das Leben kreist, im Menschen ist es das Herz und damit das energetische Zentrum, auf der sozialen Ebene ist es das Oberhaupt, um das alle Untergebenen kreisen, am Himmel ist es die Sonne, um die alle Planeten kreisen, im Mandala ist es der ruhende Punkt der Mitte, um den sich alles dreht.

Hades/Pluto —
das zersetzende Urprinzip

Hades ist der ältere Bruder des Zeus. Er ist ihrem gemeinsamen Vater Kronos aber viel ähnlicher als der strahlende jüngere Zeus. Zusammen mit den anderen Geschwistern wird er von Zeus aus der Gefangenschaft des Vaters befreit. Die Mehrheit der Geschwister wählt nun aber nicht ihn, den Älteren, zum Führer, sondern den jungen, energischen Zeus. Die drei Brüder, Zeus, Poseidon und Hades losen dann unter sich um die von Kronos und Uranos übernommene Macht über Himmel, Erde, Meer und Unterwelt. Zeus bekommt den Himmel, Poseidon das Meer, Hades die Unterwelt. Die Erde aber lassen sie als gemeinsames Herrschaftsgebiet. Bei der Befreiung des Kyklopen aus dem Tartaros bekommt Hades zur Belohnung die Tarnkappe aus Hundefell, mit deren Hilfe er auch dem schlafenden Vater sogleich die Waffe stiehlt. Die Tarnkappe paßt sehr gut zu ihm, denn als Herrscher der Unterwelt regiert er ja im ewigen Dunkel des Schattenreiches und damit in der Finsternis des Unbewußten.

Hades verliebt sich in Kore, die junge Tochter Demeters und bittet den Bruder Zeus um die Erlaubnis, sie zu heiraten. Zeus ist, wie so oft, hin- und hergerissen zwischen sich widerstrebenden Interessen. Einerseits will er den älteren Bruder durch eine Verweigerung der Heiratserlaubnis nicht beleidigen, auch würde ihm der Einzug seiner Tochter Kore in die Unterwelt dort Einfluß verschaffen, andererseits ahnt er, daß Demeter ihm seine Zustimmung nie verzeihen könnte. In dieser Situation drückt sich Zeus diplomatisch um eine klare Antwort, was wiederum Hades ermuntert, die Blumen pflückende Kore heimlich in sein Schattenreich zu entführen. Demeter ist außer sich vor Kummer und sucht so lange nach der Tochter, bis sie schließlich durch Hekate und Triptolemos eine Spur findet: Die Brüder des Triptolemos hatten beim Schweinehüten beobachtet, wie sich die Erde öffnete, dabei einige ihrer Schweine verschlingend, und ein goldener Wagen mit schwarzen Pferden darin verschwand. Der Wagenlenker hatte ein schreiendes Mädchen im Arm gehalten. Mit Hekates Hilfe zwingt Demeter Helios, den allsichtigen Sonnengott, die ganze Wahrheit preiszugeben. Sogleich vermutet Demeter Zeus' Zustimmung hinter der ruchlosen Tat und beschließt, bis ihre Tochter wieder bei ihr wäre, nicht zum Olymp zurückzukehren. Außerdem verbietet sie den Pflanzen zu wachsen und Früchte zu tragen, selbst wenn alle Menschen verhungern müßten. Unter dieser Drohung muß Zeus nachgeben und dem Hades die Rückgabe der Geraubten befehlen, sofern sie nicht von der Totenspeise gekostet habe. Also kommt Kore zurück zu ihrer Mutter. Da sie aber doch sieben Kerne von einem Granatapfel im Totenreich gekostet hat, muß Zeus seinen bekannten Kompromiß finden. Die ersten drei Monate des Jahres soll Kore als Königin der Unterwelt an Hades' Seite mit dem Namen Persephone herrschen, die übrige Zeit aber wird sie als Kore bei der Mutter auf der Erde verbringen. Diesem Kompromiß widmet Zeus seine ganze Überzeugungskraft, und schließlich wird er sowohl von Demeter als auch von Hades angenommen. Letzterer verantwortet mit seiner Tat einerseits *Hungersnot* und *Tod*, die über die Menschen gekommen waren, andererseits aber verdankt die Erde ihm seither jenes Prinzip der *Metamorphose* und *Wiedergeburt*, das den Abstieg ins Dunkel vor den Aufstieg ins Licht setzt. Dieses Prinzip zeigt sich nicht nur in jedem einzelnen Samenkorn, sondern es ist auch eine der Grundforderungen echter Einweihung. Auch Christus mußte ins Totenreich hinabsteigen, bevor er zum Himmel auffahren konnte. Und der Zauberer Gandalf wird in Tolkiens ›Herr der Ringe‹ in die Unterwelt gezogen, um transformiert als ›weißer Zauberer‹ wiederzukehren.

Hades herrscht mit seiner Königin Persephone in einem mächtigen, düsteren Palast im Zentrum der Unterwelt über die Seelen der Toten, die in verschiedenen Bereichen des Tartaros festgehalten werden. Von Hermes in seiner Eigenschaft als Psychopompos werden die Seelen durch den Haupteingang, der am Ufer des Flusses Okeanos in einem Wald *schwarzer* Pappeln liegt, bis zum Flusse Styx geleitet. Sofern die Seele nun Charon, den geizigen Fährmann, bezahlen kann, wird sie von ihm zum *jenseitigen Ufer* des *grauenerweckenden* Unterweltflusses gebracht. Dieses Ufer wird von Kerberos, dem fünfzigköpfigen Höllenhund, bewacht. Jeder noch Lebende, der hier eindringen wollte, wird von ihm ebenso verschlungen, wie jede Seele, die etwa fliehen wollte. Am Ufer beginnen bereits die trostlosen Asphodelischen Wiesen, in denen die Seelen sinn- und ziellos umherirren auf der Suche nach einem Schluck Blut von einem Lebendigen, das ihnen für kurze Zeit die Illusion des Lebens geben könnte. Die verschiedenen Regionen des Tartaros werden von Flüssen begrenzt wie Kokytos, dem Strom der Klagen, und Acheron, dem Fluß des Leides. An zentraler Stelle sitzt Minos mit zwei Gefährten über die ankommenden Seelen zu Gericht und verteilt sie auf drei Wege: die Tugendhaften werden in die Gärten Elysiums gebracht, auf die ruchlosen Seelen warten die Straffelder des Tartaros, und diejenigen, die weder ganz gut noch ganz böse waren, müssen zurück in die Asphodelischen Wiesen. Hades' Palast liegt in Erebos, was das ›zugedeckte Land‹ bedeutet, wo auch die Furien oder Erinnyen wohnen, jene alten Weiber, die die schuldigen Seelen auf der Erde unbarmherzig verfolgen, bis diese unter Qualen sterben.

Solch düstere Umgebung paßt gut zum Wesen des Hades, und nur selten kommt er ans Licht der Welt, eigentlich nur, wenn ihn die Lust zu Seitensprüngen überfällt. Deshalb weiß er auch kaum, was auf der Erde oder gar im Himmel vor sich geht. Niemand auch mag ihm Kunde in sein finsteres Reich bringen, im Gegenteil, er wird von Göttern und Sterblichen gleichermaßen gemieden wie die Pest. Selbst wenn ihm geopfert wird, geschieht dies meist mit abgewandtem Gesicht. Auch wird es peinlich vermieden, seinen wahren Namen auszusprechen, statt dessen wird er lieber ›Pluton‹, der Reiche, genannt. Tatsächlich herrscht er ja auch über all die materiellen Schätze unter der Erde, von Edelsteinen bis zu den wertvollen Metallen. Er ist der bestgehaßte Gott, noch vor Ares, der ihm auch als einziger nähersteht, arbeitet er ihm doch mit Mord und Totschlag direkt zu. Allerdings ist es auch nicht Freundschaft, was die beiden Götter verbindet, sondern eher ein Zweckbündnis; für eine echte Freundschaft fehlen vor allem Hades die Voraussetzungen. Gleichwohl rettete ihn Ares einst aus einer höchst gefährlichen Situation: Als Sisyphos nämlich dem Flußgott Asopos ein Geheimnis des Zeus verraten hatte, war dieser so erzürnt, daß er den Bruder Hades beauftragte, den verräterischen Sisyphos zur Strafe in den Tartaros zu holen. Hades aber war dazu nicht geschickt genug, ließ sich von Sisyphos übertölpeln und in seinen eigenen Fesseln gefangen setzen. Diese Situation war nun dem Ares so zuwider, denn nicht einmal gevierteilte und von ihm selbst geköpfte Krieger konnten mehr sterben, daß er dem Gott der Unterwelt zu Hilfe eilte, ihn befreite und ihm obendrein den Sisyphos auslieferte. Dieser jedoch überlistete Hades noch ein weiteres Mal. Er überredete Persephone, die im Gegensatz zu ihrem Gatten auch manchmal barmherzig ist, ihn noch einmal freizugeben. Erst der geschickte Hermes machte dem Treiben ein Ende und lieferte Sisyphos endgültig dem Hades aus, der ihn nun seiner harten Strafe zuführte. Seither rollt Sisyphos ohne Ruhepause jenen schweren Stein den Hügel hinauf, der jedesmal kurz vor dem Gipfel zu schwer wird und wieder hinunterrollt. Hades aber kennt weder Erbarmen noch Gnade für den Verbrecher.

Nicht nur gehaßt, auch gefürchtet ist Hades wegen seiner rücksichtslosen, unbarmherzigen Art. Nur wenige, die den Tartaros betraten, kehrten wie Orpheus lebendig zurück. Orpheus ist auch der einzige, der sein hartes Herz einmal zugunsten seiner an einem Schlangenbiß gestorbenen Geliebten erweichen konnte. Doch ist Hades so *verschlagen*, eine Bedingung zu stellen: Die Geliebte dürfe zurückkehren, aber nur, wenn sie auf dem Weg aus dem Schattenreich nicht zurückschaue. Im letzten Moment aber wird Eurydike schwach und ist so für immer ans Totenreich verloren. Hades' *gnadenloses* und verschlagen-raffiniertes Wesen zeigt sich auch in der Geschichte mit dem heilkundigen Asklepios, zu dessen Tötung er den Bruder Zeus erfolgreich überredet. Asklepios hatte ihm drei Tote durch Wiederbelebung gestohlen, und Hades machte sogleich und gnadenlos seinen ganzen Einfluß geltend, um die drei und Asklepios noch dazu in sein Totenreich zu holen. Dabei kommt ihm nicht nur die Angst der anderen Götter, Zeus eingeschlossen, zugute, sondern auch seine *suggestive Macht*, die manchmal bis zu *Demagogie* geht. Als *fanatischer Feind allen Lebens* ist ihm Asklepios natürlich eine besonders verlockende Beute. Darüber hinaus haßt er die Ausnahme von der Regel, und die drei wiedererweckten Toten bedrohen seine *zwanghafte* Vorstellung von *Prinzip und Ordnung*. *Leitbilder*, und besonders seine eigenen, gehen ihm über alles, und er setzt seine ganze *Macht* und *Gewalt* daran, sie ohne Abstriche aufrechtzuerhalten. So sind auch seine Urteilssprüche über die Seelen der Gestorbenen *unwiderruflich*.

Hades' Freude an *Leid* und sein *Sadismus* kommen deutlich zum Ausdruck, als Theseus seinen Gefährten Peirithoos aufgrund eines geleisteten Eides in den Tartaros hinabbegleiten muß, um dem Hades die unverschämte Frage zu stellen, ob er seine Gattin Persephone dem Peirithoos zur Frau geben wolle. Der Ratschlag zu diesem gefährlichen Unterfangen stammt übrigens von Zeus' eigenem Orakel. Hades verstellt sich und täuscht liebenswürdige Gastfreundschaft vor, indem er die beiden auffordert, sich zu setzen. Die Sitzgelegenheiten aber, die er ihnen anbietet, sind nicht zufällig die ›Stühle des Vergessens‹, die sich sogleich untrennbar mit dem Fleisch der beiden verbinden. Solchermaßen *heimtückisch* gefangen, müssen die beiden noch all die anderen Widerwärtigkeiten der Unterwelt erdulden. Die Furien schnüren sie noch fester an die Stühle, der Höllenhund Kerberos schlägt seine scharfen Zähne in ihr Fleisch, und widerliche Schlangen zischen und winden sich um ihre Stühle. Solchermaßen gefoltert, läßt Hades sie im wahrsten Sinne des Wortes ›sitzen‹. Wäre nicht Herakles vier Jahre später zur Erledigung seiner zwölften Aufgabe in die Unterwelt hinabgestiegen, Hades hätte sie wohl ewig leiden lassen. So aber findet Herakles, dem die Aufgabe gestellt ist, den Höllenhund Kerberos gefangenzunehmen, die beiden Gequälten auf ihren grausamen Stühlen und reißt zumindest Theseus los. Den Peirithoos dagegen, dem allerdings auch die Hauptverantwortung für den unsinnigen Abstieg zukommt, muß auch Herakles zurücklassen, Theseus aber ist gerettet. Vor Herakles' Kraft muß sich selbst Hades beugen, und er erlaubt ihm, seine Aufgabe zu erfüllen und den Kerberos mitzunehmen, vorausgesetzt, er könne ihn ohne Waffen überwältigen. Hades neigt ja generell dazu, *hinterhältige* Bedingungen zu stellen. Diesmal aber hat er kein Glück damit. Herakles würgt den Kerberos, bis dieser fast erstickt und nimmt ihn dann mit.

Im alten Ägypten entspricht Hades das Ungeheuer Typhon. Doch kommt Typhon auch in der griechischen Mythologie vor. Hier ist er der Sohn der Erde Gäa, den diese aus Rache für den Tod der Giganten mit Hades zeugt. Auf alle Fälle trägt Typhon viele Eigenschaften des Hades und enthüllt das Lebensfeindliche, Dunkle noch deutlicher als der Vater selbst. Typhon ist das größte Ungeheuer, das das Universum je gesehen hat. Sein grauenerregendes Eselshaupt reicht bis in den Himmel, seine Arme, die nicht in Fingern, sondern in ungezählten Schlangenköpfen enden, messen hundert Meilen. Seine Flügel sind so riesig, daß sie die Himmelslichter verfinstern. Aus seinen Augen bricht Feuer, und heißer Lavastrom quillt aus seinem Maul. Mit seinem Weib Echidne – halb verführerische Frau, halb Schlange – zeugt Typhon die fürchterlichsten Nachkommen wie den Höllenhund Kerberos, die vielköpfige Hydra, Chimära, die feuerspeiende Ziege mit dem Löwenhaupt und dem Schlangenschwanz, den Drachen Ladon und wohl auch den Nemeischen Löwen. Erst Herakles wird diese Ungeheuer bei der Bewältigung seiner zwölf Aufgaben vernichten.

In der Gestalt des Typhon wagt der dunkle Gott des Schattenreiches auch jenen *ungeheuren* Aufstand gegen die Mächte des Lichtes, den Zeus erst unter Aufbietung seiner letzten Kräfte niederschlagen kann, nachdem er sogar selbst für kurze Zeit in die Gewalt des Schattenreiches geraten war. Damals warf er in einer gewaltigen Anstrengung den Ätna auf den sterbenden Typhon, und seit dieser Zeit speit dieser Berg Typhons Feuer aus dem dunklen Innern der Erde.

Wir finden in den Geschichten und Legenden der Alten vor allem die *zerstörende* Seite des Hades, erleben seine *Macht-Besessenheit*, seinen *Sadismus* und die *dunkle Lust*, mit der er den Nymphen Minthe und Lethe nachstellt, die *fanatische Eifersucht* aber auch, mit der er über seine Rechte wacht, werden Zeuge seiner bis zum *Starrsinn* gehenden *Prinzipien-Hörigkeit*, die weder vor *Gewalt* zurückschreckt, noch Gnade kennt; ja, wir hören, wie er sogar die Seelen der Verstorbenen bis zum *Vampirismus* treibt. Um ihn auf seinem Höllenthron zu versöhnen und möglichst wenig von ihm zu spüren, tun die Sterblichen vieles, bis hin zum *Opfer* von Knaben. Hades bleibt trotzdem *unerbittlich*. Durch die Entführung der Kore stürzt er die Menschen noch indirekt in größte Not, gehen doch die von Demeter herbeigeführten Hungersnöte letztlich auf sein Konto. So ist er noch vor Ares, mit dem ihn die Lust zu Gewalt und Verbrechen eint, der Unbeliebteste unter den Göttern. Selbst seinen Vater Kronos, dem er in vielem gleicht, stellt er in dieser traurigen Hinsicht noch weit in den Schatten.

Und doch hat sogar er eine andere Seite, selbst wenn sie schon in alten Zeiten kaum gesehen und wenig verstanden wurde. So wie das durch ihn in die Welt gebrachte Prinzip des Abstiegs vor dem Aufstieg Voraussetzung für den Entwicklungsweg der Seelen ist, so ist auch der *Tod* Voraussetzung für die *Wiedergeburt* zum neuen und letztlich zum ewigen Leben. Hades steht deshalb für die *Umwandlung* schlechthin und ist damit verantwortlich für einen, wenn auch im Dunklen stattfindenden, aber eminent wichtigen Entwicklungsschritt. In der Alchemie untersteht ihm die Stufe der *Zersetzung*, die Putrefactio, aus der erst der Alkohol, der Geist, entstehen kann. Somit wird Hades, ähnlich seinem Vater Kronos, zu einem *Hüter der Schwelle*. Damit hängt auch seine Beurteilung ganz vom Standpunkt des Beobachters ab. Um mit Richard Bach zu sprechen: »Was für eine Raupe das Ende der Welt ist, nennt der Meister einen Schmetterling.«

♃
Zeus / Jupiter –
das entwickelnde Urprinzip

Zeus ist das Kind von Kronos und dessen Schwester Rhea. Seine Geburt, Kindheit und Jugend sind aufs äußerste durch den eigenen Vater bedroht. Dem Kronos war nämlich von seinem sterbenden Vater Uranos und seiner Mutter, der Mutter Erde, vorhergesagt worden, daß ihn eines seiner eigenen Kinder einst entthronen würde. Seither verschlang er seine neugeborenen Kinder. Um wenigstens eines ihrer Kinder zu retten, gebar Rhea den Zeus in dunkelster Nacht auf dem Berg Lykaion in Arkadien, in jenem Land, wo es keine Schatten gibt. Nachdem sie es im Fluß Neda gebadet hat, übergibt Rhea das Neugeborene ihrer eigenen Mutter ›Erde‹, die es zu sich nimmt und in ihrem Leib verbirgt, d. h. genauer, in der Diktischen Höhle auf dem Ägäischen Hügel der Insel Kreta. Hier wird Zeus von den Baumnymphen Adrasteia und Io und vor allem von der Ziegennymphe Amaltheia versorgt. Amaltheia hat übrigens noch einen anderen Sohn, Pan, der so zum Ziehbruder des Zeus wird.

Als Kronos, der an Zeus' Stelle einen in Ziegenfell gewickelten Stein verschluckt hatte, die List durchschaut, ist es bereits zu spät. Zeus' goldene Wiege hängt inzwischen hoch in den Ästen eines Baumes und wird von Rheas anderen Söhnen, den bewaffneten Kureten, bewacht. Weder Himmel noch Erde helfen dem Kronos, und so bleibt all sein Nachforschen nach dem Versteck seines Sohnes ergebnislos.

Unterdessen wächst Zeus bei den Hirten des Idagebirges auf, auch hier wieder in einer Höhle lebend. Als er erwachsen ist, überlistet er seinerseits den Vater Kronos mit Hilfe der Mutter Rhea und der Titanin Metis und zwingt ihn, nicht nur den Stein, sondern vor allem die verschlungenen Geschwister Hestia, Demeter, Hera, Poseidon und Hades wieder zu erbrechen.

In ihrer Dankbarkeit für die Rettung wählen die Geschwister ihn, den jüngsten Bruder, zum Anführer im sogleich entbrennenden Kampf mit den Titanen um Kronos. Schließlich entscheidet Mutter Erde nach zehn Jahren Kampf um die Vorherrschaft, indem sie ihrem Enkel Zeus rät, sich mit den von Kronos in den Tartaros verbannten Kyklopen zu verbünden. Die befreiten Kyklopen danken Zeus ihre Rettung mit dem Blitz, den sie ihm als Waffe schenken. Mit eben diesem Blitz schlägt Zeus den Kronos nieder und entmachtet damit den Vater für alle Zeiten, ohne ihn aber zu töten oder zu entmannen. Vielmehr läßt er es großmütig bei einer Verbannung bewenden. Auch die übrigen Titanen werden milde behandelt und die Titaninnen um Rheas und Metis' willen überhaupt geschont.

Zeus tritt nun die Herrschaft an und regiert die Welt der Götter und Sterblichen vom Olymp aus. Eine seiner Hauptbeschäftigungen ist dabei das Zeugen neuer Götter und Halbgötter, und so ist er bald nicht nur der Herrscher über die Götter, sondern auch ihr Vater. Neben seinen Geschwistern Poseidon (Neptun), Hades (Pluto) und Demeter sind es bald vor allem seine eigenen Kinder, die den Olymp bevölkern.

Zur Gemahlin begehrt Zeus die eigene Schwester Hera, die sich ihm aber heftig widersetzt. Da greift er zu einer List, verwandelt sich in einen mitleiderweckenden Kuckuck und schmeichelt sich so bei der Schwester ein. Als Hera den zerzausten Vogel nichtsahnend an sich drückt, verwandelt sich Zeus in seine wirkliche Gestalt zurück und vergewaltigt die Schwester. Danach muß Hera seinem Drängen auf Heirat nachgeben, will sie nicht in Schande fallen. Ihre Hochzeitsnacht dauert 300 Jahre, und ihnen werden die Kinder Ares (Mars), Hephaistos und Hebe geboren. Doch dabei läßt es Zeus nicht bewenden, er ist in keiner Weise ein treuer Ehemann. Im Gegenteil: es zieht ihn ständig *in die Ferne*, um sich mit Göttern und Sterblichen gleichermaßen zu vereinigen und so weitere Nachkommen und damit Prinzipien auf die Welt zu bringen.

Seine Mutter Rhea sah bereits voraus, daß seine unstillbare Wollust auch viele Probleme schaffen würde und hatte ihm deshalb verboten zu heiraten. Zeus aber kümmerte sich nicht darum, sondern drohte der Mutter sogar, auch sie zu vergewaltigen. Und nach einigen Berichten hat er es tatsächlich getan. In seiner Liebestollheit hinterläßt der Göttervater in der Welt der Sterblichen, der Nymphen und Titanen vielfältige Spuren. Seine außerehelichen Verhältnisse zu Göttinnen aber sind es vor allem, die neue Verhältnisse auf dem Olymp schaffen. So zeugt er mit Maia, der Tochter des Atlas, den Hermes. Aus der Verbindung mit Leto gehen Apollon und Artemis hervor. Zeus ist auch Vater des Dionysos, wobei die Mutterschaft in diesem Fall unklar ist und sowohl Demeter als auch ihre Tochter Persephone wie auch Io und Dione genannt werden, aber auch die Sterbliche Semele. Zuzutrauen wären Zeus jedenfalls Verhältnisse mit allen Genannten. Eine Legende berichtet uns, wie er Aphrodite mit Dione zeugt. Nach einem anderen Bericht ist die schaumgeborene Liebesgöttin seine Adoptivtochter. Einem Gerücht zufolge ist er der Vater der Persephone, die mit seinem Halbbruder Hades die Unterwelt beherrscht. Mit Themis zeugt er die Jahreszeiten und die Schicksalsgöttinnen, mit Mnemosyne die Musen. Auch Tyche, die über das Schicksal der Sterblichen entscheidet, ist seine Tochter. Mit Nemesis paarte er sich in der Gestalt eines Schwanes. Aus dem Ei, das bei dieser Gelegenheit befruchtet wurde, schlüpft die schöne Helena, um die später der Trojanische Krieg entbrennen wird. Die Göttin Athene schließlich bringt Zeus selbst zur Welt: Unter großem Schmerz gebiert er sie aus seinem Kopf. Mit Kore, seiner eigenen Tochter, zeugt er Styx, den Fluß der Unterwelt, mit Elektra Iasion und Dardanos, mit Pluto, der Tochter des Kronos, schließlich den Tantalos.

Aber auch die sterblichen Frauen sind vor ihm keineswegs sicher, und er zeugt mit ihnen unter anderen die herausragenden Helden des Menschengeschlechtes: mit Danae den Perseus, mit Alkmene den Herakles, mit Aigina den Aiakos, mit Leda Polydeukes, mit Kalyke Endymion, mit Kallisto Arkas und mit Europa den Minos.

Als er sich in diese Europa, des Kadmos' Schwester verliebt hat, verwandelt er sich in einen weißen, wunderschönen Stier und gewinnt so ihr Vertrauen. Schließlich entführt er sie auf seinem Rücken über das Meer und vergewaltigt sie anschließend. Kein Tier ist Zeus zu gering, um sich seiner Gestalt für seine Liebesabenteuer zu bedienen. Bereitwillig wird er zum Hengst, Adler, ja sogar zum Kuckuck und zur Schlange.

Bei einem seiner folgenschwersten Seitensprünge, als er während dreier Nächte und Tage mit Alkmene den Helden Herakles zeugt, schlüpft er sogar in die Gestalt von Alkmenes Gemahl Amphitryon. Mit einer List schafft Zeus es auch, seiner eifersüchtigen Gemahlin Hera den neugeborenen Herakles, wenn auch nur für einen Moment, an die Brust zu legen. Dadurch wird Herakles unsterblich. Auch späterhin beschützt Zeus seinen unehelichen Sohn zum Teil mit Athenes Hilfe bei dessen gefährlichen Abenteuern. Herakles dankt es ihm als guter Sohn entsprechend. Zu Ehren des Vaters gründet er die berühmten Olympischen Spiele, die in Zukunft alle vier Jahre stattfinden sollen. Dem Vater weiht er dort den Heiligen Hain und den übrigen olympischen Göttern sechs Altäre, dem Kronos einen benachbarten Hügel. Als es ans Opfern geht, bestimmt Herakles dem Zeus die *Schenkel* der Opfertiere. Für solche Anerkennung seiner Würde ist der Göttervater durchaus empfänglich, und so wie er Prometheus gnadenlos strafte, der ihn beim Opfer betrogen und mit dem Fett und den Knochen abgespeist hatte, so *großmütig* zeigt er sich dem ehr-fürchtigen Herakles gegenüber. Höchst persönlich steigt er deshalb in die Welt herunter und stellt sich darüber hinaus beim Ringkampf dieser ersten Olympischen Spiele dem Sohn als Gegner. Der Kampf endet unentschieden, und Zeus gibt sich am Ende unter dem Jubel aller zu erkennen. So würdigt der Göttervater die Werke des Sohnes und kann sich gleichzeitig allen von seiner *großmütigen* und *großzügigen* Seite zeigen; auch seine *Lust an Spiel und Sport* kommt bei diesem Auftritt bei den Olympischen Spielen voll zur Geltung. Schließlich holt Zeus seinen Lieblingssohn, nachdem dessen sterblicher Teil unter Blitzen gestorben ist, zu sich in den Olymp. Herakles wird unter die olympischen Götter aufgenommen, und Zeus bringt es sogar zuwege, daß Hera ihn als Sohn adoptiert.

An diesem Beispiel können wir sehen, daß Zeus' *Liebe zu den Menschen* nicht nur von seiner Lust beherrscht wird, sondern weit darüber hinausgehen kann. Er liebt ja auch den *Erfolg*, das *Glück* und den *Optimismus* der Menschen, und wo immer einer der Helden *Hilfe* braucht, ist Zeus bereit, sie zu gewähren, sofern nicht andere Pflichten dem entgegenstehen. Etwa steht er dem Sonnen-Helden Odysseus bei, als der in den Armen der verführerischen Kalypso auf deren Insel festhängt. Auch dem Bitten des Prometheus, die Menschen zu schonen, gibt er nach, obwohl sie ihn aufs äußerste erzürnt und eifersüchtig gemacht hatten durch ihr Machtstreben. Als sich Prometheus später allerdings zu weit auf die Seite der Menschen stellt und zu ihren Gunsten Zeus um die besten Stücke der Opfertiere betrügt, ist die Geduld des Göttervaters zu Ende. Damit die Menschen die mit Prometheus' Hilfe erlisteten besten Fleischstücke nicht auch noch braten können, verwehrt er ihnen den Zugang zum Feuer. Prometheus aber überlistet ihn abermals und bringt das Feuer gegen seinen Willen auf die Erde. Nun allerdings sorgt Zeus mit *Macht* für *Gerechtigkeit* und straft den Ungehorsamen auf das Härteste: Er läßt ihn nackt auf einen Felsen ketten, und ein Geier frißt den ganzen Tag über an Prometheus' *Leber*, die allnächtlich wieder nachwächst. So erlebt Prometheus, wie schmerzhaft es ist, sich gegen das Recht und die gewachsene Hierarchie aufzulehnen. Mit der Leber verliert er täglich von neuem jenes Organ, das dem Zeus zugeordnet ist, jenes Organ auch, das im Körper für die Bewertung der zugeführten Stoffe verantwortlich ist. Prometheus hatte ja das Gefühl für Maß und Wertsystem verloren und versucht, die gefügte Ordnung umzustoßen (und damit das jovische Urprinzip verletzt). Nun wird er auf körperlicher Ebene ständig daran erinnert, was es bedeutet, das Organ des Jupiters zu verlieren. Neben der harten Strafe ist hier – wie oft bei den Strafen des Göttervaters – auch noch die Möglichkeit zu lernen mitgegeben.

Auch in anderen, für die Entwicklung der ganzen Welt wichtigen Situationen reagiert Zeus mit großer Härte. So erschlägt er etwa Orpheus mit einem seiner Blitze, als dieser den Sterblichen die Mysterien des Apollon, der Hekate und Demeter verrät. Hier erweist er sich nicht nur als Hüter über das Recht, sondern auch als *Beschützer und Bewahrer der Religion und des Glaubens*. Diese Funktion und die Aufrechterhaltung der göttlichen Ordnung verlangen eben Opfer und Härte von Zeus, wenn ihm auch an sich *Toleranz, Großmut* und *Gnade* viel näher liegen. Als etwa Asklepios, der heilkundige Sohn des Apollon und Schüler des weisen Kentauren Cheiron anfängt, mit Hilfe des Blutes der Medusa Tote wieder zum Leben zu erwecken, muß er auch Asklepios mit einem Blitz töten.

Zeus' Bruder Hades hatte sich nämlich zu Recht über den Diebstahl der ihm zustehenden Untertanen beschwert. Als allerdings dem Hades Genugtuung geschehen ist, siegt doch Zeus' *Großmut* und *Güte*, und er erweckt den Ahnherrn der Heilkunde wieder zum Leben.

Oft genug hat der Göttervater Probleme mit der Welt, deren Prinzipien zum nicht geringen Teil seine eigene Schöpfung sind. Gerade in der letzten Geschichte wird das deutlich. Das Blut der Medusa, mit dessen Hilfe er die Totenerweckungen vornahm, hatte sich Asklepios nämlich nicht selbst besorgt, sondern es war ihm von Athene, Zeus' eigener Tochter und Vertrauter, zugespielt worden. So ist die ganze Welt eine Inszenierung der Götter, die allerdings meist durchaus gegeneinander arbeiten, und so hat Zeus oftmals Mühe, das Ganze im Lot zu halten. Vor allem seine Eskapaden machen ihm seine diplomatische Aufgabe nicht gerade leichter. Wenn er unbeteiligt ist, gelingt ihm der gerechte und natürliche Kompromiß, etwa wie im Streit um Kore (das Samenkorn) zwischen Demeter und Hades. Mit der Regelung, daß Kore ein Drittel der Zeit im Dunkel unter der Erde und zwei Drittel im Licht der Welt zu verbringen habe, ist allen und der Welt am besten gedient. Sobald Zeus aber mit eigenen Interessen verwickelt ist, wird sein Augenmaß nicht selten getrübt, und er neigt zu *Selbstüberschätzung, überzogenem Pathos* und *Übertreibung*. Vor allem, wenn er eifersüchtig ist — was ziemlich häufig vorkommt, da er ja fast alle Frauen und eigentlich immer den ersten Platz begehrt —, wandelt sich sein *Großmut* häufig in *Großspurigkeit*, und seine tolerante *Philosophie* (Weisheits-Liebe) kippt um in harte Intoleranz. Als etwa Alkylone, die Tochter des Aiolos, des Hüters der Winde, so glücklich in Trachis, den Sohn des Morgensterns, verliebt ist, daß sie vor lauter Glück sich selbst ›Hera‹ und den Geliebten ›Zeus‹ nennt, ist der Göttervater über diese Anmaßung bereits so beleidigt, daß er beide in den Untergang treibt. Bei anderer Gelegenheit spielt er ein ähnliches hartes Spiel mit Ixion, der seine Gattin, Hera, verführen will. Als Zeus diese Absicht frühzeitig durchschaut, formt er die Gestalt der Hera aus einer Wolke. Als sich Ixion über diese Wolkenfrau hermacht, ›überrascht‹ ihn Zeus scheinbar und läßt ihn zur Strafe, an ein feuriges Rad gebunden, für ewige Zeiten am Himmel entlang rollen.

Oftmals kann man sich des Gefühls nicht erwehren, Zeus messe mit zweierlei Maß. »Quod licet Jovi – non licet bovi« (was dem Jupiter zukommt, gebührt den Rindviechern noch lange nicht).

Über die lasterhaften Söhne des Lykaon kann er sich so erzürnen, daß er eine Sintflut, die deukalonische Flut, über die Menschen schickt. Sich selbst dagegen gesteht er alle möglichen Laster durchaus zu: Neben seinen ungezählten Seitensprüngen und Verhältnissen begehrt er sogar den Ganymedes, seinen Mundschenk, lebt seine Eifersuchts- und Rachegelüste ungezügelt und ist ab und zu sogar richtiggehend brutal. So etwa, als er seine Frau Hera einmal zur Strafe für einen geplanten Aufstand am Himmelsgewölbe aufhängen ließ und ihre Füße auch noch mit mächtigen Ambossen beschwerte. Nicht einmal die Fürsprache der anderen Götter kann ihn in diesem Fall – wenn es um seine eigene Machtposition geht – erweichen.

Allerdings gibt es bei entsprechendem Wohlverhalten seiner Untertanen auch genug Beispiele echter *Großmut* und *Hilfsbereitschaft*. Als Zeus etwa einmal mit seinem Sohn Hermes über die Erde wandert und bei dem alten Hyrieus einkehrt, wird er trotz dessen Armut so gut bewirtet, daß er dem alten, schon längst verwitweten Mann einen Herzenswunsch erfüllt. Wider aller Naturgesetze läßt er ihn noch Vater werden.

So hat Zeus eine etwas unterschiedliche Rolle in der Menschenwelt und in jener der olympischen Götter. Einerseits muß er dort unten auf Erden über *Recht und Gesetz* wachen und gleichzeitig die *Entwicklung und Philosophie* voranbringen, ist für *hohe Ideale* und die Suche der Menschen nach *Sinn und Wertmaßstäben* in ihrem Leben zuständig und auch dafür, daß

Erfolg, Glück und Zufriedenheit letztlich nicht zu kurz kommen. Um all diesen Zielen zu dienen, verbreitet Zeus *Heiterkeit* und optimistische, das Leben und seine verschlungenen Wendungen bejahende Stimmung auf Erden. Er fördert nach Kräften das Aufblühen der *Kultur und Weisheit* und eine Atmosphäre, in der die *Entwicklung* vorankommt und *Erkenntnis* und *Einsicht* möglich werden. Viele der Verwicklungen, die er auf Erden schafft durch seine ungezählten Verhältnisse und strafenden und belohnenden Eingriffe in den Lauf der Dinge, dienen vor allem auch seinem vorrangigen Ziel, die Entwicklung voranzutreiben.

Sein Wesen ist *Offenheit und Weite*, Lust an *Dynamik und Freiheit* auch. Er verhilft den von Kronos unterdrückten Urprinzipien wieder zu neuem Leben. ›Leben und leben lassen‹ ist sein Prinzip, allerdings an dem von ihm festgelegten Platz. Selbst der alte ›gefährliche‹ Vater Kronos darf weiterleben, aber eben nur dort, wo Zeus es will. Solange alle seinen Anspruch auf Führung akzeptieren, ist er der *friedliebende, weise*, für *Reichtum und Fülle* (das Füllhorn ist eines seiner Symbole) sorgende Gottvater, der Besitzer und *gerechte* Verwalter der *legitimen Macht*. Seine Gesetze sind nicht hart und einschränkend wie die des Vaters Saturn, sondern im Gegenteil *lebensfördernd* und *beschützend*. Sie ermöglichen *Freiheit* und *Entfaltung* aller anderen Prinzipien, *Wachstum und Expansion*. *Joviale Güte, Zufriedenheit, Glück, Lebensfreude* und *Heiterkeit* bestimmen dann das Leben. Sogar das ständige Zeugen neuer Nachkommen und Ideen ist in solcher Lage mehr ein heiteres Verschwenden aus der Fülle der Möglichkeiten als ein unmoralisches Verhalten. So kann Jupiter zum großen *Heiler*, zum *Prinzip der Gesundung* schlechthin werden, wie es sich in seinem gewaltigen Kampf und endlichen Sieg gegen die Kräfte der Dunkelheit, symbolisiert in Typhon, ausdrückt.

Auf dem Olymp ist seine Situation im Gegensatz zur Welt weniger souverän, da er selbst sehr verwickelt ist. Neben *Selbstbewußtsein, Offenheit* und *Optimismus* strahlt er hier eben auch nicht selten *Arroganz* und *Großspurigkeit* aus. In der Auseinandersetzung mit den anderen Göttern, seinen eigenen Kindern, Eltern, Geschwistern ist er, wenn auch das zentralste, so doch auf alle Fälle nicht das einzige Licht (Urprinzip).

Als oberster Gott ist Zeus nicht etwa mit dem all-einigen Gott der Christen zu vergleichen; er ist eben gerade kein Symbol der Einheit, sondern *eines* der Urprinzipien (allerdings ein der Einheit recht nahestehendes). Tatsächlich wird er ja sogar in jenem Land ohne Schatten geboren – und wo die Schatten nicht existieren, existiert auch die Polarität nicht. Solchermaßen ein Kind der Einheit, gelangt er dann allerdings sehr herb in die polare Welt, ein Schicksal, das er wiederum mit vielen Helden und Gottessöhnen teilt. Zu Beginn seines Lebens ist er durchaus schwach und schutzlos, muß sich vor den Nachstellungen des eigenen Vaters in acht nehmen, weshalb er sich vor allem in Höhlen verbirgt. Es ist ein langer, beschwerlicher Weg, der ihn schließlich hinauf ins Licht führt und ihm letztendlich die Allmacht bringt. Ganz ähnlich mußten sich Gilgamesch und Moses ohne bzw. sogar gegen ihre feindlichen Eltern durchsetzen. So müssen die meisten Märchenhelden ohne oder gegen die Eltern aus einer Situation, bar jeder Geborgenheit, einen harten Weg zum Licht finden. Und auch Jesus teilte dieses Schicksal, war er doch schon als Neugeborener durch Herodes bedroht, mußte fliehen und in einer sehr ärmlichen Umgebung (ob Stall oder Höhle) Schutz suchen.

So finden wir also bei Zeus Hinweise, die ihn sehr hoch über die anderen Götter und Wesen stellen und solche, die ihn lediglich ›Primus inter pares‹ sein lassen, was ihm dann auch jeweils viel Kummer macht. Dieser Kummer jedoch und seine heftigen Reaktionen gegen solche Einstufung zeigen uns, daß er eigentlich zu Recht ›nur‹ als Erster unter Gleichen gelten sollte.

♄
Kronos/Saturn –
das einschränkende, begrenzende Urprinzip

Uranos, der Himmel, zeugte mit Gaia, der Mutter Erde, die Kyklopen, die er aber nach ihrem Aufstand gegen ihn, den eigenen Vater, in den Tartaros hinabwarf. Darauf zeugten Himmel und Erde die Titanen. Mutter Erde, die dem Himmel wegen der Verbannung ihrer Kinder, der Kyklopen, zürnte, stachelte nun ihre anderen Kinder, die Titanen, an, ihrerseits gegen den Himmelsvater aufzubegehren. Unter der Führung des jüngsten Titanen, Kronos (Saturn), greifen sie schließlich wirklich an und überraschen Uranos im Schlaf. Kronos, den Mutter ›Erde‹ mit einer Steinsichel für den Kampf gerüstet hatte, packt die Genitalien des Vaters mit der linken, und mit der rechten Hand entmannt er den Schlafenden erbarmungslos. Die abgetrennten Geschlechtsteile wirft er ins Meer, und aus dem sich dabei bildenden Schaum entspringt Aphrodite (Venus). Das herabtropfende Blut aber befruchtet Mutter Erde, und sie gebiert die Erinnyen, jene drei Furien, die seitdem Vatermord und Meineid verfolgen. Sodann befreien die Titanen ihre Brüder, die Kyklopen, und machen Kronos, ihren Anführer, zum Herrn über die Erde. Kaum aber ist der im Besitz der Macht, verbannt er die Kyklopen seinerseits wieder in den Tartaros, nimmt seine Schwester Rhea zur Frau und tritt eine unbarmherzige Alleinherrschaft an. Von seinem sterbenden Vater Uranos und Mutter Erde aber wird ihm noch prophezeit, daß auch er von einem seiner eigenen Söhne entthront werden würde.

Aus Angst vor diesem Orakelspruch verschlingt Kronos die Kinder, die Rhea ihm alljährlich schenkt, selbst die Töchter, der Reihe nach: Hestia, Demeter, Hera, Hades und Poseidon. Seine darüber äußerst gekränkte Gemahlin Rhea beschließt, als sie mit ihrem dritten Sohne schwanger ist, den grausamen Vater zu überlisten. Sie bringt Zeus (Jupiter) in aller Verborgenheit auf dem Berge Lykaion in Arkadien zur Welt, dort wo kein Wesen Schatten wirft (also außerhalb der polaren Welt). Darauf vertraut sie ihn ihrer Mutter Gaia an, und diese verbirgt ihn geschickt in den Höhlen ihres Leibes. Dem Kronos aber gibt Rhea einen in Windeln gewickelten *Stein*, den dieser ahnungslos verschlingt. Als er später von der List Wind bekommt und anfängt, den Sohn zu suchen, steht ihm seine eigene Vergangenheit in Form seiner Eltern im Wege. Denn weder im Himmel noch auf der Erde wird ihm geholfen, und so bleibt er erfolglos.

Als Zeus schließlich herangewachsen ist, unterstützt ihn seine Mutter in der Absicht, die anderen Geschwister zu retten. Rhea macht ihn kurzerhand zum Mundschenk des Kronos und gibt ihm Senf und Salz, um sie in des Vaters Honigtrunk zu mischen. Kronos trinkt das Gebräu arglos und erbricht darauf den Stein und auch all seine Kinder, die unversehrt geblieben sind. Diese sind ihrem jüngsten Bruder Zeus so dankbar, daß sie ihn zu ihrem Führer im folgenden Kampf gegen die Titanen machen. Auch die Titanen suchen nun nach einem jüngeren und erfolgreicheren Führer, denn Kronos ist alt geworden, und ihre Wahl fällt auf den riesenhaften Atlas.

Nachdem der Krieg schon zehn Jahre gedauert hat, gibt Mutter Erde ihrem Enkel Zeus den entscheidenden Hinweis, sich mit den von Kronos in den Tartaros verbannten Kyklopen zu verbünden. Zeus folgt bereitwillig ihrem weisen Rat, befreit die Kyklopen und stärkt sie anschließend noch mit göttlicher Nahrung. In ihrer Dankbarkeit geben sie ihm den Blitz als Waffe, dem Hades (Pluto) eine Tarnkappe, die ihn jederzeit unsichtbar macht, und Poseidon (Neptun) einen Dreizack. Solchermaßen gewappnet, sind die drei göttlichen Brüder schließlich siegreich. Hades (Pluto) schleicht sich mit Hilfe der Tarnkappe unbemerkt zu Kronos und stiehlt ihm seine Waffe, die steinerne Sichel. Poseidon (Neptun) bedroht ihn zugleich mit seinem Dreizack und lenkt ihn so von Zeus ab, der ihn mit seinem Blitz niederschlägt.

Allerdings ist Zeus nun barmherziger als sein Vater Kronos und läßt Gnade vor Recht ergehen. Statt Kronos und dessen Titanenbrüder zu töten, verbannt er sie auf eine britannische Insel im weitesten Westen. Nur Atlas wird härter bestraft und muß von nun an den Himmel auf seinen Schultern tragen. Die Titaninnen schont Zeus sogar gänzlich, schon Rhea zuliebe.

Der solchermaßen entmachtete Kronos hat also noch Glück (♃) im Unglück (♄), denn er wird nicht, wie er befürchtet hatte, entmannt. In Zeus begegnet er ja gerade nicht dem Prinzip der Vergeltung, sondern im Gegenteil, der großzügigen, jovialen (von Jovis = Jupiter, dem röm. Zeus) Einstellung: Leben und leben lassen.

Es gibt verschiedene mythologische Varianten über Kronos' weiteres Schicksal. Neben der Verbannung auf jene britannische Insel oder in einer anderen Geschichte in den Tartaros, wird berichtet, er sei nach Elysium, der dem Hades benachbarten glücklichen Insel des ewigen Tages und der nicht endenwollenden

Spiele und Feste geschickt worden und werde dort in einem Turm festgehalten. Das wäre eine dem Jupiter-Prinzip noch angemessene Lösung, wohingegen für Kronos selbst nach seinem bisherigen Leben die *Gefangenschaft* im Tartaros besser passen würde.

Eine dritte Geschichte berichtet, er sei später als Flüchtling nach Latium gekommen, und Zeus habe ihm erlaubt, sich dort anzusiedeln. So bringt er dem König Janus und dem ganzen Land die erste Kultur, lehrt die Bestellung der Felder sowie *Recht* und *Ordnung* zu halten. Schließlich wird Kronos zum Herrscher in Latium und wird selbst mit dessen König Janus identisch. Als dieser Janus zeichnet er sich durch seine zwei Köpfe bzw. zwei Gesichter aus. Das eine ist für die *Rückschau* in die Vergangenheit zuständig, das andere blickt *wissend* in die Zukunft.

Hier treffen wir auf einen zweiten neuen Aspekt des Kronos und damit des Saturn-Prinzips. Solange Kronos in *Alleinherrschaft* regiert, tritt er dem Leben ausschließlich verneinend gegenüber. Entmachtet und unter der Oberherrschaft des toleranten Jupiter dagegen, wendet sich sein Blick nach vorn, löst sich von der reinen Vergänglichkeit, und das einschränkende Prinzip wird entwicklungsfördernd. Aus der *Erfahrung* der Vergangenheit hat er gelernt, und so fördert er die *Einschränkung auf das Wesentliche*, das Wesentliche durch die *Abtötung* und *Begrenzung* alles Unwichtigen unterstreichend. In dieser Eigenschaft wird er der Esoterik zum ›Hüter der Schwelle‹, der erbarmungslos mit seiner Sichel oder in anderen Bildern der Sense (als Gevatter Tod) all das Überflüssige *abschneidet*. Niemand kommt an ihm vorbei in die jenseitige Welt, der nicht Federn gelassen hat, nämlich die bunten Federn der vielfältigen Interessen und Attribute der diesseitigen Welt. Nun ist Kronos nicht mehr nur lebensfeindliche Macht, die Leben nimmt oder wenigstens hemmt, sondern auch jene Instanz, die für *klare Form* und *ernste Geradlinigkeit* sorgt, für *Einfachheit* auch und damit letztlich *Ein-falt* und Ein-heit. Die Methoden, die er dafür benutzt, mögen auf den ersten Blick nicht angenehm sein, was ihm auch den Ruf des größten Unglücksbringers (noch vor Mars) eingebracht hat. *Krankheit* (jede Krankheit ist ja erst einmal Lebenshemmung),

Schmerzen, *Trennung, Verlust* und *Einsamkeit* werden ihm zugeschrieben. Auf den zweiten Blick aber sind es gerade solche Schicksalschläge, die Entwicklung voranbringen, ist es ausgerechnet das *Leid*, das Kronos über uns Menschen bringt, das uns am schnellsten lernen läßt. Auch in dieser zweiten Rolle wirkt Kronos also durch sein ›*Nein*‹, allerdings ist es jetzt jenes fruchtbare ›Nein‹ der *Beschränkung auf das Wesentliche*, das ›Nein‹ jener *Widerstände*, an denen wir scheitern, aber auch innerlich wachsen können, das ›Nein‹ jener Hemmungen auch, an deren Überwindung sich erst der wirkliche Meister zeigt, weil er aus ihnen *Erkenntnis* und *Erfahrung*, anstatt Entmutigung zieht.

Trotz all dieser wesentlichen entwicklungsfördernden Eigenschaften, die Kronos auszeichnen, war die antike Welt der Götter und Sterblichen doch froh, als er von dem großzügigen, glücksbringenden Jupiter abgelöst wurde, der dem ›Nein‹ des Kronos sein grundsätzliches ›Ja‹ entgegensetzte. Allerdings gab es auch vereinzelte Stimmen, die wehmütig darauf verwiesen, wie *einfach, geordnet* und *verläßlich* das Leben in jener vorolympischen Regierungszeit des Kronos verlief. So wird berichtet, daß sich Helios einmal dem neuen Regime nur widerwillig fügte und klagend der guten *alten Zeiten* gedachte, wo ein Tag noch ein Tag und eine Nacht eine Nacht war, mit einem Wort, *Recht* und *Ordnung* herrschten. Jetzt dagegen ginge es drunter und drüber, weil nämlich Hermes, Zeus' Sohn und in dessen Auftrag handelnd, ihm, dem Sonnengott befahl, sein Feuer zu löschen und einen Tag lang zu Hause zu verweilen. Der Grund hierfür lag darin, daß Zeus einmal mehr auf Freiers Füßen wandelte und in Amphitryons Abwesenheit mit dessen Frau Alkmene den Helden Herakles zeugen wollte. Zur Zeugung eines so gewaltigen Helden aber bedurfte es einer Nacht, des folgenden Tages und der nächsten Nacht. Außerdem wollte Zeus Alkmene in der Sicherheit wiegen, daß alles seinen richtigen Gang nehme, und so hatte er heimlich die Gestalt ihres Mannes angenommen. Helios gehorchte schließlich, genau wie die Mondgöttin, die ihren Lauf entsprechend verlangsamen mußte, aber er gedachte mit Wehmut der Zeit, als Kronos noch herrschte und als allmächtiger Gott gar nicht auf die Idee nächtlicher Liebesabenteuer im fernen Theben kam.

Allerdings wird auch von Kronos ein einziger Seitensprung berichtet, obwohl ihm ansonsten der *gerade Weg*, der die *normierte Ordnung* nicht verläßt, eigen ist. Bei jenem einmaligen Fehltritt, der Ausnahme sozusagen, die die *Regel* (♄) bestätigt, überrascht ihn seine Gattin Rhea, wie er bei Philyra, der Tochter des Okeanos, liegt. Sofort verläßt Kronos die Geliebte, verwandelt sich in einen Hengst und flieht, Philyra *allein* zurücklassend. Es wird in keiner Quelle berichtet, daß er je zu ihr zurückgekehrt sei, und es ist auch höchst unwahrscheinlich, denn Kronos steht auch für das *Gewissen* und die Möglichkeit, aus Fehlern zu lernen. Daß Philyra aber für ihn ein ›Fehler‹ ist, steht völlig außer Zweifel, denn kaum etwas ›fehlt‹ ihm, dem *alten, harten, erdbetonten* Gott mehr als das Fließen des anpassungsfähigen, wäßrigen Elementes, das er in der Tochter des Stromes Okeanos für einen Moment gefunden hat.

Im Mythos finden wir die zwei Gesichter des Kronos nicht nur in der doppelgesichtigen Janusgestalt, sondern auch in den zwei Phasen seines Lebens dargestellt. Zu Beginn der harte, unbarmherzige Herrscher, der kein Erbarmen kennt und später dann der gute alte König, der sich dem Wohlergehen seines Volkes widmet. Zu dieser Umpolung ist allerdings erst die *Verbannung* in *Gefangenschaft* und *Einsamkeit* not-wendig. Durch diese *Sühne* für seine frühere *Härte* wird erst das Überschreiten der Schwelle zwischen Herrschen und Dienen möglich. Allerdings wird auch schon in den Untaten des frühen Kronos seine Gespaltenheit deutlich, denn schließlich begeht er ja den Vatermord als treuer und folgsamer Sohn auf Raten der Mutter.

Vor allem aber ist und bleibt Kronos der Vater der olympischen Götter und somit das Urbild des Vaters schlechthin. Im Zeugen und anschließenden Verschlingen der eigenen Kinder spiegelt sich auch wieder seine Doppelgesichtigkeit. Diesem Bild entsprechend wurde er auch zum Symbol für die Zeit, die ebenfalls all das wieder verschlingt, was sie je hervorgebracht hat. So tritt uns Kronos auch als Todbringer gegenüber, als jener Sensenmann, der unbarmherzig alles Leben mit *ein-schneidenden, abtrennenden* und *los-lösenden* Maßnahmen wieder zurückfordert. Sein Wappentier ist die *schwarze Krähe* (lat. cornix), der Vogel des Orakels und damit des Schicksals.

In der Mythologie symbolisiert Kronos vor allem den Widerstand gegen das Leben. Er wendet sich gegen den Lauf des Lebens, ja, er versucht, die Zeit anzuhalten, indem er seine Kinder verschlingt. Er versucht auch, alle Macht in sich zu *konzentrieren*, die Drehung des Lebensrades damit hindernd und alles Fortleben bedrohend.

Und wieder können wir hier, der Doppelgesichtigkeit Saturns folgend, auch umpolen: Ohne ihn wäre andererseits gar kein Leben in der Welt der Polarität möglich. Erst durch seine Qualitäten der Einschränkung und der Abgrenzung entsteht unser Leben. Absonderung aus dem umgeformten All, aus dem paradiesischen Urzustand, schafft erst die Welt. Für das Wort ›Absondern‹ kann man auch ›Sündigen‹ setzen, und damit sind wir mitten im christlichen Entstehungsmythos unserer Welt. Erst durch die Absonderung von der Einheit, durch ihre Sünde, wurden die ersten Menschen zu polaren Wesen dieser Welt (»...und sie erkannten, daß sie nackt waren...«). Sie wählten den Weg des *Wissens*, indem sie vom Baum der Erkenntnis des Guten und des Bösen (der Polarität) aßen. So ist Saturn auch zuständig für alles Wissen und bekommt damit auch teuflische Züge, denn mit Satan verbindet ihn die Herrschaft über diese Welt der Polarität, der *Zwei*heit, der *Zwie*-tracht und Ver-*zwei*-flung. So sind Satans (Mephistos) Worte im ›Faust‹ unserem Saturn nah verwandt:

»Ich bin der Geist, der stets verneint,
und das mit Recht, denn alles, was entsteht,
ist wert, daß es zugrunde geht;
drum besser wär's, daß nichts entstünde.
So ist denn alles, was ihr Sünde,
Zerstörung, kurz, das Böse nennt,
mein eigentliches Element.«

Was uns hier nun so negativ entgegentönt, trägt natürlich auch wieder eine andere Seite in sich, denn schließlich ist uns diese materielle Welt, in der wir leben, mit ihren ›10 000 Dingen‹, doch sehr lieb. Symbolisiert finden wir das noch in typischen Saturnattributen, die uns gerade Glück bringen sollen, allerdings vor allem materielles. Da haben wir das vierblättrige Kleeblatt mit seiner Vierzahl, ein Materiesymbol; da ist der *schwarze* Schornsteinfeger, der sich um den Schmutz kümmert, aber auch das Hufeisen vom Pferdefuß Satans und schließlich der Esel (für sich schon ein Saturnsymbol), der Geld ›scheißt‹. Die Gleichsetzung von ›Scheiße‹ und Geld begegnet uns ja häufig.

In ähnlicher Weise können wir, der Doppelgesichtigkeit Saturns folgend, unerlöste Eigenschaften aus seiner frühen Herrschaftszeit erlösten Eigenschaften aus der späteren Lebenszeit gegenüberstellen: Aus *Langsamkeit* und *Verzögerung* entwickeln sich *Geduld* und *Ausdauer*; aus *Begrenzung* und *Einschränkung* entstehen *Struktur* und *Ordnung*; aus *Mangel* wird *Verzicht*. *Trennung, Einsamkeit* und *Isolation* führen zu *Askese* und *Reinheit*. *Geiz* wandelt sich in *Beschränkung auf das Wesentliche*, aus *Härte* und *Alter* erwachsen *Gewissen, Verantwortung* und *Ernst*.

So ist der *Tod* (des Alten) Voraussetzung für die Wiedergeburt (des Neuen), und es ist Saturn, der die Schwelle dazwischen hütet.

♂

Uranos – das exzentrische, unstete Urprinzip

Am Anfang aller Dinge regierte die dreifaltige Göttin das All. Da tauchte Mutter Erde aus dem Chaos auf und gebar aus sich heraus und ohne fremde Mithilfe, ja, ohne es selbst zu bemerken, nämlich im Schlafe, ihren Sohn Uranos. Der blickte vom höchsten Berge voller Liebe auf die Mutter herab und ließ fruchtbaren Regen auf sie herabfallen. Darauf gebar sie aus den vielfältigen Öffnungen ihres Leibes alle Pflanzen, bis hin zu den mächtigsten Bäumen und alle Tiere der Erde, des Meeres und des Himmels. Die fruchtbaren Regentropfen des Uranos aber hatten sobald kein Ende und so füllten sie die Tiefen und Spalten der Mutter Erde, und es entstanden Seen und Bäche, Flüsse und schließlich sogar die weiten Meere. Allmählich ließ Uranos seinen Regen enden, und es bildete sich ein Gleichgewicht zwischen dem Wasser aus dem Himmel (Uranos heißt ja ›Himmel‹) und der Trockenheit von Gäa, der Mutter Erde. Nun hörte Uranos aber nicht etwa auf, seine Mutter zu befruchten. Vielmehr zeugte er bald darauf die hundertarmigen Riesen ›Briareus‹, was der Starke bedeutet, ›Gyges‹, d. h. der Erdgeborene und schließlich ›Kottes‹. Diese drei Riesen waren nur halb von menschlicher Gestalt. Darauf zeugten Himmel und Erde die drei Kyklopen ›Brontes‹, ›Steropes‹ und ›Arges‹. Ihre Namen bedeuten der Reihe nach *›Donner‹, ›Blitz‹* und *›Glanz‹.* Sie waren *unberechenbar* und wild und trotz ihrer Einäugigkeit Meister der Schmiedekunst und im Erbauen gigantischer Mauern. Zuerst lebten sie in Thrakien, zogen aber später auch nach Kreta und Lykien und sogar bis nach Sizilien, wo Odysseus ihnen begegnete. Schließlich wurden sie von Apollon aus Rache für den Tod des Asklepios getötet und ihre Geister ins Innere der Vulkane verbannt.

Selbst vaterlos aus Gäa, der Mutter Erde, entstanden, wird Uranos seinerseits zum *begeisterten* Vater und *Schöpfer* ständig *neuer* und ziemlich bizarrer Wesen. Neben den ungestalten Riesen und einäugigen Kyklopen zeugt er noch die Titanen und viele andere mißgestaltete und bizarre Ungeheuer, die er selbst wieder aus seiner Sicht in die Tiefen des Innern der Mutter Erde verbannt. Über die Verbannung ihrer Kinder aber ist Gäa sehr betrübt und auch zornig, und damit dieses Unrecht ein Ende habe und wohl auch, damit Uranos aufhöre, solch *verrückte* Wesen der Tiefen zu zeugen, überredet sie den Jüngsten ihrer Titanensöhne Kronos, den Vater zu überwältigen und seine verbannten Geschwister zu befreien. Nachdem sie ihm noch die Sichel aus Feuerstein gegeben hat, kommt Kronos Gäas Drängen nach und entmannt den Vater. Doch noch im Augenblick des Todes fährt Uranos fort, seine *sonderbaren* Wesen zu zeugen. Mit seinen letzten Blutstropfen befruchtet er Gäa wiederum, und sie muß darauf die Giganten und Erinnyen, die Furien und Rachegöttinnen gebären. Sterbend noch sagt Uranos, kraft seiner *Intuition,* seinem Sohn und Mörder Kronos dessen Zukunft voraus, die ebenfalls die Entmachtung durch den eigenen Sohn bereithält. Selbst nach seinem Tod bleibt Uranos schöpferisch, entsteht doch aus seinem abgeschlagenen und ins Meer geworfenen Glied jener Schaum, dem die Liebesgöttin Aphrodite entsteigt.

Tatsächlich verfügt er, der Urvater der Schöpfung, über jene uner-schöpfliche Schöpfungskraft, die aus sich selbst schöpft und erschafft — vielleicht war er ja sogar sein eigener Schöpfer, ein anderer Vater ist zumindest nicht bekannt. Neben den *abstrusen* Ungeheuern der Tiefe und jenen Riesenwesen, wie Anax und dem nicht minder gigantischen Asterios, erschafft er mit den Titanen ein Geschlecht, das den Lauf der Welt weiter bestimmen wird. Die wichtigsten seiner Titanenkinder sind der schon erwähnte Kronos, der ihm die Weltherrschaft entreißt, Atlas, der den Kampf der Titanen gegen Zeus anführen wird, Rhea, die Schwester und Gattin des Kronos, die die Mutter des olympischen Göttergeschlechts mit Zeus an der Spitze werden wird, aber auch Okeanos, der die Erde umspannende Weltfluß und Hyperion, ferner Thethys, Mnemosyne und Theia.

Uranos, der Ahnherr der Götter, spiegelt uns in dem wenigen, was von ihm überliefert ist, sehr deutlich die Grundzüge des schöpferischen und unstetigen Urprinzips. Seine *Schöpfungen* sind ausnahmslos *sonderbar*, um nicht zu sagen *ver-rückt*. Alles ist da *un-normal* und *un-gewöhnlich*. So wie er selbst plötzlich *aus dem Nichts* entstanden ist, bleibt er der Ahnherr alles *Plötzlichen*, alles *Unerwarteten* und *Unvorhergesehenen*, aber auch des *Unverständlichen*, bis hin zum *Absurden*. Die Norm ist ihm fremd, und er liebt das *A-normale, Sprunghafte*, das *voraussetzunglos* dem Moment *ent-springt*. Die kontinuierliche Entwicklung ist ihm zuwider, vielmehr ist er die *Unter-brechung* im Positiven wie im Negativen, kann *plötzliches Glück* genauso bedeuten wie *unvermutet hereinbrechendes Unglück*. Alles, was wie der ›*Blitz aus heiterem Himmel*‹ trifft, kommt mit Sicherheit von ihm. So ist er recht deutlich der Vater aller *Katastrophen*. Und Katastrophe ist hier durchaus im *ursprünglichen* Sinne zu nehmen, als ›Umkehrpunkt‹, als *Unter-brechung* und ist so weder gut noch schlecht bzw. sowohl gut als auch schlecht. Je *paradoxer* das klingen mag, desto sicherer können wir Uranos dahinter vermuten. Auch ist er der Vater aller *unerklärlichen Zufälle*, jener Ereignisse nämlich, die uns *überraschend* zufallen und deren Vorgeschichte im dunkeln bleibt, so daß sie uns *plötzlich* als etwas Ganzes, Fertiges gegenübertreten. Folglich gehören auch alle *Geistesblitze* zu Uranos und damit die *genialen* Erfindungen, die fast immer solch *blitzartigen Erkenntnissen* und *Einfällen entspringen*. Überhaupt ist das Geniale dem Uranos sehr vertraut, von der genialsten künstlerischen Schöpfung bis hin zum alltäglichen *Aha-Erlebnis*, bei dem wir ja auch im Moment einen Zusammenhang als etwas Ganzes erfassen. Ebenso untersteht ihm all das ›*Originelle*‹ (origo = lat. Ursprung), was wirklich vom *Ur-sprung* kommt und in seiner Neuartigkeit die Norm verläßt. Hier wiederum zeigt sich, daß es viel weniger originelle Menschen gibt, als sich selbst dafür halten, denn das Originelle läßt sich eben per definitionem nicht imitieren bzw. alles Nachgeahmte, Abgeschaute, hört sofort auf, uranisch und damit originell zu sein. Die *Lust am Neuen* und jene am *Um-sturz des Alten*, an der *Veränderung* schlechthin, machen Uranos natürlich auch zum Prinzip jeder *Revolte* und *Revolution*, die *plötzlich* und *unverhofft* das Alte zugunsten des Neuen *umwendet*. Vernunft und vor allem Rücksicht aber sind dem Uranos fremd, und so führen solche *Umstürze* nicht selten in die *Irre*, manchmal direkt in den *Irrsinn*. Genie und Wahnsinn liegen ja nahe beieinander und unterstehen beide dem Uranos, ist das Irresein doch oft nichts anderes, als eine *Unterbrechung des normalen Denkens*, ein jähes *Springen* von einem Gedanken zum nächsten *Einfall*. Mit seinem *ideenflüchtigen* Denken verliert der *Irre* sehr bald den Kontakt zur normalen Gesellschaft, wie ihn ja oft auch der *Geniale* nicht halten kann, der dem Normalbürger durch sein *Eigenbrötlertum*, seine *Kauzigkeit* auffällt und ihn abstößt. So wird der Uranos zum Gegenpol allen Spießertums, das ja gerade die Norm zu seinem Gott erwählt hat. Auch das angestrengte Erarbeiten und durch Fleiß, Tüchtigkeit und Bravheit geförderte Sichverdienen des Erfolges ist dem Uranos völlig fremd. Er setzt auf das *schöpferische Prinzip*, das in einem *Geistesblitz* das Ganze in seiner Komplexität erfaßt. Solcher *Zusammenschau* liegt auch die *Vorausschau* nicht fern, und diese mündet nicht selten in wirkliches *Hellsehen*. Auf alle Fälle aber ist die *Intuition* ein Kind dieser Schau. Uranisches Erfassen ist intuitives Erfassen oder anders herum ausgedrückt handelt es sich um *Eingebungen*, um die *Erleuchtung eines Augenblicks*.

Ein weiterer wichtiger Aspekt des Uranos tritt in der Zeugung der Liebesgöttin Venus zutage. *Venus urania* ist die *himmlische Liebe*, die in ihrer Totalität auf Erden keine Chance hat, deren *kurzes Aufblitzen* im Leben der Sterblichen aber tiefe Spuren hinterläßt. Typisch uranisch überfällt uns Venus oder ihr Sohn Eros *plötzlich, wie aus heiterem Himmel, ohne Vorwarnung* und ohne die Möglichkeit bewußter Einflußnahme. In der ›*Liebe auf den ersten Blick*‹ erkennen wir unschwer neben Venus auch Uranos. Allerdings symbolisiert die Venus urania eine viel umfassendere Liebe, ist sie doch nicht eingeschränkt auf ein bestimmtes Wesen, sondern allumfassend, ununterscheidend, grenzenlos, ja, eigentlich *frei von Raum und Zeit*. Sie umfaßt eben nicht wie die Liebe auf Erden nur einen bestimmten Zeitraum.

Wir erinnern uns: Uranos kommt noch vor Kronos, der erst die Zeit, symbolisiert im Stundenglas in seiner Hand, in die Welt bringt. Uranos ist das Prinzip des *zeitlosen Augenblicks*, des *Hier und Jetzt*, in dem Vergangenheit und Zukunft in einem Punkt zusammenstoßen, der per definitionem keine Dimension hat, keinen Zeit-Raum umschließt.

Uranos ist auch das Wort allen Anfangs, jener erste Schöpfungsimpuls, der erst zu Materie werden, sich mit dem Fleisch der Welt bekleiden muß. Welchen Schöpfungsmythos wir auch wählen, ob es mit einem *Lichtfunken*, einem *plötzlichen Klang* oder mit einer *Explosion* (wie dem *Urknall* der Wissenschaft) beginnt, immer steht ein uranisches Symbol am Anfang. Dieses Prinzip verbindet so die allerälteste Legende mit dem Ergebnis neuester wissenschaftlicher Forschung, und das ist nicht erstaunlich, schließlich handelt es sich um ein Urprinzip, und als solches ist es eben unabhängig von Zeit und Raum.

Ähnlich verbindet Uranos unsere menschlichen Urahnen ältester Zeiten, die noch ganz aus der *Intuition* heraus lebten, mit uns heutigen Menschen, die wir in einer modernen, technischen Welt leben. Auch hinter der *Technik* nämlich verbirgt sich Uranos, und tatsächlich ersetzt uns ja die Technik vielfach die verlorengegangene Intuition. Jetzt können wir wieder Bilder von weit entfernten Orten im Fernsehen sehen, können mit dem Mikroskop in kleine und mit dem Fernrohr in große Dimensionen blicken. Die *Wunder der Technik* kommen uns heute nur alltäglicher vor als die Wunder der *Intuition;* sie stammen jedenfalls alle aus derselben Quelle: Uranos.

Neben der uranfänglichen Figur des Uranos kennt die griechische Mythologie noch einen weiteren Gott, der das uranische

Prinzip vertritt, denn natürlich kann es als Urprinzip auch in der Zeit nach Uranos' Entmannung in der olympischen Götterwelt nicht fehlen. So wird es durch Uranos' Urenkel *Hephaistos*, den Sohn des Zeus und der Hera, würdig vertreten. In ihm begegnen uns vor allem auch unerlöste Aspekte dieses Prinzips.

Hephaistos ist nach seiner Geburt so mickrig und schwächlich, daß Hera sich seiner *außergewöhnlich* armseligen Erscheinung schämt und ihn vom Olymp hinabwirft. Hephaistos aber überwindet diesen großen *Höhenunterschied*, den langen *Flug* und damit das ganze *Unglück* sehr gut und landet unverletzt im Meer. Hera hatte wohl nicht bedacht, daß sowohl ›*Flug*‹ wie ›*Höhenunterschied*‹ als auch ›*Unglück*‹ seinem uranischen Wesen eher entgegenkommen. Von den freundlichen Göttinnen Thetis und Eurynome gefunden und in ihrer Meeresgrotte aufgezogen, entwickelt er sich prächtig. In seiner ersten Schmiede, denn er setzt das Werk von Uranos' Kindern, den Kyklopen, fort und wird Schmied, schafft er *außergewöhnliche* Kunstwerke und Gebrauchsgegenstände, mit denen er seine Ziehmütter beschenkt. Kaum aber hat Hera entdeckt, welch *genialer* Sohn ihr verlorengegangen ist, holt sie ihn auf den Olymp zurück und fördert ihn in jeder Weise. Sie ist es auch, die seinen Wunsch, die schöne Liebesgöttin Aphrodite zu heiraten, unterstützt. So kommt es wieder zu einer Vereinigung des venusischen mit dem uranischen Urprinzip. Hephaistos ist seiner Mutter so dankbar, daß er ihr verzeiht und sie sogar *spontan* verteidigt, als Zeus sie nach ihrem gescheiterten *Aufstand* am Himmelsgewölbe aufhängt. Den *Aufstand*, der ja seinem eigenen Prinzip so sehr entspricht, kann Hephaistos ihr natürlich nicht übelnehmen. Das aber ist in diesem Fall ein Fehler, denn der erzürnte Zeus wirft ihn nun zum zweiten Male vom Olymp, und diesmal bricht er sich beide *Unterschenkel*. Von nun an *lahmt* er und kann sich nur noch mit Hilfe von goldenen Krücken *hinkend* fortbewegen. Allerdings entsprechen auch wiederum dieses ›*Hinken*‹ und die *Knochenbrüche* der *Unterschenkel* seinem uranischen Prinzip, und er ist dadurch in seinem weiteren *Fortschritt* kaum *behindert*. Jetzt fertigt er sich in seiner Schmiede mechanische Frauen aus Gold an, die so *genial* konstruiert sind, daß sie sogar sprechen können und ihm die schwersten und kompliziertesten Arbeiten abnehmen können. Gerade aus seiner *Behinderung* entsteht so neuer *Fortschritt*. Tatsächlich handelt es sich ja hier um eine frühe Beschreibung von Robotern, was Hephaistos als *Erfinder* raffiniertester Technik ausweist. Obwohl selbst über alle Maßen häßlich, übellaunig und *reizbar*, ist er doch nicht unbeliebt unter den olympischen Göttern, denn schließlich ist er auch der Schmied unbesiegbarer Waffen und wundervollen Schmuckes. So stammt nicht nur der Verführungsgürtel seiner Gemahlin Venus von seiner begnadeten Hand, sondern auch die Halskette der Harmonia und die bronzenen Kastagnetten, die Athene dem Herakles schenkt. Aber nicht nur Waffen und Zierat, auch die Fähre des Helios ist von seiner begabten Hand, und selbst die wunderschöne Pandora wird von ihm aus Ton geformt. So schön und vollkommen, wie Hephaistos Pandora äußerlich gestaltet, so dumm, faul und böse läßt Zeus ihr Inneres geraten, denn schließlich soll sie alle Übel auf die Welt bringen. Zeus bedient sich der *Genialität* seines Sohnes mehrfach, nicht nur bei der Erschaffung der Pandora; auch als es um die schwierige Geburt der Athene aus seinem eigenen Kopf geht, ist der Götterschmied zur rechten Zeit hilfreich zur Stelle.

Neben dieser *Genialität*, der unübersehbaren *Originalität* und *Spontaneität* ist aber auch Hephaistos' *Eigenartigkeit, Unruhe* und vor allem seine *Gefühlskälte* nicht zu übersehen. Letztere zeigt sich besonders deutlich, als er das Liebesverhältnis seiner Gemahlin zu Ares entdeckt. Nach einem raffinierten Plan setzt er die beiden im Ehebett sozusagen in flagranti gefangen. Dann aber ruft er alle Götter zusammen und gibt seine Gemahlin der Schande preis. Zeus selbst bescheinigt ihm, daß er ein *Narr* sei, solch einen *Seitensprung* derart ins Rampenlicht zu zerren.

Tatsächlich hat ja das uranische Wesen viele närrische Anteile, ist der *Clown* unter den Prinzipien, ein *bunter Paradiesvogel* oft, der die *Freiheit* des weiten *Luftreiches* genießt, die *Freiheit* aber auch, so *verrückt* zu sein, wie es ihm gerade *einfällt*. Den anderen Normalen mag er dabei *exzentrisch* und recht *lebensfern* vorkommen, ja sogar *desorientiert* und eher als *Karikatur* denn als natürlicher Mensch. Uranos aber stört sich nicht daran, er zieht die *Verfremdung*, das *Abenteuer der Freiheit* jeder Natürlichkeit vor.

Nun mag uns das Uranische in seiner *Nivellierung* bis hin zur *Gleichmacherei* einerseits, seiner *Durchbrechung jeder Norm*, der Tendenz zu *Revolution* und *Aufstand* gegen alles Alte und damit jede Tradition andererseits recht fern vom esoterischen Entwicklungsweg erscheinen. Doch das scheint nur so. Schließlich untersteht ja auch der *Fortschritt* diesem Prinzip und die edle *Be-geist-erung* für die *Freiheit*, die doch das Ziel des Weges überhaupt ist. Es ist gerade Uranos, der uns den Weg durch die *Extreme* führt, bevor hinter und in allem das *Gleiche* (die Einheit) erkannt werden kann. Damit aber markiert Uranos eine ganz entscheidende Etappe auf dem Weg, und es ist Christus, der sagt: »Ich weiß Deine Werke, daß Du weder kalt noch warm bist. Oh, daß Du kalt oder warm wärest! So aber, weil du lau bist und weder warm noch kalt, will ich Dich ausspeien aus meinem Munde.«

Poseidon/Neptun — das auflösende Urprinzip

Poseidon ist der nach Zeus jüngste Sohn von Kronos und Rhea. Nach seiner Errettung aus dem Bauch des Vaters durch den jüngeren Bruder Zeus und der Entmachtung des Vaters wird er zum Herrn über das Meeresreich. Bei der endgültigen Überwindung des Kronos spielt er eine wichtige Rolle, hält er doch mit seinem Dreizack, jenem Geschenk der Kyklopen, den Vater in Schach, bis Zeus ihn mit dem Blitz niederschlagen kann. Allerdings gibt es auch noch folgende Version von Poseidons Kindheit: Rhea habe ihn vor dem gefährlichen Vater bewahrt, indem sie Kronos ein Fohlen an seiner Stelle gab, das dieser auch verschlang, ohne die Täuschung zu bemerken. Später habe Rhea den Sohn in einer Pferdeherde verborgen gehalten. Diese zweite Version mit der nicht bemerkten *Täuschung* würde jedenfalls sehr gut zum Wesen des Poseidon passen, dem *Täuschung* und vor allem das Unentdeckt-bleiben besonders nahestehen. Nachdem Poseidon bei der Verlosung der Herrschaftsbereiche das Meer zugefallen ist, steht er Zeus, als dem Herrscher des Himmels, nicht an

Würde, dafür aber um so deutlicher an Macht nach, eine Situation, mit der er sich nie ganz abfinden kann, was zum Teil seine Streitsucht und seinen Eigensinn erklären mag.

Gleich nach der Aufteilung der Einflußbereiche beginnt er, seinen ausgedehnten Unterwasserpalast auf dem Meeresgrund der Ägäis bei Euboia zu bauen. Dort umgibt er sich mit Delphinen und *phantastischen* Meeresungeheuern, die nur selten aus den Tiefen auftauchen. In den weitläufigen Stallungen des Palastes hält er eine große Zahl weißer Pferde mit kupfernen Hufen und goldenen Mähnen für seine goldene Kutsche, mit der er hin und wieder bis zur Meeresoberfläche kommt. In solchen Fällen legen sich sofort alle Stürme, und eine Schar seltsamer Ungeheuer der Tiefsee umtanzt seinen Wagen.

Poseidon sehnt sich nach einer Gemahlin, die an seiner Seite die Tiefen der See beherrschen würde, und so verliebt er sich in die Nereide Thetis. Während er ihr noch nachstellt, prophezeit ihm aber Themis, daß jeder von Thetis empfangene Sohn ihn, den Vater, weit in den Schatten stellen würde. Sofort gibt Poseidon daraufhin sein Werben auf und erlaubt Thetis sogar, den Sterblichen Peleus zu heiraten. Er selbst wendet sich statt dessen einer anderen Nereide, nämlich Amphitrite (was ›Seherin‹ bedeutet) zu, hat aber wiederum Pech, denn sie verabscheut ihn und flieht vor seinen Nachstellungen bis ins ferne Atlasgebirge. Poseidon aber gibt nicht auf, sendet Boten auf Boten, und schließlich gibt Amphitrite nach und willigt seinem Kurier Delphinos in die Heirat ein. In ihrem malerischen Hochzeitszuge finden wir außer den beiden Brautleuten ungezählte Pferde, Stiere und Widder, aber auch Hirsche, Panther, Löwen und Tiger, neben Seepferdchen, Delphinen, Sirenen, Walfischen, Tritonen und vielen phantastischen Meeresungeheuern. Darüber tanzen Nymphen, Naiaden, Ondiden und Nereiden. Poseidon bringt so die ganze Natur in Einklang und unter sein Zepter, den Dreizack. Aus dieser Ehe gehen drei Kinder hervor: Triton, Rhode und Benthesikyme. Damit aber gibt Poseidon sich nicht zufrieden. Er will dem Jupiter ja in nichts nachstehen und schon gar nicht in der Zahl seiner Liebschaften, was Amphitrite ähnlich eifersüchtig reagieren läßt wie Hera. Als sich Poseidon Hals über Kopf in Skylla, die Tochter des Porkys verliebt hat, ist Amphitrite so eifersüchtig, daß sie der Rivalin *magische Kräuter* ins Schwimmbassin wirft, die Skylla in jenes bellende Ungeheuer mit sechs Hundeköpfen *verzaubern*.

Aus Poseidons zahllosen Verhältnissen mit Göttinnen, Nymphen und Sterblichen hat er ebenso zahllose Nachkommen. Mit der Gigantin Pereboia zeugt er Nausithoos, mit Thoosa den Polyphemos, mit Gäa die Charybdis, die mit seiner Geliebten, Skylla, die gefährliche Meerenge bewacht, mit Demeter Despoina und das wilde Pferd Arion, mit Aphrodite Herophilos, mit Kleodora Parnasos und mit Medusa das geflügelte Pferd Pegasus, und das sind noch längst nicht alle seiner Kinder von Göttinnen. Doch auch mit Menschenfrauen läßt er kaum eine Gelegenheit aus. Mit Libya zeugt er Agenor und Belos, mit Euryale den Orion, mit Lysianassa den Antaios und Busiris, mit Amymone Nauplios; Aithra gebärt ihm den Helden Theseus, Pero den Asopos, Alkyene den Anthas, Alope den Hippothoos, die Nymphe Kalyke den Kyknos und Iphimedeia schließlich Ephialtes, und auch das sind noch bei weitem nicht alle seiner mit Sterblichen gezeugten Nachkommen.

Trotz dieser vielen Erben gelingt es Poseidon nicht recht, sein Reich über das Meer hinaus zu erweitern, obwohl er es selbst an kriegerischen Versuchen nicht fehlen läßt. So versucht er schon in frühester Zeit, sich Attika zu unterwerfen. Er schleudert seinen Dreizack mitten in die Akropolis von Athen, wo sogleich die Erde aufbricht und eine Meerwasserquelle hervorquillt. Athene aber geht ungleich geschickter vor, pflanzt den ersten Olivenbaum neben die Quelle, und ein Schiedsgericht der Götter spricht ihr das Gebiet zu, weil sie ihm das wertvollere Geschenk gemacht habe. Poseidon ist beleidigt und rächt sich mit einer gewaltigen Sturmflut, der Athene nur mit Mühe trotzen kann. Als nächstes kämpft er, ebenfalls mit Athene, um die Stadt Troizen. Zeus aber befiehlt ihnen, die Stadt unter sich zu teilen, was beide ärgert. Selbst vor Zeus' eigenem Gebiet macht Poseidon nicht halt, sondern versucht, dem jüngeren Bruder Aigina abzujagen. Mit Dionysos streitet er um Naxos und mit Hera um Argolis. In allen Fällen aber behaupten sich die anderen, und obendrein wird Poseidon auch noch verboten, sich mit seinen üblichen Sturmfluten zu rächen. Deshalb greift er sogleich zum umgekehrten Mittel und läßt die Flüsse austrocknen, so daß sie nun im Sommer überhaupt kein Wasser mehr führen und Dürre herrscht. Trotz dieser ziemlich kläglich scheiternden Versuche, seine Herrschaft auch über Land auszudehnen, läßt Poseidon doch weiterhin keine Möglichkeit aus, die gefügte Ordnung *aufzuweichen* und zu *schwächen*. So schreckt er nicht davor zurück, *Gerüchte auszustreuen* und die *Wahrheit zu vernebeln*. Als sich die Möglichkeit bietet, direkt gegen Zeus aufzubegehren, beim Aufstand der Götter, ist er natürlich dabei, aber typischerweise nicht in vorderster Front. Diese Position überläßt er gerne Hera und hält sich seiner Art entsprechend im *Hintergrund*. Nach der Niederschlagung der Erhebung durchschaut Zeus seine Rolle aber sehr wohl und schickt ihn zusammen mit Apollon zur Strafe als Sklaven zum König Laomedon, dem sie die Stadt Troja erbauen müssen. Als Laomedon Poseidon um den abgemachten Lohn *betrügt*, sendet dieser ihm die *Pest* und andere *Seuchen* ins Land und läßt die Felder von einem Meeresungeheuer mit Salzwasser *vergiften*. Mit der gnadenlosen Niederschlagung des Aufstandes und der harten Bestrafung durch Sklavenarbeit sind die Machtverhältnisse zwischen Zeus und Poseidon fürs erste wieder eindeutig geklärt. Doch Poseidon läßt nicht los von seinen wohl sogar ihm selbst etwas *unklaren* Ansprüchen, und kaum zurückgekehrt von der Strafexpedition, versucht er, wiederum auf *undurchsichtige* Weise, Einfluß und Gewicht zu bekommen. Dabei schreckt er keineswegs vor *Lügen* oder doch zumindest *verschwommenen* Behauptungen und *Andeutungen* zurück. So rühmt er sich z. B. der Erschaffung des ersten Pferdes, ohne zu bedenken, daß seine Mutter Rhea dem Vater bereits ein Fohlen an seiner Stelle zu fressen gab. Auch will er den Zügel erfunden haben, wobei alle wissen, daß ihm hier Athene bereits zuvorgekommen war. Allerdings hat er wirklich viel mit Pferden zu tun, tatsächlich wird er ja schon kurz nach seiner Geburt vom Vater mit einem solchen verwechselt; er hält sie zahlreich in seinem Palast, zeugt mit Medusa den geflügelten Pegasus und mit Demeter das Wildpferd Arion. Zu letzterem Zwecke verwandelt er sich selbst in einen Hengst, um die in der Gestalt einer Stute vor ihm flüchtende Demeter zu bekommen. Aus dieser Vergewaltigung entsprang neben dem wilden Arion die Nymphe Despoina. In dieser engen

Beziehung zu den Pferden drückt sich seine große Triebhaftigkeit aus.

So *durchtrieben* Poseidon in die Bereiche anderer eindringt, so wütend reagiert er, wenn ihm selbst solches widerfährt. Als Zeus dem Aiolos die Herrschaft über die Winde endgültig überträgt, weil er sie nämlich schon früher so sorgsam und verantwortungsbewußt verwaltet hat, ist Poseidon *beleidigt* und erkennt die Regelung nicht an. Er beansprucht die Macht über die Stürme für sich und behandelt Aiolos geringschätzig und als unerwünschten Eindringling in sein Herrschaftsgebiet.

Dabei fällt es Poseidon über alle Maßen schwer, sich direkt und ehrlich durchzusetzen oder auch nur seine Meinung und Absicht offen darzulegen. Ständig versucht er, *indirekt* und für andere *undurchschaubar*, ohne sich wirklich zu stellen, seine Absichten zu verwirklichen. Als er etwa mit den anderen Göttern von Hephaistos gerufen wird, um das ehebrecherische Verhältnis von dessen Gemahlin Aphrodite mit dem Kriegsgott Ares zu bezeugen, verliebt er sich spontan in die nackt vor aller Augen liegende Liebesgöttin. Dazu aber steht er nicht offen, sondern versucht, durch verschiedene Angebote und Schachzüge auf ihr Lager zu gelangen, sozusagen als gerechtigkeitsliebender Streitschlichter und ohne die Verantwortung für seine Lust zu übernehmen. Über seine wahren Beweggründe läßt er absichtlich alle im *unklaren*. Aphrodite dankt ihm den Hilfsversuch trotzdem und schenkt ihm zwei Söhne.

Selbst wenn es gar nicht um ihn persönlich geht, hat Poseidon Freude an *heimlichen Ränkespielen* und *verworrenen* Situationen, die aus *Unklarheit* entstehen. So ›verrät‹ er einmal in des Wortes tatsächlichem Doppelsinn dem Hephaistos, daß Athene nur darauf warte, von ihm vergewaltigt zu werden; auch sei Zeus bereits einverstanden. Nichts von alldem aber ist wahr, und Poseidon hat seinen Spaß an dem entstehenden *Durcheinander*, an Athenes Abscheu und Hephaistos' Blamage – vielleicht, weil es ihm einfach Spaß macht, die Atmosphäre zu vergiften, vielleicht auch, weil ihm selbst so manche Abweisung und Blamage widerfährt. Die meisten seiner Geliebten muß er mit *Lug* und *Trug, Verwandlungskünsten* und *geheimnisvoller Zauberei* gewinnen, da sie erst einmal eher Abscheu vor ihm empfinden. Selbst damit aber kann er nicht alle Mißerfolge verhindern. Als er mit einem der ursprünglich sehr anmutigen Gorgonenmädchen, nämlich mit der Medusa, in einem Tempel der Athene schläft, überrascht diese sie und verwandelt die Medusa voller Zorn in jenes abscheuliche Ungeheuer mit glühenden Augen, Schlangenlocken und weit heraushängender Zunge, dessen Anblick allein ausreicht, um Sterbliche versteinern zu lassen. Poseidon aber bleibt nichts als ein schmählicher Rückzug in die Tiefen seines Meeres. Im Moment, wo Perseus später die Gorgo Medusa enthauptet, kriechen Neptuns Kinder Pegasus und Chrysaor, bereits vollständig ausgewachsen, aus ihrem toten Leib.

Nur selten stellt Poseidon seine Magie in den Dienst der Menschen, und dann auch nur, wenn es seinen Wünschen und vor allem seiner *Sucht* nach Verführung und Liebe entgegenkommt. Als durch die von ihm selbst heraufbeschworene Dürre die Lage in Argolis bedrohlich wird, sendet der dortige Herrscher Danaos seine Tochter Amymone aus, den zürnenden Gott zu versöhnen. Dabei wird die Schöne von einem Satyr bedrängt. Nun spielt ihr Poseidon den Helden vor und rettet sie, doch nur, um sie anschließend sogleich selbst zu verführen. Als ihm die Geliebte den Auftrag des Vaters offenbart, ist Poseidon einmal großzügig und tut ihr zuliebe ein *Wunder*. Er stößt den Dreizack in den Boden, und als Amymone ihn wieder aus dem Grund löst, springen aus den Wunden der Erde drei starke Quellen hervor. Ihr *Wasser* bildet seither den Fluß Lerna, der selbst in der heißesten Zeit nicht austrocknet.

Viel häufiger geschieht es, daß Poseidon seine Fähigkeit, *Wunder* und *Illusionen* zu wirken, ausschließlich zur Befriedigung seiner Triebe und *Sehn-sucht* nach Liebschaften einsetzt. Als die schöne Tyro sich etwa in den Flußgott Enipeus verliebt, nutzt er diese Situation sogleich, verwandelt sich in Enipeus' Gestalt und läßt Tyro in einen *magischen Traum* fallen. Sodann befiehlt er eine dunkle *Welle* herbei, hinter deren *Schaum*-krone verborgen er, für alle Welt *unsichtbar*, das schlafende Mädchen vergewaltigt. Als Tyro aus ihrem *Traum* erwacht und Poseidons *Illusionsspiel* durchschaut, wischt er ihr Entsetzen mit der Bemerkung beiseite, sie werde Zwillinge bekommen und zwar von einem besseren Vater als ihr armseliger Flußgott es sei.

Ähnlich nutzt er Demeters Kummer über den Verlust ihrer Tochter Kore, um sie sich gefügig zu machen. Überhaupt hat es den Anschein, daß Poseidon sich gerade dort wohl fühlt, wo *Durcheinander* herrscht und *Verwirrung* entstanden ist, sei es nun in den Seelen der Frauen oder politisch in Stadt und Land. Ist die Lage an sich noch nicht *chaotisch* und *verworren* genug für seine Zwecke, so sucht er sie nach Kräften weiter zu *verschleiern* und zu *vernebeln*. Hierbei kommen ihm seine eigene *Verwandlungskunst* zu Hilfe, aber auch die Kräfte des *Rausches* und *Wahnes, Halluzinationen* und alle *möglichen Sinnestäuschungen*. So arbeitet ihm Dionysos hin und wieder zu, wenn er seine Anbeter in rauschhafte Ekstase und wahnsinnige Orgien versetzt.

In solch einer Rauschsituation wird etwa der Held Theseus gezeugt. Seine Mutter Aithra teilte gerade das Lager mit dem trunkenen Aigeus, als ihr Athene einen *Traum* sandte, der sie aufstehen und durch das *Wasser* zur Insel Sphaira waten ließ. Dort vergewaltigte sie Poseidon, wobei Theseus gezeugt wird.

Verwandlung zielt bei Poseidon allerdings in eine ganz andere Richtung als etwa die Metamorphose, die Hades (Pluto) erzwingt. Poseidon bedient sich seiner Verwandlungskunst vor allem, um in eine neue, ihm sonst verschlossene Ebene vorzustoßen, nämlich die der Triebe und Gefühle. Auch seine Verbindung mit Theophane kommt nur so zustande: Sie muß in die Gestalt eines Schafes schlüpfen, während Neptun zum Widder wird. Der Sproß ihrer Liebe ist jener berühmte Widder mit dem Goldenen Vlies.

In dieser Geschichte können wir deutlich auch Poseidons erlöste Seite durchscheinen sehen, benützt er doch hier seine *Phantasie* und *Einfühlungskraft*, um durch die vordergründige Alltäglichkeit der Verführungssituation in den *transzendenten Hintergrund* zu gelangen und jenes Goldene Vlies, das Symbol der Einheit, zu erschaffen. Ja, hier entdecken wir sogar in dem sonst so mißmutigen und streit-*süchtigen* Gott *Altruismus* und *Menschenliebe*, denn er ahnt sicherlich, daß sein Kind zum Ziel und Symbol der großen Befreiung für die Argonauten auf ihrer langen Entwicklungsreise werden wird. Auf *Ahnungsvermögen*, bis hin zur *Hellsichtigkeit*, können wir uns bei ihm ebenso verlassen wie auf seine *Phantasie* und *Verwandlungskunst*.

Bereits bis hierher haben wir Poseidon als den dunklen, aus den undurchschaubaren Tiefen des Meeres heraus handelnden Widersacher des hellen, dem Licht verpflichteten Zeus erlebt. Überdeutlich wird uns diese Rolle Poseidons, wenn wir die lange Reise des Odysseus betrachten. Während Zeus, sein Sohn Hermes und seine Tochter Athene dem Sonnenhelden beistehen und ihm die Heimreise erleichtern wollen, repräsentiert Poseidon all die dunklen Kräfte des Unbewußten, die des Helden Heimreise aufhalten, ja, die ihn verschlingen wollen. In all den Gefahren, die Odysseus zu bestehen hat, können wir noch einmal Poseidon und seine Mächte betrachten: Kaum haben Odysseus und seine Getreuen die Küste von Troja verlassen und sind auf der Insel Ismaros gelandet, erbeuten sie einige Krüge süßen Weines, und, dem *Rausch* ergeben, werden sie angegriffen und erbärmlich zugerichtet. Die Weiterfahrt behindern heftige Winde, und widrige *Meeresstürme* treiben sie an die libysche Küste, die Heimat der Lotosfrucht-Esser. Diese Früchte aber enthalten *Drogen*, die jedem, der sie kostet, die Erinnerung an die Heimat rauben. Nur mit äußerster Mühe gelingt es Odysseus, die Kameraden zu retten und auf die Schiffe zurückzuholen. Jetzt verschlägt der Wind die Helden auf die Insel der Kyklopen, der Söhne Poseidons. Polyphemos, Poseidons bekanntester Kyklopensohn, nimmt sie in seiner Höhle gefangen und beginnt bereits, die Kameraden aufzufressen, als Odysseus sich und die Übriggebliebenen im letzten Moment durch eine List rettet. Er blendet das eine Auge des Polyphemos, so daß dieser *blind umhertaumelnd*, den Flüchtenden nur noch zwei Felsblöcke nachschleudern kann. Neptun aber verspricht seinem geblendeten Sohn, die Schmach zu rächen und dem Odysseus eine grauenvolle Heimreise zu bescheren. Tatsächlich stürmen nun alle Winde gegen die Helden, nachdem Odysseus' Kameraden durch ihre Gier nach *Wein* und *Rausch* die Gunst des Aiolos, des Herrn des Windes, verspielt haben. So werden sie an die Küste der Laistrygoner getrieben, furchtbarer Kannibalen, die tatsächlich die Besatzungen aller Schiffe, bis auf das des Odysseus selbst, verschlingen, Das ihm einzig verbliebene Schiff lenkt Odysseus nun nach langer *Irrfahrt* zur Insel Aiaia der Göttin Kirke. Diese aber setzt ihnen *vergiftete* Speisen und ebensolchen *Wein* vor und *verwandelt* sie anschließend in

Schweine. Nur Odysseus gelingt es wiederum, den *Zauber-Bann* zu durchbrechen und die Kameraden zu retten. Nun müssen sie in den Tartaros hinabsteigen, um ihr Schicksal deuten zu lassen. Hier erfährt Odysseus, daß nur, wenn er dem Poseidon ein Opfer brächte, Aussicht bestünde, nach Ithaka zurückzukehren. Dann aber würde er glücklich und alt werden, und am Ende seiner Tage würde der Tod (♄) vom *Meer* (♆) zu ihm kommen. Die Seelen der Verstorbenen warnen Odysseus noch vor den *Sirenen*, an deren Land er vorbeisegeln müsse und deren *wunder*-volle Stimmen die Seefahrer *verzauberten*, um sie dann umkommen zu lassen.

Die nächste Prüfung für die Helden besteht in einer weiteren gefährlichen Annäherung an Poseidons Kräfte. Sie müssen die *Meerenge* zwischen *Skylla* und *Charybdis* passieren. Charybdis, die Tochter von Poseidon und Mutter Erde, ist ein verschlingender Wirbelstrom, während Poseidons frühere Geliebte Skylla jenes hundeähnliche Ungeheuer ist, das die Seeleute mit ihren sechs Mäulern ergreift, ihnen die Knochen bricht und sie verschlingt. Auch hier muß Odysseus dem Poseidon kräftig opfern und verliert sechs seiner Leute an Skylla. Als sie bei der Weiterfahrt auch noch die Rechte des Sonnenprinzips verletzen und Rinder aus Hyperions Herde entwenden, kann Zeus nicht anders, als ihr Schiff mit einem Blitz zum *Kentern* zu bringen und sie dadurch direkt in die Arme der Charybdis und damit Poseidons zu treiben. Odysseus gelingt es als einzigem, sich gerade noch rechtzeitig in die Höhle der Kalypso zu retten. Mit *Wein* und *benebelnder Liebe* versucht die Nymphe den Helden bei sich zu halten, was ihr auch für einige Jahre gelingt. Sie versetzt Odysseus in eine Art *Liebestraum*, und die Zeit vergeht wie ein *rausch*endes Fest. *Träume* aber sind *Schäume*, und so erwacht der Held wieder und sehnt sich nach Hause.

Jetzt kann Zeus eine kurze Abwesenheit des Poseidon nutzen und seinen Boten Hermes senden, mit dessen Hilfe Odysseus auf einem selbstgebauten Floß der Insel der *Wein*- und *Liebesräusche* entkommen kann. Kaum aber bemerkt Poseidon die Veränderung der Lage, sendet er auch schon eine riesige *Welle*, die das Floß mitsamt Odysseus verschlingt. Nur unter Opferung seiner wertvollen Kleider kann Odysseus sein ›nacktes‹ Leben retten und wieder auftauchen aus der Tiefe des *Unbewußten (Meeres)*. Die reichen Kleider aber muß er auf Poseidons *Meeresboden* sinken lassen. Die mitleidige Göttin Ino rettet ihn in der Gestalt einer Seemöwe vollends, indem sie ihm einen *Schleier* zum Schutz anbietet. Mit diesem *Schleier*, den er um seine Mitte winden muß, hat nun Odysseus ein Prinzip des Poseidon, eben das des *Schleiers*, der *Verschleierung* auf seiner Seite (als homöopathische ›Medizin‹ sozusagen). Damit und mit zahlreichen weiteren Opfern (vor allem Stiere) zugunsten Poseidons gelingt es ihm schließlich, die Heimat Ithaka zu erreichen.

In der langen Aufzählung der Gefahren, die Neptun mit sich bringt, können wir aber gerade auch die Chancen durchscheinen sehen, die er bietet. Wenn wir *durch das Vordergündige* all dieser Unglücke *hindurchdringen*, finden wir gerade auf ihrem Grund Odysseus' *Möglichkeiten*. Odysseus braucht all diese Anfechtungen auf seinem Weg, um schließlich heimkehren zu können. Er muß all die Opfer bringen; sie sind für ihn notwendig. Wir haben hier dasselbe Prinzip vor uns, das uns im Gleichnis vom verlorenen Sohn begegnet: Der heimgekehrte (geprüfte) Sohn ist dem Vater (in unserem Falle Zeus) lieber, als der scheinbar so brav zu Hause gebliebene. All die durch Poseidon symbolisierten Gefahren des *Unbewußten* sind wichtig für den Reifungsprozeß und Entwicklungsweg des Helden. Ob das nun die Triebe sind, die Poseidon in seiner Nähe zu Pferden und Stieren symbolisiert und die auf der Reise in dieser und jener Form geopfert werden müssen oder die Leidenschaften, die mit *Sucht* und *Rausch* zu tun haben. Auch *Lug* und *Trug, Täuschung* und *Auflösung* gehören zu diesem Weg, müssen bei sich selbst anerkannt und akzeptiert werden. Tatsächlich ist ja auch Odysseus ein bekannter Lügengeschichtenerzähler und Täuscher.

Schließlich ist da noch der ganze Bereich der *Anima*, der von Poseidon und seinen zahlreichen, vorwiegend weiblichen Repräsentanten vertreten wird. Auch die christliche Symbolik verbindet das Meer (mare) mit archetypisch Weiblichem, wie wir es im Namen der Jungfrau Maria erkennen. Nicht zufällig stehen Poseidon zahlreiche Meeresjungfrauen und Nymphen zur Verfügung, um Odysseus seinen eigenen weiblichen Pol, die Anima, näherzubringen.

Um so länger und konsequenter dieser Pol, der persönliche Schattenbereich, weggeschoben wird, desto vehementer und auch gröber wird Poseidon sich melden und seine Opfer fordern. Er hat wohl vor allem deshalb so einen schlechten Ruf bekommen, weil sein Prinzip so wenig geehrt wird. Folglich muß er sich mit rauhen Mitteln holen, was ihm freiwillig nicht gegeben wird, obwohl es ihm zusteht. Prinzipiell ist es gleichgültig, ob wir uns frei und willig dem *Unbewußten* zuwenden oder es mit seinen gewaltigen *Wellen* aus den *Tiefen seines Meeres* zu uns kommt, um uns seine Macht und Kraft ins Bewußtsein zu rufen – und uns dadurch letztlich ›heil‹ werden zu lassen. Denn Poseidon ist sowohl das Prinzip der *Geistesgestörten*, die von *unbewußten* Seelenkräften *überschwemmt* werden, wie auch das der *Heil-igen*, die Bewußtsein und *Unbewußtes* zur Ein-heit verschmolzen haben. *Auflösung* ist Poseidons Wesen, und wo er mißachtet und verdrängt werden soll, löst er die Ich-Grenzen mit *unbewußter* Gewalt und treibt in den *Wahn*-sinn. Im anderen Fall mag er ebenfalls die Begrenzung und Schranken des Ichs *lösen*, aber auf Einladung des betreffenden Menschen, der sich freiwillig ihm zuwendet, um das *Geheimnis*, das *Mysterium*, in sich zu finden, um zum *Mystiker* zu werden. Auch hier löst sich das Ich auf, doch nur, um im Selbst, in der Ein-heit aufzugehen.

Die Odyssee, diese großartige mythologische Beschreibung des menschlichen Entwicklungsweges, zeigt uns über die Problematik des Poseidon hinaus, wie die Urprinzipien in Gestalt der Götter letztlich ›zusammenarbeiten‹, um die notwendigen Ergebnisse zu erreichen. Scheinbar laufen ihre Interessen dauernd gegeneinander und behindern sich. Der Schein aber trügt: Zu guter Letzt gelingt es eben gerade mit Hilfe jener weniger beliebten Götter-Prinzipien, aus den vielfältigen Einzelinteressen und -aspekten ein vollständiges Ganzes zu formen: Aus der Gesamtheit der Einzelstationen der Reise ergibt sich die Heimkehr des verlorenen Sohnes. Und es ist schließlich gerade Neptun, der die Gegensätze auflöst und die dahinter liegende Einheit durchscheinen läßt.

Karikaturen
der zwölf Tierkreiszeichen

Vielleicht haben Ihnen die Geschichten, die sich um die Götter der Antike ranken, schon geholfen, sich ein Bild vom Charakter der Urprinzipien zu machen. Wenn wir uns auf noch konkretere Weise mit diesen befassen wollen, so ist es zunächst wichtig, die einzelnen Gottheiten mit den 12 Tierkreiszeichen in Bezug zu setzen, da diese Zwölfheit im folgenden als das Muster der Ganzheit, als ein Mandala zugrunde gelegt werden soll. Der Tierkreis ist ja als Kreis ein Symbol des Ganzen, der Wahrheit, und die 12 Tierkreiszeichen können so als Facetten der Ganzheit angesehen werden. Alle 12 zusammen machen demnach die Wahrheit aus, die wiederum durch den Blickwinkel des einzelnen Zeichens einseitig verzerrt (ein Zwölftel der Wahrheit!) gesehen werden kann.

Die Götter können in gewisser Weise als Repräsentanten der einzelnen Tierkreiszeichen verstanden werden.

So repräsentiert der ungestüme Kriegsgott Ares (Mars) das Feuerzeichen Widder, mit dem der Tierkreis beginnt. Die Venus – und zwar von ihrer ›erdhaften‹ Seite her, die ihr Bedürfnis nach Einverleibung geliebter Dinge oder Menschen widerspiegelt – das Erdzeichen Stier; der heiter-oberflächliche Merkur das Luftzeichen Zwillinge; die vielschichtigen Mondgottheiten das Wasserzeichen Krebs; Helios (Sol) oder andere Sonnengottheiten das Feuerzeichen Löwe; der sich von seiner analytischen, pädagogischen Seite zeigende Merkur das Erdzeichen Jungfrau; die tändelnde, flirtende, ausgleichende Komponente der Venus das Luftzeichen Waage; der Gott der Unterwelt und Metamorphose Hades (Pluto) das Wasserzeichen Skorpion; der Göttervater Zeus

(Jupiter) das Feuerzeichen Schütze; Kronos (Saturn) das Erdzeichen Steinbock; Uranos das Luftzeichen Wassermann; und Poseidon (Neptun) und seine Wassergöttinnen das Wasserzeichen Fische.

Diese 12 Zeichenprinzipien manifestieren sich in mehr oder weniger reiner Form auf allen Wirklichkeitsebenen, so beispielsweise auch auf der Ebene menschlicher Individuen.

Man könnte also davon sprechen, daß die Erlebnisse und Abenteuer der Götter, wie wir sie aus dem vorangegangenen mythologischen Teil dieses Buchs kennen, sich nun auf der Ebene menschlicher Verhaltensweisen gespiegelt wiederfinden. Hierbei kann man allerdings folgendes beobachten: Je reiner die Prinzipien auftreten, desto einseitiger und damit auch unerlöster ist ihre Gestalt.

Im folgenden Kapitel möchten wir ihnen die 12 Zeichen noch einmal auf der menschlichen Ebene vorstellen. Da hier der Versuch unternommen wird, die Zeichen in möglichst reiner Form herauszukristallisieren, stellen sie sich pointiert, persifliert, quasi karikaturistisch überzeichnet dar. Damit ist einerseits sichergestellt, daß das Tierkreiszeichenprinzip möglichst klar hervortritt, andererseits aber auch, daß sich seine Schwächen besonders zeigen. Denn je mehr ein Zeichen mit seinem (ergänzenden) Gegenzeichen, vielleicht sogar noch mit anderen Facetten des Tierkreises vermischt ist, desto undeutlicher wird seine Eigencharakteristik sein, obwohl es sich durch die Vermischung als vielseitiger und damit der Vollkommenheit näher erweist. So würde sich bei der Vermischung aller Zeichen die göttliche Einheit zeigen, aber kein einzelnes Zeichen würde mehr in seiner Charakteristik greifbar sein.

Um es an einem Beispiel zu erläutern:

Der reine Widdertypus, den es in natura gar nicht gibt, denn kein Mensch hat alle Planeten und andere Horoskopfaktoren allein im Zeichen Widder, ist nur impulsiv und gänzlich kompromißunfähig; denn der Kompromiß würde ja zu dem Gegenzeichen Waage zu rechnen sein. Er bringt auch keine Anpassungsfähigkeit (Krebs) oder Ausdauer (Steinbock) zustande, und erscheint daher, wie in dem folgenden Buchabschnitt, sehr unfertig, unerlöst. Der vermischte Widdertypus, der die Balance und Ausgewogenheit der Waage, die Einfühlung in die Situation des Krebses und das Durchhaltevermögen des Steinbocks bereits integriert hat (evtl. sogar noch andere Zeichenqualitäten), wird kaum mehr als Widder charakterisierbar sein.

So müssen wir, getreu dem alchemistischen Motto ›solve et coagula‹ den Tierkreis zunächst in seine Einzelbestandteile (die 12 Zeichen) auseinandernehmen und in ihrer reinen Form betrachten, um bei der Interpretation eines Horoskops den schwierigen Schritt des ›coagula‹, nämlich der Synthese, vollziehen zu können. Die karikaturistischen Überzeichnungen sind also nicht Ausdruck eines Bedürfnisses, den einzelnen Menschentypus zu verspotten, sondern aus der Natur der Sache nötig.

Sicherlich werden Sie bei der Lektüre des folgenden Abschnitts Ähnlichkeiten zu Menschen, die Sie kennen, entdecken. Dem Gesetz der Eigenblindheit zufolge wird es auch vorkommen, daß Sie zwar herzlich über die Karikatur anderer mitlachen können, sich selbst aber eher durch die Beschreibung mißverstanden fühlen. Manchmal mag das dann auch daran liegen, daß die Vielschichtigkeit — auch des reinen — Tierkreiszeichens durch den vorgestellten menschlichen Vertreter desselben nicht ganz abgedeckt werden kann.

Die ›Mythologie‹ auf der menschlichen Ebene, wie sie im folgenden versucht wurde, wird vorwiegend durch männliche ›Darsteller‹ für die männlichen (Feuer- und Luft-)Zeichen und durch Frauen für die weiblichen (Wasser- und Erd-)Zeichen repräsentiert.

Achten Sie bei den Beschreibungen auch besonders auf scheinbar nebensächliche Details wie Namen, Zahlen, Wochentage, Farben und dergleichen, denn je weiter Ihre Kenntnisse in Symbolik fortgeschritten sind, um so mehr werden Sie gerade auch in den Einzelheiten wichtige Symbolentsprechungen entdecken können.

Neben diesen Details wurde auch versucht, bei dem einzelnen Zeichen und seinem Tagesablauf eine tragende Gesamtstimmung zu beschreiben, die als Synthese fast noch entscheidender ist als die eingearbeitete Auflistung von symbolischen Analogien.

Viel Spaß!

Widder

Am Dienstag frühmorgens bei Tagesanbruch springt Fritz Ungestüm, der Widdermann, voller Aktionsdrang aus den Federn, denn er ist der klassische Vertreter des Tagmenschen. Um seine körperliche Leistungskraft zu erwecken, zu spüren und zu steigern, stählt er sich frohgemut mit Liegestützen oder anderen sportlichen Frühübungen. Wie schön für seine derzeitige Lebensgefährtin, wenn er dazu joggend aus dem Hause geht, denn nicht jeder fühlt sich morgens so mobil. Und da Fritz ein eher egozentrischer Mensch ist, kann er sich nur schwer vorstellen, daß sein dynamischer Tagesbeginn andere nicht erfreut oder mitreißt.

Gerade kommt er schwitzend, aber doch noch athletisch federnden Schrittes von seinem ›Arnold-Schwarzenegger-Spezialfitneß-Programm‹ zurück ins Haus. Vielleicht sollte man besser Zelt sagen, denn Fritz hat eine (aus seiner rudimentär vorhandenen Jäger- und Nomadennatur stammende) Vorliebe für improvisierte Einrichtung, die sich zum leichten Ab- und anderweitigen Aufbau eignet.

Mit hantelgestähltem Griff rüttelt er an seiner noch schlaftrunkenen Krebs-Freundin, weil er gar nicht verstehen kann, daß man die schönste Tageszeit, den frühen Morgen, verschlafen kann. Diese Trägheit! Da macht er lieber gleich selbst das Frühstück, obwohl er eigentlich eher despotisch veranlagt ist und sich – jedenfalls dort, wo das Weib zuständig ist – gerne bedienen läßt. Sollte die sich nach Gemütlichkeit sehnende Freundin aber die Hoffnung hegen, sie würde nach diesem etwas rabiaten Tagesbeginn durch ein ausgedehntes Frühstück entschädigt, so wird sie jetzt von Fritz eines besseren belehrt. Denn da Essen aus seiner Sicht nichts Aktives und damit eher unwesentlich ist, wird es als eben nötige Energiereserve hinuntergewürgt. Kohlenhydratreiche Ernährung, die vom Körper schnell verbrannt werden kann und schon bald als Energie zur Verfügung steht, ist ihm gerade recht. Und Luna, so heißt seine Freundin, hat noch nicht richtig am Tisch Platz genommen – (wie kann man nur so schrecklich langsam sein!) –, da hat Fritz bereits eine Tafel Ritter-Sport-Schokolade und eine Schüssel Cornflakes mit viel Zucker hineingeschlungen und jagt ins Bad. Luna hört ein kerniges

Röhren aus dem Bad, was man nur mit viel Phantasie als einen aktuellen Hit entlarven kann. »Hoffentlich schneidet er sich nicht, wenn er beim Rasieren singt!« denkt sie mit mütterlicher Fürsorge. Doch der Umgang mit der Klinge, auch wenn es nur eine Rasierklinge ist, ist Fritz schon von jeher vertraut. Aus dem Kleiderschrank holt er sich eine Bluejeans, ein rotes Tennis-T-Shirt und seine Pilotenjacke und schnürt sich seine Fallschirmspringerschuhe.

Im Vorübergehen drückt er Luna noch einmal herzhaft an sich. Man wird es noch Tage später auf ihrer bindegewebsschwachen Haut bläulich schimmern sehen.

Vor der Wohnung steht Fritz' Auto. Es wird dem Motto ›Technik und Leistung sind wichtiger als Eleganz‹ voll gerecht. Die Marke ist nicht mehr eindeutig erkennbar, um so mehr die wulstartig verbreiterte Karosserie mit den breiten Reifen, die dem feuerroten Wagen ein aggressives Image verleiht. Der bullige Überrollbügel und der Schriftzug: ›Spitz-Tuning-Racing-Team‹ lassen ahnen, daß Fritz alle Konkurrenten auf der Straße mit Turboschub besiegen will. Welches Glück für seine Beifahrer (die übrigens oft aufspringen müssen, da übliches Einsteigen Fritz zu lange dauert), daß seine Reaktionszeiten zu den schnellsten im Tierkreis gehören, denn sein neapolitanischer Fahrstil treibt so manchem den Schweiß auf die Stirn. Wer mit ihm in einen Stau gerät, kann nicht nur an der Rotfärbung seines Kopfes, sondern auch an den markigen Worten, mit denen er seinem Zorn auf die Bremsung seiner Energien Luft macht, den Choleriker erkennen. Bisweilen kann man auch an dem vorgeschobenen Unterkiefer und den angespannten Backenmuskeln sehen, mit welchem Biß sich Fritz dem Kampf auf der Straße stellt. Seit es unüblich geworden ist, Zweikämpfe mit dem Schwert in der Hand auszutragen, muß man eben nach anderem Werkzeug suchen. Einige Tierkreiskollegen von Fritz haben so zum Skalpell als Chirurg, zum Meißel als Bildhauer, zur Feile als Mechaniker oder zum verbalen Florett als Strafverteidiger gegriffen.

Fritz selbst ist beruflich als Manager in der stahlverarbeitenden Industrie tätig, eine Position, in die er sich von der Pike auf kometenhaft emporgearbeitet hat. Seinem Leistungsdrang ist nämlich, jedenfalls solange dieser anhält, so schnell nichts gewachsen. Kommt Fritz mit dem kurzfristigen Einsatz seiner Höchstleistung nicht zum Ziel, so erlahmen seine Strohfeuerenergien ebenso schnell, wie sein leicht aufflammender Zorn verraucht. Am Arbeitsplatz genießt er als Chef eine sehr zweischneidige Einschätzung von seiten seiner Mitarbeiter. Einerseits schätzen viele seine unverblümte Direktheit, die bis zu verletzender Ehrlichkeit reicht, und seinen mutigen Einsatz für Schwächere, die seiner Hilfe bedürfen, auch wenn er sich dadurch selbst in Unannehmlichkeiten bringt. Andererseits ist er wegen seiner Reizbarkeit und mangelnden Diplomatie (»das ist doch alles nur Unehrlichkeit...«) quasi als ›enfant terrible‹ gefürchtet. Zarter besaitete Mitmenschen hüten sich vor seinem Charme des Elefanten im Porzellanladen.

Er verbreitet am Arbeitsplatz ähnlich viel Hektik wie zu Hause und hält alles auf Trab.

Gerade hat er einem Angestellten lautstark die Leviten gelesen. Und wüßte der nicht aus Erfahrung, daß in Fritz' rauher Schale ein weicher Kern steckt und der Zorn obendrein morgen völlig vergessen sein wird, so würde er sich dieser Strapazen wohl nicht mehr lange aussetzen. Dabei schätzt Fritz ›Duckmäuser‹, wie er sie zu nennen pflegt, nicht, sondern wünscht sich eher eine offene Auseinandersetzung, selbst wenn er dabei hart angegriffen wird. Spitzfindige Argumentation, gegen die er sich so schwer wehren kann, bringt ihn dagegen eher zur Weißglut. Nachdem er genügend neue Initiativen angeregt hat – hierin ist er Spezialist –, gibt es heute nichts mehr für ihn zu tun. So entscheidet er sich, kurz beim Squash-Zentrum vorbeizufahren, um der Abwechslung halber auf Bälle einzudreschen. So wie es aussieht, wird er dies sicher auch noch als reiferer Jahrgang mit 65–80 Jahren tun können, denn Fritz haftet heute wie früher etwas jungenhaft Kindliches an, was wohl nie so erwachsen werden möchte, wie andere das schon als Kinder sind.

Wieder im Auto kommt ihm als Freund spontaner Entschlüsse die Idee, einen an der Fahrtroute wohnenden Bekannten, den er schon lange nicht mehr gesehen hat, heimzusuchen. Da er langfristige Planung verabscheut, will er ihn jetzt gleich überraschen. Tatsächlich öffnet der (Waage-)Freund auf sein stürmisches Klingeln und versucht, Fritz vergeblich diplomatisch zu signalisieren, daß er gerade romantischen Damenbesuch hat und gerne ungestört bliebe. Denn, was man Fritz nicht in direktester Form mitteilt, bleibt ihm, wenn er gerade so schön in Fahrt ist — und wann ist er das nicht? —, verborgen.

Im Gegenteil, es macht ja Fritz gar nichts aus, daß der Freund Besuch hat. »Wie schön, daß ich deine Bekannte auch gleich kennenlerne!« dröhnt er und klopft dabei dem Freund kumpelhaft auf die Schulter, daß dem die Knie dabei fast weich werden. Selbst ein kräftiger Tritt auf die Zehen und bedeutsames Augenzwinkern seines Freundes veranlaßt Fritz Ungestüm nur zu einem verständnislosen Blick und der Frage: »Warum trittst du mir denn auf den Fuß und zwinkerst so komisch?« Direktheit war eben schon immer Fritzens Stärke, und so helfen schließlich auch die Worte: »Ich will heute abend lieber mit meiner Freundin allein sein. Bitte komm ein andermal vorbei.« Mit einem verständnisvollen »Warum hast du das nicht gleich gesagt?« verabschiedet sich Fritz ohne eine Spur von Beleidigtsein. Er ist ja ohnehin kein Nachtlicht und hat sein Pulver für diesen Tag schon fast verschossen. Da er gerade kein Junggesellenleben führt, was ihm als Jäger gut liegt, wird für seine Luna, die ihn mit sehnsüchtigem Blick zu Hause erwartet (als potentielle Ehefrauen wählt er sich eher weiche, an seine Beschützerrolle appellierende Frauen), nicht mehr sehr viel Energie verbleiben.

Sie hat ihm zwar vorsorglich Pfeffersteak (als Raubtypus liebt er eher scharfe Fleischgerichte) mit glutvollem Rotwein und einem starken Espresso zubereitet. Doch bringt ihn dies in späten Abendstunden nur noch kurz in Fahrt (zumal, wenn es sich nicht um eine Neueroberung handelt). So bleibt weder Zeit für Vor- und Nachspiel oder zärtliches Geflüster. Ist die Festung im Sturm genommen, entschläft Fritz, stolz auf seine Leistung, binnen Minutenschnelle, um für den nächsten Tag topfit zu sein. Steht doch ein Tennisturnier an, in dem man nicht nur im Herren-Einzel, sondern auch im Mixed mit einer Widderkollegin antritt. Diese Widder-Amazone steht Fritz an Kampfgeist und Leistungsanspruch in nichts nach, obwohl sich ihr Jagdrevier mehr in die Nacht hinein erstreckt. Sie ist nur den Mann anzuerkennen bereit, der sich ihr in der getesteten Disziplin als deutlich überlegen erweist. Das will Fritz ihr morgen beweisen.

Stier

Die Stierfrau Berta Sinnlich räkelt sich am Morgen wohlig angekuschelt an ihren festen Lebenspartner, um den Tag gemütlich zu beginnen. Langsam schält sie sich aus dem wertvollen Eiderdaunenplumeau, um das Frühstück zu bereiten. Heute gibt es selbstgemachten Käsekuchen mit viel guter Butter und Landeiern der Klasse A. Während ihr selbst das Wasser im Munde zusammenläuft, verwöhnt sie ihren Mann mit Speis und Trank. Dessen grünliche Gesichtsfarbe, die von einer Magenverstimmung herrührt, deutet sie hartnäckig als Nahrungsmangel und reicht ihm mehr vom guten Käsekuchen. Allmählich wird es Zeit, zum Einholen zu gehen. Nach gründlicher Toilette kleidet sie sich in traditionelle Lodentracht in gedeckten Braun-Grün-Tönen. Wie gut ihr das schwere Kropfband steht! Qualität ist eben Qualität! Jetzt noch eine schmackhafte Praline von der ersten Konditorei am Platz und dann auf zum Markt, wo die Gemüsestände winken. Der Weg ist zwar nicht allzu weit, doch wozu können wir uns einen Mercedes (Diesel) leisten! Wer gut haushaltet, verdient auch Solides! So fährt Berta gemütlich, durch hektische Verkehrsteilnehmer nicht aus der Ruhe zu bringen, ihres Wegs. Ihr Mann meinte, sie solle sich doch Gedanken machen, ob sie nicht doch mit dazuverdienen wolle. Einerseits findet sie die Idee ganz gut, denn ein eigenes Konto auf der Bank gäbe ihr über ihr Schmuhgelddepot in Großmutters Zuckerdose zusätzliche Sicherheit. Andererseits findet sie so moderne Emanzipationsideen übertrieben. Ihre Aufgabe ist es schließlich, ihren Mann als Frau zu verwöhnen und dafür zu sorgen, daß er immer gut zu essen hat. Wenn sie beide arbeiten würden, müßten sie vielleicht dieses wertlose Zeug aus dem Supermarkt essen. Aber da nun der Vorschlag schon seit einiger Zeit im Raum steht, überlegt sie sich doch, was denn beruflich für sie in Frage käme. Chefsekretärin im Bayerischen Bauernverband vielleicht. Das wäre eine solide, nahezu unkündbare Stellung mit wohl auch angenehmem Gruppenklima. Vielleicht könnte sie dort auch etwas für die Natur tun, die ihr sehr am Herzen liegt. Oder vielleicht bei Delikatessen-Meyer? Da würde sie obendrein noch Prozente beim Einkauf bekommen, wo Nahrungsmittel doch immer teurer werden. Schließlich kämen vielleicht noch Stellungen im Haus für Wohnkultur oder bei Tölzer Dirndl-Moden in Betracht, wo sie ihr bodenständiges geschmackliches Empfinden einbringen könnte. Aber das ist ja vielleicht doch alles zu unsicher. Männer mögen ja auch keine so selbständigen Frauen.

Mittlerweile ist Berta am Markt angekommen und prüft die Qualität der Ware. Sie entscheidet sich vorwiegend für Vegetarisches, aber auch für kräftige Hausmannskost und will am Abend eventuell das Rezept von Bocuse ausprobieren. Sie läßt sich das Ausgewählte zum Wagen bringen. Auf dem Heimweg fährt sie noch einen Umweg über das Musikgeschäft, um sich die neueste Platte von den Fischer-Chören und Hermann Prey zu erstehen. Nicht so modernes, atonales Zeug!

Zu Hause angekommen, gilt es nun, die Ware für das Abendessen vorzubereiten. Wie schade, daß ihr Mann nicht zum Mittagstisch kommen kann! Der unvernichtbare Pumpernickel für schwere Zeiten wird derweil in den Sondervorratsspeicher gegeben. Das Gefühl tut doch immer wieder gut, für die Seinen Sicherheit zu schaffen. Die anderen werden schon sehen, wo sie bleiben, wenn sie dann nichts zu essen haben.

Da fällt Frau Sinnlich ein, daß sie diesen Abend das neue Rezept nicht ausprobieren kann, da sie ja mit Dr. Kropfs in ›Aida‹ gehen wollen. Das sind nette Leute, die betreiben noch Volksmusik in der Familie, und Herr Dr. Kropf selbst singt im Männerchor. Ein gebildeter Mann! Er ist auch Stier und im Taubenzüchterverein. Berta Sinnlich überlegt, was sie zu ›Aida‹ tragen könnte. Vielleicht ihr granatrotes Brokatkleid? Dazu würde auch die Perlenkette (Perlendurchmesser ca. 1 cm) mit dem nach vorne getragenen schweren Smaragdschloß passen, ein Geschenk ihres Mannes zum 22. Hochzeitstag. Was sie wohl zum Valentinstag bekommen wird? Oder zum Muttertag? Leider ist ja der Sohn schon aus dem Haus, viel zu früh. Aber das ist eben der Undank. Erst kocht man gut für sie, und dann verliert man sein Kind an eine andere. Ob sie ihn wohl richtig ernährt? Daß er heute noch nicht angerufen hat! Einmal am Tag ist doch wirklich nicht zu viel verlangt!

Inzwischen ist Berta damit beschäftigt, die Wohnung zu begutachten und umzudekorieren. Geschmackvoll soll es sein! Mit der

Krebsfrau teilt sie dabei neben einigen anderen Ähnlichkeiten die Vorliebe für Pflanzen und Blumen in der Wohnung. Schon häufig hat sie sich überlegt, ob es nicht stimmungsvoller wäre, im Grünen auf dem Land zu wohnen, aber bis jetzt reichen die Mittel für ein Eigenheim noch nicht, und zur Miete wohnen wäre ihr nicht so recht. Eigener Grund und Boden und ein solid gebautes Haus wären ihr innigster Wunsch.

Sie hat gerade Hortensien und Pfingstrosen zurechtgerückt, als es nachdrücklich klingelt. Das wird Herr Dr. Kropf mit Gattin sein. In der Tat steht in der Tür ein etwas untersetzter, pyknischer Mann im Trachtensmoking. Er weiß, was sich gehört! Die von Berta dargebotene Hand nimmt er zum kontaktreichen Handkuß. Dabei leuchtet von seiner dicklichen Hand ein großvolumiger Wappenring mit den Initialen E. K. und künstlerisch untermalender Pflugschar. Denn seine Familie läßt sich bis ins Niederbayern des 17. Jahrhunderts zurückverfolgen. »Hier riecht es aber gut«, läßt er verlauten. Hat er doch mit Kennernase den Bratenduft wahrgenommen. Berta hatte nämlich noch zwischenzeitlich Gutes für ihren Sohn zubereitet und eingefroren. Nun ist auch der Ehemann eingetroffen. Er ist Krebs und in pflegender Position bei der Familienfürsorge tätig. Er hatte sich verspätet, weil er bei einem stimmungsvollen Gespräch mit einem Pflegekind die Zeit vergaß.

Endlich aber ist alles bereit für ›Aida‹. Nach diesem Kunstgenuß drängen Herr Dr. Kropf und Berta noch auf ein Gute-Nacht-Häppchen. Lammschulter und Eisbein sollen im Bürgerbräu so gut sein. »Köstlich, köstlich«, stöhnt Herr Dr. Kropf noch nach dem Essen und hakt sich bei seiner Frau unter. Nur schwer trennt sich die fröhliche Runde. Unsere Stierfrau möchte den Abend langsam ausklingen lassen. Glücklicherweise ist auch ihr Mann ein eher sentimentaler Mensch, und als Nachtmensch nicht abgeneigt, schmusend in die Federn zu gehen. So klingt der Tag für Berta genießerisch, wie er begonnen wurde, aus, nicht allzu spät, da auch Berta vom Schwerpunkt her eher ein Tag-Mensch ist.

In der Nacht träumt sie vom vergangenen Urlaub, als sie in Burgund inmitten fruchtbarer Hügel in fröhlicher Gruppe beim Picknick saß.

Zwillinge

Als am Mittwochmorgen der Wecker klingelt, steht Peter Luftig, der Zwillingmann, behende auf. Es fällt ihm nicht schwer, wie das meiste. Denn luftig wie sein Element ist auch seine Stimmung. Als Sanguiniker nimmt er das Leben auf die leichte Schulter. Nach der Morgentoilette läuft er gymnastisch noch schnell zur Trambahnhaltestelle und holt sich die Boulevardzeitung, denn die zwei abonnierten Zeitungen sind doch etwas wenig, um sich beim Frühstück den rechten Überblick zu verschaffen. Information ist alles. Allerdings verschanzt er sich nicht hinter der Zeitung, sondern hält nebenher gerne ein Schwätzchen mit seiner augenblicklichen Partnerin. Wo heitere Kommunikation ist, fühlt er sich wohl. Nichts, was er nicht schon gehört hätte, nichts, was ihn nicht interessiert. So kann man sich überall nützlich machen und als Born der Unterhaltung dienen. Zweckmäßig ist auch seine Kleidung. Er trägt gerne himmelblaue oder postgelbe Wash-and-wear-Synthetics zu wanderfesten Schuhen im sportlichen Stil. Sein Wandervogelgemüt — in seiner Jugend war er als Pfadfinder mit der Gitarre und glockenheller Stimme am Feuer gesessen — ist es auch, was ihn bewegt, einen Teil der Wegstrecke zum Arbeitsplatz wandernd oder radfahrend zu bewältigen. Den anderen Teil tragen ihn öffentliche Verkehrsmittel weiter, denn wo sonst wäre die Möglichkeit besser, Leute kennenzulernen und so Neuigkeiten zu erfahren.

Hat er doch neulich erst in der S-Bahn Helene kennengelernt, ihres Zeichens ebenfalls Zwilling, die ihn endlich über die Familienverhältnisse der Schwester des Bankfilialleiters aufklärte. Deren Nichte nämlich studiert z. Z. mit Max Werner in Bonn Zeitungswissenschaft. Wie klein doch die Welt ist! Max Werner war nämlich auch unserem Zwillingsmann Peter bekannt, auch wenn sich sein Interesse nicht nur auf Familienverhältnisse, sondern auch auf alles andere erstreckt.

So kam er neulich auch mit einem älteren Herrn, allerdings durch dessen zurückhaltende Art schleppend, ins Gespräch über die Nutzung von Bodenschätzen. Der, ein Steinbock, hatte allerdings eine profundere Kenntnis vom Sachverhalt und wies Peter angesichts seiner Oberflächlichkeit prinzipiell in die Schranken.

Peter störte das wenig, denn er weiß nun ein wenig mehr über Bodenschätze zu berichten und über die erstaunliche Ernsthaftigkeit mancher Menschen obendrein.

Er ist jetzt am Arbeitsplatz eingetroffen. Am momentanen sollte man vielleicht sagen, denn wenn dieser nicht genügend Abwechslung bietet, wird er bald gewechselt oder es wird zumindest eine Außendienstbeschäftigung angestrebt, wo man viel im kleineren Umkreis unterwegs sein kann. Aber Peter hat Glück. Er hat sich instinktsicher einen Job als freier Mitarbeiter einer Tageszeitung im Bereich Journalismus, Reportagen gewählt. So kann man Land und Leute auch im Beruf kennenlernen und ist immer bestens orientiert. Sein Zwillingsbruder ist bei der Post und so auf andere Art und Weise mit Informationsvermittlung betraut. Er ist Hobby-Imker, da ihn Bienen von ihrer Lebensart her faszinieren.

Das würde auch Peter interessieren, doch liegt sein augenblicklicher Schwerpunkt nach kurzzeitigem Briefmarkensammeln (aus aller Welt) auf dem Flugzeugmodellbau aus Balsaholz, wo er seine technische Geschicklichkeit erprobt.

Hat er doch neulich beim ersten Probeflug, umringt von fröhlichen Nachbarskindern, Helene wiedergesehen, die Fremdsprachen studiert und ihm diesmal von Sabine, der Cousine von Max Werner und deren Abschneiden beim Röhnradsport erzählte. Sie hatte es von ihrer Brieffreundin. Bei so viel netter Unterhaltung wuchs auch sein Interesse für Helene, die in ihrem frechen, burschikosen Kostüm auch wie ein guter Kamerad aussah. Er hatte sie daraufhin geschwind für heute eingeladen. Es würde ein bunter Abend werden. Sein Bruder wollte Lichtbilder von der Radtour nach Regensburg zeigen, einige Kollegen und Kolleginnen von der Zeitung wollten eventuell vorbeikommen, und die Nachbarn hatten sich zu dem geselligen Beisammensein angesagt

Ganz so sturmfrei war die Bude allerdings nicht mehr, seit die tiefgründige Corda, eine Skorpionfrau, ein Auge auf unseren heiteren Burschen geworfen hatte und ihn mit Selbstmorddrohungen in die Zweisamkeit erpressen wollte. Denn seither mußte er immer mit einem eifersüchtigen Intermezzo rechnen. Nicht einmal flinke Redewendungen von der Relativität des Lebens hatten sie davon abbringen können. Doch warum sich Sorgen machen? Jetzt noch schnell ein paar Mixed-Pickles aus dem Supermarkt besorgt, die belegten Brötchen könnte man ja zusammen vorbereiten. Vielleicht würde dabei auch der Vielzweckraspler, der ihm neulich in der Haushaltsabteilung des Warenhauses während eines Gespräches mit einer Jugendbekanntschaft ins Auge sprang, Premiere feiern.

Mit einem Pfeifen auf den Lippen wandert Peter den restlichen Nachhauseweg, denn Bewegung in frischer Luft ist für ihn das reinste Lebenselixier. Ein Astrologe, den er unlängst auf einer Party kennengelernt hatte, war ja auch der Meinung, daß die Lungen dem Zwillingsprinzip unterstünden. Vielleicht war auch irgend etwas an der Astrologie. Zu ernst mußte man sie wie alles andere deshalb natürlich noch nicht nehmen.

Zu Hause angekommen, ist der erste Gang zum Anrufbeantworter. Technik ist schon etwas Schönes! So kann man sogar Nachrichten während seiner Abwesenheit erhalten! Hier fand sich aber nur eine Anmahnung von Händler Schlau wegen der letzten Rate für das amerikanische Tastentelefon. Herr Schlau, ebenfalls Zwilling, hatte ihm das aufgeschwatzt, obwohl er es offiziell noch gar nicht anschließen durfte. Aber bei dem Gedanken an ein neues Telefon mit extra langem Kabel, später sogar auf Funk umrüstbar, hatte Peter nicht nein sagen können. Die Aussicht, von jedem Zimmer aus, quasi aus jeder Lebenslage, telefonieren zu können, war zu verlockend gewesen. Und wozu gab es schließlich Beziehungen? Wenn sein Bruder bei der Post war, mußte es doch eine Möglichkeit geben, das Telefon inoffiziell in Betrieb zu setzen. Falls es wirklich herauskäme, wäre Peter um eine behende Ausrede sicherlich nicht verlegen.

Corda, die Skorpionfrau, war nicht mehr zu Hause. Aus einer von ihr wie zufällig liegengelassenen Nachricht war unschwer zu entnehmen, daß sie aus Protest gegen den geselligen Abend mit einem anderen Verehrer unterwegs war. Aber Eifersucht ist Peter nahezu unbekannt und daher auch nicht geeignet, ihn unter Druck zu setzen. Und während sich nach und nach die Gäste einfinden, macht er sich mit Helene und einer Kollegin aus der Zeitungsredaktion daran, die belegten Brötchen zu bereiten. Sie werden unauffällig dekoriert, denn es geht dem Zwilling nicht so sehr um die Sinnlichkeit für Auge und Zunge. Ein nettes, primär aber zweckmäßiges Abendessen, das den Blick nicht zu sehr von der Unterhaltung ablenkt, ist gerade recht. Zweckmäßig und funktionell zeigt sich auch die Wohnungseinrichtung. Wenn überhaupt, so schmücken eher dankbare Grünpflanzen oder Hydrokulturen das Heim, die die häufige Abwesenheit des Hausherrn nicht übelnehmen.

Der Plausch mit Helene stört, als sie mit der Brötchenplatte den Wohnraum betreten, die heitere Gesprächsrunde dort ebensowenig wie die Tatsache, daß sich sein Bruder daneben im Fernsehen die Nachrichten ansieht. Eine quecksilbrige Atmosphäre, die der in der Zeitungsredaktion gar nicht unähnlich ist. So kann die Neugier unserer Zwillinge durch den luftigen Gedankenaustausch untereinander vorübergehend gestillt werden. Im Gegensatz zu Diskussionen unter anderen Tierkreiszeichen geht es dabei allerdings nicht hitzig (Feuerzeichen), emotional (Wasserzeichen) oder prinzipiell (Erdzeichen) zu, da unseren luftigen Zwillingen Neutralität und Relativität wichtiger sind. Daß sie dadurch manch anderem standpunktlos oder ohne eigene Meinung erscheinen, nehmen sie in dem Bestreben, für alles offen zu sein, in Kauf.

Ähnlich sporadisch, wie sich die lockere Gesprächsrunde zusammengefunden hat, löst sie sich dann am späteren Abend. Auch Helene verabschiedet sich. Ihr hat der unterhaltsame Abend viel gegeben. Der kameradschaftliche Händedruck von Peter hat ihr Bedürfnis nach Erotik für heute befriedigt.

Nachdem alle Gäste gegangen sind, informiert Peter sich durch einen Sexualreport als Bettlektüre. Möchte er doch so gerne Corda und ihre geheimnisvolle Sexualität verstehen lernen. Erleichtert durch die vielen technischen Daten und Hinweise schläft er ein.

Krebs

Es ist Montagmorgen gegen 11.00 Uhr. Gott sei Dank Feiertag. So will Mutti ihrem Rhythmus ausnahmsweise nachgeben und einmal ausschlafen. Doch die vielköpfige Familie hat in dieser Herrgottsfrühe schon das Frühstück bereitet und nur bis jetzt mit dem Wecken gewartet, weil Mutti seit Freitag weiß, daß sie wieder ein Kleines unter dem Herzen trägt. Am liebsten würde sie ja sozusagen für zwei und bis abends ausschlafen, um mit dem aufgehenden Mond ihren Tag zu beginnen. Die von allen Tierkreiszeichen nächste Verwandschaft mit dem Mond würde ihr diesen Rhythmus vorgeben.

Als sie nun von der Familie geweckt wird, laufen ihr vor Rührung gleich Tränen über die Backen, daß sie so viel Zuwendung von ihren Lieben erfährt. Maria, so heißt unsere Krebsfrau, zieht sich den in Pastelltönen gehaltenen Morgenrock über das Brüsseler Spitzennachthemd und nimmt inmitten der Familienmitglieder am Frühstückstisch Platz. Ihre ganze Aufmerksamkeit gilt nur dem Wohlergehen ihrer Sprößlinge. Es wird gemütlich lange gefrühstückt, unterbrochen lediglich durch die Bedürfnisse der Kinder.

Doch derlei Strapazen nimmt Mutti für die bunte Familienatmosphäre gerne in Kauf. Ihr Ehegatte Franz, ein Jungfraumann, hat für heute einen Familienausflug geplant. Er hatte sich dabei, vernünftig einer Auseinandersetzung ausweichend, den Wünschen von Maria nach einem Besuch der Eltern auf dem Land angepaßt und die Fahrtroute in das 33,72 km entfernte Seehausen festgelegt.

Eigentlich wäre er gern in eine andere Richtung gefahren und hatte auch gute Argumente dafür, mußte sich dann aber dem tränenreichen Heimweh seiner Frau nach dem Elternhaus beugen. Endlich ist alles aufbruchsbereit, natürlich nicht zeitplangerecht, denkt sich Franz. Doch er hat gegenüber dem Chaos, das Maria rührend hilflos in ihrer Kinderschar entstehen läßt, aus Vernunftsgründen resigniert. Während sich Maria und Kinder im sparsamen Mehrzweck-Kombi niederlassen, prüft Franz noch einmal Ersatzkanister, Warndreieck und Reifendruck und macht sich, nachdem der Tageskilometerzähler auf 000 gestellt ist, fahrtbereit mit den Worten: »Schnallt euch gut an.« »Mutti kommt mit dem Gurt wieder nicht zurecht«, johlt die Kinderschar. Franz, ganz in seinem Element, erklärt nun Maria die Funktionsweise der Federnut im Zusammenspiel mit der Einrastöse. Die lächelt mild und hilflos, während sie den schreienden Jüngsten beschwichtigt, der den Windelkarton weiter auspacken möchte.

Die anschließende Fahrt genießt Maria. Sie ist eine angenehme Beifahrerin, hätte auch nie den Anspruch, selbst fahren zu wollen, so wie sie auch, zumindest nach außen, in der Partnerschaft keine Führungsrolle beansprucht. Auf einen kurzen Nenner gebracht, würde sie auf die Frage, was sie am liebsten macht, sicher antworten: »mit«. Insgeheim beneidet sie allerdings manchmal selbständige Frauen, die ihr Leben mehr in die eigene Hand nehmen. Maria selbst löst, und das nicht nur bei ihrem Mann, durch ihre Anschmiegsamkeit Beschützerinstinkte aus und steuert mit ihren Stimmungsschwankungen ihr Leben indirekt. Ihre Stimmungen und Gefühle können etwa mit derselben Sicherheit bestimmt werden, wie das Wetter im April. Doch mit Aussicht auf das bevorstehende Familientreffen scheint ihre Laune im Augenblick recht froh gestimmt. Insbesondere freut sie sich darauf, ihren Eltern davon zu erzählen, daß sie wieder ein Kind erwartet. Ein wenig enttäuscht ist sie schon, daß gerade ihr Vater, übrigens ein Wassermann, nicht sonderlich euphorisch auf diese Ankündigung reagiert. Er nämlich sieht den ihm wichtigen Freiheitsspielraum durch drohende Pensionsaufenthalte seiner Enkel gefährdet. Doch in seiner sprunghaften Art hat er den ersten Schock mit einem etwas schrulligen Witz überhöht und Franz dann recht schnell entführt, um ihm den neuerworbenen Heimcomputer vorzustellen. Die Frauen nützen die Gelegenheit zu einem Spaziergang mit den Kindern. Und da Maria nun bei der Betreuung ihrer Sprößlinge Unterstützung hat, kann sie die ihr so viel bedeutende Natur aus vollen Zügen genießen. Wie ein Kind saugt sie förmlich Stimmung und Atmosphäre der Landschaftsbilder in sich ein und macht sich daran, einen Strauß aus Wiesenblumen und Gräsern zu komponieren. Sie schwelgt dabei in Kindheitserinnerungen, als sie aus Gänseblümchen und Margeriten gesteckte Kränze im Haar trug. Auch heute noch scheint sie etwas von einer Naturfee zu haben. Sie ist so in ihre Träume versunken, daß sie darüber ganz die Zeit vergißt. Franz ist etwas indigniert, als sie verspätet zurückkommen, denn sein Heimreiseplan gerät schon langsam in Bedrängnis. Er hatte alles so durchkalkuliert, daß sie einerseits noch vor der Hauptrückreisewelle aufbrechen und doch noch so einkehren konnten, daß sie das preiswerte Mittagsmenü gerade noch als frühes Abendessen bekämen. Maria sieht durch diesen rationellen Plan die gemütliche Familienstimmung gefährdet und gerät in bedrohliche Stimmungsschwankungen. Unter Aufbietung aller ihrer Kräfte gelingt es ihr, die Tränen so weit zurückzuhalten, daß es beim Abschied nur zu feuchten Augen kommt. Und würden nicht die Kinder sie voll und ganz bei den Vorbereitungen zur Heimfahrt in Anspruch nehmen, so wäre es sicherlich noch zu einem Gefühlsausbruch gekommen. Allen Sicherheitsvorhaltungen ihres Ehemannes zum Trotz sitzt sie nun, mit der einen Hand den Jüngsten stillend, mit der anderen Abschied winkend, im Auto. Dann wird sie plötzlich sehr still. Ganz sicher, was das zu bedeuten hat, ist sich Franz trotz langjähriger, exakter Beobachtung der Verhaltensweisen seiner Frau und entsprechender Schlußfolgerungen nicht, doch tippt er diesmal richtig. Maria braucht nun geraume Zeit, um die vielen auf ihre Seele einstürmenden Eindrücke des Besuchs zu verdauen. Während ihr Körper sich schon auf der Heimreise befindet, hängt ihre Seele noch im Elternhaus. Sie löst sich erst langsam mit den Bildern, die vor ihrem inneren Auge vorüberziehen. Nach einer Weile drängt es sie dann auch, mit Franz über all das Geschehene zu sprechen, denn sie möchte ihre Eindrücke mit ihm teilen und sucht Sicherheit und Bestätigung für ihre Empfindungen. So ganz verstanden fühlt sie sich durch dessen nüchterne Analyse des Geschehens nicht, möchte auch die eine oder andere der zynischen und sarkastischen Bemerkungen ihres Mannes nicht auf ihren Eltern sitzen lassen. Doch spürt sie instinktiv, daß Franz sich durch seine intellektuelle Kritik vor den für ihn so schwer handhabbaren Emotionen schützen möchte und kann ihm daher gar nicht so böse sein. »Männer sind schon eigenartig«, denkt sie und bekommt ganz mütterliche Gefühle für ihren Mann. Glücklicherweise geht auch dessen Zeitplan und die Kalkulation mit der sparsamen Verpflegung auf. Nachdem er bei einem Tankstop auch noch festgestellt hat, daß der Benzinverbrauch unterdurchschnittlich war, ist für Franz der Tag gerettet. Mit gemeinsamen Kräften werden nach der Ankunft noch die Kinder versorgt. Während Maria sich um die Kleineren kümmert, erklärt Franz dem Ältesten pädagogisch exakt den Mechanismo-Bausatz, mit dem er seinen Sohn mit der Welt der Naturwissenschaft und Technik vertraut machen möchte. Endlich hat das Ehepaar Zeit für sich. Maria sehnt sich nach zärtlichen Umarmungen, und Franz tut auch sein möglichstes, da ihm seine Logik sagt, daß auch Zuwendung zum Leben gehört. Eigentlich hätte er lieber das politische Kabarett im Fernsehen angesehen, weshalb das Gefühl mehr im Kopf als in den Händen sitzt und letztere auf Marias Feinfühligkeit eher mechanisch abregend wirken. Sie entläßt ihren Mann daher früh aus seiner Verpflichtung an das Kabarett und zieht sich schmollend mit dem Roman: ›Die Leidenschaft des Frauenarztes Dr. v. Leibold‹ ins Bett zurück. Hier gewinnt sie im Traum schnell ihre Sentimentalität wieder, zumal heute auch noch eine Vollmondnacht ist. Nach einem schwärmerischen Aufseufzen umhüllt sie der Mantel der Nacht. Unter dem Eindruck des Vollmondes schläft sie seicht und traumreich ein. Ach, hätte doch ein Mann sie zum Walzer entführt und ihr auf der Parkbank seine Liebe gestanden!

Löwe

Markus Sonnenschein, genannt Pascha, dreht sich noch einmal faul im Bett um. Schlaftrunken tippt er den Musikwecker an, um sich von den ›American Hot Hundred‹ in den Sonntag singen zu lassen. So bekommt er den richtigen Einstieg, denn schließlich ist das Leben aus seiner Sicht eine einzige Show. Gegen 10.00 Uhr lockt ihn sein Gestirn, die Sonne, doch aus dem Bett. Er lebt im Augenblick allein, da seine Freundin seinen Freiheitsspielraum nicht mehr tolerieren wollte. Entsprechend sieht es in seinem Apartment aus. Denn was ein echter Löwe ist, hat er es nicht nötig und schon gar nicht im Haushalt, selbst Hand anzulegen. Dafür hat man ja seine Untertanen. Das ist auch gar nicht so arrogant gemeint, denn jeder soll im Leben den Platz einnehmen, für den er am geeignetsten ist. So gibt es Menschen, die offenbar gerne dienen. Und in all seiner Großmut möchte Markus diese nicht daran hindern, für ihn da zu sein. Es verwundert ihn deshalb auch außerordentlich, daß ihm im Moment niemand dienen möchte, denn er ist so von sich überzeugt, daß er das nahezu für selbstverständlich hält. So wirft er sich in sportlich elegante Schale und fährt im Porsche, der seinen Schriftzug in feinem Gold auf der Seite trägt, ins Straßencafé zum Frühstück. Glücklicherweise ergibt es sich, daß schon eine Menge Leute da im Freien sitzen und sich so das rechte Publikum für seinen Auftritt findet. Würdevoll verhalten Beifall heischend, läßt er sich lässig auf einen der Boulevardstühle fallen, bestellt ein großes Frühstück mit Kaffee, weichem Ei und Kaviar. Mit gewinnendem Lächeln setzt er hinzu: »Mallosol, versteht sich, ach, und bringen Sie mir noch ein Glas Dom Perignon.« Daß sein Haushaltsbudget damit weiter in die roten Zahlen rutscht, kümmert Markus wenig, wird sich doch sicher bald eine Untertanin finden, die sich freut, unseren Sonnenkönig zu unterstützen. Dafür darf sie ja schließlich auch mit ihm oder in seiner Nähe leben. Heute scheint ihm, wie so oft, das Glück hold. Da nur noch wenige Plätze frei sind, steuert eine attraktive Blondine auf seinen Tisch zu. Der Jagdinstinkt der Katzenfamilie erwacht in ihm, und er erlaubt ihr generös, an seiner Tafel Platz zu nehmen. Als ihn sein Gegenüber später fragt, was er beruflich mache, sagt er salopp: »Organisation, Management« und fügt lächelnd hinzu: »Aber das ist mehr ein Hobby.« In gewisser Weise stimmt das auch, denn von zwischenzeitlichen Jobs als Animateur im Club Mediterranée abgesehen, läßt sich Markus ab und zu in Papis Fabrik, quasi als Thronfolger, sehen und bekommt dabei von Papi etwas zugesteckt. So kann er sich ganz auf seine Ausstrahlung aus genußvoll erlegener Ibiza-Sonnenbräune konzentrieren. Sie scheint auch nicht ganz wirkungslos an der Blondine vorüberzugehen. Sie ist eine Waage, heißt sehr treffend ›Venus‹ und pudert sich gerade affektiert die Nase. Ganz gefangen in dem Bemühen, ästhetisch zu sein, schlägt sie charmant die Beine übereinander und beginnt unverbindlich zu plaudern. Ihre ganz auf Flirt und Verführung ausgerichteten Bewegungen, eine gewisse herbstlich kühle Eleganz, gehen auch nicht spurlos an unserem Löwen vorüber. Und als sie ihm erzählt, daß sie in der Modebranche tätig ist, sieht Markus für einen Moment seine Zukunft als Boß eines Modekonzerns, quasi als zweiter Pierre Cardin.

Doch das geht schnell vorüber, da Markus niemand ist, der sich um Zukunftsperspektiven kümmert. Er lebt lieber für den Augenblick, und jetzt scheint es ja leichte Beute zu geben. Enttäuschenderweise bezahlt ihm Venus zwar nicht sein Frühstück, aber das hat ja auch den Vorteil, daß er sich nicht in Abhängigkeiten verwickelt. Gerne läßt sich Venus dagegen im Porsche auf dem Boulevard und später auch zum Tennisclub spazierenfahren. Da auch sie das Leben gern luftig-leicht nimmt, gefällt ihr Markus' Lebensphilosophie: ›Life is a game‹ recht gut.

Beide sind mittlerweile – er von seiner Ausstrahlung, sie von ihrem kühlen Charme – so überzeugt, daß Markus mit ihrem unausgesprochenen Einverständnis den Porsche in Richtung auf sein Apartment hinsteuert. Venus ist beeindruckt von der Großzügigkeit, ja, fast könnte man sagen, dem Prunk, in dem unser Löwe lebt, wägt aber sogleich den offensichtlichen Nachteil, hier als Freundin Ordnung schaffen zu müssen, damit ab, ohne zu einem klaren Für oder Wider zu kommen. Aber dafür ist es ja ohnehin noch viel zu früh. Es gelingt ihr auch, den stürmischer werdenden Annäherungsversuchen von Markus, der jetzt nur noch das eine will, auszuweichen und ihn diplomatisch dazu zu überreden, erst einmal elegant miteinander essen zu gehen. Innerlich knurrend, zeigt er noch einmal Samtpfoten, zieht sich das Dinnerjackett über und fährt mit ihr zu Cleo's Bistro, da er dort sicher sein kann, daß die Rechnung angeschrieben wird. Papi ist nämlich stiller Gesellschafter dieses Restaurants. Im übrigen gibt es hier im Keller auch eine Discothek mit Musik ganz nach seinem Geschmack, wo sich trifft, wer gerade ›in‹ oder auch nur chic ist. Spätestens dort, so sagt ihm sein Raubkatzeninstinkt, wird er die Maus im Sack haben. Je eindeutiger während des mehrgängigen Menüs der Eroberungswille unseres Löwen wird, desto merklich kühler zeigt sich Venus. Ihr gehen jetzt alle möglichen Alternativen auch zu anderen Männern, die sie verführt hat und sich diplomatisch warmhält, durch den Kopf. Auch ist ihr persönlich das Flirten, das Spiel mit der Verführung, lieber als deren mögliche Konsequenzen. So muß sich Markus zunächst an sein Chateaubriand und den 1971 Cote de Nuit halten, um seinen Appetit zu stillen. Nach dem mit extra hoher Flamme flambierten Nachtisch läßt er mit generöser Geste die Rechnung anschreiben und entführt Venus in den Nightclub. Heiße Discorhythmen und die anmutigen Bewegungen seiner Waage-Partnerin lassen sein Eroberherz immer schneller schlagen. Als er allerdings die Situation für günstig hält und andeutet, daß man den Abend mit einem Champagner in seiner Wohnung krönen könne, bekommt Venus rechtzeitig Nierenschmerzen, die sie aus der drohenden Verbindlichkeit der Situation retten. Obwohl Markus die Enttäuschung kaum verhehlen kann, zahlt er ihr das Taxi nach Hause und ist sogar bereit, sie bis zum Taxi zu bringen. Einen tieferen Zweifel an der Echtheit der Erkrankung läßt er gar nicht aufkommen, denn welche Frau würde sich schon freiwillig eine Nacht mit ihm entgehen lassen! Seinen Groll über die entgangene Beute versucht er, durch einige Spezialdrinks zu ertränken, was ihm leider nicht ganz gelingt. So hat er nun auch nicht mehr die Stimmung, den Salonlöwen zu spielen und weiter auf Jagd zu gehen. Da ihm auch generell nicht nach gruppenseligem Zusammensein ist, macht er sich, in seinem Selbstbewußtsein doch etwas angeschlagen, auf den Heimweg. Nicht einmal der quadrophon aus den Autolautsprechern dröhnende Sammy Davis kann ihn noch einmal aufmöbeln. So läßt sich Markus, in seinem Apartment angekommen, vor den Fernseher fallen und pendelt per Fernbedienung zwischen der Direktübertragung des Tennis-Master-Finals und einer Las-Vegas-Show-Sendung hin und her. Gegen Ende der Sendezeit kommt ihm bei einem Seitenblick auf das verwaist stehende französische Doppelbett der Gedanke, in seinem Adreßbuch die Telefonnummern verflossener Freundinnen durchzugehen. Einige davon waren mittlerweile verheiratet. »Spießiger Gedanke, die Ein-Ehe«, schießt ihm dabei durch den Kopf. Schreckliche Einschränkung der persönlichen Freiheit und individuellen Kreativität. Als er schließlich doch fündig wird und beschließt, die Ehemalige durch seinen nächtlichen Anruf zu beglücken, zeigt sich die doch tatsächlich nicht gewillt, sofort vorbeizukommen, um sein Bedürfnis nach Streicheleinheiten zu befriedigen. »Undank ist der Welt Lohn«, denkt Markus und beschließt, in seinem Stolz gekränkt, die Adresse aus seinem Telefonbuch zu streichen. Obendrein ist morgen auch noch Montag, und er wird sich beim Erwirken einer Geldspende von seinem Vater wohl wieder sagen lassen müssen, daß Arbeit vor dem Spiel kommt. Naja, sein Vater ist schließlich Steinbock. Doch bis morgen wird er sein Selbstbewußtsein sicher wieder regeneriert haben, um entsprechend auftreten zu können.

Jungfrau

Es ist Mittwochmorgen. Gertrud Sorg, ihres Zeichens Jungfrau, steht auf, um sich zu waschen. Hygiene ist das halbe Leben und obendrein noch der beste Schutz, um die Gesundheit zu erhalten. Erst gestern hat Gertrud im Gesundheitsmagazin von dem jüngst entdeckten Y-Virus gelesen und wäscht sich im Gedenken daran die Hände nochmals mit der Spezialseife ›Virenex‹. Die hatte sie in einem Reformhaus erstanden. Denn sie ist auf vernünftige Weise sehr naturbewußt und war von dem für sie typischen Kritizismus durch den Aufdruck: ›klinisch erprobt an der Universität Tübingen in mehr als 100 000 Fällen‹ fast befreit worden. Voll desodoriert kleidet sie sich nun in das gräulich-braune, eng gemusterte Kostüm, um sich auf den Weg zum Arbeitsamt zu machen, wo sie als Sachbearbeiterin der Stellenvermittlung in beamteter Position tätig ist. Frühstücken wollte sie erst dort, zumal sie z. Z. die Werland-Diät erproben und auch gleich ihre Kolleginnen pädagogisch von deren Gesundheitswert überzeugen wollte. Pädagogik lag ihr schon immer. Und wäre nicht ihre Zwillingsschwester schon in den Lehrberuf gegangen, so wäre das sicher auch ein Beruf für sie gewesen. Aus Sparsamkeitsgründen und im Hinblick darauf, einen Beitrag zur Lufthygiene zu leisten, verzichtet Gertrud im innerstädtischen Verkehr auf die Benutzung ihres Volvo-Diesels (lt. Motortestzeitschrift ganz oben in der Skala der sichersten PKWs) und fährt mit dem Bus zum Arbeitsplatz. Sie zieht ihn der U-Bahn vor, seit er in einer Unfallstatistik mit 0,034% bessere Werte aufweist.

Skeptisch beobachtet sie die Mitreisenden im Bus. Ihrer exakten Beobachtungsgabe entgeht es nicht, daß da vorn ein Mann, unweit eines Nichtraucherschildes, eine Zigarette entzündet. Einerseits kann sie den Mann zwar verstehen. Hat sie doch selbst bis vor einem Jahr zwei Schachteln am Tag geraucht und auf diese Weise den sonst säuberlich aus dem Leben verdammten blauen Dunst (Fische-Neptun-Gegenspieler) zulassen müssen. Andererseits sprechen jüngste Statistiken eine klare Sprache, und das Nichtraucherschild gibt Gertrud die soziale Legitimation, belehrend zu warnen. Der Raucher, offensichtlich ein Skorpion-Mann, genießt es sichtlich, Gertrud durch seine Weigerung in psychische Extremsituationen zu treiben, doch scheitert die von ihm gewünschte Eskalation an dem taktisch vernünftigen Rückzug unserer Jungfrau. Bei so viel Unvernunft war sie machtlos und daher bereit, sich den Gegebenheiten anzupassen. Als der Mann auch noch, sie anzüglich musternd, den Vorschlag macht, die Divergenz im Wege eines Abendessens in trauter Zweisamkeit zu klären, muß sie sich das doch entschieden verbitten. Nicht nur die Werland-Diät, sondern auch ihr ausgeprägtes Gefühl dafür, was sich schickt und was nicht, lassen ihre Miene bei der Abweisung etwas säuerlich erscheinen. Wenn sie dieses Ereignis heute abend fein säuberlich in ihr Tagebuch eintragen wird, wird sie der Blick des Mannes (Skorpione haben das gewisse Etwas!) im nachhinein heimlich — hier schickt es sich — erschauern lassen.

Und schon auf den letzten Schritten zum Büro tupft sie sich mit strengem Finger an die Frisur und analysiert, ob wohl das herbe Hermes-Parfum das Seine zu diesem Zwischenfall beigetragen haben mag.

Im Büro angekommen, gilt ihr erster Handgriff dem Staubtuch. Entsetzt muß sie feststellen, daß der Satz frisch gespitzter Bleistifte, den sie im rechten Winkel zu dem Lineal gelegt hatte, durch die neue Widder-Mitarbeiterin, die hier offensichtlich ganz fehl am Platz ist, in Unordnung gebracht wurde. Nun ja, bis der Parteienverkehr einsetzt, wird alles wieder exakt an seinem Platz sein. Zunächst ist die Akte K.-F. Hermann, Akt. Z. 1985/0023 kfh zu bearbeiten. Die Sachlage ist durch genaue Verwaltungsvorschriften erfaßt, und so hat Gertrud keine Mühe, verantwortlich zu entscheiden. Schwieriger wird es in den Fällen, wo ein Ermessensspielraum eingeräumt ist, da sie ihre Beurteilung dann durch objektive Kriterien wie Detailvorschriften nicht gedeckt sieht.

Wie gut hat es da ihr Schwager (auch eine Jungfrau) als Vermessungstechniker, der seine Entscheidungen immer wissenschaftlich begründen kann. Wenn sich Gertrud in Details verirrt hat und vor lauter Bäumen den Wald nicht mehr sieht, hilft ihr Herr Stock, seines Zeichens Abteilungsleiter und aufstrebender Steinbock, sich auf Wesentliches, Grundsätzliches zu konzentrieren und damit die große Ordnung wiederherzustellen. Unter ihm fühlt sich Gertrud sicher, zumal ihr seine ernste, durch maßvolle Zurückhaltung geprägte Art auch Respekt einflößt. Und als sie neulich zwei Freikarten für ein politisches Kabarett geschenkt bekam, hatte sie es nach Büroschluß auch gewagt, ihren Chef zu fragen, ob er sie nicht dorthin begleiten wolle. Das hatte sie lange innere Kämpfe gekostet, da eine Frau nicht den ersten Schritt tun sollte, doch der Gedanke, die Karten nicht verwerten zu können, und auch ihre Vorliebe für Satire und Gesellschaftskritik hatten dann überwogen. Doch Herr Stock war auf die Frage noch etwas steifer geworden und hatte mit dem Hinweis, daß auch zu Hause noch Arbeit auf ihn warte, klargestellt, daß er Beruf und Privatleben nicht verquicken wolle. Außerdem hat er eine feste politische Meinung und war nicht bereit, diese auch nur durch irgend etwas in Frage stellen zu lassen.

Bis heute hatte Gertrud die Karten immer bei sich getragen, in der Hoffnung, sie doch noch verwerten zu können. Und die Gelegenheit sollte sich ergeben, denn Balduin Traum, ein Fisch, war auf der Suche nach einer Arbeitsstelle bei ihr gelandet. Als romantischer Illusionist kann er keinen Gefallen an dem Pragmatismus des Lebens finden, und so sehr Gertrud sich auch bemüht, eine funktionsgerechte Stelle für ihn ausfindig zu machen, alle Vorschläge scheitern am verträumten Weltbild von Balduin. Er will ›eher irgendwie wunderheilender Samariter oder wenigstens etwas ähnliches‹ werden. Schließlich gibt Gertrud auf. Als sie in die wäßrigen Augen ihres Gegenübers blickt, gibt sie sich einen Ruck und will Balduin die Eintrittskarten schenken. Der kann sich zwar nichts Schrecklicheres und Prosaischeres als satirisches Kabarett vorstellen, ist aber von so viel Mitgefühl dermaßen gerührt, daß es ihm peinlich wäre, abzulehnen. Und so schlägt er vor, doch gemeinsam dorthin zu gehen. Er hat sich nämlich mittlerweile ein mystisches Bild von Gertrud entworfen, und etwas in ihm ahnt, daß ihr Realitätssinn seinem inneren Chaos Konturen geben könnte. Schnell überlegt sie, ob sie zusagen soll. Eigentlich wollte sie ja heute abend handarbeiten. Sie hatte ein Stickdekor in Arbeit und wollte auch noch einen Teppich nach Vorlage knüpfen. Doch den zweiten ›Antrag‹ eines Mannes an einem Tag will sie sich nicht entgehen lassen. So verabreden sie sich um 19.30 Uhr vor dem Kabarett. Davor macht Gertrud sich zu Hause noch frisch und schlüpft in den braungrauen Jersey-Hosenanzug von Rodier. Pünktlich erscheint sie am verabredeten Treffpunkt. Sie ist schon etwas unwirsch, als Balduin gegen 20.00 Uhr eintrudelt. Er hatte die Verabredung fast vergessen, da ihn ein alter Freund auf ein Gläschen eingeladen hatte und sie gemeinsam von alten Zeiten geplaudert hatten. Doch Gertrud erholt sich bei dem kritischen Wortspiel und sarkastischen Humor des Kabaretts wieder recht schnell. Sie ist von der Notwendigkeit des Zweckpessimismus und der Warnfunktion der Satire ganz überzeugt. Balduin dagegen ist das alles viel zu nüchtern. Er sieht sich eher als Märtyrer und freut sich, für Gertruds Wohl leiden zu dürfen. Als Gertrud danach vorschlägt, noch mit Bekannten über das Kabarett zu diskutieren und bemerkt, darunter befänden sich einige politisch kluge Köpfe, ist Balduin allerdings am Ende seiner Kräfte. Ihn zieht es zur Regeneration mehr in die illusionstrunkene Welt von Künstlerkneipen oder auch ganz einfach in die Stille seiner Wohnung. Auch kann er sich jetzt noch ein Wunschbild von Gertrud erhalten, was ihm später, wie er spürt, durch deren etwas trockene Art zersetzt würde. Nach dem Abschied bleibt freilich auch Gertrud nicht mehr lange bei ihren Intellektuellen, da sie ja heute noch Tagebuch schreiben möchte. Hat sie doch viel Wundersames an diesem Tag erlebt, was präzise festgehalten werden möchte. Beim Durchdenken und Niederschreiben geht ihr auch noch das Telefongespräch mit Annegret, einer ebenfalls jungfräulichen Freundin, durch den Kopf, die alternativ auf dem Land lebt und, wie sie sagt, rational ökologisch zum Sozialbewußtsein beitragen möchte. Die guten Begründungen hatten Gertrud sehr beeindruckt, besonders auch das Bewahrende daran und der Gesichtspunkt optimaler, zweckgebundener Verwertung, wie etwa im Recycling. Doch die selbstgestrickten Jacken und die ebenso kratzenden (praktischen) Rupfen-Couchbezüge waren für sie doch ein Gegenargument gegen diese Lebensweise. Auch wundert sie, daß Annegret solche Experimente nicht risikofreudigeren Menschen überläßt und sich wie Gertrud selbst lieber auf quasi klinisch getestetem und für harmlos befundenen Boden bewegt, um von dort aus mit der gebotenen Vorsicht schrittweise und methodisch neue Lebensräume zu erschließen. Doch eine abschließende Meinung möchte Gertrud sich nicht bilden, begnügt sich daher mit dem protokollarischen Erfassen dieser Gedanken und begibt sich, angenehm erschöpft von einem so ereignisreichen Tag, zu Bett. Sie muß ja für die Akte 1985/0023 kfh neue Kraft sammeln.

Waage

Justus Le Beau, der Waage-Mann, beginnt den Freitagmorgen gegen 10.00 Uhr. Er ist eher ein Nachtmensch. Im seidenen Morgenmantel bereitet er sich den Kaffee und holt sich die Croissants, die ihm morgens immer vor die Tür geliefert werden. Zu leiser Hintergrundmusik überfliegt er beim französischen Frühstück die Zeitung, wobei sein besonderes Augenmerk der Gesellschaftsspalte und aus beruflichen Interessen Kunst und Antiquitätenanzeigen gilt. Er ist Inhaber eines Antiquitätengeschäftes mit dazugehöriger Galerie und freiberuflich als Kunstkritiker tätig. Bei der anschließenden Toilette zeigt sich die für ihn typische Entscheidungsschwäche zunächst bei der Auswahl des rechten Eau de Toilette. Soll es heute eher süßlich-schwerer Moschus oder trocken-herbes Eau sauvage sein? Die schwere Entscheidung fällt auf Eau sauvage. Um des Ausgleichs willen könnte er Moschus morgen abend zur Vernissage tragen. So sehr Justus der Aquamarinring am kleinen Finger gefällt, als er die Hand malerisch unters Kinn hält, ganz zufrieden ist er nicht, als er sich lange prüfend im Spiegel betrachtet. Aber der Ring ergänzt sich so schön mit dem kecken kleinen Ohrring. Was die Kleidung anbetrifft, so entscheidet er sich für einen taubenblauen feinen Cordsamtanzug über dem Nadelstreifenhemd mit weißen Manschetten und einer nachtblauen Fliege dazu. Mit einem Citroën Combi, der aus seiner Sicht ausgewogene Eleganz mit Zweckmäßigkeit kombiniert, macht er sich auf den Weg zu seinem Geschäft. ›Le Toutou‹ kann man in Jugendstillettern über der baldachinüberdachten Eingangstüre lesen. Herr Zweck, jungfräulicher Mitarbeiter von Justus, hat seine Restauratorentätigkeit pflichtbewußt schon um 8.30 Uhr aufgenommen. Er hat sich abgewöhnt, sich darüber aufzuregen, daß Justus meist erst gegen 11.00 Uhr eintrifft, da er die Nützlichkeit der Zusammenarbeit für sich aus anderen Gründen bemerkt hat. Denn was Zweck an Präzision und Gründlichkeit einbringt, wird durch Justus' weltgewandtes, charmantes Auftreten ergänzt. Seine Diplomatie läßt ihn Zwecks zynische Bemerkung: »Sie riechen heute aber wieder fruchtig« lächelnd übergehen. Insgeheim hätte er gerne mit spitzer Zunge geantwortet: »Ja, das hebt sich angenehm ab gegenüber dem schreienden Erbsgrün Ihrer geschmacklosen Frotteesocken in den Flechtsandalen.« Wäre Zweck nicht ein so zuverlässiger und pedantisch exakter Restaurator, so hätte sich Justus aus ästhetischen Gründen schon lange von ihm getrennt. Als er sich seiner Arbeit zuwenden möchte, klingelt es. Es ist eine gute Kundin: Clarice von Döttelbeck, eine Wassermann-Frau. Kapriziös und exzentrisch tänzelt sie herein und wird von Justus mit einem näselnden »Küß die Hand gnä' Frau« in die Galerie geleitet. Ganz in seinem Element, schwärmt er von seinen Neuerwerbungen, und da er diplomatisch den Geschmack von Clarice erspürt, nimmt er sie, als gelte es, ein Geheimnis zu hüten, beiseite und sagt: »Für Sie habe ich wie immer etwas ganz anderes, Besonderes. Einen hübschen Pablo (Picasso) aus seiner blauen Periode. Sollte Ihnen das zu konventionell sein, dann wäre da noch eine ausgefallene Graffitti-Art von Bruce Spencer, einem Newcomer in der Art-Scene.« Frau von Döttelbeck kann nichts zu ausgefallen sein. »Nur ja nichts Übliches, Gewöhnliches«, sagt sie gespreizt und zittert dabei nervös wie das Windspiel an ihrer Seite. Es ist schon ein Schauspiel, die beiden Luftzeichen bei ihrer Unterhaltung zu betrachten. Gewandt und oberflächlich, aber nicht ohne Heiterkeit und Witz plätschert sie dahin. Um die Kauflust zu fördern, ohne dabei insistierend zu wirken, bietet Justus einen trockenen Sherry aus dem für diese Zwecke apart drapierten Sektkühler an. »Nicht doch«, flötet Clarice von Döttelbeck kickelnd. Ihr gläserner Charme hat bei aller Dekadenz etwas Lustiges. Bizarr, wie eine menschliche Wunderkerze, wirkt sie in ihrem metallisch funkelnden Paillettenkleid unter der Straußenfederboa.

Obwohl Justus diesen Kleidungsstil als etwas zu gewollt einstuft, nicht eben ausgewogen, so fühlt er hier doch mehr Nähe als zur praktisch luftdurchlässigen Flechtsandale seines Kompagnons.

Clarice hat sich schon fast verabschiedet, als sie plötzlich doch noch einmal in die Galerie läuft und mit den Worten: »Ach, heute will ich einmal inkonsequent sein!« beide Bilder kauft. Eigentlich ist sie immer inkonsequent und sprunghaft, aber das muß ja niemand wissen. Justus beteuert, wie schwer es ihm falle, die Kunstwerke aus der Hand zu geben, und in gewisser Weise meint er das sogar ausnahmsweise ehrlich.

Nach einem so guten Abschluß wäre eine Ruhepause recht. Norbert Zweck, der sonst immer mit Justus Schach spielt, ist im Augenblick noch verhindert, da er die in Arbeit befindliche Firnismischung nicht verlassen kann, und so geht Justus ins Schach-Café vis-à-vis. In Planspielen oder ähnlichen gedanklichen Abenteuern gehört er nämlich zu den Koryphäen des Tierkreises. Weniger abenteuerlich sieht es da schon bei Taten aus, die ja zur Domäne seines Gegenzeichens Widder gehören. Und so erschlafft Justus beim Schachspiel nun auch körperlich, während seine geistige Aggression sich dort austoben kann. Mit der Königsindischen Verteidigung gelingt ihm gegen die Sämisch-Variante ein Remis. Bei einem Cappuccino erholt er sich von der anstrengenden Schlacht und begibt sich danach wieder ins ›Le Toutou‹. Er sollte eigentlich im Atelier noch eine Kritik zur neuen Inszenierung von ›Schwanensee‹ schreiben, doch fehlt ihm der rechte Antrieb. Wenn er nicht von außen stimuliert oder unter Druck gesetzt wird, macht sich seine Handlungsschwäche gefährlich breit. Er ist dann sprichwörtlich ›vage‹. Diese Lauwarmfärbung seines Charakters bewog seine letzte Freundin, eine feurige, ungeduldige Widder-Amazone, die ihm immer kräftig Feuer unter sein genußträges Hinterteil gemacht hatte, ihn nach einem letzten Wutanfall zu verlassen. Da er die Kritik erst übermorgen abliefern soll, ist er erleichtert, als das Telefon ihn von seinem Verpflichtungsgefühl befreit. Es meldet sich Ludwig Egal, von seinen Freunden nur ›Legal‹ genannt, auch ein Waage-Mann, der als Zivilrichter tätig ist. Abwägen, ausgleichen und befrieden sind dessen Leitmotive, und er ist weithin für die hohe Vergleichsrate seiner Prozesse bekannt. An Justus wendet er sich mit der Bitte um ein Sachverständigengutachten für eine altgriechische Eirene-Statue, die die Friedensgöttin mit der Waagschale in der Hand zeigt, ein Auftrag, den Justus gerne annimmt, da auch er gerne be-urteilt. Gerade ist ein weiteres Telefongespräch mit einem Auktionshaus beendet, als eine neue Kundin mit Namen Gloria Pomp das Atelier betritt. Nicht nur an ihrer Löwenmähne, sondern auch an dem selbstbewußten »Ist denn niemand hier?!«, mit dem sie den gebührenden Tribut an Aufmerksamkeit verlangt, kann man unschwer die Löwin erkennen. Sie hat gehört, daß Justus manchmal auch den ästhetischen Rahmen für Parties wie Blumenbuketts, Innendekoration, kurz, die Ausschmückung und künstlerische Gestaltung organisiert, und ist von dieser exklusiven Idee ganz angetan. Man ist sich bald einig, denn Verschönerungstätigkeiten gehören ja zu den Lieblingsbeschäftigungen von Justus, den auch das großzügige finanzielle Angebot überzeugt und der obendrein noch die Möglichkeit zu neuen Kontakten als Werbungschance sieht. Bei seinem Charme fällt es ihm auch nicht schwer, für das Fest selbst auch noch eingeladen zu werden. Der Tag beginnt sich zu neigen, und Kompagnon Zweck verabschiedet sich ebenso pünktlich, wie er begonnen hatte. In seiner perfekten Hobby-Werkstatt wartet eine Ziselierarbeit auf ihn.

Justus aber liebt gerade diese Tageszeit um den Sonnenuntergang, in der die illuminierten Jugendstillampen eine Stimmung wie bunte Herbstblätter in schräger Abendsonne verbreiten und blättert noch ein wenig in Kunstfachzeitschriften. In einem Bistro nimmt er als Abendmahlzeit eine Auswahl vom Salatbuffet, eine geräucherte Forelle mit Toast und ein Glas Chablis. Denn beim Essen zieht er leichtere, eher vegetarisch gefärbte Kost vor. Im übrigen möchte er auch heute noch kurz, aber wie immer eher vornehm, später bei einer Vernissage vorbeischauen. Geselliges Beisammensein in einem solchen Klima ist für ihn fast so etwas wie Familienersatz. Fehlt es einmal an entsprechenden Einladungen, was eher die Ausnahme ist, da Justus wegen seiner diplomatischen Art ein gerne gesehener Gast ist, so verbringt er seine Abende im Café neben dem Schauspielhaus, das bis in die späten Abendstunden geöffnet hat und ihm vom bunten Publikum her sehr liegt. Hier findet er nicht nur Schachpartner, sondern neben angeregten Gesprächen über die Bühnenbilder oder Inszenierungen auch manchen Flirt mit einer Schauspielelevin. Zu einer dauerhaften Verbindung konnte sich Justus allerdings noch nicht entschließen, obwohl er häufiger die Qual der Wahl zwischen mehreren Bewerberinnen hatte. So war sein Zuhause zwar sehr ästhetisch, doch etwas kühl geblieben. Er verbringt deshalb den Abend länger als er ursprünglich vorhatte auf der Vernissage und geht erst gegen 2 Uhr morgens zu Bett.

Skorpion

Der Wecker schrillt durch die Stille des Dienstagmorgen um 5.30 Uhr. Demia Engel-Diaboli hebt ihren Kopf aus dem zerwühlten Bett, das noch die Spuren einer leidenschaftlichen Nacht erkennen läßt, auch wenn der Platz neben Demia verlassen ist. Unsere Skorpion-Frau ist esoterische Psychologin mit besonderem Faible für Astrologie und Reinkarnationstherapie und seit einem halben Jahr von ihrem dritten Mann, dem Sizilianer Pakto Diaboli, geschieden. Nachdem sich Demia zu Beginn dieser Beziehung ganz sicher gewesen war über die karmische Verbindung zu Pakto, ja sogar in ihm die ersehnte Dualseele sah, kostete es sie vor der Scheidung um so mehr Mühe, ihr Idealbild von ihm zu stürzen und nicht nur den Tarot-Magier mit der hypnotischen Ausstrahlung, sondern auch den Menschen mit all seinen Schwächen zu sehen.

Vielleicht aber, so dachte sie später immer wieder, war gerade das, nämlich das geschickte Vorspiegeln menschlicher Schwäche, seine perfekte Tarnung, und er war in Wirklichkeit doch Mitglied der ›weißen Bruderschaft‹. Demia kann nicht so recht von ihm oder besser, von dem Bild des Übermenschen, das sie sich von ihm machte, loslassen.

Doch sie gibt sich jetzt einen Ruck, will sie doch noch vor der Arbeit ihr Hatha-Yoga-Programm absolvieren. Zwar ist es jetzt eine Qual für sie aufzustehen, doch sie ist der festen Überzeugung, daß nur das der Erleuchtung näherführt, was schwerfällt und mit Selbstüberwindung zu tun hat. »Der größte Sieg ist der Sieg über sich selbst« ist ihre Maxime. Mit der für sie typischen 120%igen Perfektion bringt sie ihrem Körper die richtige Haltung bei, äußerlich kühl und ruhig, innerlich wie ein angespannter Vulkan. Sie sucht, diese Anspannung durch das glockenhelle

Summen heiliger Silben zu entladen und fühlt sich nach den Übungen (vor allem durch die nach der Anspannung eintretende Erschöpfung) tatsächlich angenehm entspannt. »Das muß die heilende Wirkung des Mantrams sein«, denkt sie und wendet sich ihrem makrobiotischen Frühstück zu. 198, 199, 200... zählt sie noch auf dem Weg ins Bad mit und schluckt dann den letzten Löffel sorgsam zerkauter Buchweizenkörner hinunter. Seit sie sich dieser Ernährungsweise verschrieben hat, hat ihr Aussehen eine etwas asketische Färbung bekommen, was ihrer sexuellen Ausstrahlung keinen Abstrich tut, wie sie im Spiegel mit Genugtuung feststellt. Im Gegenteil, der leicht hungrige Zug um den Mund läßt ihren Appetit auf anderes als Buchweizenkorn deutlich erahnen. Den Weg zur Praxis nutzt Demia heute zu einer Motorradfahrt. Denn neben dem gebraucht erworbenen japanischen PKW, der ähnlich stark strapaziert wird wie ihre Partner und z. Z. verbeult einer Reparatur harrt, fährt Demia liebend gerne Motorrad. Sie mag das Gefühl, die starke Maschine zwischen ihren Schenkeln im Griff zu haben und auch die Provokation, die sie dadurch für viele Menschen darstellt. So gut ihr Leder als Kleidungsmaterial gefällt, so verachtet sie doch eher Motorradkleidung, da sie sich damit zu durchschnittlich, möglicherweise auch noch als uniformes Mitglied einer Gruppe fühlen müßte.

So hat sie sich heute für einen hautengen schwarzen Lederrock mit roten Pumps und eine weiße Seidenbluse entschieden, die auf geheimnisvolle Weise mehr preisgibt, als sie verhüllt.

Mag dies ein Grund dafür sein, daß sie bei ihrer psychologischen Tätigkeit eine so außergewöhnlich hohe Übertragungsquote ›erreicht‹, die auf ›natürliche‹ Art und Weise zu ›lösen‹ ja auch nicht schwerfiele, käme sie nicht in argen Konflikt mit ihrer Rolle als ›über der Sache stehende Therapeutin‹. Sie ist mittlerweile an ihrem Arbeitsplatz, einer Praxisgemeinschaft mit mehreren, gesellschaftlich sehr erfolgreichen Therapeuten eingetroffen. Ihre spürbare Intention, am Ruhm ihrer Kollegen zu partizipieren, sie aber andererseits wegen dieser ›Vordergründigkeit‹ anzugreifen, hat ihr von deren Seite die Spitznamen ›Schizo‹ und ›Vampyri‹ eingetragen, die sie mit grausamem Lächeln zur Kenntnis nahm. Denn ihre sezierende und gnadenlose Selbstanalyse wußte um die Richtigkeit der darin zum Ausdruck kommenden Einschätzung und wartete andererseits nur auf die rechte Gelegenheit, um sich genußvoll dafür rächen zu können. Dazu mußte sie zunächst die Machtverhältnisse schleichend zu ihren Gunsten umgestalten. Zwei frühere Bekanntschaften mit Skorpion-Männern, einem Geheimpolizisten und einem Doppelagenten, die ihrer Verführungskraft erlegen waren, hatten ihr noch einige Klarheit über Gesetze im Bereich des Untergrundkampfes gegeben. Nicht, daß sie ihr wesentlich Neues hätten verraten können, denn Demia war auf diesem Gebiet schon immer ein Naturtalent, aber die Bestätigung ihrer Theorien durch Fachleute nahm ihr etwas von der für sie typischen, wenn auch nie nach außen gezeigten inneren Unsicherheit. Heute begegnet ihr in einer psychologischen Beratung ein Drogenabhängiger. Demia kann sich in alle Formen von Abhängigkeit sehr gut versetzen, da sie selbst trotz oder vielleicht sollte man sagen gerade wegen ihres intensiven Bemühens, nur ja nie in Abhängigkeit zu geraten, schon reichlich abhängig war. So findet sie den rechten Draht, mit dem Klienten zu sprechen und kann ihm nicht zuletzt durch das Gefühl, emotional verstanden zu werden, auch helfen. Sie beschäftigt sich ja auch gerne mit extremen Lebenssituationen, steuert sie sich doch selbst oft genug in solche, vielleicht, weil sie unterbewußt weiß, daß eine echte Wandlung oft erst dort möglich ist. Nichts haßt sie mehr, als lauwarme Lebenssituationen und sucht daher eher seelische Sauna-Effekte in der Hoffnung, durch die Wechselbäder von himmelhochjauchzend bis zu Tode betrübt zur reinigenden Metamorphose hinzufinden. Auf dem sehn-süchtigen Weg zum Phönix aus der Asche wechselt so auch der Ausdruck ihrer Augen als Spiegel der Seele von fiebrigglänzend bis eiskalt.

Heute hat sie beruflich nicht viel zu tun. Wie in nahezu allen anderen Lebensbereichen schwanken die Anforderungen, die von außen an sie herangetragen werden oder die sie sich selbst stellt, zwischen totaler Beanspruchung und eher passiven, oft resigniert erlebten Leerlaufphasen. Alles oder nichts, Totalität und passive Regeneration kennzeichnen ihren Energieverlauf. Das heute gegebene berufliche Vakuum weckt in Demia Appetit auf ein ›Männchen‹, wie sie das andere Geschlecht manchmal, wenn sie nicht gerade unsterblich in einen Übermenschen verliebt ist, bezeichnet. Bei ihrer sexuellen Ausstrahlung kann sie es sich leisten, wie eine Spinne im Zentrum ihres Netzes auf ›Beute‹ zu warten. Die solchermaßen Gefangenen sind aus ihrer Sicht allerdings mehr Objekte, die geeignet sind, ihren Hunger auf Sex zu stillen. Eigentlich ist sie zwar weiter auf der Suche nach dem Einen — der Dual-Seele! — doch fällt es ihr sehr schwer, einen Mann, der ihren Reizen erliegt, wirklich zu akzeptieren. Das Attraktive an der Sexualität ist für sie vor allem die Sehnsucht, im Orgasmus eine Art von Todesnähe und der damit verbundenen Verwandlung zu erleben. Das Spannungsfeld zwischen Hure und Heiliger in ihr, der knisternde Widerspruch eines gefallenen Engels, zieht sie magisch an. Ein Fische-Mann ist ihr ins Netz gegangen. An ihm reizt sie besonders, daß er so schwer faßbar ist, doch können seine eher verträumten Vorstellungen von Erotik ihr Bedürfnis, Sex auch als Kampf der Geschlechter, als Machtspiel mit Sieger und Unterlegenem, zu erleben, nicht befriedigen. Lieber erinnert sie sich daran, wie sie im Bett den Stolz eines Löwen brach oder sich von einem Widder ›benutzt‹ fühlte. Der Fische-Mann befriedigt eher ihr Bedürfnis nach seelischem Tiefgang, nach dem okkulten, mystischen Aspekt des Lebens. Und so saugt sie begierig dessen sentimentale Phantasie in sich auf. Auch die Möglichkeit, von ihm getäuscht zu werden, ist ihr nicht unattraktiv. Das Reizklima, niemandem trauen zu können — hier erinnert sie sich an ihren Doppelagenten —, liebt und haßt sie zugleich. Demias Stiefschwester, auch unterm Skorpionzeichen geboren, ist ein ganz anderer Typ. Sie hat ihre Triebhaftigkeit so perfekt (!) verdrängt, daß sie sich nur noch in verbissen perfektionierter Arbeitswut manifestiert. Sie hat im zweiten Bildungsweg (der erste wäre ihr unterbewußt zu einfach gewesen, obwohl sie nach außen hin an ihm gescheitert war) Religionsphilosophie studiert, um nach der Prüfung mangels geeigneter Arbeitsplätze sich zur Chefsekretärin eines Wirtschaftsunternehmens emporzuarbeiten. Sie war für ihre Zähigkeit (übrigens eine Gemeinsamkeit mit Demia) so bekannt, daß sie von Arbeitskollegen den Beinamen ›die Frau mit den 9 Leben‹ bekam. Auch ihre gesundheitliche Regenerationsfähigkeit etwa nach dem operativen Verlust einer Niere läßt diesen Titel gerechtfertigt erscheinen. Demia dagegen zerwühlt im Moment lieber ihre schwarze Satinbettwäsche mit ihrem Fische-Männchen, um so den geeigneten Gegenpol zu den heiligen Silben am nächsten Morgen zu setzen, an dem ihre Stimme etwas rauchiger klingen wird.

Schütze

Waldemar Jovial, seines Zeichens Schütze, dehnt sich wohlig in seinem 2,50 × 3 m großen Bett. Wie alles in seinem Leben ist es eher zu groß als zu klein dimensioniert. Er hat eine Vorliebe für das Wuchtige, Globale im Leben. Großkariert wie seine Einstellung ist auch sein Pyjama, aus dem er sich gerade schält. Er kann es sich leisten, den Donnerstagmorgen, wie jeden anderen Tag, ohne Zeitdruck zu beginnen, obwohl er nicht unbedingt zu den typischen Spätaufstehern gehört. Seine Grundeinstellung zum Leben ist viel zu optimistisch, als daß er den Morgen verschlafen wollte. Doch seine Stellung als Generalmanager einer weltweiten Werbeagentur erlaubt es ihm, seine Zeiteinteilung selbständig und ungezwungen vorzunehmen. Auch genießt er z. Z. sein Strohwitwerdasein, da seine Frau Ingrid, eine Widderamazone, alleine in Urlaub gefahren ist. Waldemar liebt selbständige Frauen und ist in seiner Jovialität und fast unglaublichen Toleranz auch bereit, die Strohfeuereroberungen seiner Gattin mitanzusehen, was die jedoch immer mehr herausfordert. Sie kann aus ihrem Verständnis vom Leben als Kampf und Rivalität die aalglatte Toleranz nicht verstehen und versucht, Waldemar immer aufs neue zum Zweikampf zu reizen. Genau das vermeidet dieser aber tunlichst, denn er möchte möglichst reibungs- und problemlos mit Siebenmeilenschritten durchs Leben gehen.

Darben muß er durch die Abwesenheit seiner Frau auch nicht, wie man an dem üppigen, sahnereichen Frühstücksbuffet sehen kann, was ihm die gute Eva, die ihn rührend umsorgende Krebs-Haushälterin, vorbereitet hat. Sie ist mit 42 Jahren die älteste im siebenköpfigen Bedienstetenstab der 12-Zimmer-Villa, in der Waldemar residiert. Anfangs wollte sie, wohl auch beeinflußt von Grete, der Jungfrau-Sekretärin, das Frühstücksbuffet etwas sparsamer gestalten, wurde aber von Waldemar mit folgendem Hinweis eines Besseren belehrt: »Sehen Sie sich doch die Fülle in der Natur an. Ein Kastanienbaum produziert auch nicht nur die 5 Früchte, die dann vielleicht aufgehen, sondern Tausende. Er nimmt in Kauf, daß ein hoher Prozentsatz verlorengeht. Großzügigkeit ist das Gesetz der Natur, an dem wir uns orientieren sollten!« Dieser Philosphie mußte sich Eva geschlagen geben und warf fortan die ca. 70% unverwerteten Frühstücks, wenn sie sie nicht heimlich an die Nachbarskinder verteilen konnte, fort, wobei Grete mit verkniffener Miene und warnendem Zeigefinger zusah.

Sahne blieb allerdings selten übrig, denn Waldemar hielt sich auch heute noch an den Werbeslogan, mit dem er die Erfolgsleiter begonnen hatte: »Sahnig soll das Leben sein!« Sein Werbetalent hatte ihn in der Schulzeit einmal überlegen lassen, ob sein Platz nicht Mission und Priestertum sei, zumal nicht nur Philosophien, sondern auch Weltanschauungen und Religionen ihn schon immer fasziniert hatten. Doch er hatte mit dem für ihn schon in der Jugend typischen Weitblick die Lage schnell übersehen. Der für ihn schrecklich engstirnige, vernünftige Kritizismus der Zeit hatte ja das Priestertum von all den Dingen weitgehend befreit, die für ihn äußeres Symbol des Wohlwollens der Schöpfung waren, wie, um nur ein Beispiel zu nennen, barockwallende, purpurrote Samtkleidung als Zeichen priesterlicher Würde. In heutiger Zeit würde man sich möglicherweise noch dafür verteidigen müssen. So hatte er sein Überzeugungstalent nicht unmittelbar in den Dienst Gottes, sondern lieber in den fortschrittlicher Produkte aus Gottes Schöpfung gestellt und beschäftigte sich mehr privat mit der Frage nach dem Sinn des Lebens.

Ganze Wände voller Lexika und Enzyklopädien, aber auch andere Bücher, die er im Diagonalverfahren konsumiert hatte, sollten ihm dabei helfen. Diagonal überfliegt er beim Frühstück auch gerade die Börsennachrichten und erkundigt sich daneben fortschrittlich drahtlos nach dem Stand der Dinge in der Chefetage seines Imperiums. Die wenigen unangenehmen Nachrichten wischt er mit weit ausholender Geste großzügig vom Tisch. Dafür hat er ja schließlich Sachbearbeiter, an die er delegieren kann. Die angenehmen dagegen nimmt er wohlgefällig auf. Bei der Wahl des rechten Autos zur 2 km entfernten Firma entscheidet sich Waldemar für den amerikanischen Pontiac. Zwar fährt er auch gerne den roten Maserati seiner Frau, doch das großvolumige Blubbern des amerikanischen 12-Zylinders, der mit 25 Litern/100 km wie Waldemar selbst aus dem Vollen schöpft, ist ihm dann doch lieber, zumal er mit Autotelefon und Chauffeur als Zugaben noch mehr den Duft der großen weiten Welt verkörpert. Energiesparen ist für Waldemar eher ein Reizwort. Er ist der Meinung, man sollte die Energiereserven der Erde möglichst schnell durch den Vergaser jagen oder andersartig verbrauchen, um die Evolution nicht unnötig aufzuhalten und lieber neue Energiequellen entwickeln. An Optimismus bis zur letzten Stunde hat es ihm noch nie gefehlt. Mit ihm ist er immerhin so weit gekommen, daß er heute über 2500 Mitarbeiter in aller Welt hinwegblicken kann, die er auch dann noch mit ungetrübter Euphorie mitzureißen versucht, wenn Notfusionen (als Ausdruck der Synthese sind Fusionen für ihn immer etwas Positives) ins Haus stehen. Dabei kann man ihm allerdings nicht nachsagen, daß er sich nicht um gerechte Lösungen bemüht, jedenfalls soweit er dabei nicht mit ihm verhaßtem Kleinkram belästigt wird. Er hält auch und gerade aus philosophischer Sicht nichts vom Teufel im Detail, bekennt er sich doch mehr zu einer hedonistischen Lebensphilosophie.

Nicht nur in der Firma ist er für sein donnerndes Lachen (manchmal sogar dort, wo ihm innerlich gar nicht danach zumute ist) bekannt. Sein oft geübtes Konzept, auch ernstere Probleme nicht zur Kenntnis zu nehmen oder einfach ›wegzulachen‹, läßt ihn humorvoll unkompliziert erscheinen. Sein Prokurist Ernst Steinbock verzeiht ihm diesen Verstoß gegen den Grundsatz der Solidität ebenso ungern wie seine ehemaligen Freundinnen Herta Stur (Stier) und Lydia Zwang (Skorpion), die ihn vergebens ehelichen wollten. Herta hatte er verlassen, als sie ihm direkt kundtat, daß sie ihn vor Liebe am liebsten auffressen wolle. Lydia dagegen war psychologisch (vermeintlich) geschickter vorgegangen und hatte, als sie seinen Freiheitsdrang ausgelotet hatte, ihn pro forma mit den Worten freigegeben: »Geh du nur, wenn es für dich am besten ist« und hatte dabei gehofft, ihn durch ihm unmerklich unterschobene Schuldgefühle indirekt halten zu können. Doch Waldemar hatte sich unkompliziert an die formale Aufforderung gehalten und war gegangen. Wo es doch für ihn am besten war! Und Schuldgefühle wollte er sich erst recht nicht machen lassen. Seine Frau hatte er dagegen bei einer seiner Lieblingsbeschäftigungen, nämlich einer Weltreise, kennengelernt, wo sie nach echter Jäger- und Nomadenart mit dem Rucksack auf Abenteuersuche war, während er die Weite der Welt auf bequemere Art erkunden wollte. Da er damals schon das nötige Kleingeld hatte, war es ihm möglich, sich Ingrid gegenüber als Gönner und Mäzen darzustellen. Dazu kam, daß der gemeinsame Taten- und Bewegungsdrang, zumal im sonnigen Klima, wenig Probleme aufwarf. Sportlich wie der Ferienalltag verlief auch die erotische Begegnung, aus der als Ferienfolge ein Stierknabe erwuchs, offenbar ein wohlgemeinter Hinweis des Schicksals, das gemeinsame Leben etwas ruhiger und örtlich gebundener zu gestalten. Doch die Amazonen-Mutter Ingrid ließ sich durch den Sprößling ebensowenig wie Waldemar einengen. Glücklicherweise waren ja die finanziellen Möglichkeiten da, die Aufgabe der Aufzucht an ein Kindermädchen zu delegieren. So bleibt für Waldemar neben dem beruflichen Bereich, den er mit vielen weiten Reisen als äußerem Ausdruck seines Weitblicks verbindet, auch noch Zeit, sich einem seiner Hobbys, nämlich dem Reiten, zu widmen. Nicht etwa dem Dressurreiten, was ihm beim Anblick der reglementierten Bewegung eher Bauchschmerzen bereitet, sondern dem freien Ausritt über offenes Land. Hier fühlt er sich quasi archetypisch als Zentaur.

Vom Büro aus organisiert er gerade eine Party für den Abend. Er ermahnt die Haushälterin Eva, nicht zu kleinlich bei der Bestellung des kalten Buffets zu sein und weist Grete, die Jungfrau-Privatsekretärin, an, ihm den königsblauen Zweireiher aus feinem Flanell aufzubügeln. Grete hatte oft dezent versucht, Herrn Jovial zum Kauf eines, aus ihrer Sicht viel eleganteren, englischen Glencheck-Anzuges anzuregen, doch Waldemar fand so etwas viel zu kleinkariert. Und dann etwa auch noch in Braungrau? Niemals! Uni zieht er Musterungen und schon gar so kleinen auf alle Fälle vor.

Er genießt den Abend und vor allem die Tatsache, von der Mehrzahl der ca. 300 Gäste als großzügig und gönnerhaft anerkannt zu werden. Mit lexikalisch-weitgefächertem Wissen weiß er sich jovial in Szene zu setzen und umschifft gewandt Fangfragen von Fachleuten, die sich durch seine pauschal gehaltenen Äußerungen herausgefordert fühlen. Innerlich stuft Waldemar diese, trotz äußerer Toleranz, eher als Krämerseelen ein. So kann er sich am Ende dieses Tages, zufrieden mit sich und der Welt, ins Bett fallen lassen. Geht es ihm doch von Tag zu Tag immer besser und besser.

Steinbock

Es ist Samstagmorgen, 6.00 Uhr. Prof. Dr. Ulrike Karg ruft sich zur Disziplin und beginnt den Tag 3 Minuten nach dem Weckerrasseln mit Streckübungen und Kniebeugen vor dem trotz kalter Winterluft geöffneten Fenster. Das arthritische Ziehen an den Kniegelenken, mit denen sie schon immer Probleme hatte, ignoriert sie mit strenger Miene. Wo käme man denn hin, wenn man sich immer gleich gehenließe! Zu ihrem festen Tagesplan, der für die nächsten 730 Tage nahezu unverrückbar feststeht, gehört nun einmal Morgengymnastik von 6.03 Uhr bis 6.27 Uhr. »Eigentlich sollten ja alle Menschen so konsequent sein«, denkt sie sich, »dann wäre mehr Ordnung und Zuverlässigkeit in der Gesellschaft.« Sie hätte es schließlich auch nicht so weit gebracht, hätte sie nicht schon seit dem 8. Lebensjahr gewußt, was sie wollte und dieses Ziel mit (der) Härte (des Kalks in ihren Kniegelenken) verfolgt. So hatte sie sich aus einfachen Verhältnissen zur Rektorin einer kleineren Universität emporgearbeitet. Heute will sie sich als besondere Ausnahme (die sie grundsätzlich nur sehr ungern macht) ein weiches Ei zum Frühstück gönnen. Es wird sich neben der Scheibe Roggenknäcke und dem ungezuckerten schwarzen Tee sehr üppig ausmachen. Doch davor kommt noch die gründliche Morgentoilette bis 7.00 Uhr. Am liebsten würde sie nur kaltes Wasser und Kernseife an ihre Haut lassen, aber man muß sich doch etwas an gesellschaftliche Gepflogenheiten halten, und so legt Ulrike, vornehm zurückhaltend, etwas Make-up auf. Ihr Haar steckt sie so fest, daß sie dem Tag die freie Stirn bieten kann. Es wird ein harter Arbeitstag werden, denn obgleich sie am heutigen Samstag nicht in die Universität muß, hat sie sich eine Menge Arbeit vorgenommen. Sie kann Leute nicht verstehen, die so viel von Freizeit sprechen. Was das schon für ein unsinniges Wort war. Zeit war schließlich dazu da, mit Aufgaben gefüllt zu werden, und davon gab es immer genug. Wie sollte der Mensch seiner Verantwortung für das Leben denn sonst nachkommen, wenn er seine Zeit mit oberflächlichen Dingen wie Hobbys etc. vergeudete. Wenn überhaupt, so erst die Arbeit, dann das Spiel! Und richtig verstandenes Spiel war ja dann doch wieder Arbeit, wenn man die Regeln richtig beherrschen wollte. So hatte sie auch während ihrer Studienzeit einem Löwe-Verehrer, der offenbar nichts Besseres zu tun hatte, als das Leben spielerisch zu betrachten, ein kategorisches Nein entgegengesetzt. Nein und nochmals nein, so geht es einfach nicht! Ja, an Ulrikes Klarheit und Maßstäblichkeit konnte man sich messen. In gewisser Weise war sie wie ein Quader: geradlinig, eckig, gut meßbar, aber auch etwas unbeweglich. Wo sie mit ihren Prinzipien lag, wuchs kein Gras mehr, zumindest nicht da, wo es aus ihrer Sicht nicht wachsen sollte.

Mittlerweile war es 7.30 Uhr geworden und damit die Zeit für das Frühstück zu Ende. Heute wollte sie sich daranmachen, einen wissenschaftlichen Beitrag in einer Fachzeitschrift für angewandte Mathematik zu schreiben. Schließlich konnte man nie genug tun, um sich weiter zu profilieren. Denn weder Doktorat noch Habilitationsschrift hatten Ulrike über das tief in ihr verwurzelte Minderwertigkeitsgefühl hinweggeholfen. Und ehrgeizig wie sie ist, hat sie die Hoffnung noch nicht aufgegeben, durch weiteres Schleifen an ihrer gesellschaftlichen Position doch noch selbstsicherer zu werden. Achtung ist es, was sie sich verdienen will.

Gegen Mittag gönnt sich Ulrike eine kurze Pause. Sie zieht sich den dunkelblauen Mantel über das klassisch geschnittene schwarze Kostüm, um sich bei einem Spaziergang die Füße etwas zu vertreten. Manchmal fühlt sie sich schon etwas einsam, so gerne sie allein ist. Aber sie hat den Partner für das Leben noch nicht gefunden. Erwiesen sich doch alle, die in Betracht gekommen wären, und das waren schon nicht sehr viele, für zu leichtlebig und entsprachen nicht den Kategorien, die sie im Leben für wichtig hielt, wie etwa unbedingte Treue bis zum Tode, Verläßlichkeit, Verantwortungsgefühl, Pünktlichkeit, Ordnungsliebe und Aufrichtigkeit. So stapft sie allein, doch aufrechten Rückgrats, durch den Schnee. Als sie wieder heimkehrt, wünscht ihr an der Haustüre der Hausmeister: »Schönes Wochenende, Frau Karg.« »Professor Dr. Karg«, stellt sie richtig. Ist es doch notwendig, daß jeder weiß, wo er in der gesellschaftlichen Hierarchie seinen Platz hat. Jemandem auf die rechte Art und Weise zu begegnen, hieß noch lange nicht, sich mit ihm gemein machen!

Nach weiteren 2 Stunden Arbeit ist noch einmal eine kleine Pause angebracht. Am Samstag kann man schließlich ein Auge zudrücken. Ulrike nützt die Zeit, um sich noch einmal mit Kants ›Kategorischem Imperativ‹ auseinanderzusetzen, über den sie gerade, wie sie meint, eine recht brauchbare Abhandlung liest. Passagen, die sie gut und wichtig findet, unterstreicht sie nachdrücklich und versieht sie am Rande der Seite mit Ausrufungszeichen. Sie hat nämlich vor, dieses Buch einer Kollegin zu leihen; so wird diese von Anfang an wissen, was sie lesen muß und kann sich das Unwesentliche ersparen.

Beim Lesen meldet sich langsam der Hunger. Zu Mittag hat Ulrike ja nichts gegessen, denn abgesehen davon, daß das viel kostet, hat es noch niemandem geschadet, wenn er sich auch beim Essen zurückhält. Abgesehen davon wollte sie Dr. Adrian Clinch, seines Zeichens Urologe und Skorpion, zum Abendessen nach der Premiere in den Kammerspielen einladen. So macht sich Ulrike jetzt nur ein kleines Häppchen Brot mit Teewurst. Mit Schrecken entdeckt sie, daß die Zugehfrau der Nachbarin, die ihr ab und zu auch aushilft, irgendeine Sorte Teewurst mitgebracht hatte, wo sie doch ausdrücklich darauf hingewiesen hatte, daß sie nur die Rügenwalder und sonst lieber keine wollte. Diese Marke hatte sich bewährt, und auf neue Experimente mußte man sich ja nicht einlassen. Markenwurst ist eben Markenwurst. Was sich in der Gesellschaft einen Namen gemacht hatte, war eben gut. Durch den Hunger genötigt, probiert Ulrike das Fremde doch und ist erstaunt, daß die Wurst ganz annehmbar schmeckt. Doch das nächste Mal möchte sie wieder die echte Rügenwalder.

Nach einer weiteren Arbeitsphase bis 4.30 Uhr nachmittags widmet Ulrike sich noch kurz ihrer Mineraliensammlung. Sie hatte sich von der letzten Bergwanderung ein selbst gefundenes

Stück Gneis und einen erstandenen Bergkristall mitgebracht und noch nicht beschriftet, wozu sie jetzt erst kommt. Zufrieden rückt sie sie danach zurecht. Die Mineralien fügen sich so gut in die gediegene Schlichtheit der Eichenmöbel in ihrer Wohnung. Dann macht sie sich für den Abend fertig. Sie möchte sich nicht nachsagen lassen, daß sie nicht pünktlich ist. Zu den klaren Formen ihrer Figur macht sich das klassische lange Schwarze — man trägt es heute wieder! — recht gut. Heute wird in den Kammerspielen etwas Anständiges gegeben: Goethes ›Faust‹ ist doch immer wieder belehrend. Nanu, schon 2 Minuten über die Zeit! Wenn Ulrike etwas nicht leiden kann, dann Unpünktlichkeit. So etwas gehört sich einfach nicht. Doch Dr. Clinch wird vielleicht noch operiert haben. Verzögerungen durch Arbeit und Verantwortung ist entschuldbar! In der Tat kann man sich mit 8 Minuten Verspätung auf den Weg machen, und beide genießen das Theater. Adrian mehr das ›Faustische‹, das Eingehen und Lösen von Pakten, Ulrike die Klarheit von Gretchen. Noch lieber hätte sie ›Iphigenie auf Tauris‹ gesehen, ist ihr doch das Streben nach Reinheit, wie es dort zum Ausdruck kommt, selbst ein grundsätzliches Anliegen. Auch das anschließende Abendessen im ersten Haus am Platz (sie ißt Consommé mit Markklößchen und Tafelspitz mit Salzkartoffeln, er ein Dutzend Austern und Tintenfisch nach Art des Hauses mit Teufelssauce) hätte Ulrike recht gut gefallen, wären da nicht diese schlecht ausgebildeten Ober gewesen. Mit dieser vertraulichen Art kann sie gar nichts anfangen. Hingegen imponiert ihr die Zähigkeit, mit der Dr. Clinch schon seit einiger Zeit um sie wirbt. Gut Ding will schließlich Weile haben. Andererseits meint sie, in seinen Augen bisweilen etwas Lüsternes zu entdecken, was zumindest im jetzigen Stadium ihrer Beziehung eher abstoßend auf sie wirkt. Und so gibt sie sich weiter reserviert, ohne ahnen zu können, daß dieser, an die Eiger Nordwand erinnernde Charme, Dr. Clinch anzieht. Sucht er doch eher Situationen, wo er im eisigen Biwak weder nach vorne noch zurück kann. So trennt man sich auch heute unter Wahrung aller Formen. Vielleicht wird sie doch noch einmal ›ja‹ sagen, denkt sich Ulrike, während sie die Wohnungstür mit den drei Sicherheitsketten verriegelt. Denn das Ziel, mit einem Menschen allein durch dick und dünn zu gehen und diamantene Hochzeit feiern zu können als Vorbild für andere, hat sie noch nicht aufgeben. So geht sie zu Bett und stellt zufrieden fest, daß sie es nicht hat zu spät werden lassen. Denn am morgigen Sonntag wartet viel Arbeit sie. Und während sie den Tagesplan für den nächsten Tag noch einmal rekapituliert, schläft sie rechtschaffen ein.

Wassermann

August Hoppspring schnellt jäh am Samstagmorgen aus dem Bett. Denn blitzartig, wie so oft, war ihm noch halb im Traum eine Idee für eine neue Erfindung gekommen. Er ist zwar hauptberuflich Informatiker bei einer großen Computerfirma, doch hat er nebenbei schon manche Erfindung beim Patentamt anmelden können. Er weiß nämlich oft nicht, wohin mit den vielen Ideen, die ihn überraschend und sporadisch überfallen. Bei seinen Nachbarn ist er als kauzig und exzentrisch verschrien, was ihm aber eher imponiert, denn wenn er etwas nicht sein will, dann durchschnittlich. Wie bei Wassermännern so üblich, ist er auf seine Individualität, seine Originalität stolz.

Durch das große Atelierfenster fällt schon Morgenlicht ins Zimmer. Augusts Penthouse-Wohnung ist zwar teuer, doch er ist gerne bereit, einen hohen Preis für die Tatsache zu zahlen, daß er nach oben Offenheit verspüren kann. In einem Souterrain oder einer Wohnung mit niedriger Decke würde ihm dieselbe sicher auf den Kopf fallen. Wenn er etwas nicht ausstehen kann, dann das Gefühl, eingesperrt zu sein. Dann kann er geradezu klaustrophobe Anwandlungen bekommen. Das geht ihm nicht nur in engen Gebäuden oder Schluchten so, sondern auch dann, wenn er sich durch Zeitdruck oder Hierarchien eingeengt fühlt. So hat er sich an seinem Arbeitsplatz auch gleitende Arbeitszeit ausbedungen und will in einem Team arbeiten, in dem Gleichheit, Freiheit und Kameradschaftlichkeit die Arbeitsatmosphäre bestimmen.

Gerade kritzelt er die neue Idee auf ein Stück Papier. Seine Erfindung soll einen Beitrag zur Abschreckung von Zugvögeln auf besonders davon gefährdeten Flughäfen leisten. August dachte dabei an mehrere windmühlenartige Gebilde, deren beim Rotieren metallisch blinkende Flügel die Vögel warnen und vertreiben sollen.

Noch ganz in Gedanken bei seinem Projekt schlürft er, mit einem Pantoffel beschuht, in die Küche, um sich das Kaffeewasser zu wärmen. Der andere Hausschuh war bei einem der fünf Umzüge in den letzten drei Jahren offenbar auf der Strecke geblieben. Aber nur mit einem Fuß auf dem Boden der Tatsachen zu stehen, paßt für August ohnehin gut. Am liebsten würde er abheben wie seine Lieblingstiere, die Vögel. Beinahe wäre er ja auch Ornithologe geworden wie sein ebenfalls unter dem Wassermann-Zeichen geborener Freund Fridolin, der mit Familiennamen bezeichnenderweise ›Schwalbe‹ hieß. Als das Wasser für den Kaffee im Pfeiftopf zu kochen beginnt, pfeift es nicht etwa, sondern ein an der Wand angebrachtes Rotlicht beginnt zu blinken. Damit dies geschieht, legt August einen Temperaturfühler in den Schnabel des Topfes, eine eigene Konstruktion. Auf dem Licht kann man lesen ›Fasten seat belts, no smoking‹. August findet diesen Verfremdungseffekt witzig, wie alles, was geeignet ist, den Alltag zu durchbrechen, z. B. der Karneval. Unkonventionell ist auch die Zusammenstellung seines Frühstücks, was ihm, wie Essen ganz allgemein, auch nicht so wichtig ist. Zum Kaffee trinkt er aus einem bizarren Glas aus seiner Glassammlung den Sektrest von dem vorgestrigen Fest und ißt den Rest einer Lachssemmel von gestern. Dabei fällt ihm ein, daß er schon immer ein Haushaltsgerät zum Vakuumverschweißen von Plastikbeuteln erfinden wollte, wird aber aus dieser Überlegung durch das Klingeln des Telefons herausgerissen. Eine Zwilling-Freundin fragt an, ob August Lust habe, mit ihr Badminton (Federball) zu spielen. August will, denn abgesehen davon, daß ihm diese luftige und blitzschnelle Reaktion verlangende, auch recht individuelle Sportart liegt, freut er sich auf den Gedankenaustausch mit der gescheiten Frau. Verbale Geplänkel mit Menschen, die man als ›sophisticated‹ bezeichnen könnte, sind ihm eine willkommene Abwechslung. Auch wird er von diesen als geistreich und witzig gelobt. Sein manchmal wirres, oft aber auch geniales assoziatives Springen macht es zwar systematisch-methodischen Denkern nicht ganz leicht, seine Gedanken nachzuvollziehen, doch ist es gerade die Bereitschaft zum Ausbrechen aus anerkannten Denksystemen, die August so viel Neues quasi im Quantensprung entdecken läßt.

Geschwind springt er in die ›Hochwasserhose‹, zu der er ein gepunktetes blau-weißes Hemd mit gelber Fliege trägt. In Verbindung mit den Tennisschuhen dazu erinnert er etwas an einen Clown, was ihn sichtlich amüsiert. Vor der Wohnung steht ein älterer Saab. August mag an ihm nicht nur, daß eine Flugzeugfirma ihn konstruiert hat und daß es nur zwei Exemplare dieses Typs in der ganzen Stadt gibt, sondern auch, daß er ein recht sicheres Fahrzeug ist. Denn Augusts Abenteuerlust beschränkt sich mehr auf geistige Abenteuer. Praktisch ist er lieber vorsichtig, was man aus manchen seiner Hobbys wie Ballonfahren oder Drachenfliegen kaum vermuten würde. Für kürzere Entfernungen wollte er noch ein Fahrrad mit einem elektrischen Hilfsmotor, betrieben durch Solar-Energie, entwickeln. Denn in seinen Gedanken war er der Zeit ja schon immer weit voraus. Er ist froh, daß er Badminton so sporadisch als Gast im Club seiner Freundin spielen kann, denn regelmäßiges Vereinsleben wäre ihm eine Qual. Angst vor Regelmäßigkeit und Kontinuität sind auch die Hauptgründe, warum er sich weigert, mit Bine, so heißt die Zwillings-Freundin, in einer Wohnung zusammenzuleben. Das würde nur so lange gut gehen, solange er beruflich ständig unterwegs wäre und mehr in Hotels als zu Hause leben würde. Auf dem Weg zum Club fällt August ein, daß heute auf dem Flughafen auch noch eine Luftfahrtshow gewesen wäre, für die er sich auch interessiert hätte, und er ist kurz davor, Bine doch noch abzusagen. Denn das Umstürzen von Strukturen und seien es nur die eigenen Pläne, bereitet ihm immer großen Spaß. Das ist wohl die revolutionäre Komponente in seiner Persönlichkeit. So ist auch sein Leben bisher, besonders was Umzüge, Berufswechsel und ähnliche Standortveränderungen anbetrifft, gleichsam im Zickzack-Kurs verlaufen.

Diesmal will er jedoch (fast ausnahmsweise) bei etwas bleiben, was er sich vorgenommen hat und fährt zum Badminton-Spiel, wo ja zumindest der Ball zickzack fliegen kann. Im übrigen hofft er, neben dem ihn entspannenden Spiel Herrn Global (Schütze) und Frau Hitzkopf (Widder) zu treffen. An ihm schätzt er die weltanschaulichen Höhenflüge und an ihr den Mut zur Provokation, weil er zu beiden als quasi ideeller Revolutionär gewissen Zugang hat. Bine meint nach dem Spiel, er solle sich mal etwas Praktischeres, Funktionelleres zum Anziehen besorgen, doch August gefällt gerade die Originalität seiner Kleidung. Er verwirft die Idee, mit ihr auch noch den weiteren Tag zu verbringen, da ihn ganz plötzlich ein neuer Einfall zur technischen Lösung des Vogelabschrecksystems ereilt, den er zu Hause zu Papier bringen möchte. Bine hat sich an sein sprunghaft-schrulliges Wesen schon gewöhnt, und da sie kein Mensch ist, der klammert, läßt sie ihn ziehen, um sich einem anderen Gesprächspartner zuzuwenden.

Kaum hat sich August zu Hause hingesetzt, um seine Aufzeichnungen zu machen, schrillt das Telefon. Es ist Victoria, eine ehemalige Löwe-Freundin. Sie hatten sich damals getrennt, weil August ihr systematisch den Thron, auf den sie sich, wie er immer sagte, setzen wollte, durch pointierte, gleichsam karikaturistisch verfremdete Bemerkungen absägen wollte. Dominanz und Autorität, wie Victoria sie ausstrahlte, waren ihm immer ein Dorn im Auge gewesen. Er kam sich in ihrer Gesellschaft eher wie ein Günstling im Schatten der Herrscherin vor und wollte die Machtverhältnisse nivellieren, was Victoria als Einschränkung ihrer persönlichen Freiheit wertete. Es hatte nichts geholfen, als er ihr klarzumachen versuchte, daß Freiheit aus seiner Sicht nichts persönlich zu Beanspruchendes sein könne, sondern eher ein sozialer Wert. Andererseits hatte ihn ihre verspielte Vitalität und Selbstbewußtheit, wie er sie nur in seinen Ideen hatte, sehr angezogen und auch dazu geführt, daß sie sich weiterhin öfters einmal sahen. Sie will ihn heute abend auf eine Party entführen. Zunächst will August spontan nein sagen, nicht nur, weil er Partys, mit Ausnahme von Verkleidungsfesten, langweilig findet, sondern besonders auch, weil ihn die Bemerkung Victorias, er hätte zwar bei ihr Narrenfreiheit, solle sich doch aber ausnahmsweise etwas Gesellschaftsfähiges anziehen, an alte Zeiten erinnert. Nur die nicht ganz so witzig gemeinte Entgegnung: »Sehr wohl, Euer Majestät« löst das elektrische Kribbeln, was bei ihm sonst Vorzeichen einer Spannungsentladung ist. Den Ausschlag gibt aber, daß Victoria erzählt, auf die Party käme auch ein Astrologe. Denn obwohl es August nicht sehr liegt, sich verbindlich mit etwas zu befassen, weil er dann Angst um seine geistige Freiheit bekommt, reizt ihn doch das Grenzüberschreitende, und er fühlt auch freundschaftliche Nähe zu Menschen, die mit ihm das Außenseiterschicksal teilen, wegen ihrer Ideen als nicht ganz gesellschaftsfähig zu gelten.

Abgesehen von Victorias Begleitung, mit der gesehen zu werden auch diesmal auf ihn abgländt, ist in der Tat das Gespräch mit dem etwas exzentrisch anmutenden Astrologen für August das einzige Attraktive des Festes. Und als er hört, daß es bereits Astrologieprogramme für Heimcomputer geben soll, erwächst in ihm der Wunsch, sich mit dieser Materie intensiver auseinanderzusetzen. Diese Idee macht ihn so kribbelig, daß er sich auf ein erotisches Abenteuer mit Victoria gar nicht mehr einlassen möchte und kurzerhand nach Hause fährt. Noch im Bett schwirrt ihm der Kopf voller neuer Ideen. Vielleicht wird er sich am morgigen Sonntag damit auseinandersetzen, wenn nichts Überraschendes dazwischenkommt.

Fische

Am Donnerstagmorgen träumt sich Undine Schleier vorsichtig in den Tag hinein. Ganz wird sie auch an diesem Tag die Welt der Träume nicht verlassen, um sich der ihr so hart erscheinenden Realität zu stellen. Und so belebt sie mit nur einem Bruchteil ihrer Seele den zerbrechlich zarten Körper, während deren Schwerpunkt den Körper aus dem Jenseits umschwebt. Wie zart ihr Körper mit der Seele verbunden ist, zeigt sich auch, als sie nun versucht, sich im Bett aufzurichten. Es wird ihr zwar nicht gerade schwarz vor Augen, aber ganz schwindelig, vielleicht auch, um ihr sprichwörtlich vor Augen zu führen, wie oft sie in Gefahr kommt, sich oder dem Leben etwas vorzuschwindeln. Ihr niedriger Blutdruck gibt ihr oft genug das Gefühl, über dem Boden (der Tatsachen) dahinzuschweben.

Undine hüllt sich in ein großes, fast durchsichtiges, indisches Seidentuch und entschwebt auf den kleinen romantischen Hinterhofbalkon, um sich das Frühstück aus, wie auch sonst, sehr leichter Kost (einem Glas Grapefruitsaft, Magerjoghurt, Fruchtgeleetoast) zuzubereiten. Man sieht dem Balkon ihre Liebe zu den Pflanzen an, die hier in südländisch lockerer Manier in Dutzenden verschieden großer Blumentöpfe drapiert sind. Bevor sie zu essen beginnt, faltet sie kurz die Hände und meditiert, wie sie es von einem verehrten indischen Meister übernommen hat. Da sie z. Z. alleine lebt – sie schmachtet generell fast lieber nach unerreichbar fernen Geliebten, statt sich der prosaischen Alltagswirklichkeit des täglichen Miteinanderlebens auszusetzen – und daher beim Frühstück keine Ansprache hat, hat sie sich antiquarisch erworbene Bändchen von Hölderlin und von Hofmannsthal mit an den Tisch genommen. Es ist ein verspielt verschnörkelter gußeiserner Wiener Kaffeehaustisch mit fein geäderter Marmorplatte, den sie, wie so vieles andere, auf einem Flohmarkt oder in einem Antiquitätengeschäft erstanden hat. Denn nicht nur bei Einrichtungsgegenständen, sondern auch bei Kleidung oder Schmuckstücken liebt Undine mehr das Alte, oft schon zerbrechlich Gewordene. Und doch ist es gerade die Aura der diesen Gegenständen anhaftenden Geschichte, die sie nicht nur anzieht, sondern manchmal auch scheu und beklommen werden läßt. Ihr ehemaliger, sehr realistisch eingestellter Freund hatte sie zwar oft ausgelacht, wenn sie sich, von eigenartigen Gefühlen und Ahnungen beschlichen, geweigert hatte, ein altes Erbstück als Geschenk anzunehmen, weil sie dessen Schicksalhaftigkeit förmlich roch, und hatte ihr dann vorgeschlagen, sie solle doch den abergläubischen Humbug lassen oder sich gleich etwas Solides, Zeitgenössisches kaufen, was er ohnehin für richtiger halte. Undine hatte sich dann, wie so oft, unverstanden und unsensibel behandelt gefühlt und sich in ihren Schmollwinkel zurückgezogen. Dazu ist sie übrigens nicht auf äußere Verstecke angewiesen, denn so viele geheime Plätze und Refugien sie auch kennt, um sich dem Zugriff des Lebens entziehen zu können, so beherrscht sie doch vor allem die Kunst, sich bei körperlicher Anwesenheit in innere Welten zurückzuziehen. Diese Fähigkeit hat sie im Laufe der Zeit immer mehr entwickelt, so daß sie sich fast wie mit einer Tarnkappe (die sie sich als Kind immer sehnlichst gewünscht hatte) verbergen kann. Vielleicht ist das ein Grund, warum viele Undine für so schwer durchschaubar halten, was sie insgeheim auch etwas genießt.

Diese Form von Zurückgezogenheit ist für Undine vor allem auch eine Möglichkeit, ihr Unterbewußtes die Probleme lösen zu lassen. Denn von Analysieren und Diskutieren von Problemen hält sie nicht viel. Sie hat dabei immer das Gefühl, daß die Dinge nur noch zerredet werden.

Mittlerweile ist es über Hölderlin schon fast Mittag geworden. Doch Undine hat ja noch lange Zeit bis zu dem Beginn der Arbeit, mit der sie sich momentan ihren Unterhalt verdient. Sie ist nämlich als Statistin in einer Schwanenseeverfilmung engagiert und darf dort eine Balletteuse im Hintergrund mimen. Eine Beschäftigung so ganz nach ihrem Geschmack. Denn nicht nur das in verwaschenen Blaugrüntönen gehaltene Bühnenbild und ihre Rolle als Elfe im Ballettröckchen, sondern auch ganz allgemein die nach außen hin schimmernde und glitzernde, nach innen brüchige und zerbrechliche Welt des Films hat es ihr angetan. Auch findet sie hier öfters noch Menschen, mit denen sie sich über das Mystische des Lebens auseinandersetzen kann und die Verständnis für ihre Vorliebe für transzendentale Meditation und östliche Lebensweisheit zeigen. Denn alles, was Vordergründiges transzendiert und sich mit dem Metaphysischen auseinandersetzt, liegt ihr besonders. So kommt es auch, daß sie Physisches eher vernachlässigt. Sie hat vor lauter Träumen ganz vergessen, etwas zu essen, obwohl es mittlerweile schon halb drei Uhr geworden ist. Im Chaos ihres Kühlschranks finden sich noch einige Salate und Gemüse, aus denen sie sich eine Salatplatte zubereiten will. Die ißt sie ohnehin recht gern, da sie eine geborene Vegetarierin ist. Zum einen schmeckt ihr Pflanzliches besser, und obendrein ist ihr der Gedanke, ein Tier zu Ernährungszwecken töten zu müssen, sehr unangenehm. Denn Mitleid, nicht nur mit den Menschen, sondern mit allem Kreatürlichen, ist ein Wesenszug ihrer Sensibilität. Aus diesem Grunde hätte sie sich beruflich auch gut für einen sozialen Hilfsberuf, wie etwa Krankenschwester, Helferin im SOS-Kinderdorf oder ähnlichen karitativen Institutionen geeignet. Hilfsberuf deshalb, weil sie eigene Verantwortung nur ungern übernimmt und so lieber unter der Regie eines anderen arbeitet. Mag sein, daß gerade das ein wenig dazu beigetragen hat, daß sie sich z. Z. unsterblich in einen jungen Arzt verliebt hat, der die meiste Zeit im Ausland in der Entwicklungshilfe für die Dritte Welt Dienst tut. In ihrer Phantasie sieht sie sich quasi als Mutter Theresa an seiner Seite Kranke pflegen. Und sie bekommt feuchte Augen, wenn sie sich ausmalt, sich so gut mit ihm zu verstehen, daß keine Worte mehr nötig sind. Zwar scheint es vordergründig, als wäre es ein Unglück, daß er so oft in der Ferne ist, doch in Wirklichkeit möchte Undine lieber sehnsüchtig von der Möglichkeit der Nähe träumen, als sie konkret erleben. Konkrete Realität hat so etwas Enttäuschendes. Und so könnte man sagen, daß Undine fast lieber in der Welt der Möglichkeiten als der des Realisierten lebt. Das Spiel mit der Täuschung reizte auch einen ihrer ehemaligen Chefs, seines Zeichens ebenfalls Fisch, der mit Orden und dubiosen Titeln handelte und sich einem daraus entstandenen Gefängnisaufenthalt fischig ins südamerikanische Exil entzog. Die auf Recht und Ordnung getrimmte deutsche Justiz war seiner rückgratlosen Schläue nicht gewachsen gewesen. Und so betrieb Fabian Schein, so hieß er nämlich, seine undurchsichtigen Geschäfte weiter, getarnt im Dschungelversteck des kleinen südamerikanischen Staates.

Aus den Gedanken an ihn erwacht, macht sich Undine langsam bereit, aus dem Hause zu gehen. Sie rückt noch das eine oder andere in ihrer museal anmutenden Wohnung zurecht und läßt so trotz der Unordnung eine gleichsam verwunschene Romantik in ihr entstehen. Manchmal sehnt sie sich nach der Zeit zurück, in der sie noch nicht so viel stimmungsvollen Tand angesammelt hatte und in einem fast leeren Zimmer (was noch alle Möglichkeiten offenließ) lebte. Vor der Türe wartet der violette 2 CV darauf, sie klappernd zur Arbeit zu tragen. Er hat schon einige Jahre auf dem Buckel und den wohl letzten TÜV kurz vor sich. Daran darf Undine gar nicht denken, denn obwohl sie eigentlich gut von Dingen loslassen kann, rührt sie es schon heute, wenn sie sich vorstellt, das treue Gefährt dem grausamen Ausschlachten überlassen zu müssen.

Während der Filmproben ist Undine peinlich berührt von dem Auftreten der Hauptdarstellerin, die sich − offenbar eine Löwe- oder Schütze-Frau − etwas theatralisch produziert und im Rampenlicht in Szene setzt. Es geschieht nicht allzu selten, daß Undine sich für andere quasi stellvertretend schämt. Sie versetzt sich dann — das kann sie ja sehr gut — in den anderen, kann sich aber aus ihrer Sicht nicht vorstellen, daß es Spaß machen kann, im Mittelpunkt zu stehen und noch dazu so selbstüberzeugt. Um ihr eigenes Selbstbewußtsein ist es nicht so gut bestellt, und so reagiert sie auch mimosenhaft empfindlich, als ein Kollege, dem das peinliche Berührtsein von Undine aufgefallen war, das scherzhaft so interpretiert, als würde sie die Hauptdarstellerin um deren Rolle beneiden. »Na ja, wieder einmal jemand, der mich nicht versteht!« denkt Undine und entschwebt gekränkt in die Garderobe. Sie fühlt sich etwas einsam, aber doch wohler, als sie wieder in ihren eigenen vier Wänden ist. Sie läßt das Chiffonkleid malerisch auf den Boden gleiten und sinkt erschöpft von einem so aktiven Tag auf ihr Lager nieder. Auch ein paar Baldriantropfen können nicht verhindern, daß ihr die erlittene Kränkung noch lange nachgeht, bis sie sich schließlich doch in einen sehnsuchtsvollen Traum über die Liebe zu ihrem selbstlosen Arzt verliert und sanft entschlummert.

Die Steinbock-Analogiekette

Nachdem wir uns den Urprinzipien über die Mythologie der Antike und deren Spiegelung in unserer heutigen Welt genähert haben, wollen wir daran gehen, die verschiedensten Wissens- und Lebensbereiche auf die 12 Urprinzipien zu verteilen. Das Ergebnis werden Tabellen sein, die etwa die Blumen oder die Farben ihren jeweiligen Prinzipien zuordnen. Diese Listen erlauben uns einen übersichtlichen und schnellen Umgang mit der Materie. Wenn wir etwa das Heilkraut eines bestimmten Prinzips suchen, schlagen wir einfach unter ›Heilkräutern‹ nach. Braucht man einen Edelstein eines Prinzips, sieht man in der entsprechenden Edelsteinliste nach, und ähnlich kann man mit allen anderen Gebieten verfahren. Die Benutzung als Nachschlagewerk ist allerdings nur eine und in unseren Augen die unwichtigere Umgangsform mit diesen Tabellen. Die spannendere Möglichkeit liegt darin, sich von unseren Einteilungsvorschlägen anregen zu lassen, selbständig zu sehen. Dann wird es möglich, in den übrigen beliebig erweiterbaren Beispielen unserer Listen, die Urprinzipiencharakteristik herauszuspüren, die Beispiele zu vervollständigen und selbständig neue Listen zu finden, bis man schließlich hinter allem das Muster der 12 Urprinzipien erkennt.

Folglich gibt es auch *zwei praktische Möglichkeiten des Umgangs mit dem Tabellenteil.* Zum einen kann man sich Tabelle für Tabelle vornehmen und den Ausdruck aller 12 Urprinzipien im betreffenden Gebiet studieren. Das entspräche annähernd der *wissenschaftlichen Vorgehensweise,* die sich ja besonders *den waagerechten Ebenen der Wirklichkeit* widmet. Dem *senkrechten Denken* angemessener wäre es, *ein Urprinzip durch all die Tabellen hindurch zu verfolgen,* wie es senkrecht durch alle Ebenen der Wirklichkeit läuft. Aus solchem Vorgehen wird am ehesten ein tieferes Symbolverständnis erwachsen, besonders dann, wenn man sich selbst darum bemüht. Aus diesem Grund haben wir auch die Tabellenform gewählt, denn tatsächlich liegen hier nun die entsprechenden Prinzipien Seite für Seite direkt untereinander. Mit dem Umblättern bewegen Sie sich senkrecht durch die Welt der Erscheinungsformen. Diese Möglichkeit wollen wir hier am Beispiel des Urprinzips des Steinbocks durchspielen.

Das Steinbockprinzip haben wir im Gott Kronos (Saturn) kennengelernt als eines der Reduzierung, Begrenzung und Einschränkung, auch der Struktur und Ordnung, dem Verzicht, Ernst, Härte, Verantwortung und Gewissen unterstehen, das aber auch Reinheit, Geduld und Ausdauer kennt. Krankheit, Einsamkeit, Alter, Tod und die Zeit im allgemeinen gehören hierher. Seine Zeit im Jahreslauf ist die dunkelste und kälteste überhaupt, in der alles Leben ruht − Ende Dezember bis Ende Januar − jene Zeit aber auch, in deren tiefster Dunkelheit das ›Licht der Welt‹ (Christus) geboren wird. Der zugehörige Wochentag ist Samstag, aus dessen englischem Namen ›Saturday‹ noch der Gott Saturn heraustönt. Die entsprechende Farbe ist Schwarz, die ja eigentlich keine Farbe ist, sondern das Fehlen allen Lichts. Auch gehören alle sehr dunklen Farben hierher, wie Anthrazit und Dunkelblau, aber auch das Grau des Bleis, das als unedelstes und schwerstes Metall demselben Prinzip angehört. Die für das Steinbockprinzip typischen Formen sind streng bis karg, auf alle Fälle schmucklos und auf Wesentliches reduziert, dabei stabil und nicht selten hoch aufstrebend wie etwa die frühgotischen Kathedralen. Unter diesem Gesichtspunkt, aber auch dem der Einsamkeit und Kälte wird man Hochgebirgs- und Karstlandschaften, vegetationsarme und eisklirrende Winterlandschaften unter diesem Prinzip finden. Das dazupassende Klima ist kalt, naßkaltes Tiefdruckwetter und Schneefall sind typisch; auf alle Fälle ein Klima und Wetter, das die Lebensentfaltung eher behindert.

Von den Vokalen ordnet man dem Steinbock deren dunkelsten, das U zu, von den Zahlen die 10*, steht sie doch am Über-

---

* Was die anderen gebräuchlichen Analogien 8 und 4 anbetrifft, vgl. gesondertes Kapitel über Zahlen.

gang zu einem neuen Zahlenzyklus und unterstreicht damit das Prinzip des Hüters der Schwelle. So fällt dem Steinbock auch gesetzmäßig das zehnte Feld im Tierkreis zu.

Im Pflanzenreich finden wir hier alle Farnarten, die ja entwicklungsgeschichtlich sehr alt sind und bevorzugt im Dunkel des Waldes wachsen. Als eine der erdgeschichtlich ältesten Pflanzen gehört auch der als Heilkraut bekannte Schachtelhalm hierher, dessen kieselsäurehaltiger Körper mit seinem harten, leicht brechenden Stengel und den aufs absolute Minimum reduzierten ›Blättern‹ das Saturnine besonders deutlich werden läßt. Auch die meist kleinen, gedrungenen und an den Erdboden geduckten, im Wachstum verlangsamten Hochgebirgspflanzen gehören hierher, ebenso wie Schatten und Kühle bevorzugende, kaum blühende Pflanzen, etwa der gerne an Friedhofsmauern wachsende Efeu. Unter den Bäumen kommen vor allem Tannen und Fichten in Frage mit ihrem gerade aufstrebenden Wachstum, dem auf Nadeln reduzierten Grün, das in der Menge fast schwarz wirkt und schließlich ihrem Vorkommen in kälteren nordischen Breiten. Das Steinbockprinzip hat keinen Bezug zu üppigen Früchten, und wenn man ihm fruchttragende Bäume zuordnen will, so kommen noch am ehesten Nußbäume, Schlehen und Olive in Betracht, deren Früchte sehr klein und hart sind. In diesem Sinne hat alles Trockenobst etwas Saturnines, ist es doch trocken, hart und auf das Wesentliche reduziert. Blühende, farbenprächtige Blumen passen nicht unter dieses Prinzip, am ehesten noch Gebirgsblumen wie Edelweiß und Silberdistel, die hart, trocken und genügsam sind. Von den Gemüsen erfüllt die Schwarzwurzel sowohl von ihrer Signatur als auch ihrem Lebensbereich unter der Erde die Bedingungen des Steinbockprinzips. Dagegen finden wir unter den Gewürzpflanzen kaum passende. Dafür kommt unser häufigstes Gewürz, das Salz, diesem Prinzip zu, ist es doch mineralisch von einfachster Struktur und, da anorganisch, absolut leblos, was wir in dem Wort ›Salzwüste‹ am eindrücklichsten erspüren können.

Im Tierbereich finden wir die Saturn-Signatur in den genügsamen Arbeitstieren Esel und Ziege und Bergbewohnern, wie eben dem Steinbock. Unter den Hunden paßt der Schäferhund am besten. Ist er doch für seine Zuverlässigkeit bekannt, ein scharfer

Wachhund und treu bis in den Tod. Bei den Vögeln gehören die Raben und Krähen am ehesten hierher, die Bergdohlen auch von ihrem Lebensraum. Im Reich der Insekten und Fische sind es vor allem die stark gepanzerten Arten, die unter der Erde oder in den dunklen Tiefen des Ozeans leben.

Die Ausformung des Steinbockprinzips im Menschenbereich haben wir im entsprechenden Kapitel schon kennengelernt. Zusammenfassend sei hier noch einmal gesagt, daß ihm in Lebensart und Umständen das Einfache entspricht und das, was sich schickt; was etwa Stoffe betrifft, so finden wir hier keine Muster und nur gediegene Materialien wie etwa Flanell. Stets muß alles in (der) Ordnung sein, ob es sich nun um den Frack oder den einfachen Arbeitsanzug handelt. Die Ernährung ist einfach bis karg und vor allem sparsam; Fastenkuren und Reduktionsdiäten gehören hierher, sind sie doch die saturninste Lebensform überhaupt. Aus diesem Beispiel können wir besonders gut die Lebensfeindlichkeit dieses Urprinzips sehen, wenn es allein dominiert; andererseits zeigt uns das Beispiel Fasten aber auch, daß solche reduzierten Lebensabschnitte im Übergang zu Neuem und während besondere Lebensabschnitte ausgesprochen wichtig und gesund sein können.

Typische Berufe dieses Prinzips hängen mit seinem Zeitbezug zusammen wie etwa der Uhrmacher, und vor allem finden wir hier Beschäftigungen, die sich mit der Vergangenheit befassen wie Historiker, Archäologe, Paläontologe. Andererseits ist auch die Bewahrung von Recht und Ordnung eine angemessene Tätigkeit, etwa die des Verfassungsrichters, Staatsrechtlers, aber auch jedes hohen Beamten bis hin zum Lehrer. Das pädagogische Element ist beim Steinbockprinzip nicht zu übersehen, denn schließlich weiß es besser als alle anderen, was richtig und recht ist, was angemessen ist und sich gehört. Auch scharf denkende und planende Berufe gehören hierher, vom Architekten bis zum Mathematiker, ferner auch alle, die sich mit der Erde oder sogar unter ihr zu schaffen machen, wie Geologe, Berg- und Hüttenbauingenieure. Das typische Arbeitsgerät ist der Maßstab, quasi als Symbol, stets das rechte Maß – auch im übertragenen Sinne – zu finden. Alle Meßinstrumente haben einen Bezug zu diesem Prinzip und besonders natürlich die Uhr. Schließlich gehören auch Sichel und Sense dazu, die wir in der Mythologie schon als Kronos' Steinsichel und als Sense von Gevatter Tod kennenlernten. Sie symbolisieren das Abtrennen alles Überflüssigen, das Beenden bestimmter Lebensphasen, vor allem das Abschneiden des Überlebten.

Künstlerische Beschäftigungen unter dem Steinbockprinzip sind etwa Steinmetz oder Bildhauer, die sich mit Hammer und Meißel bemühen, dem harten Material eine klare Form abzutrotzen; ferner alle Zen-Künste in ihrer Schlichtheit und absoluten Beschränkung auf das Wesentliche. Grundsätzlich erhebt Kunst fast immer den Anspruch, das Ganze darzustellen und läßt sich so nur schwer zuordnen; mit Einzelbereichen gelingt es naturgemäß leichter. So kämen etwa aus dem Literaturbereich die Tragödien und Melodramen unter dieses Prinzip.

Beim Sport dominieren Dauerleistungen (Marathon-Lauf) und schwierige Disziplinen (3000-m-Hindernislauf). Natürlich ist das Steinbockprinzip auch beim extremen Bergsteigen in seinem Element, spielt sich dieser Sport doch in den lebensfeindlichen Höhen der Berg- und Felswände ab, braucht Ausdauer und Durchhaltevermögen und ist obendrein auch noch lebensgefährlich. Das wäre zugleich eine angemessene Urlaubsbeschäftigung für dieses Prinzip. An sich liegt ihm Urlaub nicht, Arbeit ist sein eigentliches Metier, und das Wort ›Urlaubsvergnügen‹ widerstrebt ihm ganz und gar. Was abhärtet und anstrengt, kommt noch am ehesten in Frage, ansonsten nur Arbeitsurlaub. So liegen ihm auch Spiele eher fern, es sei denn, sie erfordern viel Geduld (Patience), scharfes Überlegen (Schach) oder fundiertes Wissen (Kreuzworträtsel). Unterhaltung ist diesem Prinzip im Grunde fremd. Bei der Lektüre stehen Sachbücher und berufsbezogene Literatur im Vordergrund. Bücher, die sich mit dem, was recht ist und sich gehört, beschäftigen, wie Knigge und Duden, gehören dagegen zur Grundausstattung.

Tanz liegt dem Steinbockprinzip natürlich fern; höchstens Klassisches Ballett wegen seiner Strenge und präzisen Choreographie und sehr steife Gesellschaftstänze kommen in Frage. An Musikinstrumenten gehören der Kontrabaß und das Alphorn mit ihren tiefen Stimmen hierher, so wie wir schon das U als tiefsten Vokal zuordneten. Ähnlich wie wir unter diesem Prinzip nur geringe Urlaubsneigung antrafen, gehört auch Reisen nicht zu seinen Stärken. Gegebenenfalls würde die Eisenbahn bevorzugt wegen ihrer ökonomischen Fortbewegungsart in geordneten Bahnen. Im Winter kämen noch Schlittenfahrten in Frage, allerdings am besten im eigenen Land. Überhaupt hat dieses Prinzip einen guten Bezug zum ›Eigenen‹. Wenn schon ein Auto, dann sicher aus dem eigenen Land, ein solides, praktisches und verläßliches Modell, das auch einen gewissen Wert haben sollte. Bei uns vielleicht am ehesten ein grauer Mercedes Combi. Das wäre auch gleich ein gutes Statussymbol für das Steinbockprinzip, das sicherlich nicht zur Angabe, aber zur Repräsentation neigt. Das eigene Haus auf eigenem Grund und Boden, beides schon seit altersher im Familienbesitz, würde ebenfalls gut hierher passen.

Diejenige Staatsform, in der sich das Steinbockprinzip am besten verwirklicht, ist der strenge Rechtsstaat mit festen Hierarchien (etwa Schweiz und Großbritannien).

Die angemessenste Religionsform finden wir im Zen-Buddhismus, wo sich streng ritualisierte, harte Praxis mit glasklarer Philosophie verbindet. Hier braucht nichts geglaubt zu werden, was nicht der praktischen Erfahrung zugänglich ist. Ja, dieser Weg hat fast etwas Empirisches, und selbst ein Materialist könnte ihn gehen. Empirie, Materialismus und Dogmatismus aber sind gerade die Philosophierichtungen, die unserem Prinzip am nächsten kommen.

Der zum Steinbockprinzip passende körperliche Konstitutionstyp ist kalt und trocken. Als typischer Spätentwickler ist der betreffende Typ anfangs schwächlich, um mit zunehmendem Alter sehr widerstandsfähig zu werden. Der knochig-sehnige Körper ist zäh und hart, aber unelastisch und auf das Nötigste reduziert (vgl. Schachtelhalm). Er ist entweder klein und krummwüchsig (vgl. Hochgebirgsbäume wie die Zirbel) oder hochaufgeschossen und asthenisch (vgl. frühgotische Kathedralen). Im Körper werden diesem Prinzip das Skelett und der Sehnen- und Bandapparat zugeordnet, die Haut mit ihren Anhangsgebilden, Nägeln und Haaren, in ihrer Abgrenzungs- und Schutzfunktion. Ebenso wie der härteste Stein des Mineralreichs, der Diamant, dem Saturn untersteht, gehört auch das härteste Material im Körper, der Zahnschmelz, hierher.

Von den Körperregionen entspricht der Bereich um das Knie unserem Prinzip sowohl von der Signatur, als auch von der Funktion her. Das Knien ist uns ja sowohl als besonders harte wie auch demütige Körperhaltung bekannt.

Krankheitsprinzipien des Steinbocks sind alle Verhärtungen, wie etwa jene der Gefäße (Arteriosklerose), alle Schrumpfungs- und Alterungsprozesse, auch alle langanhaltenden bis hin zu chronisch verlaufenden Leiden.

Die Mangelkrankheiten, vom Vitamin- bis zum Mineralmangel gehören hierher, natürlich auch alles, was mit Verlust zu tun hat, selbst der Haarausfall. Die ganze Gruppe der Verschlußkrankheiten, vom Gefäßverschluß (Thrombose, Embolie) bis zu jenem im Magen-Darm-Kanal gehört hierher.

Besonders typisch sind die Steinleiden (Nieren-, Gallensteine), bei denen ja ein Stoff, der nicht mehr im Fluß gehalten werden kann, ausfällt oder auskristallisiert, langsam zum Stein wächst, zunehmend verhärtet und schließlich meist zu einem Verschluß, zumindest aber zu einer Verstopfung oder Fließbehinderung führt.

Auch alle Knochenerkrankungen finden wir hier und jene der Haut, am typischsten die Schuppenflechte, die zu einer enormen Verhornung und damit Panzerung der Haut führt. Die Schutz- und Abgrenzungsfunktion und damit das Steinbockprinzip wird hier dermaßen übertrieben, daß es ins Gegenteil umschlägt und über die Zerbrechlichkeit die Haut wieder schutzlos macht.

Wenn wir noch all die altersbedingten Krankheiten und jene große und vielfältige Gruppe der Erkältungen in Betracht ziehen, haben wir es hier mit einem sehr krankheitsintensiven Prinzip zu tun, und tatsächlich können wir auch die Krankheit an sich dem Saturnprinzip zuordnen, stellt sie doch in jedem Falle eine Beschränkung und Behinderung des Lebens dar.

In seelischer Hinsicht reicht die Bandbreite von erlösten Eigenschaften wie Konzentrationsschwäche, Klarheit und Verantwortungsgefühl über weniger entwickelte Stufen wie Geiz, Verschlossenheit und Sturheit, bis zu schweren Krankheitszuständen wie Kontrollzwänge, Autismus und Schizophrenie. In diesen letzten Beispielen wird das Steinböckische in seiner übersteigerten Form besonders klar. Während das korrekte und wachsame

Verhalten noch sozial wertvoll ist, schlägt der Kontrollzwang ins gerade Gegenteil um. Die Möglichkeit, allein und selbständig sein zu können, führt im Autismus in die totale Isolation. Die Unfähigkeit, die Spreu vom Weizen zu trennen, Wesentliches aussortieren und abspalten zu können, erlebt in der Bewußtseinsspaltung (Schizophrenie) einen traurigen Höhepunkt.

Solche Fehlentwicklungen, wie auch die vorher angeführten körperlichen Probleme unter dem Steinbockprinzip lassen sich, den Gesetzen der Homöopathie folgend, am günstigsten mit Mitteln und Therapien beantworten, die ebenfalls diesem Urprinzip unterstehen: »Ähnliches möge Ähnliches heilen.« Aus dem Arzneimittelschatz der Homöopathie wäre Steinbock-ähnliches z. B. Carbo vegetabilis. Dieses Mittel umschließt einen weiten Bereich des Saturninen, ist es doch eine Form der Kohle und solchermaßen schon diesem Prinzip unterstellt. Von der Wirkung her eignet es sich besonders für alte Menschen, deren Lebenskraft fast erschöpft ist, sowie für extreme Krankheitszustände, die zur Entscheidung drängen. Den Patienten fehlt Eigenwärme und Lebenswille, und das Mittel ist oft in der Lage, eine Entscheidung in diesem oder jenem Sinne herbeizuführen. So kann es sowohl die letzten Reserven mobilisieren und einen Umschwung zu nochmaliger Gesundung einleiten, als auch im anderen Fall das Sterben erleichtern. Man könnte es als den ›homöopathischen Hüter der Schwelle‹ bezeichnen.

Des weiteren gehören alle Therapieformen hierher, die über die Haut wirken; sei es, daß sie diese zur Aktivierung innerer Organe reizen, wie die Reflexzonenmassagen und das Trockenschröpfen oder daß sie die Haut zur Giftableitung bringen, wie das Baunscheidverfahren und das Cantharidenpflaster. Therapien, die bis auf die Knochen gehen (Chiropraktik und Rolfing), haben hier ihren Platz, aber auch die Edelsteintherapie im allgemeinen und mit Diamanten im speziellen.

Eine der stimmigsten Therapien unter diesem Prinzip ist das Heilfasten*, dieses auch als wirkliche Vor-beugungsmaßnahme.

---

* Eine ausführliche Erklärung des Fastens als Therapie und Ritual unter dem Saturnprinzip finden Sie im Buch von Rüdiger Dahlke, ›Bewußt Fasten‹.

Eine gute Behandlungsmöglichkeit unter diesem Urprinzip ist auch die strenge Arbeitstherapie. Ferner können Bergsteigen und Rückzug in die Einsamkeit hier zu erfolgversprechenden Therapien werden und letztlich überhaupt jede bewußte Handlung, die unter dieses Prinzip gehört.

Wenn wir an einem Prinzip erkranken, will es uns damit ja zwingen, uns ihm zuzuwenden. Um so bewußter wir das tun und um so stimmiger wir dabei in der betreffenden senkrechten Kette bleiben, desto größer sind unsere Chancen, das Urprinzip mit den ihm entsprechenden Ritualen zu befriedigen und es und damit auch uns zu erlösen.

An der eben geschilderten Wanderung durch Steinbockanalogien konnten wir Ihnen das ›senkrechte Denken‹ vielleicht schon etwas schmackhaft machen. Sie können diesen Weg durch die einzelnen Ebenen der Wirklichkeit nun mit jedem Tierkreisprinzip gehen, indem Sie die entsprechende Spalte für das Zeichen durch Umblättern weiter verfolgen.

Wir haben bewußt nicht Zeichen für Zeichen gesondert wie in dem vorangegangenen Steinbockbeispiel in allen Ebenen durchgespielt, was dem ›senkrechten Denkmodell‹ vielleicht inhaltlich besser entsprochen hätte, sondern die tabellarische Darstellungsform eines Themas mit seinen 12 Varianten gewählt. Bei letzterer ist es nämlich möglich, zu den einzelnen Lebensbereichen *auf einen Blick* alle 12 Tierkreisprinzipien *vergleichend* betrachten zu können, was den Blick für die Wesensverschiedenheit bzw. Besonderheit der einzelnen Zeichen besser zu schulen vermag. Daneben bleibt aber die Möglichkeit, ein einzelnes Tierkreiszeichen durch alle Ebenen zu verfolgen, erhalten, nur daß Sie sich zu diesem Zweck umblätternd durch die Tabellen bewegen müssen.

Tabellarischer Teil

Vorbemerkung

Bevor Sie sich nun den Tabellen der einzelnen Symbolketten zuwenden, noch einige Hinweise: Wie oben schon angedeutet, erheben wir natürlich nicht den Anspruch, daß die Zuordnungen im Tabellenteil auch nur annähernd vollständig sind. Dieser Abschnitt trägt den Charakter eines Arbeitsbuches, welches Sie anregen möchte, anhand der aufgeführten Beispiele eigene Phantasie und Kreativität zu entwickeln, die Tabellen nach Ihrem Empfinden zu ergänzen und neue Tabellen selbst zu entwerfen. Gerade dann, wenn sie sich nicht nur auf unsere Zuordnungsvorschläge rezeptbuchartig verlassen, sondern darüber hinaus aktiv werden, wird Ihnen die Kunst symbolischer Sehweise, das ›Schauen‹, geschenkt werden.

Es erübrigt sich fast, darauf hinzuweisen, daß unsere Vorschläge — soweit sie nicht, wie gegebenenfalls vermerkt, von anderen Autoren stammen — der subjektiven Intuition entsprechen, der Sie sich nicht anzuschließen brauchen.

Bei manchen Themenbereichen werden Sie mehrere Tabellen mit sich scheinbar widersprechenden Zuordnungen finden. Etwa beim Thema ›Farben‹, ›Zahlen‹, ›Tierkreis und Kabbalah‹, ›Tierkreis und Tarot‹ u. a. Wir sind uns bewußt, wie sehr dies gerade den Anfänger im Bereich symbolischen Denkens verunsichern mag. Dennoch halten wir es nicht für richtig, Ihnen vorzugaukeln, es gäbe immer nur eine einzige richtige Zuordnung. Der Mensch durchwandert, wenn er ›Schauen‹ lernt, verschiedene Entwicklungsstufen, für die auch immer entsprechende Wahrheiten gelten. Im Bereich bildhaften Denkens ist die uns von der Naturwissenschaft geläufige widerspruchslose Wahrheit (die es übrigens auch dort sehr viel weniger gibt, als das oft behauptet wird) nicht mehr möglich, da der Betrachter und seine Subjektivität – also auch seine Entwicklungsstufe – bewußt mit einbezogen werden.

Ein Beispiel mag dies illustrieren. Vier Menschen sollen von vier Himmelsrichtungen aus einen Baum betrachten. Der im Osten stehende sagt: »Hier ist ein Astloch!« Da antwortet der im Westen stehende: »Wo soll da ein Astloch sein, hier sprießt ein Ast mit vielen Blättern.« Der im Norden dagegen entgegnet: »Ich kann weder das eine noch das andere bestätigen, denn hier ist dicke borkige Rinde; das muß wohl eine Korkeiche sein!« Der im Süden wiederum fragt: »Was seht ihr da nur alle? Ich kann nur abgewetztes Holz erkennen.«

Nur einer, der alle diese Blickwinkel einmal eingenommen hat – diese Entwicklungsstufen durchschritten hat –, kann von oben sagen: »Ihr habt alle recht, jeder aus seiner Sicht.« In einem aber werden sich die anderen vier vielleicht einig sein: Der kann nicht recht haben. Denn, daß bezogen auf denselben Gegenstand Ast und Nichtast, Rinde und Nichtrinde richtig sein soll, ist widersprüchlich und damit falsch!

Wenn Sie also eine von der angegebenen Zuordnung abweichende finden und begründen können, so ist das eher erfreulich als störend. Sie können *dann* ja Ihren Standpunkt einmal aufgeben und unsere Vorschläge nachvollziehen, um schließlich selbst sagen zu können: Alle sind wahr, jeder hat recht aus einer bestimmten Sicht. So werden Widersprüche zu sich ergänzenden Beschreibungen der unbeschreibbaren Wahrheit.

Zum Schluß noch ein Tip: Falls Sie bei einem Horoskop nicht sicher sind, ob beispielsweise Aszendent oder Medium Coeli noch in einem Zeichen oder schon im nächsten steht, weil die Geburtszeit nicht exakt ermittelbar ist, so eignet sich der nachstehende Tabellenteil auch für eine Grobkorrektur.

Sie können ihn nämlich als Fragebogen für den Betreffenden verwenden. Ist etwa strittig, ob der Aszendent noch im Widder oder schon im Stier steht, so fragen Sie einzelne im Tabellarium angegebene Lebensbereiche einfach nach Vorlieben ab. Etwa: Tragen Sie lieber gedeckte (erdige) Farben oder lieber feurige? Lesen Sie lieber ein Gourmetjournal oder einen Kurzkrimi? Fühlen Sie sich eher zu einem Leben als Einzelkämpfer oder zu einem in der Gruppe hingezogen? u. ä. Schießlich summieren Sie die Punkte, die für die Widderanalogie abgegeben wurden (feurige Farben, Kurzkrimi, Einzelkämpfer) und vergleichen sie mit den Stierpunkten. Die Mehrzahl entscheidet. Bei etwaigem Gleichstand liegt der Aszendent zwischen beiden Zeichen, so daß Sie bei einer Besprechung auch beide Themen ansprechen müssen.

Technisch-astrologische Charakteristika

♈ *Jahreszeit:* Frühlingsbeginn (21. März bis ca. 20. April)
Element: Feuer
Grundqualität: heiß und trocken
Zustandsform: kardinal
Geschlecht: männlich
Herrscher: Mars
Exil für Venus
Erhöhung für Sonne
Fall für Saturn

♉ *Jahreszeit:* Hochfrühling (ca. 21. April bis 21. Mai)
Element: Erde
Grundqualität: kalt und trocken (mit wenig feucht)
Zustandsform: fix
Geschlecht: weiblich
Herrscher: Venus
Exil für Mars
Erhöhung für Mond
Fall für Uranus

♊ *Jahreszeit:* Spätfrühling (ca. 22. Mai bis 21. Juni)
Element: Luft
Grundqualität: warm und feucht (mit wenig trocken)
Zustandsform: labil, veränderlich
Geschlecht: männlich
Herrscher: Merkur
Exil für Jupiter

♋ *Jahreszeit:* Sommeranfang (ca. 22. Juni bis 23. Juli)
Element: Wasser
Grundqualität: feucht und kalt
Zustandsform: kardinal
Geschlecht: weiblich
Herrscher: Mond
Exil für Saturn
Erhöhung für Jupiter
Fall für Mars

♎︎ *Jahreszeit:* Herbstbeginn (ca. 23. September bis 23. Oktober)
Element: Luft
Grundqualität: (mäßig) warm und feucht
Zustandsform: kardinal
Geschlecht: männlich
Herrscher: Venus
Exil für Mars
Erhöhung für Saturn
Fall für Sonne

♏︎ *Jahreszeit:* Hochherbst (ca. 23. Oktober bis 23. November)
Element: Wasser
Grundqualität: feucht und kalt
Zustandsform: fix
Geschlecht: weiblich
Herrscher: Pluto (Mars)
Exil: Venus
Erhöhung: Uranus
Fall: Mond

♐︎ *Jahreszeit:* Spätherbst (ca. 23. November bis 20. Dezember)
Element: Feuer
Grundqualität: warm und trocken (mit wenig feucht)
Zustandsform: labil, veränderlich
Geschlecht: männlich
Herrscher: Jupiter
Exil für Merkur

 Jahreszeit: Winterbeginn (ca. 21. Dezember bis 20. Januar)
Element: Erde
Grundqualität: kalt und trocken
Zustandsform: kardinal
Geschlecht: weiblich
Herrscher: Saturn
Exil für Mond
Erhöhung für Mars
Fall für Jupiter

♌ *Jahreszeit:* Hochsommer (ca. 23. Juli bis 23. August)
Element: Feuer
Grundqualität: warm und trocken
Zustandsform: fix
Geschlecht: männlich
Herrscher: Sonne
Exil für Uranus (Saturn)

♍ *Jahreszeit:* Spätsommer (ca. 23. August bis 23. September)
Element: Erde
Grundqualität: kalt und trocken
Zustandsform: labil, veränderlich
Geschlecht: weiblich
Herrscher: Merkur
Exil für Neptun (Jupiter)
Erhöhung: Merkur
Fall: Venus

Jahreszeit: Hochwinter (ca. 20. Januar bis 19. Februar)
Element: Luft
Grundqualität: warm (mäßig) und feucht
Zustandsform: fix
Geschlecht: männlich
Herrscher: Uranus (Saturn)
Exil für Sonne
Erhöhung für Merkur

 Jahreszeit: Winterende (ca. 19. Februar bis 20. März)
Element: Wasser
Grundqualität: kalt und feucht
Zustandsform: labil, veränderlich
Geschlecht: weiblich
Herrscher: Neptun (Jupiter)
Exil: Merkur
Erhöhung: Venus
Fall: Merkur

Farben —
kabbalistische und indische Zuordnung

Vorbemerkung: In den kabbalistischen Farbzuordnungen zu Planetenprinzipien wird zwischen einer Königs-, einer Königin-, einer Prinzen- und einer Prinzessin-Skala unterschieden. Dabei bezieht sich die Königs-Skala nur auf strahlende Farben (Farb-

	Königs-Skala (1)	Königin-Skala (2)	Prinzen-Skala (3)	Prinzessin-Skala (4)	Indische Zuordnung (5)
♄	karminrot wie Blut (Binah)	schwarz (absorbierend)	dunkelbraun	grau mit blaßroten Flecken	schwarz
♃	tiefviolett (Bischofsfarbe) (Chesed)	blau wie Wasser	dunkelpurpur	tiefes Azurblau mit gelben Sprenkeln	gelb; da Jupiter nach indischer Vorstellung als warmer Planet warme Farben hat
♂	orange (Geburah)	feuerrot	orangerot	dunkelrot mit schwarzen Flecken	rot
☉	rosa; als Dämmerungsfarbe, Helios des Westens (Tiphareth)	gelb wie das Luftelement	lachsfarben	goldamber	goldgelb
♀	amber (gelb) (Netzach)	smaragdgrün	gelbgrün	oliv mit Goldflecken	diamantweiß

licht), die Königin-Skala dagegen auf reflektierende, pastöse Farben. Die Prinzen-Skala ist eine Mischung aus Königs- und Königin-Skala und die Prinzessin-Skala eine Mischung aus den drei anderen. Bei näherem Interesse bezüglich der Ableitung (Begründung) zu den kabbalistischen Zuordnungen kann auf das Buch ›Magische Kabbalah‹ von Michael Eschner, Stein der Weisen Verlag, Berlin, verwiesen werden.

	Königs-Skala (1)	Königin-Skala (2)	Prinzen-Skala (3)	Prinzessin-Skala (4)	Indische Zuordnung (5)
☿	purpur-violett (Hod)	orange	Mix aus 1+2	gelbbraun mit weißen Sprenkeln	grün, da er als neutraler Planet zwischen warm (gelb) und kalt (blau) liegt
☽	indigoblau wie der Nachthimmel (Yesod)	violett	Mix aus 1×2	zitronen-gelb	lila
☉	hellblau des Himmels (Chokmah)	grau	blaues Perlgrau	rot, blau, gelb in Flecken	
♆	farblos hell (Kether)	weiß	weiß	goldgefleckt, weiß	

Farben

♈ hellrot-leuchtend, blutrot (feurige Farben)

♉ braun, lehmfarben, terrakotta, korallenrot, saftiggrün (erdige Farben)

♊ postgelb, luftig hellgelb, himmelblau, hellgrau (luftige Farben)

♋ silbern, eierschalenfarben, violett, rosa, Pastelltöne (wäßrige Farben)

♌ gold, orange, weiß (kräftige Farben)

♍ sandfarben, hellbraun, beige, grau, lindgrün (gedeckte Farben)

♎ hellblau, blaugrau, taubenblau, blaugrün, rauchgrau (ruhige, luftige Farben)

♏ granatrot, giftgrün, schwarz/weiß, lila, blau/rot (gespannte Farben)

♐ kardinalsrot, königsblau, tiefes Gelb (leuchtende Farben)

♑ schwarz, dunkelblau, dunkelgrün, anthrazit, bleifarben (dunkle Farben)

♒ eisblau, eisblaugrün, blitzlichtfarben (brennendes Magnesium) (metallische Farben, bleichende Farben)

♓ flußgrün, algengrün, rosa, hell-lila (blasse, fließende, sehnsüchtige Farben)

Form und Gestalt (Signatur)

♈ spitz, kurz, farbig, scharfkantig, kräftig, lanzettförmig, intensiv, durchdringend, geradlinig

♉ rund, bauchig, geschlossen, ringförmig, fest, stämmig, prall, gesetzt, sammelnd, in sich ruhend

♊ verästelt, feingliedrig, vielseitig, variabel, gelockert, angedeutet, luftig, beweglich, illustrativ

♋ pastös, weich, abgerundet, aufnehmend, schwammig, wenig konturiert, bauchig, umhüllend

♌ punktförmig, zentriert, ruhig, strahlenförmig, kräftig, voll, prunkvoll, ausdruckskräftig, einheitlich, verspielt

♍ zergliedert, linear, differenziert, detailbetont, mager, zurückhaltend, sorgfältig, präzise, beschreibend

♎ beschwingt, gleichgewichtet, ausgewogen, andeutungsweise, unverbindlich, abgerundet, vage, kontrastarm, dekorativ

♏ kontrastreich, asymmetrisch, extrem, intensiv, bohrend, hintergründig, provokativ

♐ schwungvoll, überladen, dynamisch, extensiv, wuchtig, breit, weit, pauschal, prunkvoll, barock, großzügig

♑ karg, hoch, schmal, tektonisch, aufstrebend, stabil, nachdrücklich, streng, reduziert, grenzziehend, abstrakt, konturiert

♒ exzentrisch, zentrifugal, Zick-Zack-Verlauf, verfremdend, wirr, strahlenförmig, surreal, wellenförmig, abstrakt

♓ fließend, unkonturiert, andeutend, durchscheinend, formlos, verwaschen, verschleiert, transparent, schimmernd

Geruch

♈ scharf, intensiv, beißend, brenzlig

♉ erdig, angenehm, blumig

♊ würzig, unaufdringlich, differenziert (Mischung aus vielen Gerüchen)

♋ wäßrig, algig, mild, milchig

♌ aromatisch, kräftig, ausdrucksvoll

♍ neutral, herbwürzig, Heugeruch

♎ duftend, parfümiert, lieblich, süßlich

♏ scharf, chemisch, stinkend, schweißig, faulig, Verwesungsgeruch

♐ voll, wuchtig, satt, süß

♑ herb, stinkend, säuerlich, modrig, grabelig, rauchig, geräuchert

♒ eigenartig, synthetisch, künstlich (z. B. Benzingeruch)

♓ betäubend, narkotisch, wäßrig-faulig (z. B. Äthergeruch)

Geschmack

♈ scharf, ätzend, metallisch (Eisen), gallig

♉ deftig, undifferenziert, kräftig, erdig

♊ neutral, vieldeutig, unaufdringlich, fade

♋ Salzwassergeschmack, wäßrig, käsig, mild, milchig

♌ kräftig, herzhaft, aromatisch, kernig

♍ differenziert, nuanciert, nach verschiedenen Gewürzen, z. B. zimtig herb

♎ süß, ausgewogen, metallisch (Kupfer), luftig (z. B. Soufflé)

♏ ätzend, scharf gewürzt, verdorben, faulig, chemisch

♐ sahnig, fettig, voll, soßig, süß, vanillig

♑ sauer, bitter, trockenherb, Geschmack von sehr starkem schwarzen Tee, zusammenziehend, eindeutig

♒ extravagant, künstlich, synthetisch, exotisch

♓ vermischt, undefinierbar, wäßrig, chemisch, fischelnd

Materialien

♈ Holz, Eisen, leicht brennbare Materialien

♉ Ton, Lehm, Kupfer

♊ Papier, Pergament, Wachs

♋ flüssige Materialien, Keramik, Perlen

♌ Gold, Edelmetalle, brennbare Materialien, Farben

♍ Sand, Präzisionswerkstoffe, Metallegierungen

♎ Buntmetalle, Stoffe, Materialien, die vorwiegend zur Schmuckherstellung verwendet werden (z. B. Glasperlen)

♏ Eisen, besonders Guß- und Schmiedeeisen, Leder, Hanf

♐ Zinn, Holz, leicht brennbare Materialien, Farben

♑ Leder (Haut als Grenze und in ihrer Halte- und Stützfunktion), Mineralien, besonders Steine und Kalk; Blei, Kohle

♒ synthetische Materialien, Plastik, Glas, Leichtmetalle, Asbest

♓ flüssige Materialien; zarte, leicht zerbrechliche Materialien

Buchstaben und Laute

♈ *Vokal:* I als spitzer, hochfrequent schwingender Laut
Konsonanten: Z, Doppel-S *Kabbalahzuordnung:* He

♉ *Vokal:* O, als runder, geschlossener, tief schwingender Laut
Konsonanten: B, D *Kabbalah:* Vau

♊ *Vokal:* E, mittelfrequent, in ›intellektuellen‹ Sprachen häufig vertreten im Gegensatz zu ›sinnlicheren, gefühlsreicheren‹ Sprachen, wo A und O dominieren
Konsonanten: H, G (N) *Kabbalah:* Sajin

♋ *Vokal* (Diphtong): EI
Konsonanten: B, M *Kabbalah:* Heth

♌ *Vokal* (Diphtong): AU
Konsonant: R *Kabbalah:* Teth

♍ *Vokal* (Diphtong); E, EU, UE (OE)
Konsonanten: N, F *Kabbalah:* Jod

♎ *Vokal:* A (O)
Konsonant: L *Kabbalah:* Lamed

♏ *Vokal:* U
Konsonanten: X, Q *Kabbalah:* Nun

♐ *Vokal:* O (A)
Konsonant: C *Kabbalah:* Samek

♑ *Vokal:* U (OE)
Konsonanten: T, K; ST *Kabbalah:* Ajin

♒ *Vokal:* Y (I)
Konsonant: P; (Z) *Kabbalah:* Zade

♓ *Vokal:* A
Konsonanten: W, S; SCH *Kabbalah:* Koph

Anmerkung: Soweit Laute eingeklammert sind, haben sie neben dem nicht eingeklammerten Laut eine Nebenbedeutung.
Die überlieferten Planetenzuordnungen zu Vokalen sind:
A = ♀; E = ☿; I = ♂; O = ♃; U = ♄; AU = ☉; EI = ☽

Landschaftsformen

♈ heiße, trockene Landschaften, ›verbranntes Land‹, vulkanische
Gebiete, dürre Steppe (z. B. Feuerberge in Lanzarote)

♉ hügelige Kulturlandschaft, saftig grün, fruchtbarer Boden, lehmig,
Äcker, Kartoffelfelder, in Landschaftsmulden eingelagerte Seen,
Weiden voller Rinder, geschlossener Charakter (z. B. Oberbayern,
Burgund, Schweiz)

♊ Straßenlandschaften, Verkehrsnetzreich, Stadtlandschaft, zersiedelt,
eben (z. B. Ruhrgebiet, Los Angeles)

♋ Regenwald, Höhlenlandschaften, Küstenlandschaften, vegetations-
reich, Flachland, kaum Gebirge oder Hügel, Seengebiete, lieblich,
ähnlich der Stier-Landschaft (z. B. La Palma, Italien, Adria,
Po-Ebene, Holland, Waterkant)

♌ warme bis heiße und trockene Landschaften, ›dauerbesonnt‹, eher
flach, ohne Hügel oder gar Berge, Wüste, Steppenlandschaft, teils
auch Hauptstädte, Pulsschlag/›Herz‹ des Landes (z. B. Serengeti,
Paris, Rom)

♍ Nutzlandschaften, teils flach, teils gebirgig, weniger hügelig rund,
Getreidefelder, Kleingartenlandschaften (Schrebergärten),
zweckgebundene Landschaften, Vorstadterholungsanlagen, zersiedelt
(z. B. Niederbayern, Schwaben)

♎︎ Parklandschaften, französische Ziergärten, Hochebenen, Vorgebirgslandschaft mit sanften Hügeln, weniger genutzt als ästhetisch, manchmal bewußt gestylt, kulturdenkmalreich (z. B. das Loiretal mit seinen Schlössern, Toskana, Österreich)

♏︎ sumpfige, moorige Landschaften, vulkanische Landschaften mit heißen Quellen, Kraterlandschaften und -seen, Dschungel, Mangrovenwälder (z. B. Island, Amazonasdelta, Eifel, Lanzarote)

♐︎ globale, gigantische Landschaften, überdimensioniert, Laubwaldlandschaft, aus dem Boden gestampfte Großindustrieanlagen, große Maisfelder, Südsee, Santa Lucia, Karibik (z. B. Grand Canyon, Himalaya, Ölbohrfelder, Fos [Golfe du Lion])

♑︎ Hochgebirgs-, Gebirgs-, Karst-Landschaften, ›ewiges Eis‹, Fjorde, steinige, vegetationsarme Landschaften, Nadelwälder, Gletscher, Winterlandschaft (z. B. jugoslawische Karstlandschaft, Alpen, Arktis, norwegische Fjordlandschaft, Schottisches Hochland)

♒︎ bizarre Landschaften, eher gebirgig, uranhaltige Gebiete, Geysire, erodierte und windgeblasene Sandsteinformationen, Winterlandschaft (z. B. Dolomiten, Island)

♓︎ Unterwasserlandschaften, Inselgruppen (1000 Islands) ohne große Erhebungen, Einöd- und wüstenartige Landschaften, unbesiedelte, einsame Gebiete (z. B. Philippinen, Malediven, Finnische Seenplatte)

Wetterentsprechungen

♈ Aprilwetter, rasch wechselnd, unbeständig, doch eher trocken als feucht, schnell einsetzender Temperaturanstieg, oft auch wildes, stürmisches Wetter, Hagelschlag, Gewitter

♉ ruhiges beständiges Wetter, nicht sehr warm, eher lau, kontinuierliche Wetterlage (z. B. Dauerregen oder Schönwetterlage mit dicken Schäfchenwolken), keine Extreme

♊ heiteres, luftiges Wetter, leicht windig, eher unbeständig, ohne daß es zu extremen Klimasituationen kommt, warm, aber nicht heiß, manchmal leichter, nur kurz andauernder Regen (Schauer)

♋ wechselhaftes, unbeständiges Wetter, besonders die Wetterwechsel um Vollmond und Neumond, eher feucht, lau, windstill, vegetationsfördernd

♌ heiße, trockene Wetterperiode; stehende Hitze, Glut, kein Wind, beständig, kaum Witterungswechsel, anhaltende Hochdruckwetterlage, sehr sonnig, keine Wolken

♍ trockene, kühlere Wetterperioden, bedeckter Himmel, etwas grau, eintönig, wenig bis keine Luftbewegung, trotz stabiler Perioden immer eher labile Wetterlage, lokal begrenzt stark unterschiedliche Wetterlagen

Anmerkung: Wetter und Klima generell werden dem Krebs (Mond) zugeordnet (daher so launisch = Luna, und schwer berechenbar).

Obige Wetterbeschreibungen beziehen sich auf den mitteleuropäischen Raum.

♎ herbstliches Wetter, Luft mit relativ hohem Feuchtigkeitsgehalt, die man riechen kann, auch bei schönem Wetter, keine Temperatur- oder andere Extreme, ausgeglichene Wetterlage, lau bis abkühlend

♏ ›Allerseelenwetter‹, modrige Luft, viel Regen, Nebel, kühl und grau; selten unterbrochen durch unwirklich schönes Wetter, bei dem die beißende Sonne die Bodenfeuchtigkeit zum Dampfen bringt, drückende Vorgewitterstimmung

♐ ›Azorenhoch‹, globale Wettersituation (Großwetterlagen) mit dynamischem Verlauf, Reisewetter, anhaltender Hochdruck, selten Gewitter mit ausgiebigem Donnergrollen

♑ Tiefdruckwetter, kühl und feucht, manchmal auch kühl und trocken, Dauerregen, Schneefall, sehr kontinuierliche Wettersituation, entweder Dauerregen oder (seltener) stabiles, sehr klares Wetter mit guter Sicht, auch klirrende Kälte

♒ klare, eisige Winterluft, sehr unbeständiges Wetter, plötzlich umschlagend (ähnlich ♈), auch blitzreiches Gewitter, Wetterleuchten, alle Wetterlagen, die von starkem Wind begleitet sind, Tornado, Hurrikan, Föhn

♓ naßkühles Wetter (wie im Vorfrühling), nebelig feucht, keine klaren Sichtverhältnisse, Konturen verschwimmen, labile Wetterlagen, eher Tiefdruck, durchtränkter Boden, extrem hohe Luftfeuchtigkeit verbunden mit Nieselregen

Allgemeine Zeichencharakteristik

Orte und Situationen

♈ Schlachtfeld, Schlachthaus, Operationssaal, Kaserne, Schmiede, Sportplatz, Turnierplatz

♉ Wirtschaft (Stammtisch), Biergarten, Vorratskammer, Acker, Kunstsammlung, Sparkasse, Marktplatz, Burghof, Speisekammer

♊ Buchhandlung, Zeitungsredaktion, Lesehalle, Börse, auf der Straße, unterwegs, Sekretariat, Post, Vortrag, Sprachlabor

♋ Zuhause, stiller See, Kindergarten, Blumengeschäft, Ufer des Baches in der Wiese, Backstube, Schlafzimmer, Volksfest

♌ Schloß, Bühne, Thronsaal, Spielplatz, Spielkasino, Regierungsgebäude, französisches Bett, im Liegestuhl in der Sonne

♍ Arbeitsplatz, Schule, Forschungslabor, Bibliothek, wissenschaftliches Streitgespräch, Elektronenmikroskop, Sprechzimmer des Arztes

♎ Kunstgalerie, Modesalon, Boutique, Boulevardcafé, Garten von Versailles, in der Garderobe vor dem Schminkspiegel

♏ Toilette, Schlachthaus, Chemielabor, in der Gruft, Bordell, unterwegs in St. Pauli, U-Bahn-Hallen, Folterkammer

♐ Gerichtsgebäude, Weltreise, in der Kathedrale, Pferderanch, Wall-Street, in der UNO-Versammlung, Disneyland, Las Vegas

♑ Friedhof, Sterbelager, Gipfelkreuz, Gletscher, im ewigen Eis, Keller, Bergwerk, vor dem Richter, in der Grube

♒ Flugzeug, Zirkus, Maskenball, Feuerwerk, Science-fiction-Film, Bildschirm des Großcomputers, Elektrizitätswerk, unter der Hochspannungsleitung

♓ Sanatorium (Nervenheilanstalt), am Ufer des unendlichen Meeres, Ashram, Kloster, in der Einsamkeit der Wüste, All-ein in der Welt

Wochentage

♈	Dienstag	(franz. Mardi = Marstag)
♉	Freitag	(engl. Friday = Tag der Freya = nord. Venus)
♊	Mittwoch	(Tag der Mitte = Mittler Merkur = Mercredi)
♋	Montag	(Tag des Mondes)
♌	Sonntag	(Tag der Sonne)
♍	Mittwoch	(Tag der Mitte = Mittler Merkur = Mercredi)
♎	Freitag	(engl. Friday = Tag der Freya = nord. Venus)
♏	Dienstag	(Mardi = Tag des Mars)
♐	Donnerstag	(Tag des Zeus = Jupiter; ital. Jovedi; franz. Jeudi; engl. Thursday = Donar = nord. Jupiter)
♑	Samstag	(engl. Saturday = Tag des Saturn)
♒	Samstag	(engl. Saturday = Tag des Saturn)
♓	Donnerstag	(Donars Tag; nord. Donar = Zeus = Jupiter = Jovedi = Jeudi)

Zeichenentsprechungen in Ebenen des Mineralreiches

Mineralien

♈ Schwefel, Eisen, Nickel, Nickelin, edler Spinell, Magneteisenerz, Hämatit, Limonit, Siderit, roter Turmalin (Rubellit)

♉ Kupfer, Kupferglanz, Kupferkies, Mangankies, Cuprit, Chalcedongruppe (besonders Achat), Smaragd, grüner Turmalin, Montmorillonit, Vermiculit, Pennin, Kaolinit, Serpentin

♊ Graphit, Zinnober, Chrysoberyll, Zitrin, Olivin (Chrysolith), Laumontit, Grossular (Hessonit), Epidot, Muskovit (Kaliglimmer), Analcim

♋ Silber, Silberglanz, Magnetkies, Steinsalz, Gips, Klinozoisit, Piemontit, Talk (Perlmutt)

♌ Gold, Zinkit, Diamant, Carneol, Heliodor

♍ Bernstein, Quecksilber, Enargit, Sylvanit, Rauchquarz, Dolomit, Wulfenit, Brasilianit, Andalusit, Topas (Sherry), Pargasit, Hornblende, Anthrophyllit, Prehnit, Nephelin, Leucit, Orthoklas, Mikroklin, Perthit

♉ Arsen, Cyanit, Buntkupferkies, Morganit, Sodalith, Fahlerz, Covellin (Rauchquarz), Rosenquarz, Brucit, Himbeerspat, Malachit, Aurichalcit, Grossular (Transvaal-Jade)

♏ Platin, Pyrit, Chromit, schwarzer Onyx, Garnierit, Asbest, Feueropal, Almandin (Granat), Vesuvian, Augit, Enstatit, Bronzit, Riebeckit (Krokydolith), Änigmatit

♐ Zinn, Fluorit, Amethyst, Aventurin, Aragonit, Purpurit, Dumortierit, Benitoit, Diopsit (Jeffersonit und Violan), Zinnwaldit (Lithiumeisenglimmer), Labradorit, Lapislazuli

♑ Blei, Diamant, Galenit, Boleit, Korund, klarer Quarz (schwarzer Onyx), Baryt, Lievrit, Akmit

♒ Antimon, Zinkblende, Greenockit, Haarkies, Natrolith, Skolezit, Antimonit, Wolfram, Uraninit, Bauxit, kupferhaltiger Smithsonit, Cölestin, Apatit, Aquamarin, Rhodonit

♓ Wismut, Bismuthin, Ilmenit (Titaneisen), Chrysopras, Edelopal, Türkis, Titanit, Jadeit, Spodumen, Aktinolith (Nephrit), Tremolit, Apophyllit

Anmerkung: Mineralien als Gesamtgruppe unterstehen dem Steinbock. Man könnte auch daran denken, große Untergruppen zu bilden wie: Sulfide (♈), Halogenide (♋), Oxide (♌), Hydroxide (♒), Carbonate (♑), Sulfate (♏), Phosphate (♒), Arsenate (♎), Inselsilikate (♏), Gruppensilikate (♍), Kettensilikate (♏/♐), Glimmergruppe (♓), Gerüstsilikate insbesondere Zeolithe (♒), Feldspate (♍), Ringsilikate (♍).

Schmuck- und Edelsteine

♈ Rubin, heller Granat, Spinell

♉ blauer Saphir, Smaragd, braunrote Koralle, blauer Achat, (orange) Karneol, Malachit

♊ Goldtopas, Gold-Beryll, Beryll

♋ Mondstein, heller Opal, Perle, Smaragd

♌ Diamant, Tigerauge

♍ Zitrin, Bernstein, grüner Achat, brauner und grüner Jaspis

♎ Rosenquarz, Rauchquarz, Rauchtopas

♏ dunkler Granat, schwarzer Edelopal, Sardonyx, gelbgrüner Karneol, Magnetit

♐ Lapislazuli, dunkler Amethyst

♑ Bergkristall, schwarzer Edelonyx, Diamant

♒ heller Aquamarin, Türkis

♓ Jade, Alabaster, heller Amethyst, Türkis

Metalle

♈ Eisen

♉ Kupfer

♊ Quecksilber (alle Legierungen)

♋ Silber

♌ Gold

♍ Messing (Legierungen)

♎ Kupfer

♏ Eisen

♐ Zinn

♑ Blei

♒ (Blei), Flugzeugaluminium, Zink

♓ Weichaluminium (silbrig, blind, leicht, weich)

Zeichenentsprechungen in Ebenen des Pflanzenreiches

Pflanzen allgemein

♈ vorwiegend *Distelarten*, Kakteenarten (schnellwachsende, grellfarbige, oft stinkende Pflanzen)

♉ vorwiegend *Rübenarten* (häufig auch buschförmig wachsende, sattfarbene, fruchtbeladene Pflanzen), oft Knollen oder wurzelbetont (Wurzel wenig verästelt)

♊ *Sträucher* und Stauden (oft schnellwachsende, sich vor allem im grünen Blattelement, weniger in der Blüte, auslebende, verzweigt-verästelte Pflanzen)

♋ vorwiegend *Pilzarten* (oft in Symbiose lebende, an schattigen Standorten stehende, fahl- oder zartfarbige, wasserreiche Pflanzen)

♌ stark *blühende und leuchtende Pflanzen* (vorwiegend in der Blüte [= Fortpflanzung] sich auslebende, starkfarbige, an sonnigen Plätzen stehende Pflanzen)

♍ nicht blühende *Grünpflanzen* (relativ langsames Wachstum, starke Verzweigung, kaum in der Blüte, mehr in Wurzel und Blattwerk sich auslebend)

♎ vorwiegend gezüchtete *Zierpflanzen* (auch stark bis
betäubend duftende, zartblütige, oft pastellfarbige
Pflanzen mit Schwerpunkt auf der Blüte, gefolgt von
Blattelementen)

♍ vorwiegend *Moosarten,* Schmarotzerpflanzen, fleischfressende
Pflanzen (oft auch giftig, verlockend blühend und betäubend duftend,
auch stinkend)

♐ vorwiegend *Bäume* (oft großblütig und fruchtig, wenngleich sich
mehr im Blatt- als im Blütenelement auslebend)

♑ vorwiegend *Farnarten*, Efeuarten (kaum blühende, sehr langsam
wachsende, widerstandskräftige, oft giftige, eher schattig lebende oder
Gebirgspflanzen)

♒ Pflanzen mit *Luftwurzeln* (vom Boden wegstrebende, oft symbiotisch
lebende, bizarre Pflanzenarten, Blüten weniger stark entwickelt)

♓ vorwiegend *Algenarten* (oft auch in zarten Farben blühende, wenig
widerstandskräftige, ›ätherische‹ Pflanzen, manchmal mit
betörendem bis betäubendem Duft, auch Träger von
Halluzinationsgiften)

Bäume und Obstbäume

♈	Zypresse, Akazie, Fichte (schnell wachsend)	Stachelbeerstaude
♉	Ulme, Eiche	Apfelbaum
♊	Pappel, Ahorn	Holunderbaum, Vogelbeerbaum
♋	Linde	Birnbaum, Pflaumenbaum
♌	Platane, Lorbeer, Palme	Orangenbaum
♍	Eberesche	Mirabellenbaum, Zwetschgenbaum
♎	Birke, Zierbäume, Mandelbäumchen	Kirsche
♏	Thuja, Eibe	Feigenbaum
♐	Kastanie	Walnußbaum, Pfirsichbaum, Bananenstaude
♑	Tanne, Buche	Olivenbaum
♒	Lärche, Kiefer	kein starker Bezug zur Frucht
♓	Weide	kein starker Bezug zur Frucht

Anmerkung: Zuordnung geschieht hier unter dem Gesichtspunkt der Signatur.

Sträucher, Büsche

♈ Berberitze

♉ Flieder

♊ Forsythie, Holunder

♋ Heckenrose

♌ Goldregen, Oleander

♍ Ginster

♎ Jasmin, Azaleen

♏ Seidelbast

♐ Rhododendron

♑ Ilex, evtl. Schlehe

♒ Holunder

♓ Hibiskus

Gemüsearten, Gewürze

♈	scharfe Paprika (Pepperoni), Chillis	Pfeffer, Ingwer, Curry (scharf)
♉	Kartoffel, Rote Rübe, Blumenkohl, Rosenkohl	Kalmus
♊	Gelbe Rüben, Karotten	Petersilie, Dill, Majoran, Bohnenkraut, Melisse, Oregano
♋	Weißkohl, Kopfsalat, allg. Salate, Gurke, Zucchini, Tomate, Spinat, Pilze, Kürbis	Beifuß, Vanille
♌	Artischocke	Rosmarin, Lorbeerblätter, Basilikum, Borretsch, Kurkuma
♍	Bohnen, Erbsen, Getreide	Fenchel, Kümmel, Koriander, Gewürznelke

♎ Broccoli	Liebstöckl	Lavendel

♏ Radieschen, Rettich, Knoblauch, Lauch, Zwiebel	Brunnenkresse, Meerrettich

♐ Aubergine, Mais	Muskatnuß

♑ Sellerie, Schwarzwurzel	Salz

♒ Chicorée	Kapern, Bittermandel

♓ Reis, Algen, Spargel, Sojabohne	Currymischung (mild)

Heilpflanzen

♈ Arnica, Baldrian, Brennessel, Brunnenkresse, Eisenhut, Ingwer, Knoblauch, Mariendistel, Paprika, Sanddorn, Sauerdorn, Schlehdorn, Schwarzer Senf, Silberdistel, Weißdorn, Wermut

♉ Faulbaum, Ginseng, Haselwurz, Heidelbeere, Hirtentäschel, Kapuzinerkresse, Klette, Maiglöckchen, Rhabarber, Salbei, Thymian, Walderdbeere, Wegwarte, Zaunrübe

♊ Weißer Andorn, Anis, Bibernelle, Gänsefingerkraut, Holunder, Huflattich, Linde, Lobelie, Lungenkraut, Petersilie, Pfefferminze, Schlüsselblume, Spitzwegerich, Tausendgüldenkraut

♋ Brombeere, wilder Majoran, Eibisch, Frauenmantel, Küchenschelle, Mutterkornpilz, amerikan. Schneeball, Taubnessel, Weißkohl

♌ Adonisröschen, Blutwurz, Fingerhut, Kaffeestrauch, Kamille, Königin der Nacht, Lorbeerbaum, Ölbaum, Oleander, Quitte, Ringelblume, Rosmarin, Sonnenhut, Weinrebe

♍ Brechnuß, Damianastrauch, Dill, Gelber Enzian, Fenchel, Kümmel, Rainfarn, Schöllkraut, Strohblume

♎ Bärentraube, Bruchkraut, Gartenbohne, Goldrute, Hauhechel, Labkraut, Lavendel, Mädesüß, Schafgarbe, (wildes) Stiefmütterchen, (wohlriechendes) Veilchen

♏ Bilsenkraut (Hyoscyamus), echte Feige, Hanf, Herbstzeitlose, Kalmus, Knoblauch, Kürbis, Mauerpfeffer, Isländisch Moos, Mönchspfeffer, Nieswurz, Osterluzei, Pestwurz, Schlafmohn, Sonnentau, Stechapfel

♐ Artischocke, Edelkastanie, Ginkgobaum, Große Königskerze, Löwenzahn, Odermennig, Roßkastanie, Ulme, Walnußbaum, Zaubernuß

♑ Ackerschachtelhalm, Bartflechte, Bittersüß, Efeu, Eiche, Kiefer, Stechpalme, Teufelskralle, Tollkirsche, Wacholderstrauch, Wanzenkraut, Wurmfarn

♒ Augentrost, Engelwurz, Hopfen, Gelber Jasmin, Johanniskraut, Lerchensporn (hohler), Malve, Raute, Rauwolfia, Sarsaparilla, Steinklee, Storchenschnabel, Strophantus, Waldmeister, Mistel

♓ Blasentang, Herbstzeitlose, Kakaostrauch, Kolabaum, Irländisch Moos, Passionsblume, Weiße Malve

Anmerkung: Die Zuordnung obiger Pflanzen erfolgt aufgrund einer Mischbetrachtung aus Signaturlehre und vorwiegendem Wirkungsspektrum.

(Schmuck-)Blumen

♈ Eisenhut, roter Mohn, (rote) Geranien, Arnika
Typ: spontan, leuchtfarben

♉ Maiglöckchen, Dotterblume, Butterblume, Dahlien, Hortensien, Löwenmäulchen
Typ: naturverbunden, wertvoll

♊ Margerite, Helenium, Glockenblume, Gräser
Typ: ›erwandert‹

♋ Gänseblümchen, Tulpe, Seerose, Veilchen, Heckenröschen, Gräser
Typ: Wiesenstrauß

♌ Sonnenblume, Sonnenhut, Rosenarten (vor allem prächtige), Feuerlilie
Typ: repräsentativ

♍ Nelken, Astern, Asparagus, Ähren, Heidekraut
Typ: herbstlicher Bauerngarten

♎ Kamelien, Lilien, Fresien
Typ: duftig elegant

♏ Orchideen
Typ: schönes Gift

♐ Pfingstrose, Gladiole, Löwenzahn, Lotus
Typ: wuchtig

♑ Edelweiß, Enzian, Silberdistel, dekorative Zweige
Typ: Alpenblick

♒ Strelizien, Strohblumen, Mistelzweige
Typ: öfter mal was anderes

♓ Cosmeen, Mimosen, Mohn, Lilien
Typ: ein Hauch von Vergänglichkeit

Anmerkung: Besonders als Entscheidungshilfe bei tierkreisbezogenen Blumengeschenken.

Obst/Früchte

♈ Kakteenfrüchte, Stachelbeere

♉ Apfel, Birne, Erdbeere, Pflaume

♊ Holunderbeere, Johannisbeere

♋ Birne, alle Melonenarten, Kürbis

♌ Orange, Zitrone, Kokosnuß

♍ Brombeere, Himbeere, Zwetschge, Mirabelle

♎ Kirsche, Aprikose, Mirabelle, Pfirsich

♏ Feige, Moosbeere, Heidelbeere, Rauschbeere

♐ Ananas, Banane, Weintraube, Pfirsich

♑ Trockenobst, Nüsse

♒ Kiwi, Brotfrucht, Nektarine

♓ Wassermelone, Papaya, Rauschbeere

Anmerkung: Soweit Früchte bei verschiedenen Zeichen aufgeführt sind, stellen sie Mischungen aus diesen beiden Zeichen in etwa gleichen Teilen dar.

Zeichenentsprechungen in Ebenen des Tierreiches

Tiere allgemein

♈ allgemein eher Raubtiere, angreifende, jagende Tiere, Geschlecht vor allem männlich; z. B. Widder, Wolf, Jagdhund, Ratte, Raubvogel, Mustang, Tiger, Schafe

---

♉ allgemein eher domestizierte Tiere, Pflanzenfresser, in Gruppe lebend, Geschlecht weiblich; z. B. Kuh, Büffel, Haushund, Taube, Hirtenhund, Kaltblutpferd, Brauereipferd, Dackel, Basset, Hausschwein, Nashorn

---

♊ allgemein eher Tiere der Luft, Insekten, bewegliche, gelehrige Tiere, Geschlecht männlich; z. B. Bienen, Hummeln, Gänse, Mücken(schwärme), Pudel, Affen, Hühner

---

♋ allgemein eher anhängliche Haustiere, friedlich, schutzbedürftig, weiblich, pflanzenfressend, fruchtbar sich vermehrend; z. B. Kaninchen, Hase, Ente, Krebs, Frosch, Seehund, Robbe, Flußpferd, Hamster, Meerschweinchen, Muscheln, Seestern, Hohltiere, Seegurke, Würmer, Schnecken

---

♌ allgemein eher Raubtiere, vor allem der Katzenfamilie, männlich, Einzelgänger, schwer domestizierbar, prunkvoll; z. B. Löwe, Luchs, Katze, Panther, Dogge, Vollblutpferd, Adler

---

♍ generell eher Haus- und Nutztiere, arbeitsam, gelehrig, weiblich; z. B. Insekten der Erde wie Ameise, Käfer, Haflingerpferd, Schlittenhund, Marabu, Fuchs (der Schlaue ☿)

♎︎ generell eher Ziertiere und grazile Tiere; z. B. Lippizaner, Pfau, Flamingo, Zierpudel (franz. Schnitt), Yorkshire-Terrier, Paradiesvogel, Dalmatiner, Collie, Reh, Hirsch

♏︎ allgemein eher Raubtiere, aber auch Echsen, Reptilien, Aasfresser, Amphibien; z. B. Krokodil, Schlange, Spinne, Skorpion, Geier, Hyäne, Truthahn, Römischer Kampfhund, Dobermann, Kröte, Hai, Bulldogge, Nashorn, Polyp, Tintenfisch, Chow-Chow, Ratte, (große) Bären

♐︎ generell eher gutmütige wuchtige Tiere wie Pferde allgemein, Bernhardiner, Schwan, Pelikan, Schwein, Elefant, Eule, Uhu

♑︎ generell eher Einzelgängertiere, genügsam, Arbeitstiere, Bergtiere; z. B. Steinbock, Ziege, Esel, Rabe, Bergdohle, Schäferhund, Muli

♒︎ generell vor allem Vögel, aber auch skurrile, bizarre Tiere; z. B. Känguruh, Zebra, Giraffe, Krähen, Eisvogel, Star, Eichelhäher, Afghane, Windhund, Schmetterling, Libelle, Pekinese, Yorkshire-Terrier, Rehpinscher

♓︎ generell eher Fische (weniger Raub-), Mischformen zwischen Pflanze und Tier, zerbrechlich-zarte Tiere; z. B. Einzeller, Plankton, Qualle, Seepferdchen, Muschel, (Silber-)Reiher, Promenadenmischung-Hund, Weichtiere, Lurche

Anmerkung: Soweit dasselbe Tier in verschiedenen Rubriken aufgeführt ist, rührt das daher, daß es von diesen Tierkreiszeichen etwa zu gleichen Teilen geprägt ist.

Haustiere

♈ Schaf, evtl. Jagdhund

♉ Rind, Hund (auch Skorpion = Wolf), Schwein (auch Schütze)

♊ Huhn

♋ Ente, Hase, Kaninchen

♌ Katze

♍ Gans

♎ kaum zuordbar, da die Waage wenig Häusliches an sich hat. Man könnte an Pfaue denken, die ja manchmal als Haustiere gehalten werden

♏ kaum zuordbar, da die Haustiere als Gesamtgruppe dem Stier unterstehen und Skorpion als Gegenzeichen wenig häusliche Qualitäten aufweist. Allenfalls käme der Hund unter dem Gesichtspunkt seiner Abstammung vom Wolf in Frage

♐ Pferd, Schwein (auch Stier)

♑ Ziege

♒ Truthahn

♓ als heimatloses Zeichen eignet sich der Fisch kaum zum Haustier; es sei denn, man wollte Zierfische oder Fische allgemein zu den Haustieren rechnen

Anmerkung: Haustiere als Gesamtgruppe unterstehen dem Tierkreiszeichen Stier.

Hunde

♈ Jagdhund, Vorstehhund, Foxterrier

♉ Dackel, Basset, Boxer

♊ Pudel, Bedlington-Terrier

♋ Spaniel, Bobtail

♌ Chow-Chow, Dogge

♍ Dalmatiner, Deutscher Schäferhund

♎ Yorkshire-Terrier, Setter, Collie

♏ Dobermann, Römischer Kampfhund, Huskey

♐ Bernhardiner, Dogge, Neufundländer

♑ Deutscher Schäferhund (und nur der kommt in Frage!)

♒ Windhund, Pekinese, Afghane

♓ Promenadenmischung

Vögel

♈ Sperber, Bussard, Habicht, Falke, Schwarzer Milan, Spechtarten, Neuntöter, Kleiber, Raubwürger

♉ Taubenarten (Ringeltaube, Turteltaube, Türkentaube), Auerhahn, Tölpel

♊ Hühner, Kibitz, Wiesenpiper, Gelbspötter, Amsel, Grünfink, Buchfink, Zeisig, Hänfling

♋ Enten (Stockente, Spießente, Tafelente), Teichhuhn, Spatz, Zaunkönig, Teichrohrsänger

♌ Adler (Steinadler, Fischadler)

♍ Gänse, Bläßhuhn (Signatur: der Sekretär/Buchhalter unter den Vögeln), Gartengrasmücke, Drosselfamilie, Grauammer, Rohrammer, Marabu

♎ Schwalbenarten, Mauersegler, Waldlaubsänger, Rotkehlchen, Schwarzkehlchen, Braunkehlchen, Rotschwänzchen, Nachtigall, Meisenfamilie

♏ generell eher Aasfresser, Raub- oder ›Schmarotzervögel‹ wie Geierfamilie (Aasgeier), Kondor, Kuckuck, Kauz, Sumpfrohrsänger

♐ Schwanarten, Uhu, Eulenfamilie, Gimpel (Dompfaff), Albatroß, Pirol, Pelikan, Strauß

♑ Rabe, Krähenfamilie, Bergdohle

♒ Störche, Fasan, Rebhuhn, Kranich, Möwen, Lerche, Eisvogel, Bachstelze, Schafstelze, Gebirgsstelze, Baumpiper, Goldhähnchen, Kolibri, Papageienarten

♓ allgemein eher Wasservögel, z. B. Haubentaucher, Fischreiher, Tauchenten (Reiherente), Möwen

Anmerkung: Wenn derselbe Vogel bei verschiedenen Zeichen angeführt ist, so handelt es sich um etwa ausgewogene Mischformen.

Fische

♈ eher Raubfische, Schwertfisch, Kampffische, Blauhai, Hammerhai, Killerwal, Hecht, Stichling, Barsch

♉ Karpfen, Kabeljau (Dorsch), Schellfisch

♊ Hering, Sardine, Makrele

♋ Gründelfische, Karpfen, Störarten

♌ Goldfisch, Barrakuda, Zander

♍ Fischarten, die in Symbiose mit Seeanemonen leben, Sardellen

♎ Zierfische, Guppy, Schleierschwanz, Angelfisch

♏ Tintenfisch, Oktopus, Krake, Rochen, Muräne, Wels, Piranha, Aalarten

♐ Delphin, Pottwal, Grauwal, Blauwal, Thunfischarten

♑ Seepferdchen, Fische mit hornartig gepanzerter Oberfläche

♒ Fliegender Fisch, Lachs, Forellenarten, Neonfisch, Schmetterlingsfisch

♓ Scholle, Flunder, Seezunge, Paradiesfisch, Neunauge

Pferde

♈	Mustang	Rennpferde (Galopper)
♉	Rheinisches Kaltblut, Süddeutsches Kaltblut, Schleswiger Kaltblut	ländliche Arbeitspferde, ›Ackergaul‹, Brauereipferde
♊		Postpferde, Kutschpferde
♋		Zuchtstuten
♌	Araber, Ostpreußisches Warmblut (Trakehner)	Repräsentationspferde (Hochzeitskutsche)
♍	Hannoveraner (Vielzweckpferd: Reit-, Spring-, Kutsch- und Arbeitspferd)	Arbeitspferde
♎	Lippizaner	Dressurpferde
♏	Zebra	Traber
♐	Oldenburger, Ostfriesen (schwere Warmblutrassen, edel und gängig)	Polopferde
♑	Haflinger (Gebirgskleinpferd), Norwegisches Fjordpferd, Isländer, Norweger	Gebirgs-, Arbeitspferde
♒	Ponys	Zirkuspferde, Springpferde
♓	Muli	

Insekten, Gliederfüßler

♈ aggressive Insektenarten, eher Luft- als Erdbewohner, wie Hornisse, Wespenarten (stechen für Verteidigung und Angriff), Raubfliege

♉ vorwiegend Insekten der Erde, besonders nicht flugfähige Käferarten, aber auch Maikäfer, Marienkäfer

♊ vorwiegend Fluginsekten, vor allem Bienenarten, Mücken (weniger Stechmücken), Fliegen, Laufkäferarten

♋ vorwiegend Insekten mit Bezug zu Wasser, aber auch Erde; z. B. Pillendreher, Wasserkäferarten, Skarabäus, vor allem die Gliederfüßler des Wassers wie Garnelen, Shrimps, Langusten, Hummer, Krebsarten

♌ kräftige, prächtige Käferarten wie Kiefernprachtkäfer, Lindenprachtkäfer, Glanzkäfer

♍ Ameisenarten, allgemein soziale Insekten der Erde, Termiten, Holzkäferarten

♎ vorwiegend Fluginsekten mit ausgeprägter Färbung wie bunte Falterarten; z. B. Pfauenauge, Zitronenfalter, Grillenarten (Musikanten!), Schwärmer, Motten, Admiral, Schwalbenschwanz

♏ eher aggressive, fleischfressende oder vampirische Insekten; z. B. Skorpionfliege, Skorpionarten, Stechmückenarten (sticht, um zu saugen), Gottesanbeterin, alle Spinnenarten, Mistkäfer, Schmeißfliege, Läuse

♐ vor allem Großkäferarten wie Hirschkäfer, Nashornkäfer, auch Hummeln

♑ vorwiegend Insekten der Erde, Asseln, Küchenschaben, Tausendfüßler, Wanzen

♒ vorwiegend Fluginsekten, vor allem Libellenarten, Schmetterlingsarten, Grashüpfer, Flugheuschrecken, Flöhe

♓ Silberfischchen, Wasserläufer, Uferläufer

Zeichenentsprechungen in Ebenen des Menschenreiches bezogen auf das einzelne Individuum

Vornamen

♈ Fritz, Rüdiger, Siegfried
Ingrid, Brunhilde, Iris

♉ Josef, Hans, Karl
Walburga, Barbara, Berta

♊ Philip, Peter, Thomas
Helene, Sabine, Gabriele

♋ Julius, Raffael, Manuel
Elisabeth, Maria, Eva

♌ Markus, Alexander, Victor
Katharina, Gloria, Victoria

♍ Ulrich, Manfred, Franz
Erna, Gertraud, Hildegard

♎ Marcello, Justus, Friedhelm
Cosima, Jaqueline, Lieselotte, Evelyn

♏ Johannes, Adrian, Demian
Christine, Magdalena, Carmen

♐ Thorwald, Michael, Maximilian
Theresa, Patricia, Kleopatra

♑ Hartmut, Ernst, Oskar
Herta, Margarethe, Ulrike

♒ Mathäus, Fridolin, August
Angela, Ellen, Ingraban

♓ Fabian, Judas, Martin, Balduin
Anna, Andrea, Undine

Gestalt des Menschen

♈ Sehniger, muskulöser Körper, mit eher derbem Knochenbau; straffe, angespannte Haltung; Gesicht oval bis dreieckig; gewölbte Stirn, an der man andeutungsweise noch so etwas wie Widderhörner erkennen kann; senkrechte Stirnfalten; frische rote Gesichtsfarbe; offener, mutiger, herausfordernder Blick; beim primitiven Typ massives vorspringendes Kinn.

♉ Fleischiger, gedrungener, eher klobiger Körper; pyknische Form mit im Verhältnis zum Rumpf kurzen Gliedmaßen; rundliche Formen; Gesicht rundlich, oft mit Doppelkinn, Grübchenkinn; volle Lippen; breite, nicht so hohe Stirn; sanfter, etwas einfältiger, freundlicher Blick (Kuh!); Stiernacken.

♊ Leptosomer, beweglicher, agiler Körper mit relativ langen, feingliedrigen Gliedmaßen (Intellektuellenhabitus), schmale Hände, wie geschaffen für Gestik; beschwingte, saloppe Haltung; neugieriger, unsteter Blick, wandernd, immer in Bewegung; oft markante Nasenpartie; hohe, leicht fliehende Stirn, schmales Gesicht, wenig ausgeprägte Lippen.

♋ Vollrundliche (barocke) Körperform, pyknisches Ernährungsnaturell; lockeres quellendes Gewebe (Orangenhaut, Fettpölsterchen); ruhende, passive Haltung; weiche, wenig konturierte Gesichtszüge (Vollmond); sehnsuchtsvoll-romantischer Blick, schwärmend; erwartungsvoller, nach Zuneigung heischender Ausdruck.

♌ Mittelgroße bis große Gestalt mit kräftigem Oberkörper und schmaler Hüfte; Imponierhaltung; Athletiker; breite, hohe Stirn; stolzer Blick; ausgeprägte Lippenpartie; Löwenmähne; straffes, muskulöses, aber nicht so eckig wie beim Widder erscheinendes Muskel-(Körper)-gewebe, breiter Rücken.

♍ In der Jugend beweglich agiler, später etwas gesetzt hängender Körperbau; im Verhältnis zum Rumpf lange Gliedmaßen (Intellektuellenhabitus), aber im Gegensatz zum Zwilling leicht hängende Schultern; (nach-)lässige Haltung; Gesicht schmal und hoch mit hoher leicht fliehender Stirn; kleines Kinn, sachlich-nüchterner Blick.

♎︎ Harmonischer, gut proportionierter Körperbau, eher zierlich; Ebenmaß zwischen Muskulatur und Fettgewebe; rundliche, aber nicht dicke, geschwungene Körperform; anmutige Bewegung und Haltung; griechisches Schönheitsideal; altgriechisches Gesichtsprofil mit ausgeprägter, aber sanft geschwungener Nase und ebensolchen Lippen; charmanter, unaufdringlich flirtender Blick.

♏︎ Mittelgroßer, oft etwas disharmonisch klobig wirkender Körper mit athletischen und pyknischen Beimischungen; Rumpf deutlich größer als die Gliedmaßen (Faunshabitus); Gesicht breit mit offenbar oder verdeckt gespanntem Ausdruck; buschige oft zusammenwachsende Augenbrauen; dämonisch-faszinierender, eher stechender Blick; Adlernase mit starker Nasenlochbehaarung; kräftiges Kinn und Backenknochen.

♐︎ Kräftige, stattliche Figur mit Tendenz zum Wohlstandsspeck; imposante Gestalt; hohe gewölbte Stirn (manchmal ›Turmschädel‹); jovialer, enthusiasmierter Blick; Sinnlichkeit in der ›Körperpartie‹ des Gesichts: volle Lippen, runde Backen, Doppelkinn; Frauentyp oft auch mollig und breit, ohne fett zu wirken.

♑︎ Hagerer, oft ›gotisch‹ langer, knochiger Körper, bleiche Hautfarbe, trockene Haut. Konstitution von sehnig-zäh bis trocken-spröde-unbeweglich; bleiches Gesicht mit eingefallenen Augen (Totenkopf) und Wangen; melancholisch leerer Blick; schmale, blutleere, fischmaulartig geformte Lippen; scharfe, knochige Nase; große Ohren.

♒︎ Mittelgroße bis große ›neugotisch‹ verspielte Gestalt mit oft unwillkürlichen, exzentrischen Bewegungen und Gesten; Leptosom; sanguinisch beschwingte Miene mit flackerndem, oft auch himmelblau irisierendem Blick; Auftreten zwischen clownesk, sprunghaft und nordisch verschlossen wechselnd.

♓︎ Figur von ätherisch zerbrechlich bis schwammig aufgedunsen, mit sehr lockerem druckempfindlichen Bindegewebe; Haltung eher schlaff, ohne Tonus; schleichende oder fließende Bewegungen; bläßlich bleiche Gesichtsfarbe, durch die leicht bläulich die Venen sichtbar sind; wasserhelle, feucht-glänzende Augen; schwärmerisch-versonnener Blick (Fischaugen), die auf Jenseitiges gerichtet zu sein scheinen.

Denken/Fühlen/Handeln

♈ Denken: scharfsinnig, bahnbrechend, enthusiastisch, schöpferisch, eigensinnig, überkritisch, rivalisierend, parteiisch
Fühlen: triebhaft, leidenschaftlich, ursprünglich, ehrlich, zügellos, tollkühn
Handeln: selbständig, unabhängig, impulsiv, direkt, entschlossen, unbeherrscht, hektisch

♉ Denken: Instinktiv-sachlich, praktisch, beharrlich, gründlich, solide, stur, dogmatisch, eigensinnig, materialistisch
Fühlen: instinktiv, anhänglich, treu, naturverbunden, zärtlich, besitzergreifend, eifersüchtig, genußsüchtig
Handeln: geduldig, zuverlässig, träge, hartnäckig, ökonomisch, solide, faul

♊ Denken: beweglich, relativierend, lebhaft, schnell, oberflächlich, neugierig, interessiert, sophistisch, flüchtig, zerfahren, listig, klug, vielseitig, logisch
Fühlen: verstandeskontrolliert, rationell, berechnend, opportunistisch, vielseitig
Handeln: fleißig, gewandt, geschickt, rastlos, nervös, betrügerisch, vermittelnd

♋ Denken: romantisch, phantasievoll, aufnahmefähig, imitativ, stimmungsabhängig, verträumt, assoziativ
Fühlen: sehnsüchtig, anlehnungsbedürftig, zärtlich, feinfühlig, romantisch, empfindlich, schmollend, sentimental, launenhaft
Handeln: gefühlsbetont, hilfsbereit, aufopferungsvoll, reaktiv, barmherzig, unzuverlässig

♌ Denken: kraftvoll, organisatorisch, ganzheitlich, vielseitig, schöpferisch, arrogant, überheblich, gefühlsbetont
Fühlen: herzlich, offen, sich verschenkend, ehrlich, stolz, vergnügungssüchtig
Handeln: selbständig, entschlossen, risikofreudig, improvisierend, tyrannisch, selbstsüchtig, willkürlich

♍ Denken: logisch, vernünftig, rational, linear, objektiv, begründbar, methodisch, systematisch, analysierend, mißtrauisch, materialistisch, pedantisch, listig
Fühlen: keusch, enthaltsam, nüchtern, tugendhaft, zuverlässig, kühl, berechnend, spröde
Handeln: fleißig, technisch begabt, ökonomisch, zweckgebunden, sorgfältig, pädagogisch, kleinlich, pedantisch, risikoarm, ängstlich, schulmeisterlich

♎ Denken: poetisch, schöngeistig, ausgewogen, abwägend, oberflächlich, dekadent, parfümiert, liberal
Fühlen: feinfühlig, ästhetisch, keusch, verliebt, zärtlich, leichtfertig, verführerisch, flirtend, unentschieden, vage, lauwarm
Handeln: höflich, taktvoll, charmant, entscheidungsschwach, diplomatisch, inaktiv

♏ Denken: scharfsinnig, bohrend, forschend, leitbildhaft fixiert, modellhaft, okkult, zersetzend, grüblerisch, verschlagen
Fühlen: triebhaft, leidenschaftlich, eifersüchtig, rachsüchtig, faunisch, vergewaltigend
Handeln: energisch, ohne Rücksicht auf Verluste, ›Kamikaze‹, ›Samurai‹, brutal, sadomasochistisch

♐ Denken: idealistisch, philosophisch, gläubig, weitblickend, syntheseschaffend, ethisch, begeisterungsfähig, optimistisch, großspurig, arrogant, moralisierend, prahlend
Fühlen: warmherzig, tolerant, humorvoll, großzügig, pathetisch
Handeln: weise, gütig, gerecht, überblickend, sinnvoll, großtuerisch, bestechlich, überheblich

♑ Denken: klar, besonnen, ernst, konzentriert, geordnet, tiefgründig, starrsinnig, unbeweglich, dogmatisch, begrenzt, materialistisch, altmodisch, zwanghaft
Fühlen: asketisch, treu, rein, kühl, sachlich, abweisend, depressiv
Handeln: arbeitsam, strebsam, ehrgeizig, konsequent, ausdauernd, kaltblütig, despotisch

♒ Denken: geistreich, witzig, pointiert, intuitiv, assoziativ, erfinderisch, genial, originell, exzentrisch, krampfhaft, rebellisch, überspannt
Fühlen: frei, unkonventionell, kühl, geschlechtsneutral, bipolar
Handeln: spontan, ruckweise, plötzlich, eigenwillig, waghalsig, aufrührerisch, antiautoritär

♓ Denken: phantasievoll, mystisch, inspiriert, transzendental, poetisch, lyrisch, verworren, standpunktlos, chaotisch, uferlos, täuschend, nebelhaft, ängstlich
Fühlen: romantisch, sehnsüchtig, schmachtend, seelenvoll, alle liebend, wackelig, elegisch
Handeln: hilfsbereit, aufopfernd (Samariter), uneigennützig, feinfühlig, mitleidend, unpraktisch, willensschwach, betrügerisch, haltlos, unzuverlässig, intrigant

Haus, Wohnung, Einrichtung

♈ Die improvisierte Wohnung (›Nomadenzelt‹); einfache Bauweise und Einrichtung, mehr praktisch als ästhetisch, ›benutzungsfreundlich‹; oft Vorliebe für Holz als Baumaterial (die Erinnerung an das Blockhaus).

♉ Rustikale, gediegen-solide Einrichtung oder Bauweise; Bauernsitzecke aus massivem Holz, Massivholzmöbel allgemein, gemütliche Atmosphäre, eher barock-überladen mit wertvollen Einrichtungs- und Schmuckgegenständen; Traum: das Eigenheim auf eigenem Grund und Boden mit Garten.

♊ Funktionale, zweckmäßige Einrichtung aus ›Mitnahmemöbelhäusern‹ (z. B. IKEA); eher unwohnlich-neutral, evtl. in der Hobbywerkstatt selbst gezimmert; sachlicher, oft nordischer Stil; praktisch, nützlich; lieber zur Miete wohnen, da man dann den Ort leichter wechseln kann.

♋ Das gemütliche kleine Reihenhaus mit Gärtlein; keine sehr wertvolle, aber liebevolle Einrichtung; viele Blumen und Grünpflanzen; manchmal etwas chaotisch, nicht penibel; Motto: zu Hause bei Mamma italiana; auch Vorliebe für Biedermeier.

♌ Oft pompöse, ausdrucksvolle Einrichtung; das Penthaus; hier ist nicht das Detail wichtig, sondern ›der große Wurf‹; großzügig-repräsentativ bis großspurig; farbenprächtig, dabei nicht unbedingt solide, sondern eher improvisiert-kreativ; Einrichtung als Persönlichkeitsausdruck.

♍ Je nach Marktsituation die vernünftigste (sparsamste) Wohnlösung; eher zweckmäßiger Stil mit viel Liebe für nicht notwendigerweise zusammenpassende Einzelstücke; Freude an Antiquitäten, evtl. sogar selbst restauriert; trotzdem oft vom Gesamteindruck etwas kleinkariert, ohne großen Stil; Grünpflanzen; solide-funktionell-detailorientiert.

♎ Künstlerisch ›gewollte‹ Einrichtung; manchmal etwas parfümiert ästhetisch, eher kühler Einrichtungsstil, der nicht gemütlich, sondern schön sein soll; manchmal Vorliebe für Jugendstil oder Art-Deko; insgesamt nicht überladen, sondern eher ›luftig‹.

♏ Die leitbildhaft geprägte Modellwohnung; man sieht in den Möbeln die (fixe) Idee des Wohnungsinhabers; das Spektrum reicht sehr weit von Wohnung Modell ›Müllhalde‹ (›Besitz ist unwichtig, Formales allemal‹) über perfektionistisch kühl bis zur Behausung im Zen-Stil.

♐ Weite im Wohnen; vom Innenarchitekten – auf Wunsch – sehr großvolumig gestylt (man kann sich schließlich nicht um alles selbst kümmern!). Neureich bis weltmännisch; nicht unbedingt Eigentum, denn auch in Schütze-Größenordnungen kann man ›Anständiges‹ mieten: die 12-Zimmer-Villa.

♑ Die Klarheit dominiert; kühl, sachlich, solide; nicht besonders gemütlich, eher Arbeitsraumatmosphäre; entweder ärmlich-sparsam oder schlicht-repräsentativ; Tendenz zum Wohnen in Eigentum; Fliesen und Steinböden (man kann sie gut reinhalten!); nordisch-altdeutsch-geordnet.

♒ Die Atelierwohnung: ›Nur keine Decke oder jemanden über mir‹; Wunsch nach hohen Zimmern, viel Licht; Ideal: das Baumhaus; eher improvisierte Einrichtung (wegen der häufigen Umzüge); oft bizarre, extravagante Gegenstände; schrullig oder hypermodern

♓ Großes Einrichtungsspektrum vom ›Asylantenstil‹ (aus Flohmärkten und Trödelladen zusammengetragen) über ›1001-Nacht‹ (orientalische Traumwelt) bis ›Ein Hauch von Nichts‹ (Reispapierwände, Schilfgrasboden, Zen-Tuschebild); manchmal auch stillos chaotisch

Anmerkung: Selbstverständlich sind auch hier nur Andeutungen (Stimmungsbilder) möglich. Jedes Tierkreiszeichen kennt auch andere Einrichtungstypen, doch läßt sich der Grundcharakter auch an einem Beispiel erspüren.

Normale Bekleidung — Herren

♈ Jeans und T-Shirt, Turn- oder Tennisschuhe, ›Pilotenjacke‹;
Modell: ›Ich gehe meilenweit für eine Camel‹; in kräftigen
Farben: rot, gelb

♉ Trachtenmode: z. B. Lederbundhose, Walkjanker, dicke
Trachtenstrickjacke, ›Haferlschuhe‹, festes Schuhwerk;
in Braun-Grüntönen (erdige Farben), evtl. Trachtenhut

♓ bügelfreie, leichte Hemden und Hosen aus Misch-Synthetic-Gewebe
in luftigen Farben wie hellblau, blaßgelb; Sandalen; Popelinblouson
(Modell ›Wanderfest‹)

♋ Latzhose, Sweatshirt oder Overall, Slipper, ›kindliche‹ Mode;
Pastelltöne

♌ Freizeitmode: Jeans oder Bermudas, T-Shirts mit Aufdrucken wie
›Hy-Fly‹ in kräftigen Farben (orange, weiß); Goldkettchen am Arm;
Mokassins; sportlich eleganter Blouson (evtl. Leder); Sonnenbrille

♍ Stretch-Cordhose mit braun-beigem Rollkragenpulli; Cordschuhe,
Wildledersandaletten, Wildlederschuhe, Gesundheitsnoppen-
schlappen; ›Parka‹ oder Strickjacke; zweckbestimmte Mode

♎︎ dünne Cordsamthose, Leinenhose oder Leinenanzug, scheinzerknittert; Sonnenbrille ins Haar gesteckt, 1 Ohrring, Nappaslipper mit Troddeln (Boulevardmode); Hauptfarbe: blau

♏︎ Nappalederhose, ärmelloses T-Shirt oder Netzunterhemd als T-Shirt; Lederjacke; ›Earth‹-Schuhe (die Idee ist wichtiger als das Aussehen)

♐︎ großkarierte Hose, oversized Pullover, Lackslipper in gedeckt leuchtenden Farben: weinrot, blau; Modell: ›Der Duft der großen, weiten Welt‹

♑︎ arbeitsbestimmte Mode, reine Arbeitskleidung, dauerhaft, gute Qualität, ordentlich, ›Edeltracht‹; anthrazitfarben; Schnürschuhe schwarz

♒︎ Motto: exzentrisch bis aus der Reihe tanzend; Stil: der zerstreute Professor, der Clown; etwa Hochwasserhose und Fliege; Pilotenoverall; gepunktete oder gestreifte Musterung; Basketballschuhe, Material: z. B. Fallschirmseide

♓︎ schlotternde Latzhose (Modell ›Wir vom Film‹), T-Shirt, runde, randlose Brille; kuttenartige Sanyassinkleidung, Büßergewand; Schnürsandale (Modell ›Mönch‹)

Elegante Bekleidung — Herren

♈ elegantes, breitschultriges Jackett zu Bluejeans; dünne, halb aufgezogene Lederkrawatte auf offenem Hemd; Mokassins; sportliche Uhr; Modell ›Der immer jugendliche Belmondo‹

♉ Opernkleidung, schwarzer Smoking, weißes Hemd mit Schleife oder Trachtensmoking, Bauchbinde, schwarze Schnür(lack-)schuhe; Motto ›Tradition ist Trumpf‹

♊ Anzug von der Stange aus leichtem Material, z. B. sandfarben oder bläulich, mit Krawatte; Modell ›Was man überall tragen kann‹

♋ überweite Bundfaltenhosen (New wave), evtl. mit Hosenträgern, (eher zu großes) Sakko, evtl. Fliege; Weichlederslipper; Modell ›Mamas Liebling‹

♌ weißes Dinnerjackett mit roter Fliege oder Seidenschal auf Smokinghosen; bunte Seidenjackettbluse mit leichtgekrempelten Ärmeln; Rolex-Uhr; Lackslipper; Motto ›Ich bin der Größte‹

♍ englische Mode: rein wollenes Sakko mit kleinem Glencheckmuster in Brauntönen, dazu passende, pflegeleichte Hose aus hochwertigem Stoff oder grauer Flanellanzug (Einreiher); rotbraune Golfschuhe; Motto ›vornehm, zurückhaltend (angepaßt)‹

♎︎ dunkelblauer, weit geschnittener Seidenanzug mit Fliege oder dünner Samtanzug; Jackettblouson aus seidigem Material; Nickelbrille; Slipper; Motto glatt und chic

♏︎ kein besonderer Unterschied zur Tageskleidung, eher oppositionell zu Formalem (Protestkleidung); Motto ›Es gibt Wichtigeres als Mode‹

♐︎ Rotari-Club-Jacke, zweireihig mit Goldknöpfen, Seidenschalhalstuch, Manschettenknöpfe oder zweireihiger Seidenanzug (oversized); Lackschuhe; Motto ›Der Mann von Welt‹

♑︎ schwarzer Anzug oder englische Mode; Frack; Stresemann; schwarze Schuhe; Modell ›Wie es sich gehört‹ oder ›Was *man* trägt‹

♒︎ Hochwasserhose mit weitgeschnittenem Sakko und gepunktete Fliege; nicht dem üblichen Modetrend folgend; Motto ›Ich bin anders‹

♓︎ fließendes dünnes Jackett, weite Hose in dezenten Farben, changierend; weiche Slipper; Motto ›elegant im Hintergrund‹

Stoffe und Muster

♈	Denim, Nessel	uni (einfarbig)
♉	Brokat, Wolltuch	uni
♊	Leinen	mittelgroß kariert
♋	Baumwolle (Brüsseler) Spitze	Spitze
♌	Samt	uni
♍	Cordsamt, Tweed, Glenscheck	kleinkariert, pepita
♎	Satin	uni oder gestreift
♏	Leder	stark kontrastierend
♐	Flanell, breiter Nadelstreifen	uni
♑	Loden, Köper, Drillich	uni
♒	Nylon, Chintz	gepunktet oder gestreift
♓	Seide, Tüll	changierend

Normale Bekleidung — Damen

♈ Jeans, T-Shirt, Tennisschuhe, vorwiegend kräftige, rote Farbtöne, Motto ›Die Abenteurerin‹

♉ Trachtenmode, Dirndl (Modell ›Polka‹), Braun- und Grüntöne

♊ bügelfreies Wash and Wear-Hemdblusenkleid, bequeme Schuhe mit flachem Absatz, Himmelblau-Gelbtöne (Modell ›Hansdampf in allen Gassen‹)

♋ kleingeblümtes Umstandskleid, weiße Ballerinas, Pastelltöne (Modell ›Vermehrung‹)

♌ Overall mit breitem Gürtel (Gold), Stiefeletten (oder Hose mit Blazer), kräftige Farben mit Rot-Gelbtönen (Modell ›Selbst ist der Mann‹)

♍ brauner Faltenrock mit Twin-Set oder Jersey-Hosenanzug, Gesundheitsnoppensandale, Farben: braun, beige, grau (Modell ›Healthy‹)

♎ Crêpe de Chine-Cocktailkleid mit hochhackigen Sandalen, Blau- oder Rosatöne (Modell ›Balance‹)

♏ schwarzer Lederrock (eng oder mini), rote Strümpfe, weiße hauchdünne Bluse, hochhackige Sandalen mit Lederriemen, Fußkettchen (Modell ›Domina‹)

♐ großkariertes oder -geblümtes Kostüm oder Hosenanzug, freundliche Farben (Modell ›Traveller‹)

♑ dunkelblauer Faltenrock, blau-weiß gestreifte Bluse, Hermes-Tuch, Burlington-Strümpfe (Rautenmuster), schwarze Golfschuhe, ›Höhere Tochter‹-Look

♒ Latzhose (Karottenform), großgepunktetes T-Shirt, Po-lang (Modell ›Harlekin‹), Basketballschuhe

♓ Lumpenmode (Nomadenlook), geschnürte Sandaletten, verwaschene Farben (Modell ›Abseits‹)

Elegante Bekleidung — Damen

♈ Hosenanzug mit breitschultrigem Sakko und Stöckelschuhen (hochhackig), Trenchcoat-Mantel (Modell ›Amazone‹)

♉ Brokatkleid mit bauschigem Rock, Perlenkette, Persianermantel (Modell ›Aida‹)

♊ Bügelfreies Hemdblusenkleid, Avon-Kosmetik, Trotteurs; Popelinmantel (Modell ›Das Wandern ist des Müllers Lust‹)

♋ Glockenrock mit weißer Rüschenbluse, Perlenkette, flache Schuhe, Stoffmantel (Wollsiegelqualität), Glockenform (Modell ›Zuwendung bitte‹)

♌ Frack mit Schlips, hochhackige Stöckelschuhe, viel Gold- und Brillantschmuck (auffallende Ketten und Armreifen), Leopardenmantel (Modell ›Dompteuse‹)

♍ ›Das kleine Schwarze‹ mit Lackschuhen, ein wenig Kupferschmuck (›soll gesund sein‹), Nyltestmantel (Modell ›Adrett‹)

♎ hochgeschlitztes Chiffonkleid mit raffiniertem Ausschnitt, auffällige
Ohrringe, Federboa, Modeschmuck, Trenchcoat ›Armani‹
(Modell ›O lala‹)

♏ hautenger schwarzer Lederrock über Netzstrümpfen, die von
Strapsen gehalten werden; klaffende Seidenbluse, schwarzer
Nagellack, Grisfuchsmantel (Modell ›Moulin Rouge‹)

♐ wallende Gewänder (Modell ›Barock‹), Babydoll-Stil,
Rüschenverzierung

♑ Samtkaminrock mit klassischer Bluse, Brillantkollier,
Breitschwanzmantel (Modell ›Fjord‹)

♒ dreiviertellanger Tüll-Ballettrock mit Pailettenbluse und Ballerinas,
Fledermauscape (Modell ›Surprise‹)

♓ Abendkleid, verschleiert (Modell ›Elfe‹), Sylvain-Schmuck, Ballerinas,
durchscheinender Überwurf (Modell ›Jenseits‹)

Speisen

♈ Tartar, Hackbraten, Steak vom Grill, T-Bone-Steak (vorwiegend Fleischesser, bevorzugt Rindfleisch), passende Küche etwa ungarisch, serbisch, scharf

♉ Knödel, Klopse, Kartoffelpuffer, Schlachtschüssel, Schweinebraten, Mischküche (gutbürgerlich, deftig), gerne bayerische oder böhmische Küche

♊ einfache Nudelgerichte (Spaghetti), ›Hamburger‹, belegte Brötchen (einfache Mischkost, ›Fast-Food-Küche‹), Wiener Würstel, Müsli, Joghurt, nicht unbedingt bestimmte Küche bevorzugend

♋ Breiarten wie Grießbrei mit Zimt, Meeresfrüchte, Scampi, Salatplatten, aufwendigere Nudelgerichte, Tortellini mit Sahne, Lasagne, vorwiegend vegetarische Küche eher italienischer Prägung (›Pasta‹), auch Pilzgerichte

♌ Chauteaubriand, Filet in Rotweinsauce, Pommes frites (vorwiegend Fleischesser, französische Küche mit 3–4 Gängen), keine fetten Speisen

♍ Smörebröd, detailgarnierte kalte Platten mit Käse, viel Gemüse und Salatbeilagen (Mischkost mit stark vegetarischem Einschlag), ›gesunde Küche‹, eher nordisch orientiert, manchmal auch scharf, um Verdauungssäfte anzuregen; Müsli, Gesundkorn

♎︎ Süßigkeiten, Nachspeisenküche, petit four, 5 – 8gängige französische Küche (nouvelle Cuisine), Froschschenkel, Babywachtel im Sud von Dill, Faible für dekadent angehauchte Küche, aber auch Gourmet

♏︎ Currywurst, warmer Leberkäse, McDonald's Nahrung, roher Fisch, makrobiotische Ernährung (Nahrung als Idee oder als Muß), ›grausam exquisite Küche‹, japanische Küche, rohe Fische, frische Schlange, Affenhirn

♐︎ sahnereiche Küche, Nachspeisenküche, Leber ›Berliner Art‹, Mayonnaisensalate, Salzburger Nockerln, Windbeutel, rote Grütze, Götterspeise, Honigwein, Mischkost mit viel Süßem, böhmische Küche, mehrgängig, auch Teigwaren

♑︎ Tafelspitz, Suppenfleisch, Bratwürstel, Speck, Bündnerfleisch, Räucherfleisch, Linsengericht (sparsam), Schwarzbrot (Mischnahrung, oft auch konserviert, sparsam, streng- oder klarschmeckend)

♒︎ Crêpes, Zuckerwatte, Waffeln, künstlich gefärbt in grellen Farben, leichte, wäßrige Ernährung (aus dem Drucktopf), viel Gemüse ohne Wurzeln

♓︎ Fischsuppe, Schnecken, sonst fast ausschließlich vegetarische Küche mit Salatplatten, Gemüsesuppen und Breiarten, auch vegetarische chinesische und indonesische Reisgerichte

Getränke

♈ ›harte Sachen‹ = Klarer, Schnaps, Whisky

♉ traditionelle, gruppenselige Getränke: Bier, Glühwein, Malzkaffee, selbstbereitete Säfte (eingemacht)

♊ ›der heitere Kameradschaftstrunk‹: Limo, Cola

♋ naturverbunden, alkoholfrei: Milch, Milchshake, Obstsäfte

♌ glutvolle Getränke: fruchtiger, aber auch trocken eleganter Rotwein (Burgunder, Bordeaux)

♍ ›Wer gesund lebt, lebt länger‹: Kräutertee, Magenbitter, Ausnahme: starker Kaffee

♎ ›Cocktailmix, man trinkt auch mit den Augen‹: bunter Cocktail, Champagner, Milchkaffee (›der große Braune mit dem Schlagobers‹)

♏ ›Wer Extreme liebt‹: Heilquellenwasser, Aquavit (75%), Pernod, Fernet Branca

♐ ›süß und beschwingt‹: Fruchtlikör, (Feuerzangen-)Bowle

♑ ›klar und wach‹: Mineralwasser, schwarzer Tee

♒ ›freundschaftlich spritzig‹: Sekt, Skiwasser

♓ ›Unter den Brücken von Paris‹: Vermouth, Wasser

Meine Lieblingsmelodie

♈ James Brown: ›Sex machine‹

♉ Heintje: ›Mama, schenk mir ein Pferdchen‹

♊ Volkslied: ›Das Wandern ist des Müllers Lust‹

♋ ›Bello italiano‹: ›Amore mio‹

♌ Sinatra: ›Strangers in the night‹

♍ Reinhard Mey: ›Diplomatenjagd‹

♎ Volkslied: ›Sur le pont d'Avignon‹

♏ Tina Turner: ›What's love got to do with it‹

♐ Neil Diamond: ›Jonathan Livingston Seagull‹

♑ Trientiner Bergsteigerchor: ›La Montanara‹

♒ Gebrüder Blattschuss: ›Kreuzberger Nächte sind lang‹

♓ Freddy Quinn: ›La paloma‹
Simon and Garfunkel: ›El Condor pasa‹

Berufe

♈ Waffenschmied, eisenverarb. Industrie, Maschinenbau, Feuerwehr, Dompteur, Metzger, Heizer, Militär, Polizei, Sportler, Rennfahrer, Chirurg, Privatdetektiv, Boxer, Selfmademanager, Jäger

♉ Bauunternehmer, Baustoffhändler, Tapezierer, Maler, Dekorateur, Juwelier, Goldschmied, Gastronom, Bauer, Sänger, Bankier, Bankbeamter, Finanzmakler, Ringer, Gewichtheber, Kunstsammler, Gärtner, Bäcker, Buchbinder

♊ Journalist, Redakteur, Reporter, Berichterstatter, Übersetzer, Verleger, Sekretär, Postbeamter, Kaufmann, Händler, Grafiker, Fotograf, Reisebürounternehmer, Conferencier, Showmaster, Kabarettist, Schriftsteller, Sprachforscher, Lehrer, Ausrufer, Vertreter, Spediteur, Telefonist

♋ Hotelgewerbe, Lebensmittelhandel, Schiffahrt, Familienfürsorge, ›Mutter‹ und ›Vater‹ (als Beruf), Krankenschwester, soziale Hilfsberufe, Innenarchitektur, eher unselbständige Berufe mit familiärem Arbeitsklima, Kindergärtnerin, Hebamme, Amme, Kellner, Milchverkäufer, Koch, Blumenhändler, Florist

♌ selbständige leitende Positionen in Wirtschaft und Industrie, evtl. auch beim Militär, ›Boß‹ als Beruf, organisatorische Tätigkeiten, Unternehmer und künstlerische Tätigkeiten mit Betonung auf Eigenkreativität und Ausstrahlung, Dirigent, Repräsentationsberufe, Kardiologe, ›angesehene‹ Berufe

♍ pädagogische Berufe, Lehrer, Professor, Naturwissenschaftler, Spezialisten, Steuerprüfer, Wırtschaftsprüfer, Finanzbeamter, Versicherungskaufmann, Jurist (Spezialgebiet: Verwaltungsrecht), Kritiker, Buchhalter, Bibliothekar, Vermessungstechniker, Restaurator, Zahnarzt, Feinmechaniker, Gärtner, Butler, Buchbinder, Arzt

♎ Richter, Anwalt, Modebranche, Kosmetikbranche, Dekorations- und Designberufe, Kunstgewerbe, Kunsthandwerk, Maskenbildner, Eheberater, allgemeine Beratungsberufe (eigene Entscheidungsschwäche als Motiv, anderen zu helfen), Friseur, Cafébesitzer, Vergnügungsstätten als Arbeitsplatz, Kunstkritiker, Parfümeur

♏ Kfz-Mechaniker, Chemiker, Drogist, Pharmazeut, Urologe, Gynäkologe, Sexologe, Psychologe, Heilpraktiker, Notarzt, Schlosser, Schweißer, Dreher, Schmied, Röntgenologe, Spion, Untergrundkämpfer, Tiefbautechniker, Leichenwäscher, Totengräber, Scharfrichter, Gefängniswärter, Schlächter

♐ leitende, ›strategische‹ Berufe, organisatorische Aufgaben, Manager, Werbebranche, Jurist (Wirtschaft, Kirchenrecht, Wettbewerbsrecht, Zivilrecht), Reisebüro, Vortragstätigkeit, Schauspieler, Politiker, Repräsentationsberufe, Priester, Missionar, Bankier, Hotelier

♑ beamtete Berufe, Rechtspfleger, Staatsrechtler, Naturwissenschaftler, Mathematiker, Architekt, Bauhandwerk, Bildhauer, Bergbau, Altwarenhändler, Schornsteinfeger, Archäologe, Geologe, Historiker, Schuhfabrikant, Lehrer, Verfassungsrichter, Politiker, Uhrmacher, Wächter, Verwalter, Orthopäde, Philosoph, Paläontologe

♒ Pilot, Flugzeugtechniker, Steward(eß), Tänzer, Erfinder, Karrikaturist, Literaturkritiker, Astrologe, Neurologe, Psychiater, Elektrotechniker, Elektronik, Ornithologe, Informatiker, Sprengmeister, Spezialeffekte beim Film und Zirkus

♓ Krankenpflege, Sanitätspersonal, Fürsorgeberufe (›Mutter Theresa-Syndrom‹), Psychotherapeut, Lyriker, Drogenberater, Pharmazeut, Filmbranche (Scheinwirklichkeit), Fischer, Bademeister, Getränkeindustrie, chem. Industrie, Schiffahrt, Florist, Illusionist, Seelsorger, Matrose, Apotheker, Tabakverkäufer

Anmerkung: Ausschlaggebend ist in der astrologischen Betrachtung vor allem, mit welcher Einstellung man den Beruf ausübt, weniger das konkrete Berufsbild. Daher ist es gut möglich, etwa auch als Widder Seelsorger zu sein, allerdings etwa mit der Mentalität eines irischen Gemeindepfarrers, der mit rotem Haarschopf vehement zu Kampf und Widerstand animiert.

Nur aus dem Grunde der Vereinfachung bzw. Vereinheitlichung wurde — soweit es sich nicht um reine Frauenberufe handelt — das männliche Geschlecht gewählt. Selbstverständlich treffen die Berufsbezeichnungen auf beide Geschlechter zu.

Hobbys

♈ Jagen, Sportschießen, Sprinten, Kampfsport, Western, Kriegsfilme, Actionfilme, z. B. ›Conan‹, ›Vier Fäuste für ein Hallelujah‹, ›Eine Handvoll Dollar‹, ›Spiel mir das Lied vom Tod‹, ›Im Westen nichts Neues‹

♉ Kegeln, Hobbyküche, Sammeln (z. B. Bierfilze), Töpfern, Opernbesuch oder Opernfilm, Heimatfilme, z. B. ›Der Komödienstadl‹, ›Ohnsorgtheater‹, ›Der Jäger von Fall‹, ›Die Geierwally‹

♊ Pfadfinder, Wandern, Radfahren, Bienenzucht, Fotografieren, Zeitung und Illustrierte lesen, Unterhaltungsfilme, Wirtschaftssendungen, Reportagen, z. B. ›Plus-Minus‹, ›Report‹

♋ Muschelsammlung, Handarbeiten, sich um die Familie kümmern, ›Mitmachen‹, Liebesfilme, Schnulzen, Heimatfilme, Naturfilme, z. B. ›Sissy‹, ›Dr. Schiwago‹, ›Vom Winde verweht‹, ›Die Buddenbrooks‹

♌ Spielbank, Flirten, Musik hören, Shows, Popkonzerte, Showfilme, Musikfilme, Lustspiele, Aufzeichnungen von Pop-Konzerten, z. B. ›Sammy Davis jun. Show‹, ›Dallas‹, ›Denver‹

♍ Laubsägen, Briefmarkensammeln, Heimwerkern, Gärtnern, Restaurieren, Diskutieren, Dokumentarfilme, Lehrfilme, Satiren, Kleinkunstbühne, z. B. ›Scheibenwischer‹, ›Dr. Grzimeks Fernsehzoo‹

♎ Mode, Dekoration, Malen, Flirten, Hausmusik, Tanzfilme, Musicals, Kunstfilme, Vernissagenfilme, z. B. ›Ginger Rogers u. Fred Astaire‹, ›Kagemusha‹

♏ Hat weniger Hobbies, da der erstrebte Perfektionismus Spielerisches kaum zuläßt. Nach dem Motto ›entweder ganz oder gar nicht‹ wird jedes Hobby schnell perfektioniert. Filme wie Thriller, Pornofilme, Spionagefilme, z. B. ›Psycho‹, ›Die Vögel‹, ›Rosemaries Baby‹, ›Die Geschichte der O‹, ›Deep Throat‹

♐ Reisen, Predigen, Philosophieren, Sport treiben, Werbespots, Wagner-Opern, Musicals, Monumentalfilme, z. B. ›Ben Hur‹, ›Moses‹, ›El Cid‹, ›In 80 Tagen um die Welt‹, ›West-Side-Story‹

♑ Museenbesuch, Kammermusik, Mineraliensammeln, Bergsteigen, Arbeiten, Ordnen, Filme wie ›Die weiße Hölle vom Piz Palü‹

♒ Modellfliegen, Drachenfliegen, Maskenball, Elektronische Spiele und Computer, Filme wie Kintopp, Science fiction, Zirkusfilm, Kunstfilm, Travestieshows, z. B. ›Dick und Doof‹, ›Otto‹, ›Charlie Chaplin‹, ›Les Enfants du Paradies‹, ›Marx Brothers‹

♓ Meditieren, Schmachten, Glücksspiele, Kinofilme (Zelluloidwirklichkeit) ganz allgemein, besonders Märchenfilme, Stummfilme

Sportarten

♈ Boxen, Kampfsport, Squash, 100-m-Lauf, Fechten, Schießen, Moderner Fünfkampf (*kurz*fristige Höchstleistung, Einzeldisziplin)

♉ Ringen, Kegeln, Gewichtheben, Kugelstoßen, Fingerhakeln, Tauziehen, Fußball, Eisstockschießen, Boule, Kraftsport, Mannschaftssport, Sport mit Körperkontakt

♊ Wandern, Handball, Radfahren, Gymnastik, Röhnrad, Turnen (wenig anstrengende, mehr gymnastische Sportarten)

♋ Wasserball, Segeln (kein starker Sportbezug, eher Publikum)

♌ Zehnkampf, Tennis, Autorennen, Golf, Windsurfen, Après-Ski (Individualsport, der Ansehen genießt)

♍ Skilanglauf, Eiskunstlauf (Pflicht), Dressurreiten (gesunde, pädagogisch ausgerichtete Sportarten, Vernunftsport)

♎ Eiskunstlauf (Kür), Tanzsport, Florettfechten, Ballett, Gymnastik
(tänzerische Sportarten, luftig-gleichgewichtsbezogen)

♏ Eishockey, Rugby, Marathonlauf, Kampfsport (rauhe Sportarten mit extremem Einschlag)

♐ Weitsprung, Diskus-, Speerwurf, Bogenschießen, Reiten (mit Ausnahme Dressur), evtl. Zehnkampf, Golf (angesehene, eher individuelle Sportarten)

♑ Marathonlauf, Langstreckenlauf, Eiskunstlauf (Pflicht), Skilanglauf, 3000-m-Hindernislauf, Bergsteigen, Hochsprung, Dressurreiten (Dauerleistungssport, Lehrsport)

♒ Badminton, Federball, Drachenfliegen, Fallschirmspringen, Sportfliegerei, Stabhochsprung, Skispringen, Turmspringen, Ballett (alle Sprungsportarten, exzentrische Sportarten)

♓ Schwimmen (Wasserball), Wassergymnastik (Wassersport, der nicht sehr anstrengt, wenig Sportbezug)

Werkzeuge

♈ Messer, Nagel, Meißel, Nadel, Nähahle, Hobel, Bügeleisen, Schnitzwerkzeug, Stemmeisen, Skalpell, Hacke

♉ Sack, Korb, Schachtel, Schraubstock, Dübel, Mutter, Hobelbank, Pflug, Spaten, Schraubzwinge, Schaufel

♊ Faden, (das verbindende) Seil, Tau, Draht, Schraubenzieher, Elektromotor, Schubkarren

♋ Spiegel, Eimer, Schwamm, Mutter, Kanister, Klebstoff

♌ Taschenlampe, Pumpe, Glühlampe, Scheinwerfer, allgemeines Beleuchtungswerkzeug

♍ Zirkel, Lupe, Mikroskop, Drahtbürste, Bürste, Drehbank, Drechselbank, Drehmomentschlüssel, Feinmechanikerwerkzeug, Kleinteilemagazin (für die Detailordnung)

♎ Waage, Feile, Sandpapier, Wasserwaage, Kupferkabel und Kabel allgemein, Pinsel, Schere

♏ Säge, Zange, Schraubstock, Axt, Bohrer, Pumpe, Fräse, Schraube, Raspel, alle Formen von Pressen

♐ Hammer (Thors = Donars = Jupiters Hammer), Lötkolben, Kombigeräte, Schweißgeräte

♑ Maßstab, Metermaß, Sanduhr, Uhr, Amboß, Werkzeugkasten (für die große Ordnung), Kette, Leiter, Sense, Stemmeisen, Dichtungen

♒ Druckluftgeräte, elektronisches Werkzeug, Flaschenzug, Rasensprenger, Geräte, die mit Laserstrahlen arbeiten

♓ biegsame Welle, Schmiermittel, Feuerlöscher, Metallspürgerät, Schalldämmungsmaterial

Künstlerische Beschäftigungen

♈ Holzschnitzerei, Kunstschreinerei, Bildhauerei, Kunstschmieden, Gravieren, Trommeln, rhythmische Musik, Ölmalerei, Deckfarbenmalerei, Malerei mit Spritzpistolen – eher expressionistische Züge –, Spitzenklöppeln

♉ Gesang (besonders in Gruppe, Chor), Töpfern, Weben, Hinterglasmalerei, Kunstsammeln, Herstellung von Schmuck – besonders Volkskunst und Brauchtum –, Volksmusik, Bildhauerei, Ölgemälde (eher naturalistisch, impressionistisch), naive Malerei

♊ Schriftstellerei – besonders Kurzformen wie Essay-Prosa –, Fotografie, Grafik, Zeichnen, Illustrieren, Handarbeiten, Collagen, Kabarett, Lesen

♋ Musik hören (vorwiegend melodiös, stimmungsvoll), Schriftstellerei bzw. Lesen mit Schwerpunkt auf Lyrik, Malen mit Wasserfarben, romantische Malerei mit impressionistischer oder naiver Färbung, Stricken

♌ Schauspielerei, Design, Goldschmiedekunst, Stoffentwürfe, Solomusizieren, Entertainer, stark farbenbetonte ausdrucksbetonte Malerei, (Selbst-)Portraits

♍ Prosaschriftstellerei (oft Sachbuchcharakter), Gravieren, Kupferstechen, Ziselieren, Zeichnen, Grafik, Fotografieren, Restaurieren, Instrumentenbau, Architektur, naturalistische, detailbetonte Malerei (fotografisch exakte Wiedergabe), kunsthandwerkliche Tätigkeiten (Bilderrahmenbau etc.), sozialkritisches Kabarett

♎ Modedesign, Schmuckdesign, Parfumeur, Aquarellmalerei mit abstraktem Einschlag, Tanz, Kunstkritik (Beurteilung), Kunsthandel, Künstleragentur, dekorative Tätigkeiten, Kunstgalerie

♏ Tätowierung, expressionistische Malerei (es geht um das Ausdrücken dessen, was dahinter ist, z. B. Munch, ›Der Schrei‹), Chinaoper, Schauspiel und Tragödie, provokative Kunst (Beuys-Collagen), musikal. Extreme, z. B. Cellomusik oder Heavy Metal-Sound

♐ plakative Malerei (großflächig deckende Farben, wenig detailorientiert), Werbefotografie, Schriftstellerei (lexikalisch, großvolumig), Design, Schauspielerei, allgemein darstellende Künste, oft auch klerikale Kunst

♑ Kammermusik, Bildhauerei, Lithographie, Holzschnitt, Schriftstellerei (Melodrama), Ikebana, Zen-Künste, Kalligrafie, Lederkunsthandwerk

♒ moderner Tanz, Ballett, Karikatur, Performance, Collagen, surrealistische Malerei, abstrakte Farbgrafik, sozialkritisches Kabarett, Zirkus, Feuerwerk, atonale Musik, Zwölfton-Musik, Bleiverglasungen, Glaskunst allgemein, Schriftstellerei, Sciencefiction, assoziative Wortspiele, Mobiles, Computerkunst, elektronische Musik

♓ Lyrik, impressionistische Aquarellmalerei, abstrakte Farbspiele, Filmkunst, ›Sphärenklänge‹, Zen-Tuschemalerei, Musik allgemein (fließend, wenig Rhythmus oder Takt), Batik

Erwachsenenspiele

♈ Schießsportarten (Skeet, Trap), Flippern, Kampfspiele

♉ Monopoly, Schafkopf, Kegeln

♊ Scrabble, Halma, Tischtennis

♋ Bingo, Skat, Kegeln

♌ Roulett, Back-Gammon

♍ Schach, Bridge, Mühle, Billard

♎ Dame, Schach

♏ Poker, Strippoker, ›Psychospiele‹

♐ Polo, Monopoly, Pferdetoto

♑ Kreuzworträtsel, Patience, Schach

♒ Federball, Charade, Videospiele

♓ spiritistische Spiele (Tischerücken), Go

Kinderspiele

♈ Indianer und Cowboy, Ritterspiele, Räuber und Gendarm, Rennautospielen, Topfschlagen

♉ Kaufladen, Kuchenbacken, Sandkastenspiele, Würstelschnappen

♊ Schnitzeljagd, Pfadfinderspiele, Hula-Hopp (Reifen), Springseil

♋ Puppenstube, Ringelreihen, Vater-Mutter-Kind, Reigen

♌ Theater spielen, Musik machen, Doktorspiele (vorwiegend aus sexuellem Interesse)

♍ Quartett ›Wer hat sich's gemerkt‹, Lego-Bausteine, ›Fischer-Technik‹, Sandkasten, ›Der kleine Arzt‹ (aus Hilfsbedürfnis)

♎ Schminken, Ringelreihen, ›Barbie-Puppen‹

♏ ›Wer hat Angst vorm schwarzen Mann?‹, Doktorspiele (aus sexuellem Interesse)

♐ Ponyreiten, Zauberkasten, Reise nach Jerusalem

♑ Quartett, Eisenbahn (spielt eher wenig, frühreifer Erwachsener)

♒ Sackhüpfen, Drachen steigen lassen, Stelzen gehen, Verkleiden

♓ Verkleiden, Seifenplasen pusten, Zauberkasten, ›Der kleine Arzt‹ (aus Hilfsbedürfnis)

Zeitschriften

♈ Sportzeitschriften, Jagd- und Waffen-Zeitschriften, z. B. ›Kicker‹, ›Deutsche Soldatenzeitung‹, ›Auto Motor Sport‹

♉ Einrichtungszeitschriften, Bauzeitschriften, z. B. ›Essen und Trinken‹, ›Ambiente‹, ›Das Haus‹, ›Guide Michelin‹

♊ Hobbyzeitschriften, Boulevardzeitungen, z. B. ›Quick‹, ›Die Bunte‹, ›Hobby‹, ›Abendzeitung‹, ›Neues aus Forschung und Technik‹, ›Der Spiegel‹

♋ Frauenzeitschriften, Familienzeitschriften, Wohnungszeitschriften, z. B. ›Freundin‹, ›Brigitte‹, ›Meine Familie und ich‹, ›Schöner Wohnen‹

♌ Managementzeitschriften, Sportzeitschriften, z. B. ›Manager‹, ›Playboy‹, ›Sport News‹

♍ Gesundheitsmagazin, Bastel- und Heimwerkerzeitungen, Satire, z. B. ›Das Gesundheitsmagazin‹, ›Vital‹, ›Konkret‹

♎ Modezeitschriften, Kunstzeitschriften, Kulturmagazine,
z. B. ›Vogue‹, ›Die Zeit‹, ›Ambiente‹, ›Gourmet‹

♏ psychologische Zeitungen, Sex- und Porno-Zeitschriften, magische
und mystische Zeitschriften, z. B. ›Psychologie heute‹, ›Penthouse‹,
›Lui‹, ›Unicorn‹

♐ Börsenblätter, Reisezeitschriften, z. B. ›Capital‹, ›Merian‹, ›Geo‹

♑ Bergsteigerzeitungen, stark traditionsverhaftete Zeitungen,
Rätselzeitungen, Berufslektüre, z. B. ›Alpenvereinszeitung‹,
›Neue juristische Wochenschrift‹, ›Times‹

♒ Alternativpresse, Comics, Computer- u. Videozeitschriften,
z. B. ›Cosmopolitan‹, ›Emma‹, ›Superman‹, ›Video‹

♓ Kirchenblätter, esoterische Zeitschriften, z. B. ›MKKZ‹, ›Esotera‹,
›Das Neue Zeitalter‹

Anspruchsvolle Literatur

♈ William Wordsworth, ›Lyrische Balladen‹; Emile Zola, Edgar Wallace, Wilhelm Busch

♉ Nicolai Gogol, ›Hans Küchelgarten‹; Gedichte v. Christian Morgenstern; Honoré de Balzac, William Shakespeare, Immanuel Kant

♊ Novellen von Giovanni Boccaccio; Alexander Puschkin, Jean-Paul Sartre, Dante, ›Göttliche Komödie‹

♋ Giacomo Leopardis Werke; Thomas Mann, ›Die Buddenbrooks‹; Manfred Kyber, ›Gesammelte Märchen‹

♌ Guy de Maupassant, George Bernhard Shaw, Joachim Ringelnatz, Aldous Huxley

♍ Johann Gottfried Herder, ›Ideen zur Philosophie der Geschichte der Menschheit‹ und ›Kritische Wälder‹; Bertolt Brecht, ›Mutter Courage‹ u. a.; Eduard Mörike

♎ Arthur Rimbaud, ›Illuminations‹; Lope de Vega, ›Glück in Liebe‹; Friedrich Nietzsche

♏ Eiji Yoshikawa, ›Musashi‹; Goethe, ›Faust‹; Charles Baudelaire, ›Die Blumen des Bösen‹; Werke von Friedrich Schiller; Henry Miller, ›Stille Tage in Clichy‹

♐ Gedichte und Werke von Lord Byron; Hermann Hesse, ›Siddhartha‹; Rainer Maria Rilke, ›Die Geschichte vom lieben Gott‹; Gustav Meyrink, ›Der Engel vom westlichen Fenster‹ u. a.

♑ Johann H. Pestalozzi, ›Wie Gertrud ihre Kinder erzog‹; August Strindberg, Carl Zuckmayer, Annette v. Droste-Hülshoff, Friedrich Dürrenmatt

♒ Lessing, ›Nathan der Weise‹ und ›Laokoon‹; Charles Dickens, ›David Copperfield‹; Shakespeare, ›Die lustigen Weiber von Windsor‹; Georg Trakl, Gedichte

♓ Tommaso Campanella, ›Der Sonnenstaat‹; Friedrich Hölderlin, ›Der Kirchhof‹; Gedichte von Novalis

Unterhaltungsliteratur

♈ ›Etwas für harte Männer‹: Kriegsromane, Kriminalromane, z. B. ›08/15‹, ›Jerry Cotton‹, ›Im Westen nichts Neues‹

♉ ›Schmalz und Tradition‹: Heimatromane, z. B. ›Die Försterin vom Silberwald‹, ›Heidi‹

♊ ›Hast Du schon davon gehört‹: Informative Literatur, z. B. ›Was blüht denn da‹, ›Meyers Konversationslexikon‹, ›Guinness Buch der Rekorde‹

♋ ›Lyrik und Familie‹: Liebesromane, Gedichtbändchen, Bildbände, Familienromane, Ärzteromane, Märchen, z. B. ›Die Buddenbrooks‹, Gesammelte Werke von Christian Morgenstern, ›Grimms Märchen‹

♌ ›Spiel und Abenteuer‹: Abenteuerromane, Gesellschaftsromane, Macht- und Geldromane (Bestseller), z. B. ›Der Graf von Monte Christo‹, ›Die Playboys‹

♍ ›Was Nutzen bringt und kritisch ist‹: Dokumentarbücher, satirische Literatur, z. B. ›Heilpflanzen und ihre Kräfte‹, ›Des deutschen Spießers Wunderhorn‹, ›Rosen für Apoll‹, ›Bittere Pillen‹

♎ ›Von Geist und Lebensart‹: Gesellschaftsromane, Kunstbände, Denksportliteratur, z. B. Anne Golons ›Angelique‹-Romane, ›Die sizilianische Verteidigung‹ (Schach)

♏ ›Der Reiz des Dunklen‹: Spionageromane, Sex & Crime, Pornographie, z. B. ›Der Spion, der aus der Kälte kam‹, ›Fanny Hill‹, ›Deep Throat‹

♐ ›Weit ist die Welt‹: Reiseromane, Reiseführer, Enzyklopädien, z. B. ›Merian‹, ›Dumonts Reiseführer‹, ›Westwärts‹

♑ ›Das muß man einfach wissen!‹: Sachbücher, Bildungsromane, berufsbezogene Literatur, z. B. ›Duden‹, ›Knigge‹, ›Kommentar zum Grundgesetz‹

♒ ›Der Zeit voraus‹: Science-fiction, Fantasy, New Age, z. B. ›Die Reise ins Innere der Welt‹, Perry Rhodan-Titel, ›Herr der Ringe‹, ›Die sanfte Verschwörung‹

♓ ›Nicht von dieser Welt‹: mystische Literatur, Einweihungsromane, z. B. ›Das grüne Gesicht‹, ›Die Antwort der Engel‹, ›Illusionen‹

Urlaubsformen

♈ ›Mit dem Surfbrett auf Hawaii – der Kampf mit der Welle‹; Abenteuerurlaub mit dem Überlebensmesser im Amazonasdelta; Aktiv- und Sporturlaub; Urlaub und Jagd; mit der Harpune unterwegs

♉ Die Gourmetreise (mit dem Restaurantführer unterwegs); beschaulicher Urlaub, oft im eigenen Land, da nicht sehr reiselustig; die Gruppenreise; Urlaub auf dem Bauernhof

♊ Die informative Reise; viel unterwegs, wenig stationär, es sei denn als Ausgangsbasis für Tagesausflüge; Wanderurlaub; Radurlaub

♋ ›Mit dem Eigenheim (Wohnwagen) unterwegs‹ (»Wenn ich schon von zu Hause weg muß, dann mit den eigenen vier Wänden!«); naturverbundener Urlaub, nicht weit weg von zu Hause oder: »Einmal möchte auch ich mich verwöhnen lassen!«

♌ ›Der repräsentative Urlaub‹; dorthin fahren, wo ›etwas los ist‹; tagsüber in der Sonne bräunen, abends in die Nachtlokale, um die Bräune vorzuweisen; ›Club Mediterranee‹: etwas für junge und junggebliebene Arrivierte; im Casino von Monte Carlo

♍ Der Bildungsurlaub; Orte, die man gesehen haben muß; der Geschichte auf der Spur; der Gesundheitsurlaub (die Kur, die vielleicht sogar die Kasse bezahlt), somit der Urlaub, der Nützliches, Sparsames und Gesundes vereinigt; der Bergwanderurlaub in Südtirol

♎ Die Kunstreise, z. B. zu zweit romantisch durch Oberitaliens Kunststädte; ästhetisch an Orten der Ästhetik; Flanieren am Boulevard; idyllisch im Renaissance-Schlößchen zu Abend speisen

♏ Der extreme Urlaub: Überlebenstraining im Bayerischen Wald; als Tramper durch die Bronx (New York); ›One Night in Bangkok‹, um die 1000 Süßigkeiten des Fernen Ostens zu erfahren; Urlaub am Vulkan

♐ ›In 80 Tagen um die Welt‹; Globetrotter-Urlaub; Sehnsucht nach Weite – Las Vegas, Broadway, Karibik, Südsee, Grand Canyon und Niagara Falls als ›kleine Spritztour‹; nur nicht zu Hause bleiben müssen

♑ ›Urlaub, was ist das?‹, dazu habe ich keine Zeit; ein wenig beruhigt der Aktenordner neben dem Liegestuhl; oder: ›Urlaub hochalpin‹; ›In 8 Stunden zur Basishütte‹; ›Wer früh aufsteht, kommt auch hoch hinauf!‹

♒ ›Urlaub einmal anders‹; mit dem Mountain Bike auf den Mont Blanc; Fingerklettern (natur) am ›El Capitan‹; im Vogelschutzgebiet von Spikeroog; in der Segelflugschule; Urlaub im Carneval in Rio

♓ Der meditative Urlaub: im Ashram von Sai Baba; einsam auf einsamer Insel; wohin es mich verschlägt; Urlaub auf der Suche nach dem Wunderbaren; ›Astralreisen‹

Automarken

♈ Vor allem schnelle oder getunte Sportwagen, bei denen die Leistung wichtiger ist als das Aussehen, aber auch italienisch elegante ›Flitzer‹, z. B. Maserati, Lamborghini, de Tomaso, BMW, Rallyefahrzeuge (in aggressiven Farben).

♉ Wagen, die von ländlichen Bevölkerungsgruppen bevorzugt werden und die durch Solidität und Zuverlässigkeit bestechen: Opel Kadett, Mercedes 220 Diesel und größere teurere Modelle. Bleibt bei einer Marke, die ihm die Treue gehalten hat. Dunklere Farben.

♊ Praktische Vielzweckautos, wenig markenfixiert, wechselt auch gern Modell. VW Golf, VW Variant, Ford Mittelklassewagen, oft auch als Kombi, weil das Auto primär praktisch sein soll, eher helle Farben; oft Gebrauchtwagen, die z. B. von ›Erdtypen‹ weniger gerne gefahren werden.

♋ Volks-Wagen, im Innern durch liebevolles Zubehör wie Lammfellüberzüge, Blumenvasen und Bodenteppiche ergänzt; soll weniger technisch als gemütlich sein, vielleicht auch einer größeren Familie Platz bieten, z. B. Volkswagen Passat, Opel Rekord. Kauft wie Stier gerne einheimische Modelle.

♌ Repräsentative Autos, oft sportlichen Charakters in auffälligen Farben, oft auch Auslandsmodelle, z. B. Porsche, Jaguar E-Type, Rolls Royce.

♍ ›Vernünftige‹ Autos, die durch Zweckmäßigkeit, Sparsamkeit und Sicherheit bestechen, eher unauffällig sind und in technischen Tests gut abgeschnitten haben, z. B. Audi, VW-Variant, Volvo; oft als Kombifahrzeug.

♎ Liebhabermodelle, die durch ihre Ästhetik bestechen, wie Jaguar Mark II; oft auch französische Wagen, die sich eher durch Komfort als durch Solidität auszeichnen, z. B. Peugeot, Citroën Pallas, Citroën BX, CX; nicht selten auch Cabrios, oft in Blautönen!

♏ Allradgetriebene Fahrzeuge (für extremste Bedingungen!). Häufig japanische Modelle wie Subaru, Mitsubishi, Toyota. Oft auch Autos mit ›Zuhältertouch‹ wie Corvette Sting Ray oder Canam-Ford.

♐ Modelle, die an Blechoberfläche und Hubraum der Großzügigkeit des Schütze-Eigners entsprechen, wie Mercedes 600, Cadillac, Range-Rover, Chevrolet Impala; Vorliebe für Autos aus dem Land der unbegrenzten Möglichkeiten; oft auch Modelle, die sich für Chauffeur eignen; Automatikgetriebe.

♑ Wie bei allen Erdzeichen eher praktische, solide Wagen, die aber auch einen gewissen Repräsentationswert haben sollen; aus Prinzip aus dem eigenen Land und oft in dunkleren Farbtönen. Ein Modell, das ›man‹ in entsprechenden Kreisen fährt, z. B. Mercedes TE, Volvo Combi (als Schwede!).

♒ ›Besondere Autos‹, die sich durch eigenwillige Karosserien oder Konstruktionsmerkmale auszeichnen, nach dem Motto: ›Lieber schrullig als 08/15!‹, z. B. Saab, auch Liebhabermodelle wie ›Buckelvolvo‹ oder Autos mit Zukunftsmusik.

♓ Nicht sehr langlebige, romantische Autos der ›Bohemien-Klasse‹, wie Citroën 2 CV, Renault 4; oft auch als Gebrauchtwagen.

Musikinstrumente

♈ Schlag- und Rhythmusinstrumente, z. B. Trommel, Perkussion, Tamburin, Rasseln, Kastagnetten

♉ Holzblasinstrumente, Blockflöte, Oboe, Klarinette, Tuba

♊ vorwiegend rhythmische Instrumente, z. B. Triangel, Xylophon, Mundharmonika, Gitarre

♋ Harmonika, Schifferklavier, Laute, Lyra, Leier

♌ Klavier, Trompete, Saxophon

♍ Cembalo, Zither, Hackbrett

♎ vor allem Streichinstrumente, z. B. Violine, Cello

♏ Trommel, Saxophon, Panflöte

♐ Orgel, Fanfare, Pauke, Gong

♑ Baß, Alphorn

♒ elektronische Musikinstrumente, z. B. Synthesizer, Querflöte (Silberflöte)

♓ Harfe, Tamboura

Anmerkung: Der Schwerpunkt der weiblichen Zeichen liegt mehr auf der Melodie, der der männlichen Zeichen mehr auf dem Rhythmus.

Verkehrsmittel

♈ Geländemotorrad, Rennrad, Sportwagen

♉ Droschke, Kutsche

♊ Fahrrad, Bus

♋ Kahnfahrt

♌ Sänfte, Sportwagen

♍ Mehrzweckauto (Combi)

♎ Auto (Liebhabermodell, evtl. ›Oldtimer‹)

♏ Amphibienfahrzeug, Enduromotorrad, U-Boot

♐ Reiten, Flugzeug

♑ Eisenbahn, Straßenbahn, Schlittenfahrt

♒ Rakete, Flugzeug, Ballonfahrt

♓ Segeln

Gemeinschaftsbezogen

Soziale Lebensformen

♈ Jäger- und Nomadenvölker, Beutereiter, kriegerische Völker, Militärdiktaturen, Tyrannenherrschaft, Rittertum. Motto: ›Der Stärkste regiert.‹

♉ Seßhaftwerdung und Revierbildung, Schutz-Burgenbau, Agrarvölker, Bodenwirtschaft, Bauernstand, Dorfgemeinschaft, erste demokratische Ansätze. Motto: ›Wir halten zusammen und verteidigen unser Revier.‹

♊ Händlerkulturen, Städtebildung an verkehrstechnisch günstigen Orten, Gewürzhandel, Kunsthandel, Nahrungsmittelhandel, Standortwechsel je nach optimaler Handelsbedingung, Auskundschaften der näheren Umgebung. Motto: ›Der Schlaue gewinnt.‹

♋ Leben im familiären Verbund, archaisch seßhafte Lebensformen oft matriarchalischer Prägung, naturverbundene Lebensweise. Soweit nicht matriarchalisch, eher demokratisch oder chaotisch. Friedliebend. Motto: ›Wir sind eine große Familie.‹

♌ Patriarchate, Königtümer, Kaisertümer, evtl. auch Aristokratie; zentralregiert mit Ausweitungstendenz, tributfordernd. Motto: ›Der Mächtigste sitzt auf dem Thron.‹

♍ Sicherheitsorientierte, bis ins Detail geregelte Lebensformen, der ›Beamtenstaat‹, stark bürokratisierte Staatsformen, Differenzierung, Demokratisierung, der Berater (Spezialist) als Macht im Hintergrund. Motto: ›Die Vernuft (die Wissenschaft) regiert‹.

♎ Der ›liberale‹, eher führungsschwache Parteienstaat, ›Kulturstaat‹, geschickte Diplomatie und Raffinesse ersetzen eigene Stärke, Blockfreiheitspolitik oder geschickte Bündnispolitik, die Künste blühen. Motto: ›Diplomatie statt Stärke.‹

♏ Anarchische Lebensformen; Untergrund- und Partisanenkampf; Tyrannenherrschaft, durch Geheimdienst geschützt; Gegenterror; religiöse, fanatisierte Gesellschaftsformen; Machtwechsel. Motto: ›Die fixe Idee regiert.‹

♐ Imperialismus, Kolonialherrschaft, große Staatengebilde mit Zentralregierung, Konföderationen, Welthandel, Industriegesellschaften, konfessionelle Gesellschaftssysteme. Motto: ›Je größer desto mächtiger.‹

♑ Rechtsstaat, festes Normensystem regelt das Staatsgebilde, eher unpersönliche (oder überpersönliche) Gemeinschaft, Klassen- oder Kastenstaat mit strenger Hierarchie, der ›strenge Alte‹ herrscht. Motto: ›Recht und Ordnung.‹

♒ Revolutionäre Zeiten, Sozialisierungstendenz: ›Freiheit, Gleichheit, Brüderlichkeit‹, führungsschwache Zeit, Computergesellschaft, der einzelne als Informationseinheit. Motto: ›Alphaville 2000.‹

♓ Außenseiter- und Randgruppenformationen der Gesellschaft, nomadisierende Völker wie Zigeuner, naturgesetznahe Lebensformen archetypisch weiblicher Färbung, eher chaotisch, anarchisch, religiöse Gemeinschaften, Ashrams. Motto: ›Der Weg der weißen Wolke.‹

Philosophien

♈ Pragmatismus (philosophisch untypisches Zeichen, da das Denken hinter dem spontanen Handeln weit zurücksteht)

♉ Positivismus, Materialismus, Realismus, Marxismus (weil Besitzverteilung zum Hauptthema gemacht wird — Marx hat Sonne und Mond im Stier im 2. Haus!), Sensualismus

♊ Logik, Logistik, Sprachphilosophie, Dualismus

♋ Naturphilosophien, Panpsychismus, Taoismus

♌ Experimentalismus (Löwe ist kein philosophisches Zeichen, da es lieber lebt, als über das Leben zu philosophieren)

♍ Wissenschaftstheorie, Erkenntnistheorie, Rationalismus, Skeptizismus, Aristotelismus, Konfuzianismus, Pessimismus, Kritizismus, Analytische Philosophie

♎ Ästhetik, Hermeneutik, Kulturphilosophie, Liberalismus

♏ Klassischer Idealismus, Platonismus, Spiritualismus, Nihilismus

♐ Religionsphilosophie, Humanismus, Ethik, Rechtsphilosophie, Hedonismus, Holismus, Universalismus, Optimismus

♑ Geschichtsphilosophie, Empirismus, Materialismus, Morphologismus, Dogmatismus, Stoa

♒ Aufklärung, Sozialphilosophie, Irrationalismus, Fiktionalismus

♓ Mystik, Metaphysik, Agnostizismus, Metaphysischer Idealismus, Taoismus

Rechtsgebiete

♈ Polizeirecht, Jugendstrafrecht, Strafrecht, Waffengesetz, Bundesjagdgesetz, Soldatengesetze, sonst eher wenig rechtsbezogen, da regelfeindlich (›Faustrecht‹)

♉ Sachenrecht, Baurecht, Lebensmittelrecht, Grundbuchordnung, Wohnungseigentumsgesetz, Bannmeilengesetz, Gaststättengesetz, Vereinsgesetze

---

♊ Verkehrsrecht, Straßen- u. Wegegesetz, Gewerberecht, Handelsrecht, StVO, StVZO, Amateurfunkgesetz, Gesetz über Fernmeldeanlagen

---

♋ Familienrecht, Bürgerliches Recht, Freiwillige Gerichtsbarkeit, Mietgesetze, Naturschutzrecht

---

♌ Urheberrecht, Energiewirtschaftsrecht, Sportrecht, ansonsten wenig Rechtsgebiete, weil eher regelfeindlich und stolz (›mein Wort ist Gesetz‹)

♍ Verwaltungsrecht, Verfahrensrecht, Versicherungsrecht, Kommunalgesetze, Arbeitsrecht, Beamtengesetze, Ordnungswidrigkeitenrecht

♎︎ Ehegesetze, Scheidungsrecht, Konsulargesetz, Rechtsberatungsgesetz, Richterwahlgesetz, Wahlprüfungsgesetz, Versammlungsgesetz

♏︎ Erbrecht, Strafrecht, Abfallbeseitigungsgesetz, Abhörgesetz, Atomgesetz, Katastrophenschutzgesetz, Geschlechtskrankheitengesetz, Gesetz gegen unlauteren Wettbewerb

♐︎ Kirchenrecht, Völkerrecht, Aktiengesetz, Begnadigungsrecht, Tierschutzgesetze

♑︎ Verfassungsrecht, Grundgesetz, Verfahrensrecht, Richtergesetz, Zentralregistergesetz, Eisenbahngesetz, Grundbuchordnung

♒︎ Luftfahrtrecht, Sozialgesetze, Patentgesetz, Ausländergesetz, Sprengstoffgesetz, Zivildienstgesetz

♓︎ Fischereirecht, Apothekengesetz, Konkursordnung, Bundeswasserstraßengesetz, Gesetz gegen den unlauteren Wettbewerb

Anmerkung: Recht untersteht vor allem den Tierkreiszeichen Steinbock, Schütze und Waage. Steinbock primär unter dem Gesichtspunkt der Rechtssicherheit, Schütze unter dem Gesichtspunkt der Gerechtigkeit und Waage unter dem Gesichtspunkt der Befriedung.

Religionen (nach äußerem Erscheinungsbild)

♈ Judentum

♉ altägyptische Religionen; Dionysos-Kulte

♊ Mitras-Kult

♋ (heidnische) Naturreligionen

♌ Inka-Religion (Sonnenkult)

♍ Konfuzianismus

♎ zu flach für typ. Religion: eher ›Hippie-Friedens-Religiosität‹

♏ Islam (Schiiten), Schamanismus

♐ Hinduismus, Mahajana-Buddhismus (bes. Vajrayana)

♑ Zen-Buddhismus

♒ Atheismus

♓ Taoismus, mystische Religionsformen

Anmerkung: Jede richtig verstandene Religion beinhaltet alle 12 Zeichen.
Der Schwerpunkt in der Ausdrucksform führt zu obigen Zuordnungen.

Länder — nach Mentalität

♈ Mexiko (Heißsporn)

♉ Schweiz (›Butter und Banken‹)

♊ Israel, Türkei (Händler, Beziehungen, Denker)

♋ Holland, Italien, Ceylon (Haus und Heim, Mamma, Familia, Mare)

♌ Frankreich, Spanien (Stolz, Zentralismus, Selbstüberzeugung)

♍ Norwegen, Schweden (›vernünftig kühl‹, sozial angepaßt)

♎ Österreich (›charmant liberal‹, blockfrei)

♏ UdSSR, Japan, Brasilien (hintergründig, leitbildhaft, gegensätzlich, extrem)

♐ USA (alles eine Nummer größer, ›Der Duft der großen weiten Welt‹)

♑ Deutschland, England, Kanada (›Recht und Ordnung‹, 5-o'clock-tea, einsamer Nadelwald)

♒ Neuseeland, Liechtenstein, Monaco, Andorra (›anders als andere‹)

♓ Australien, Finnland (einsame Weite)

Anmerkung: Man kann Länder auch nach anderen Gesichtspunkten zuordnen (z. B. nach Staatsgründungshoroskop und geografischen Berechnungen oder auch der Meinung sein, daß oben nicht das für die Mentalität Typischste herausgegriffen wurde, daß etwa der heißblütige sizilianische Mafioso eher zu ♈ oder ♌ passe. Wichtig ist, daß gesehen wird, welches der Zuordnungsgesichtspunkt ist, dem man Priorität einräumt.

Länder – nach astrogeografischer Zuordnung

♈ Westfriesland, Schottland

♉ Ostfriesland

♊ Helgoländer Bucht, Nordfriesland, Jütland, Norwegen

♋ Holstein, Kieler Bucht, Dänische Inseln, Kattegat, Schweden, Finnland

♌ Mecklenburg, Pommern, Baltikum, UdSSR

♍ Brandenburg, Polen, Ukraine

♎ Sachsen, CSSR, Donauländer

♏ Bayern, Jugoslawien

♐ Baden-Württemberg, Schweiz, Elsaß

♑ Südfrankreich

♒ Nordfrankreich

♓ Irland (ohne Nordirland), Holland

Anmerkung: nach Andersen, ›Astrogeographie und Geschichte‹, Ebertin Verlag

Städteaszendenten*

♈ 1° Asuncion, 11,5° Düsseldorf, 15° München, 21° Lima, 24,5° Sofia

♉ 25,5° Kairo

♊ 5° New York

♋ 1,5° Rangun, 4° Kabul, 10° Bremen, 13° Istanbul, 15° Kopenhagen, 19,5° Stockholm

♌ 0° Hamburg, 18,5° Kanton, 23° Moskau

♍ 12° Warschau, 19,5° Hanoi

♎ 18,5° Saigon, 19,5° Djakarta

♏ 7° Karatschi, 16,5° Pearl Harbour

♐ 21° Lagos, 22,5° Bern, 29° Daressalam, 29° Algier

♑ 0° Buenos Aires, 29,5° Montevideo

♒ 0,5° Rio, 1° Jerusalem, 3,5° Lissabon, 4° Kabul, 19° Leningrad

♓ 3,5° Reykjavik, 28° Dublin

Anmerkung: * Die sich aus mehreren astrogeografischen Systemen übereinstimmend ergeben (nach Andersen, ›Astrogeographie und Geschichte‹). Quellen für ausführlichere Gradbeschreibungen finden sich in: ›Ortsmeridiane, Ortsaszendenten für wichtige Weltstädte‹ von Ruth Brummund, Witte Verlag, Hamburg 62 und in: ›Städte-Positionen, Städteaszendenten‹ Sonderdruck 19, Baumgartner Verlag, 3133 Schnega-Warpke

Länder und Städte –
nach astrologischer Überlieferung

♈ Deutschland, England, Dänemark, Palästina, Judäa;
Berlin, Braunschweig, Neapel, Florenz, Marseille, Utrecht, Saragossa, Verona;

♉ Lothringen, Polen, Schweden, Zypern, Franken, Georgien, Irland, Kaukasus, Persien, Schweiz, Weißrußland;
Dublin, Leipzig, Luzern, Nantes, Parma, Zürich, Würzburg;

♊ Vereinigte Staaten von Amerika, Armenien, Belgien, Flandern, Brabant, Unterägypten, Kanada, Wales, Neuseeland, Lombardei;
London, Metz, Versailles, Nürnberg, Mainz, San Franzisko, Kissingen;

♋ Anatolien, Holland, Schottland, Nord- u. Westafrika, Mauritius, Paraguay;
Amsterdam, Bern, Istanbul, Mailand, New York, Tunis, Genua, Venedig, Stockholm, Lübeck;

♌ Alpen, Baden, Böhmen, Chaldäa, Frankreich, Italien (mit Krebs), Kalifornien, Rumänien, franz. Schweiz;
Bombay, Bristol, Philadelphia, Chicago, Prag, Rom, Damaskus, Portsmouth, Ulm, Koblenz, Linz, Baden-Baden;

♍ Assyrien, Türkei, Südgriechenland, Kreta, Mesopotamien, mittlere Schweiz, Kroatien, Kurdistan, Elsaß;
Basel, Boston, Breslau, Heidelberg, Erfurt, Jerusalem, Paris, Lyon, Straßburg, Toulouse, Los Angeles;

♎ Österreich, Oberägypten, Argentinien, Tibet, China, Libyen, Livland; Antwerpen, Frankfurt/Main, Wiesbaden, Freiburg, Heilbronn, Wien, Lissabon, Kopenhagen;

♏ Algerien, Bayern, Berberei, Katalonien, Kapadozien, Marokko, Norwegen, Japan, Syrien, Jütland, Lappland, Queensland; München, Liverpool, Messina, Pompeji, Tokio, Algier, Washington, Dover, Danzig, Frankfurt/Oder;

♐ Australien, Arabien, Dalmatien, Ungarn, Spanien, Toskana, Provence, Madagaskar, Istrien, Unteritalien, Sachsen, USA (mit Zwillinge); Avignon, Narbonne, Toledo, Kalkutta, Köln, Peking, Nottingham, Stuttgart, Sheffield;

♑ Brandenburg, Schleswig, Thüringen, Bosnien, Nordgriechenland, Indien, Island, Mazedonien, Steiermark, Romagnola, Bulgarien, Mexiko; Brüssel, Konstanz, Oxford, Augsburg, Moskau, Warschau, Port Said, Mechelen;

♒ Finnland, Litauen, Walachei, Westfalen, Rußland, Wüsten Arabiens; Bremen, Hamburg, Ingolstadt, Salzburg, Trient, Triest, Brighton, Sydney, Salisbury;

♓ Portugal, Galizien, Persien, Batavia, Ceylon, Kap der guten Hoffnung, St. Helena, Sahara, Normandie; Regensburg, Worms, Sevilla, Alexandria, Lancaster, Bournemouth, Rouen.

Anmerkung: Angaben u. a. nach v. Beckerath, Glahn, Pierce und Chiron.

Kunst- und Baustile

♈ Pfahlbau, Blockhaus

♉ Romanik

♊ 50er Jahre

♋ Biedermeier

♌ Renaissance

♍ Klassizismus, Bauhaus, maurisch

♎ Rokoko, Art Deco

♏ stilfeindlich (wie vordergründig ist doch Form!)

♐ Barock

♑ (Früh-)Gotik

♒ (Spät-)Gotik

♓ Jugendstil, Orientalische Bauformen (1001 Nacht!)

Anmerkung: Am Anfang der Tierkreisentwicklung noch wenig Stilempfinden, Höhepunkt der Stildifferenziertheit bei ♏ / ♎.

Tänze

♈ Jazz-Tanz, Rock'n'Roll, Eingeborenen-Stampftänze, Marsch

♉ Polka, Schuhplattler, Bauchtanz, Zwiefacher

♊ Cha-Cha-Cha, Foxtrott, Twist

♋ Parkett-Schleicher, Schnulze, Blues

♌ Disco, Samba, Flamenco, Bauchtanz, Rumba

♍ Française, Standard-Tänze, Tanzschule

♎ Menuett, Française, Fernsehballett (Showtanz), Reigen, Can-Can

♏ Robot-Dance, Striptease, Flamenco

♐ Wiener Walzer, frei zu später Nightclub-Musik

♑ Klassisches Ballett, steife Tanzformen

♒ Stepptanz, Break-Dance, Quickstep, Charleston

♓ Tempeltänze, Schleiertanz

Musikrichtungen

♈ Einfache, vorwiegend rhythmisch orientierte, eher primitive Musikformen; jugendliche Musik; Heavy Metal-music; Rock'n'Roll, Reggae; Märsche

♉ Eher klassische Musikformen, etwa mit Gesang (oft Chor); Oper; Volksmusik; auch sehr bodenständige, erdhafte Musik; ›Die Pastorale‹, ›Die Meistersinger von Nürnberg‹

♊ Operette; Musical; Pfadfinder- und Jugendlieder; Wanderlieder; leichte Musik

♋ Melodiöse einfache Volksweisen; Wiegenlieder; Seemannslieder; Volkslieder; italienische Oper; Heintje; ›Der König von Thule‹, ›Schlafe mein Prinzlein, schlaf ein‹, ›Aida‹, ›Die Moldau‹

♌ Schwarze heiße Musik; Soul, Disco-Musik; Musik von großen Entertainern (Frank Sinatra, Sammy Davis junior, Mick Jagger); triumphale Musik

♍ Filigrane Musik eher klassischer Prägung (mittelalterliche Lautenmusik, klassische Cembalomusik); sozialkritische Balladen; Schulmusik

282

♎ Klassische Musik mit Betonung auf luftiger Färbung, oft Streicher (z. B. Vivaldi); Chansons, französisches Volkslied; ›Schwanensee‹, ›Rondo veneziano‹

♏ Ritualgesänge, mönchische Choräle; Nachtklubmusik; Heavy Metal-music; Soul; schwarze Musik (sehr rhythmisch oder monoton sich wiederholend)

♐ Triumphmärsche, Kirchenmusik (vor allem Orgelmusik, z. B. von Bach); Musik von großen (vor allem amerikanischen) Entertainern

♑ Strenge klassische Musik (Fugen!); Kammermusik, Schul- und Hausmusik

♒ Experimentelle Musik; 12-Ton-Musik; atonale Musik; Synthesizermusik; elektronische Musik meist ohne Gesang

♓ Sphärenklänge; Hintergrundmusik; fließende, weiche, melodiöse Musik, meist ohne Stimme; religiöse Musik.

Stilrichtungen in der Malerei

♈ Wachsmalkreide; kräftige, farbenfreudige, ausdrucksstarke Malerei mit unruhigem Charakter; wenig Details

♉ Ölmalerei; Hinterglastechnik; sehr naturalistische Wiedergabe der Realität; oft Stilleben oder naturbeschreibende Bilder; naive Malerei als typischer Stil

♊ Zeichnungen, Grafiken, Bleistiftzeichnungen; die Kontur herrscht vor; flüchtig hingeworfene, luftig anmutende Malerei, bei der der Charakter der Zeichnung und Grafik vorherrscht; fotografische Malerei

♋ Aquarelle; Ölmalerei in gedämpften ruhigen Tönen (z. B. Niederländer wie Rembrandt); Impressionismus als typischer Stil

♌ Wachsmalkreide; kräftige, ausdrucksvolle, wenig detailorientierte Bilder mit ruhig-ausstrahlendem Charakter; Expressionismus als typischer Stil

♍ Radierungen; oft grafisch anmutende Maltechniken, bei denen Detailtreue und naturalistische Wiedergabe im Vordergrund stehen; fotografische Maltechnik, Miniaturen (z. B. Albrecht Altdorfer, C. D. Friedrich), Naturalismus als typischer Stil

♎ Freskenmalerei; italienische Renaissancemalerei als typische
Stilrichtung, z. B. Tintoretto, Botticelli

♏ Hinterglastechnik; Kubismus; Expressionismus, der die naturgetreue
Darstellung verläßt und ins Modellhaft-Abstrahierende geht; Ikonen

♐ Plakative Malerei; Spritztechniken; großflächige, expressionistische,
farbenfreudige Maltechniken; Werbegrafik

♑ Lithografien, Kalligrafien, Ikonenmalerei; Fresken; klare, aufs
Wesentliche beschränkte Bildaufteilung, Anfangsphase der abstrakten
Malerei; gotische Malkunst

♒ Collagen; Verfremdung als Stilmittel in der Malerei; abstrakte
Malerei; Surrealismus als typischer Stil (z. B. Max Ernst, René
Magritte, Salvador Dali)

♓ Aquarelle; Tuschenmalerei im Zen-Stil; die Auflösung der Kontur als
Stilmittel; impressionistische Malerei (z. B. Oskar Kokoschka)

Berühmte Gemälde

♈ Van Gogh, ›Selbstbildnisse‹

♉ Wilhelm Leibl, ›In der Bauernstube‹; Peter Paul Rubens, ›Der Raub der Töchter des Leukippos‹ und ›Polderlandschaft‹; Pieter Bruegel, ›Schlaraffenland‹

♊ Albrecht Dürer, ›Die Hände‹; (hier ist nicht nur der Gegenstand des Gemäldes ein Zwillingsthema, sondern auch die künstlerische Technik für Zwillinge typisch: die *Zeichnung* – Überwiegen des grafischen Elements vor der Farbe.)

♋ Edgar Degas (Asz. Wassermann!), ›Tänzerin‹; Rembrandt, ›Die Heilige Familie‹

♌ Emil Nolde, ›Tanz um das goldene Kalb‹ (1910)

♍ Caspar David Friedrich, ›Schloßruine‹; Carl Spitzweg, ›Der Hypochonder‹; Canaletto, ›Die Piazetta und die Riva degli Schiavoni‹ (ca. 1745)

♎ Jacopo Tintoretto, ›Vulkan überrascht Venus und Mars‹ (1555); Francesco Guardi, ›Venezianisches Galakonzert‹ (1782)

♏ Pablo Picasso, ›Guernika‹

♐ Michelangelo, ›Sixtinische Kapelle‹, ›Zyklus der Erschaffung der Welt‹ (besonders das Detail der Erweckung Adams durch Gott); Toulouse-Lautrec, Werke allgemein, besonders Plakate

♑ Lucas Cranach d. Ä., ›Albrecht von Brandenburg vor dem Gekreuzigten‹

♒ Franz Marc, ›Tirol‹; Hieronymus Bosch, ›Jüngstes Gericht‹; Fernand Léger, ›Le Typographe II‹ (1919)

♓ Auguste Renoir, ›Südfranzösische Landschaft‹ (ca. 1890)

Schauspieler (nach Rollencharakteristik)

♈ Jean-Paul Belmondo, Bud Spencer, Warren Beatty, Errol Flynn, Kirk Douglas,
Ingrid Steeger, Claudia Cardinale

♉ Gerd Fröbe, Willy Millowitsch,
Barbara Valentin, Senta Berger, Dolly Dollar

♊ Hans Clarin, Chris Howland,
Lilo Pulver, Shirley MacLaine, Gisela Schlüter

♋ Adriano Celentano, Heinz Rühmann, Walter Matthau,
Maria Schell, Barbara del Geddes (›Miss Elly‹ aus Dallas)

♌ Robert Redford, John Wayne, Anthony Quinn, Sean Connery,
Katherine Hepburn, Sophia Loren, Jane Fonda

♍ Dieter Hildebrand, James Stewart, Lawrence Olivier,
Erika Pluhar, Vanessa Redgrave, Bette Davis, Inge Meysel,
Doris Day

♎ Johannes Heesters, Maurice Chevalier, Peter Alexander, Cary Grant, Marcello Mastroianni,
Brigitte Bardot, Marilyn Monroe, Romy Schneider

♏ Alain Delon, Burkhard Driest, Michel Piccoli, Robert de Niro,
Catherine Deneuve, Hildegard Knef, Grace Kelly

♐ Curd Jürgens, Burt Lancaster, O. W. Fischer, Peter Ustinov,
Bo Derek, Lilly Palmer

♑ Alec Guiness, Jean Gabin, Ben Kingsley, Gustav Gründgens,
Liv Ullmann, Ingrid Bergman

♒ Woody Allen, Marty Feldman, Didi Hallervorden, Klaus Kinsky,
Jack Nicholson,
Nastasja Kinsky, Helga Feddersen, Liza Minelli

♓ André Heller, Helmut Berger, Charles Laughton, Omar Sharif,
Sydne Rome, Audrey Hepburn, Marina Vlady

Anmerkung: Die Personen sind nicht dem Sonnenzeichen, in dem sie geboren wurden, zugeordnet, sondern nach ihrem Gesamtcharakter, wie er in Rollen hervortritt.

Berühmtheiten / Künstler (Sonnenstand)

♈ Raphael (♏), van Dyck, Joh. Seb. Bach, Francisco Goya, H.-Chr. Andersen (♐), Charles Baudelaire (♍), Emile Zola (♐), van Gogh (♋), Bela Bartok, Charly Chaplin (♏), Samuel Beckett, Akiro Kurosawa, Alec Guiness, Gregory Peck (♓), Marcel Marceau, Diana Ross

♉ Leonardo da Vinci (♐), H. de Balzac (♌), Joh. Brahms, P. Tschaikowsky, Joan Miro (4 in ♓), Rudolpho Valentino (♈, 3 in ♓), Vladimir Nabokov, Duke Ellington, Fred Astaire, Gary Cooper, Salvadore Dali, Henry Fonda, Orson Welles, Anthony Quinn, Margot Fonteyn, Barbara Streisand

♊ Albrecht Dürer, Alexander Puschkin (4 in ♋), Robert Schumann (♄), Richard Wagner, Paul Gauguin (♌), Arthur Conan Doyle (♓), Richard Strauss, G.K. Chesterton, Thomas Mann (♍), Igor Strawinsky (je 3 in ♈, ♋), Stan Laurel, Dean Martin, Bob Dylan

♋ Rembrandt, Rubens, Edgar Degas (♒), G. Mahler (3 in ♌), Luigi Pirandello, Marcel Proust (♈), Hermann Hesse (♐), Franz Kafka (4 in ♓), Amedo Modigliani (♍), Marc Chagall, Jean Cocteau (♉), A.J. Cronin, Hemingway, Ingmar Bergman, Pierre Cardin

♌ Alexandre Dumas (♌), George Bernard Shaw (♓), Knut Hamsun, Claude Debussy, John Galsworthy, Raymond Chandler, Aldous Huxley, Henry Moore (3 in ♓), Alfred Hitchcock, Robert Mitchum, Andy Warhol, Ives Saint Laurent, Mick Jagger

♍ Goethe (♏), Leo Tolstoi, H.G. Wells (♒), D.H. Lawrence, Maurice Chevalier (♌), (3 in ♎), J.B. Priestley (♎), Peter Sellers, Leonard Cohen, Sophia Loren, Arnold Schoenberg, Eduard Mörike, Theodor Storm

♎︎ Franz Liszt (♌), Guiseppe Verdi (♓), Oscar Wilde (♍), D.T. Suzuki, Buster Keaton, William Faulkner (3 in ♍), Thomas Wolfe, Michelangelo Antonioni, Arthur Miller, Arthur Schlesinger, (3 in ♌), Walter Matthau, Yves Montand, Marcello Mastroianni, Brigitte Bardot, John Lennon

♏ F. Schiller, Johann Strauss, Auguste Rodin (♑), Claude Monet, Robert Louis Stevenson (♒), André Gide (♎), Picasso (♌), Jean Giraudoux (♋), Paul Hindemith (♌), Eugene Ionesco (3 in ♐), Albert Camus (♍), Rock Hudson (♍)

♐ Beethoven, Hector Berlioz (♋), Rainer Maria Rilke (3 in ♒), Paul Klee, Paul Brunton, Walt Disney, Douglas Fairbanks jr., Kirk Douglas, Frank Sinatra, Maria Callas

♑ Molière, Jakob Grimm, Edgar Allan Poe (4 in ♓), Pablo Casals, Henry Miller (4 in ♏), Cary Grant (3 in ♒), Marlene Dietrich, Simone de Beauvoir (♏), Frederico Fellini

♒ Mozart (♍), Stendhal, Franz Schubert (♋), Victor Hugo (♏), F. Mendelssohn, Charles Dickens (♏), Jules Verne (♓), Edouard Manet (♌), Paul Cezanne (♏), August Strindberg (♑), Somerset Maugham, James Joyce, Arthur Rubinstein, Humphrey Bogart, Jack Lemmon, François Truffaut

♓ Michelangelo (♐), Wilhelm Grimm, Giacomo Rossini, Fr. Chopin (♍), Auguste Renoir (♒), Maxim Gorki, Maurice Ravel (♏), Harry Belafonte (♓)

Anmerkung: In Klammern gesetzt wurde, soweit bekannt, der Aszendent bzw. das Zeichen, das mit 3 oder mehr Planeten besetzt ist und sich somit auch stark auswirkt.

Wissenschaftler, Philosophen, Lehrer

♈ Thomas Hobbes (4 in ♀), René Descartes (3 in ♈), Wilhelm Reich, Erich Fromm (3 in ♐), Wernher v. Braun, Ram Dass

♉ Sokrates (3 in ♀), Machiavelli, David Hume (3 in ♀), Immanuel Kant, Sören Kirkegaard, Karl Marx (3 in ♀), Sigmund Freud (Asz ♏), Bertrand Russel (Asz ♏ + 5 in ♀), Krishnamurti (Asz ♒)

♊ Blaise Pascal, Ralph Waldo Emerson, Alice Bailey, Jean-Paul Sartre (Asz ♏)

♋ John Dee, Jean Jacques Rousseau (3 in ♓), Hermann Keyserling (3 in ♌)

♌ Helena Blavatsky (3 in ♍), Max Heindel (Asz ♌), Shri Aurobindo (Asz und 3 in ♌), C.G. Jung (Asz ♒)

♍ John Locke (3 in ♍), G.W.F. Hegel

♎ Friedrich Nietzsche, Annie Besant (3 in ♎), **Mahatma Gandhi (Asz und 3 in ♏)**, Aleister Crowley (Asz ♌), Nils Bohr (4 in ♎), **Martin Heidegger (4 in ♎)**

♏ Martin Luther (3 in ♏), Voltaire, Marie Curie (5 in ♏, Asz ♋)

♐ Spinoza (3 in ♐), William Blake, Paul Brunton (5 in ♐)

♑ Paracelsus (Asz ♏), Johannes Kepler (3 in ♑), Isaac Newton, Auguste Comte (4 in ♒), Louis Pasteur (6 in ♑), **Vivekananda (3 in ♎), Yogananda (Asz ♌)**

♒ Thomas Moore, Emanuel Swedenborg, Charles Darwin (3 in ♓), Ramakrishna (3 in ♓) C.W. Leadbeater (3 in ♒ und ♓), Alfred Adler (3 in ♒)

♓ Kopernikus, Galileo Galilei (3 in ♓), Arthur Schopenhauer (3 in ♓), Rudolph Steiner (Asz ♏), **Albert Einstein (Asz ♋ und 3 in ♈), Meher Baba**

Politiker (nach Sonnenstand)*

♈ Nikita Chruschtschow (3 in ♓), Helmut Kohl (Asz ♈, 4 in ♈), Otto v. Bismarck (Asz ♌)

♉ Ho Chi Minh (4 in ♓), Niccolo Machiavelli, Oliver Cromwell (3 in ♉, 3 in ♈), Harry S. Truman, Karl Marx (Asz ♒, 3 in ♉), Wladimir Lenin (4 in ♉), Adolf Hitler (Asz ♎, 3 in ♉), Chomeini (3 in ♉), Salam Hussein (Irak)

♊ John F. Kennedy (3 in ♉), Henry Kissinger (3 in ♓)

♋ George McGovern (3 in ♋), George Pompidou (3 in ♋), Edward Heath (4 in ♋), Andrej Gromyko

♌ Herbert Hoover (5 in ♌), Benito Mussolini (Asz ♏, 4 in ♓), Napoleon Bonaparte, H.J. Wischnewski (3 in ♌), Menachim Begin (Asz ♍, 3 in ♋)

♍ Lyndon B. Johnson (4 in ♍), Louis XVI. (3 in ♍), Franz J. Strauß (Asz ♉), Arafat

---

* In Klammern angegeben sind außerdem − soweit bekannt − der Aszendent sowie durch mehrere Planeten betonte Zeichen (z. B. heißt ›3 in ♓‹ 3 Planeten stehen im Tierkreiszeichen Fische).

♎ Dwight D. Eisenhower (4 in ♎, Asz ♍), Mahatma Gandhi (3 in ♏), Margareth Thatcher (Asz ♏), Jimmy Carter (Asz ♎), Lech Walesa (Asz ♐, 3 in ♎), Hafez Assad, Tschernenko

♏ Robert Kennedy (3 in ♏ 3 in ♑), Nehru, Schah Reza Pahlewi (Asz ♌), Indira Gandhi (Asz ♌), Charles de Gaulle (Asz ♎), Theodore Roosevelt (Asz ♓), François Mitterand (Asz ♎)

♐ Benjamin Disraeli (3 in ♏), Willy Brandt (Asz ♈, 3 in ♐), Leonid Breschnew (Asz ♈), Graf Lambsdorff (3 in ♐), Karl Carstens (3 in ♐)

♑ Mao Tse Tung, Richard Nixon (Asz ♍, 3 in ♑), Barry Goldwater (Asz ♎, 3 in ♑), Joseph Stalin (3 in ♀), Konrad Adenauer (Asz ♓), Helmut Schmidt (Asz ♍), Anwar el Sadat

♒ Abraham Lincoln (3 in ♓), Ronald Reagan (Asz ♐), Franklin D. Roosevelt (3 in ♒), Hans Jochen Vogel (Asz ♑), Ludwig Erhard, Giscard d'Estaing (Asz ♎, 4 in ♒)

♓ Edward Kennedy, Alexej Kossygin (3 in ♓), George Washington, Hans Dietrich Genscher (Asz ♏, 3 in ♓)

Analogien im Bereich der Medizin

Organe

♈ Gallenblase, quergestreifte Muskeln, Arterien, Nägel, Zähne, Haare

♉ Kehlkopf, Stimmbänder, Mandeln, Speicheldrüsen, Schilddrüse, Speiseröhre

♊ Luftröhre, Bronchien, Lungen, Nervenbahnen, Blutkapillaren, Lymphsystem (unter dem Gesichtspunkt des Transportsystems und aus der Signatur)

♋ Magen, Brustdrüse, Schleimhaut, Eierstöcke, Gebärmutter, Hoden, Gehirnmasse (aus der Signatur), untere Lungenabschnitte

♌ Herz, Augen

♍ Dünndarm, Zwerchfell, Bauchspeicheldrüse (exkretorischer Anteil), Dickdarm bis Mastdarm

♎ Nieren, Harnleiter, Bauchspeicheldrüse (innersekretorischer Anteil), Venen

♏ Harnblase, Mastdarm, Enddarm, Prostata, Nase, Harnröhre, After, Genitalorgane

♐ Leber, (glatte) Muskulatur

♑ Knochen, Skelett, Haut, Sehnen und Bänder (Stütz- und Abgrenzungsfunktion), Zähne (Zahnschmelz ist die härteste Substanz im Körper), Haare, Milz (Saturn frißt seine Kinder: Erethrozytenbildung und Vernichtung; Abwehrfunktion)

♒ Zentralnervensystem

♓ Organzuordnung schwierig, da über den materiellen Bereich hinausgehend in den Ätherkörper

Knochen des menschlichen Skeletts

♈ Schädelknochen

♉ Halswirbel, bis auf den ersten

♊ 1. Halswirbel (Atlas), 1.–4. Brustwirbel und 1.–4. Rippe, Schulterblätter und Schlüsselbeine, Ober- und Unterarmknochen, sämtliche Handknochen

♋ Brustbein und sein Schwertfortsatz, 5.–9. Rippe

♌ 5.–9. Brustwirbel

♍ kurze Rippen

♎︎ Lendenwirbel

♏︎ Beckenknochen, insbesondere Schambein, Sitzbein und Steißbein

♐︎ Beckenknochen, insbesondere Hüft-, Darm- und Kreuzbein, Oberschenkelknochen

♑︎ Kniescheibe und Kniegelenkknochen, Knochen ganz allgemein unter dem Aspekt der Festigkeit und Härte

♒︎ Unterschenkelknochen (Schien- und Wadenbein) und Sprunggelenk

♓︎ Knochen des Fußgewölbes und Zehenknochen

Anmerkung: Knochen im allgemeinen gehören zum Steinbock.

Muskeln des menschlichen Körpers

♈ Muskeln im Kopfbereich: Kaumuskulatur, mimische Muskulatur (Stirn-, Mundmuskulatur), Augenmuskulatur

♉ Hals- und Nackenmuskulatur, Kehlkopf und Schlundmuskulatur

♊ Schulter- und große Brustmuskulatur (Pectoralis major und minor), Ober- u. Unterarmmuskeln und Handmuskulatur

♋ Zwerchfell und Brustmuskulatur, Intercostalmuskeln

♌ Herzmuskulatur und lange Rückenmuskeln (Erector trunci)

♍ Bauchmuskulatur (auch mit Krebs zusammen Zwerchfellmuskel)

♎ Lendenmuskulatur

♏ Blasen- und Afterschließmuskel, Genitalmuskeln, Cremaster, Scheidenmuskulatur

♐ Hüft- und Gesäßmuskulatur (Musculus maximus als größter Körpermuskel), Oberschenkelmuskeln

♑ auf das Kniegelenk wirkende Muskeln (Musculus popliteus...)

♒ Wadenmuskulatur

♓ Fußmuskeln (Zehenbeuger und -strecker)

Anmerkung: Die Gesamtheit der Muskeln würde man auf jeden Fall einem Feuerzeichen, am ehesten dem Widder, zuordnen.

Physiologisches Prinzip und Körperfunktionen

♈ Bewegung der Skelettmuskulatur

♉ Schluckakt, Geschmacksempfindung

♊ Oxidation des Blutes, Gasaustausch, katalysatorische Prozesse

♋ Versetzung der aufgenommenen Nahrung mit Verdauungssäften, Weiterbeförderung (Peristaltik) des Speisebreies

♌ Herzschlag

♍ Absorption der aufgenommenen Nahrung im Dünndarm, Assimilation und Auswahl, Bereitung des Chylus

♎ Filtrationsprozesse, Aufrechterhaltung des Säure-Basen-Gleichgewichts

♏ Ausscheidungsfunktionen (Kot und Urin), Geschlechtsfunktionen

♐ Bewertung der assimilierten Stoffe und Entgiftung (Leber), Aufbau und Wachstumsfunktionen, Produktion und Synthese

♑ Stütz- und Haltefunktion (Knochen und Bandapparat), Speicherungsfunktionen, Haut

♒ Kohlensäurebeseitigung aus dem Blut

♓ Schleimerzeugung

Konstitutionstypen

♈ *Heiß und trocken.* Unempfindlicher, eher derber, muskulöser, mittelgroßer Körper mit viel Vitalität und Eigenwärme; athletische Konstitution; Bewegungsnaturell

♉ *Trocken und kalt* (mit leicht feuchter Beimischung). Schwer beweglicher, kompakter Körper, rumpfbetont mit verhältnismäßig kurzen Gliedmaßen, standfest; pyknischer Typus; Ernährungsnaturell

♊ *Warm und feucht.* Beweglicher, elastischer, eher feingliedriger Körper, mittelgroß bis groß; eher Längen- als Breitenwachstum; relativ zum Rumpf lange Gliedmaßen; schnelle Erholungstendenz; leptosomer Typus; Bewegungsnaturell mit Denk-Empfindungsnaturell gemischt

♋ *Kalt und feucht.* Eher weicher, von der Tendenz schwammiger Körper; wenig muskulös; Speichertendenz, stark umweltabhängig, eher kleinwüchsig; zur Rundlichkeit tendierend mit verhältnismäßig kurzen Gliedmaßen; Ernährungsnaturell

♌ *Heiß und trocken.* Große Vitalität; eher muskulöser, meist mittelgroßer Körper; Mischtyp zwischen athletisch und pyknisch (fixes Feuer ruht auch gerne faul); harmonisches Naturell

♍ *Kalt und trocken.* Eher feingliedriger, nervöser Körper mit verhältnismäßig langen, dünnen Gliedmaßen; relativ beweglich; eher unfruchtbar; mit deutlich mehr Längen- als Breitenwachstum; leptosom-asthenischer Mischtypus; Denk-Empfindungsnaturell

♎︎ *Warm und feucht.* Oft schöner, ausgewogener Körperbau, feingliedrig, elastisch; Mischtypus mit vorwiegend leptosomen, aber auch pyknischen und athletischen Anteilen; harmonisches Naturell

♏︎ *Kalt und feucht* (mit teils hitziger Beimischung). Sehr belastbarer und regenerationsfähiger Körperbau; große Zähigkeit; Rumpf in Relation zu den Gliedmaßen eher überproportioniert (›Sitzriese‹); manchmal etwas schwammig; pyknisch-athletischer Mischtypus; Ernährungsnaturell

♐︎ *Warm und trocken* (mit leicht feuchter Beimischung). Hohe Vitalität und Elastizität; manchmal athletisch vorherrschend, dann meist groß (Zehnkämpfertyp); manchmal eher pyknisch, mittelgroß; ›Turmschädel‹

♑︎ *Kalt und trocken.* In der Jugend oft schwächlicher, später mit zunehmendem Alter sehr widerstandsfähiger, eher knochig-sehniger Körper; großer Mangel an Eigenwärme, eher unelastisch; asthenischer Typ, manchmal Mischtyp mit athletischen Zügen (Langstreckenläufer); entweder klein und krummwüchsig oder hoch und kantig

♒︎ *Warm und feucht* (mit kalter Beimischung). Asthenischer, schmalwüchsiger Typ; manchmal auch ›bizarre‹ Körperformen; nervöser Körperbau; oft stark ausgeprägte Waden (Sprung!)- und Unterarmmuskulatur bei sonst wenig ausgeprägter Muskelbildung; Bewegungs-Denk-Naturell;

♓︎ *Kalt und feucht.* Meist vitalitätsarmer, ja sogar schwächlicher Körper von lymphatisch-asthenischer Färbung; labile Konstitution mit geringer Regenerationskraft; manchmal relativ schmerzunempfindlich (Autonarkotisierung); harmonisches Naturell.

Krankheitsprinzipien

♈ *Akute* und *fulminant verlaufende* Krankheiten, im allgemeinen besonders Entzündungen, *Verletzungen, Fieber,* Krankheiten mit *aggresivem Ausdruck* (Keuchhusten)

♉ *Störungen im Aufnahme- und Abgabegleichgewicht* (Übergewicht, Fettsucht), Störungen im *Fortpflanzungsbereich*

♊ Erkrankungen im Bereich des *Austausches* (Lungenemphysem), Erkrankungen im Bereich der *Leitungssysteme* (Nervenausfälle, Gefäßverengungen, Lymphstau)

♋ Störungen der *Absorption* (chronisches Erbrechen, Pylorusstenose), Störungen im *Flüssigkeitshaushalt* (Ödeme)

♌ *Vitalitätsstörungen* (Herzinsuffizienz, Anämie, Schwächezustände, Ohnmachten, Blindheit)

♍ *Störungen der Absorption und Assimilation* (Malabsorption bei genetischem Enzymmangel oder bei Vitamin B_{12}-Mangel, Durchfall)

♎︎ *Gleichgewichtsstörungen* im makroskopischen Bereich (Morbus Menière) und im biochemischen Bereich (Azidose u. Alkalose)

♏︎ *Autoaggressionskrankheiten* (Allergien), *tödliche Krankheiten* (Krebs), Verwachsungen (Buckel)

♐︎ Wucherungen (gutartige Tumore, aber auch der Wucherungsaspekt bei Krebs), *Schwellungen* (Fettleber, Schwellungen bei Verletzungen, Entzündungen, Übergewicht, Fettgewebserkrankungen)

♑︎ *Steinleiden* (Nieren-, Blasen-, Gallensteine), *Sklerosen* (= Verhärtungen), *Schrumpfungsprozesse, Alterungsprozesse, Verschlußkrankheiten* (Magen-, Darmverschluß, Thrombosen), *Mangelkrankheiten* (Vitamin-, Mineral-, Eiweißmangel, Haarausfall), allgemein chronische Krankheiten

♒︎ *Brüche* sowohl der Knochen als auch jeder anderen Kontinuität (plötzliche Anfälle), *Unfälle, Spasmen, Koliken* (Wehen)

♓︎ *Infektionen* (Seuchen), *Vergiftungen, Lähmungen*

Krankheitsdispositionen

♈ Neigung zu Kopfschmerzen (Gehirnhautentzündung), Augenerkrankungen (Kurz- und Weitsichtigkeit), Gesichtsneuralgien (Trigeminus), Zahnschmerzen, Gallenblasenleiden (Koliken)

♉ Erkrankungen im Halsbereich (Heiserkeit, Krupp, Mandelentzündung, Katarrhe), Schilddrüsenerkrankungen (Kropf und Morbus Basedow), Speicheldrüsenerkrankungen (Mumps)

♓ Lungenkrankheiten (Asthma, Tbc, Pneumonie), neurologische Erkrankungen (MS, Lateralsklerose)

♋ Erkrankungen des Magens (Aufstoßen und Sodbrennen), Erkrankungen der weiblichen Brust (Mastitis), Gebärmutter(-Vorfall), Eierstöcke (Eierstockentzündungen), Bauchspeicheldrüsenerkrankungen (Pankreatitis)

♌ Herz- und Kreislauferkrankungen (Infarkt, Hochdruck), Wirbelsäulen- und Rückenmarkerkrankungen (Lumbago, Rückenmark-Tbc)

♍ Erkrankungen der Verdauungsorgane (Durchfall, Colitis), Bauchfellentzündung, Pankreatitis (ebenso wie ♋)

♎ Nieren- und Blasenerkrankungen (Nierenbecken-, Blasenentzündung), Hautkrankheiten (Akne, Ekzeme), Diabetes, venerische Krankheiten (Syphilis), Venenerkrankungen

♏ Geschlechtskrankheiten (Tripper), Infektionen und Erkrankungen der Geschlechts- und Ausscheidungsorgane (Hämorrhoiden), Nasen-Nebenhöhlenerkrankungen (Sinusitis)

♐ Hüftleiden (Coxarthrose, Rheuma), Leberkrankheiten (Gelbsucht, Zirrhose, Fettleber), Lähmungen

♑ Gelenkrheuma (PCP), Knochenerkrankungen (Knochen-Tbc), Hautkrankheiten (Schuppenflechte, Ichthyosis [extreme Hautverhornung]), Erkältungen

♒ Neigung zu Krampfzuständen (von Wadenkrämpfen bis zur Epilepsie), zentral nervöse Erkrankungen (Veitstanz, Chorea Huntington), Tics, Krampfadern, Venenleiden, Unterschenkelgeschwüre (offene Beine)

♓ Neigung zu Fußerkrankungen, Erkältungen, Lungenanfälligkeit auf kaltfeuchte Reize, Süchte, allgemein psychische Erkrankungen

Therapieformen

♈ Bewegungsbezogene Therapien wie Sport, Bioenergetik; auch Augentraining nach Bates, Encounter und energiebezogene Medizin wie Akupunktur (klassisch), Moxibustion, Aufpralltherapie; eher Individualtherapien;

♉ vor allem Gruppentherapien; auch Chiropraktik, Massage, Lehmwickel, Heilerdeanwendungen, Phytotherapie (vor allem mit Teemischungen); Aromatherapie; Therapien, die mit Stimme und Gesang arbeiten; ernährungsbezogene Therapien; Diätformen wie etwa Hay-Diät;

♊ Atemtherapieformen, bewegungsbezogene Therapien gymnastischer Art, Neuraltherapie, Ozontherapie; Armbänder — sowie alle Tierkreiszeichen in der ihnen zugeordneten Körperregion (vgl. S. 354) besonders gut ansprechbar sind; Wandern als Therapie;

♋ ernährungsbezogene Therapien, Hydrotherapieformen wie Wickel, Güsse, Bäder, Massagen, besonders Lymphdrainage; Psychotherapieformen, insbesondere gelenkter Tagtraum, katathymes Bilderleben, Primärtherapie; eher Individualtherapien;

♌ energiebezogene Therapien: Akupressur, Shiatsu, Massage, Licht- und Bestrahlungstherapien, speziell Sonnenbäder, Farbtherapie (der Löwe zieht natürliches Licht künstlichem vor); Gestalttherapie;

♍ Ernährungsumstellung, Diätformen wie Bircher-Benner, Rohkost etc.; Gartenarbeit als Therapie; Symbioselenkung (Darmsanierung); Homöopathie;

♎︎ Kunsttherapie wie Maltherapie, Tanztherapie, Musiktherapie; leichte Gymnastik; gleichgewichtsbezogene Übungen, z. B. Hatha-Yoga; Arica; Hautbürstungen im Nierenbereich; Atemtherapien;

♏︎ Sauna (Extreme!); Fangoschlamm, Hormontherapie; Sitzbäder; Dickdarmspülung; Fasten, Schröpfen, Baunscheidverfahren, Blutegel, Aderlaß; autogenes Training, Hypnosetherapien;

♐︎ energiebezogene Therapien, vor allem Elektroakupunktur, Laserakupunktur, Frischzellentherapie; bewegungsorientierte, sportliche Therapieformen;

♑︎ Hautreflexzonenaktivierung, Baunscheidverfahren, Fasten, Chiropraktik, Trockenschröpfen, Rolfing; Arbeit als Therapie; Edelsteintherapie, Bergsteigen als Therapie;

♒︎ Ozontherapie, Atemtherapien, Eurythmie, Neuraltherapie, Hochfrequenztherapie, Ultraschalltherapie, Magnetfeldtherapie, Kunstlichtbestrahlungstherapien, Orgontherapie, Pyramidenenergietherapie;

♓︎ Fußbäder (ansteigend), Güsse, Tautreten (kurz!), Musiktherapien, Fußreflexzonenmassage, Kinesiologie, Geistheilung, Meditation, Aromatherapie, Bach-Blütentherapie, Homöopathie (eher Hochpotenzen);

Anmerkung: Die Zuordnung wird von dem Gedanken getragen, daß eine Therapieform, die innere Verwandtschaft zu dem Tierkreiszeichen hat, von dem der Patient besonders gefärbt ist, besser angenommen (›verstanden‹) werden kann – ähnliche ›Frequenz‹ – und daher leichter zur Heilung führt. Ein Gedanke, der Verwandtschaft zum homöopathischen Ansatz ›similia similibus curantur‹ zeigt.

Diäten (Ernährungsformen)

♈ Sportlernahrung (Eiweiß), Rohkost (Schnitzler)

♉ Vollwerternährung, Naturkost, Milchkur (Karellkur), Kartoffeldiät

♊ Bircher-Benner-Ernährung, ›Brigitte-Diät‹

♋ Magen-Schonkost, Mayr-Kur

♌ Manager-Diät
(eher diätfeindliches Zeichen gemäß dem Motto: ›Ich lebe, wie es mir gefällt.‹)

♍ Schonkost, kalorienbewußte Schlankheitsdiät,
Haysche Trenn-Kost,
Waerlandt

♎ Traubenkur, Obstkur, Hollywood-Kur,
antiphlogistische Diät

♏ Makrobiotik, Schrotkur, Saftkur (nach Preuß)

♐ Öl-Eiweiß-Diät (nach Dr. Johanna Budwig),
Aufbaudiät (eiweißreich), Mastkuren, Hollywood-Kur

♑ Fasten, Reduktionsdiäten (800 – 1000 Kalorien-Kost),
Entziehungsdiäten (kohlehydratarm bei Diabetes, zellarm bei Gicht,
kochsalzarm bei hohem Blutdruck, Herzkrankheiten, eiweißarm bei
Nierenschäden usw.)

♒ künstliche Gewichtsreduktion mittels Appetitzüglern (das Einhalten
von Richtlinien widerstrebt diesem Prinzip auch in der Ernährung)

♓ ›Kosmische Ernährung‹, vegetarische Diät

Homöopathische Mittel

	pflanzlich	tierisch	mineralisch	Nosode
♈	Capsicum Arnica Staphisagria Aconitum Urtica urens	Apis Acidum formicum	Ferrum- Verbindungen	Scarlatinum
♉	Bryonia Anacardium Spongia		Graphites Cuprum aceticum	Diphterinum Tonsillitis Nosode Herpesnosode Mumpsnosode Strumanosoden
♊	Sanguinaria Coccolus Hypericum	Lac caninum	Mercurius Mercurius- verbindungen Osmium	Toxoplasmose- nosode
♋	Secale cornutum Luffa operculata Pulsatilla	Lac caninum	Calcium carbonicum Argentum metallicum Argentum nitricum Silicea Palladium	Baccillinum Appendicitis Nosode Mastitis Nosode Lac canium Nosode
♌	Chamomilla Spigelia Veratrum	Naja tripudians	Aurum	Streptococcus Haemolyticus Nosode
♍	Coffea Nux vomica Nux moschata	Formica rufa	Natrium muriaticum Natrium carbonicum Natrium phosphoricum	Bact. coli Nosode Appencitis Nosode Diverticulose Nosode

	pflanzlich	*tierisch*	*mineralisch*	*Nosode*
♎	Berberis Gelsemium Sarsaparilla	Murex Serum anguille	Arsenicum album Cuprum arsenicosum Thallium	Cystopyelone- phritis Nosode
♏	Stramonium Hyoscyamus Asa foetida Drosera, Nux vomica	Tarantula Latrodectus Mygale	Platinum Sulfur Nitricum acidum	Luesinum* Medorhinum Pyrogenium Sinusitis Nosode Anthracinum
♐	Chelidonium Thuja Hamamelis virginalis		Stannum	Arthritis urica Nosode Hepatitis Nosode Cirrhosis hepatis Nosode
♑	Ledum, Ruta Lycopodium Symphytum		Plumbum Alumina Carbo vegetabilis Petroleum	Psorinum Cerumen Nosode Otitis media Nosode Pyodermie Nosode
♒	Colocyntis Rhododendron Hypericum Ignatia		Zincum Phosphorus Magnesium Radium Glonoinum	Asthma Nosode Malaria Nosode Tetanus Nosode Ulcus cruris Nosode
♓	China, Conium Colchicum Opium Helleborus	Lachesis Sepia	Kalium bichromicum Jodum Kalium phosphoricum	Tuberculinum Baccillinum Coxsackievirus Nosode

* Skorpion, als infektionsanfälliger Typus, zeigt starke Nosodenanalogie.

Bach-Blütenmittel

♈ *Impatiens,* Vervain, Heather, Rock Rose

♉ *Chicory,* Red Chestnut

♊ *Cerato,* Elm, Hornbeam, (Sklerantus)

♋ *Clematis,* Mimulus, Star of Bethlehem, (Honeysuckle)

♌ *Vine,* Olive, (Water Violet)

♍ *Crap Apple,* White Chestnut, Larch, Gorse, Gentian

♎ *Walnut,* (White Chestnut)

♏ *Holly,* Cherry Plum, Rock Water, Pine, Mustard

♐ *Agrimony,* Sweet Chestnut

♑ *Oak, Beech,* Honeysuckle

♒ *Sklerantus,* Wild Oat, Chestnut Bud

♓ *Centaury,* Wild Rose, Aspen

Anmerkung: Die kursiv gedruckten Mittel können als sehr typische Mittel angesehen werden. Mittel, die bei verschiedenen Zeichen aufgeführt sind, besitzen Charakteristika beider Zeichen.

Analogien im Bereich der Psychologie

Motto des Auftretens

♈ »Hoppla, hier komm ich!«

♉ »Hast du was, bist du was.«

♊ »Hallo, wißt ihr schon das Neueste?«

♋ »Schau mir zärtlich in die Augen.«

♌ »Wo ist hier der Thron, Lakai?«

♍ »Erst gurten, dann fahren!«

♎ »Küß die Hand, gnä' Frau.«

♏ »Rache ist süß.«

♐ »Lachen ist die beste Medizin.«

♑ »Erst die Arbeit, dann das Spiel.«

♒ »Besser schrullig als 08/15.«

♓ »Ja, wo ist er denn?«

Hauptmotivation / Lebenswunsch

♈ Unmittelbarer Einsatz aller zur Verfügung stehenden Kräfte, um das jeweils gesteckte Ziel zu erreichen und möglichst schnell Resultate zu sehen.
Unerlöst: Gewaltsames rücksichtsloses Vorgehen.
Hochleistungswahn.

♉ In Gemütlichkeit, Sicherheit und Sinnlichkeit das Leben genießen. Schönes, Wertvolles sammeln, zum Bestand machen und erhalten.
Unerlöst: Genußgier, dumme Verteidigung von Dingen, die sich als unrichtig erwiesen haben; träges Bedürfnis nach Ungestörtheit.

♊ Ein Leben für die Wißbegier. Neugierig immer Neues auskundschaften, in sprachliche Begriffe fassen und sich darüber mit anderen unterhalten.
Unerlöst: Das geschwätzige wandelnde Lexikon.

♋ Ein Leben fürs Gefühl. Auf der Suche nach der Seele in allem. Die Psyche der Dinge ergründen, Bemuttern und Bemuttern lassen.
Unerlöst: Das launische unzufriedene Kind.

♌ Die Freude am Spiel. Leben als Tummelplatz für den spielerischen Selbstausdruck. Lebenslust.
Unerlöst: Machtstreben, das nicht aufhört, bis das kleine Ego im Zentrum der Beachtung steht.

♍ Freude an Präzision und akribisch genauer Kenntnis. Forschendes Verständnis durch genaue Beobachtung. Rationales Wissen dienend weitergeben.
Unerlöst: Zersetzendes Mißtrauen, das alles, was der eigenen Logik nicht eingeht, zynisch verdammt.

♎︎ Ein Leben für die Harmonie (der Farben, Formen, Töne, Gegensätze). Die Suche nach dem inneren Frieden, nach der Ergänzung durch den geliebten Partner.
Unerlöst: Lauheit, Unentschlossenheit und Unehrlichkeit, ›zu schön, um wahr zu sein‹.

♏︎ Der größte Sieg ist der Sieg über sich selbst! Über sich hinauswachsen wollen. Den okkulten Urgrund der Dinge um jeden Preis (Faust!) enthüllen wollen.
Unerlöst: Das Leben durch Modellvorstellungen, die man Ideale nennt, vergewaltigen, und daran selbst zugrunde gehen.

♐︎ Ein Leben für die Entwicklung. Seelische und geistige Expansion. Den Sinn des Lebens finden.
Unerlöst: Der hohle Hochstapler ohne Substanz.

♑︎ Einsam und autark das erstrebte Ziel (Gipfel) erreichen. Die Suche nach aus Erfahrung geborener Reife und Weisheit. Bescheidenheit.
Unerlöst: Selbstgerechtigkeit bei kalter Strenge anderen gegenüber.

♒︎ Die Welt durch Geistesblitze und Erfindungen aus den Angeln heben! Geistige Freiheit, Überwindung von Zeit und Raum.
Unerlöst: Zerstörung sinnvoller Ordnung und Hierarchie.

♓︎ Sehnsucht nach Verschmelzung mit der Einheit der Dinge. Aufgehen in der Schöpfung. Transzendieren.
Unerlöst: Die Selbstbetäubung, um die Wahrheit nicht sehen zu müssen.

Stimmungen

	erlöst	unerlöst	krankhaft
♈	Mut, Tapferkeit, Ehrlichkeit, Ritterlichkeit, Willenskraft, Engagement, Direktheit	Wut, Zorn, Aggressionslust, Hektik, Rastlosigkeit, Rivalität, Unbedachtheit	agitierte Psychose, Hysterie
♉	Ruhe, Zärtlichkeit, Friedensliebe, Sinnlichkeit, Gruppensinn, Bodenständigkeit	Gier, Besitzdrang, Neid, Hartnäckigkeit, Trägheit, Sturheit, Unbeweglichkeit	Freßsucht, Depression
♊	Heiterkeit, Klugheit, Wendigkeit, Vielseitigkeit, Geselligkeit, Interessiertheit	Geschwätzigkeit, Listigkeit, Oberflächlichkeit, Neugier, Lügenhaftigkeit	Paranoia, Hebephrenie, Ideenflucht, Beziehungswahn
♋	Hingabe, Anpassungsfähigkeit, Fürsorglichkeit, Mütterlichkeit, Gefühlstiefe	Sentimentalität, Beleidigtsein, Schmollen, Unselbständigkeit, Selbstmitleid, Launenhaftigkeit	Passivität bis zur Antriebslosigkeit, Ängstlichkeit, Gemütsleiden
♌	Kraft, Ausstrahlung, Selbstbewußtheit, Situationsnähe, Organisationsgabe, Risikofreude, Verspieltheit	Stolz, Angabe, Überheblichkeit, Selbstüberschätzung, Egodominanz, Prahlerei, Dominanzstreben	Manien, Größenwahn
♍	Bedachtheit, Akribie, Pflichtbewußtsein, Sorgsamkeit, Differenziertheit, Beobachtungsgabe, Vernunft	Kritiksucht, Mißtrauen, Zynismus, Verschlagenheit, Ängstlichkeit, Pedanterie, Pessimismus,	Angstsyndrome, Phobien, Kontrollzwänge, Depression

	erlöst	unerlöst	krankhaft
♎	Charme, Höflichkeit, Zärtlickeit, Freundlichkeit, Kunstempfinden, Eleganz, Diplomatie	Blasiertheit, Verzärtelung, Schmeichelei, Handlungsschwäche, Entscheidungsschwäche, Unehrlichkeit	Paranoia, Leben in statischer Scheinharmonie
♏	Idealismus, Wandlungsfähigkeit, Opferbereitschaft, hoher Anspruch an sich	Extremismus, Sadismus, Fanatismus, Masochismus, Verbissenheit, Mißtrauen, psych. Machthunger	Besessenheit, manisch-depressives Irresein, Zwangsneurose, Selbstzerstörungstrieb, Sexismus
♐	Humor, Optimismus, Vertrauen, Toleranz, Großzügigkeit, Organisationstalent, Güte	Pathos, Übertreibung, Großspurigkeit, Selbstüberschätzung, Arroganz	Manien, Hysterie, Depression (kompensiert durch unechte ›Lebenslust‹)
♑	Klarheit, Ausdauer, Reinheit, Format, Konzentration, Ernsthaftigkeit, Ordnungsliebe, Verantwortungsgefühl	Geiz, Härte, Sturheit, Verschlossenheit, Dogmatismus, Strenge	Schizophrenie, Depression, Kontrollzwänge, Autismus
♒	Einfallsreichtum, Freiheitsliebe, Originalität, Genialität, Veränderungslust	Nervosität, Unruhe, Exzentrizität, Gefühlskälte, Clownerie, Getriebenheit	Psychosen mit Desorientierung, Epilepsie, Katalepsie
♓	Sensibilität, Mitgefühl, Intuition, Phantasie, Ahnungsvermögen, Altruismus	Haltlosigkeit, Charakterlosigkeit, Undurchsichtigkeit, Schwindelei	Süchte, Wahnideen, Halluzinationen, religiöse Wahnvorstellungen

Angriffs- und Verteidigungsmechanismen

♈ *Körperliche* Aggression und Abwehr, z. B. Schlag, Stoß, Hieb. Verletzende Direktheit, die keine Höflichkeit kennt; Jähzorn; Stich u. Parade; offene Aggression als Waffe

♉ *Körperliche* Aggression und Abwehr, z. B. Würgen, Ringen, Festhalten. Besitzergreifendes Wesen, das kein Loslassen kennt; Würgegriff und Gegengriff; Hartnäckigkeit als Waffe

♊ *Körperlicher und geistiger* Angriff und Abwehr durch Standpunktlosigkeit, durch Sich-Entziehen, durch Relativieren des Anliegens des anderen; den anderen im Leeren stehen lassen; Sophistik als Waffe

♋ *Seelische* Aggression und Abwehr, z. B. durch Schmollen, Weinen, Beleidigtsein; die Träne als Waffe

♌ *Seelischer* Angriff und Abwehr, z. B. durch Hochmut und Überheblichkeit; den anderen spüren lassen, wie unbedeutend er ist; Protzen als Waffe

♍ *Seelische* Aggression und Abwehr, z. B. durch Zynismus, Sarkasmus, Nörgelei, Kritizismus; der Verstand als Waffe (gegen die Seele); Intellektualismus als Waffe

♎︎ *Geistige* Aggression und Abwehr, z. B. durch argumentative Spitzfindigkeit (das geistige Florett), durch das immerwährende Aufbauen von Gegenargumenten zu der Position des anderen; den anderen leerlaufen lassen; die Alternative als Waffe

♏︎ *Geistige* Aggression und Abwehr *mit seelischen Anteilen* gemischt, z. B. Sadismus, indem man den anderen dessen Unzulänglichkeiten spüren läßt; Masochismus und Rachegelüste als Abwehr; den anderen bis an die Grenze des Erträglichen treiben; Vampirismus als Waffe; Schuldgefühle bereiten

♐︎ *Geistige* Aggression und Abwehr, z. B. durch Problemblindheit, Herabspielen der Sorgen des anderen, Scheintoleranz und geistige Überheblichkeit; Arroganz als Waffe

♑︎ *Geistige und körperliche* Aggression und Abwehr, z. B. durch Verbote, Einschränkungen, Zwang, Entindividualisierung des anderen (›*Man* tut nicht…!‹); der andere wird in seiner Individualität mißachtet und in Kategorien gezwungen; Abstempelung als Waffe

♒︎ *Geistige* Aggression und Abwehr, z. B. geistiger Hochmut, Karrikierung der Probleme des anderen; sich in die Witzelei flüchten; argumentative Kälte; Flucht als Waffe; Irrealismus als Waffe

♓︎ *Geistige und seelische* Aggression und Abwehr, z. B. durch Täuschung, Unfaßbarkeit, Narkotisierung des anderen und durch Eigennarkose; Schwindel als Waffe

Anmerkung: Da ein Mensch nur dann aggressiv ist oder abwehrt, wenn er sich schwach und verletzbar fühlt, können Ihnen die oben angedeuteten Angriffs- und Abwehrmechanismen dabei helfen, zu erkennen, wann der Betreffende hilflos ist.

Sprechweise/Stimmlagen

♈	hart, energisch, laut, schneidend, aggressiv, hastig	herausplatzend, explodierend, Sprache des Wutanfalls
♉	ruhig, fest, melodisch, sicher, versichernd, tief	beruhigend (singen)
♊	gewandt, heiter, unterhaltend	verbindend (Partysprache)
♋	unbestimmt, unsicher, besorgt (mütterlich)	einschläfernd (Gute-Nacht-Geschichte)
♌	bestimmend, energisch, keine Widerrede duldend	beherrschend (Ansprache ans Volk)
♍	neutral, präzise, skeptisch	emotionslos (Wirtschaftsbericht)

♎	moduliert, gewandt, harmonisch, schön	friedlich (Liebeserklärung, Kompliment)
♏	gespannt, hintergründig, bohrend	verletzend, sezierend (Inquisitionsplädoyer)
♐	energisch, belehrend	weihevoll, pathetisch (Predigt)
♑	monoton, präzise, festlegend	sparsam (Amtssprache, Gutachten)
♒	gewandt, pointiert	stottern, genial, sprunghaft
♓	leise, unsicher, verwaschen	lallen (Sprache im Rausch)

Meditationsformen / esoterische Übungen und Wege

♈ Sonnenaufgangsmeditation, Dhikr (Der Wirbeltanz der Derwische), meditatives Laufen, Elementemeditation (Feuer)

♉ Singen von Mantras, Hatha Yoga, Naturmeditationen, Elementemeditation (Erde)

♊ Atem-Meditation (Rebirthing, Pranayama), Mantrameditation (Transzendentale Meditation), Elementemeditation (Luft)

♋ Spiegelmeditation, Vollmondmeditation, Mondrituale, geführte Meditationen (Meeresabstieg), Elementemeditation (Wasser), katathymes Bilderleben allgemein

♌ Kerzenmeditation, Herzensmeditation (nach Siegfried Scharf), Sonnengebet, meditatives Tanzen und Malen

♍ Rituelle Reinigungszeremonien, Arbeitsmeditationen, Kalligraphie, Karma Yoga, buddhistische Achtsamkeitsmeditationen

♎ Musikmeditation, Kontemplation (Gedichte, Bilder, Plastiken), Tanzmeditation, Tai Chi Ch'uan, Ikebana, Nadabrahma-Summ-Meditation, Uppeka-Meditationen

♏ Za-Zen, Tantrische Meditationen, Todesmeditation, Aikido, geführte Meditationen (Stirb- und Werdeprozesse), Raja Yoga

♐ Bogenschießen, Tai Chi Ch'uan, Jnana Yoga, Lichtimagination

♑ Konzentrationsübungen, Za-Zen, Fastenrituale, Meditationen in der Einsamkeit (Eremiten)

♒ Friedensmeditationen, Lachmeditation, Flugimaginationen, Zen-Koan (Rinzai-Zen)*, Methode der Sufi-Witze, Wirbeltanz der Derwische

♓ Musikmeditation, Traummeditation, Symbolmeditation, Bhakti Yoga

Anmerkung: Das Buch ›Meditationsführer − Wege nach Innen‹ von Margit Seitz (Schönbergers Verlag, München 1985) widmet sich der Zuordnung von Meditationsformen zu Tierkreiszeichen ausführlich. Dort finden Sie auch die hier aufgelisteten Meditationsarten näher beschrieben.

---

* Zuordnung unter dem Gesichtspunkt der Arbeit mit dem Intellekt (Rinzai-Methode).

Archetypische Stimmungsbilder

♈ Der sich fauchend entflammende Funken. Der aus dem Samen hervorbrechende Keim. Frühlingsbeginn. Im roten Licht der Schwertschmiede. Wettkampfspannung. Rivalen unter roter Sonne. Parzival der Gralsritter. Uranfang.

♉ Satte lehmige Tonerde. Im Biergarten unterm grünen Dach der Kastanien. Picknick in Burgund neben friedvoll grasenden Kühen. Wonnemonat Mai. Inmitten von Hügeln und Äckern: die Burg. Im Burghof hinter dicken Wällen ein gastfreundliches Mahl: üppige Fruchtschalen und Singen in der Gruppe.

♊ Im Pfadfinderlager am Feuer sitzen und Gitarre spielen. Kommen und Gehen. Von Neuigkeiten hören. Jugendliche Wandervögel. Juniwiesen im Sommerwind. Insektensummen und laue Luft voller Blütenpollen. Erkunden und Wissenwollen. Beziehungen.

♋ Vollmondnacht am stillen See. Eintauchen in das Dunkel. Sich treiben lassen. Sich in der Gefühlswelt verlieren. Von der Dünung sanft gewiegt. Silbriger Wasserspiegel im Mondlicht. Geborgen wie im Mutterleib. Periodisch sich wandelnde Stimmungen. Julinacht.

♌ August. Beginn eines heißen Sommertages. Der Feuerball der Sonne erhebt sich über den Horizont und taucht alles in goldenes Licht. Die Sonne steigt an den Zenit. Hitze dröhnt. Herzensglut. Spielen und schöpfen wollen. Als Herrscher thronend Huldigung empfangen.

♍ Erntezeit. Überprüfen und messen, was es alles gibt. Nutzen und verwerten wollen. Sparsam und vorausschauend auf kältere Zeiten. Exakt beobachten und emsig arbeiten, um das Weiterleben zu sichern. Kritische Gespräche über Spezialthemen. Die Vernunft warnt. Pflichtbewußte Neugier. Existenzsorge.

♎︎ Kühle feuchte Herbstluft. Die Blätter beginnen sich zu färben. Abendstimmung im Oktober. Schräges Licht im Laubwald. Bunte Blätter lösen sich und tanzen zur Erde. Zauber der Ästhetik – sich davon verführen lassen und selbst verführen. Charmantes Geplauder im Café. Küß' die Hand, gnä' Frau.

♏︎ Allerseelen, Totensonntag. Modriger Durft liegt über dem Moos im Unterholz. Spinnweben, in denen sich der Tau gefangen hat. Man kann die Gnome husten hören. Am unergründlich tiefen Kratersee in die Schwärze schauen, den Vulkan darunter spüren. Sterben, um sich wie neugeboren zu fühlen.

♐︎ Vorweihnachtszeit, Verkünden der bevorstehenden Neugeburt des Lichts. Feierliche Stimmung erhöht durch brennende Kerzen. Leben und Leben lassen. Innere Expansion. Sehnsucht nach weiten Reisen, um sein Glück zu suchen. In priesterlicher Mission verkünden und dozieren. Feuer und Flamme.

♑︎ Am Fuße des Berges die Last aufnehmen. Mit Blei in den Knien aufwärts. Langsam – unendlich langsam. Schritt vor Schritt. Streben, sich zwingen – hin zum Ziel. Arbeit, Mühe, Zeit, Ehrgeiz. Immer weiter und höher. Wo die Luft klar und rein ist. Endlich oben. Sich fühlen wie ein Bergkristall. Fest in sich. Einsam abgegrenzt. Endlich Klarheit, aber es geht weiter...

♒︎ Winterluft, stehend vor Kälte, voller Eiskristalle, in denen sich das Licht bricht. Geronnene Ideen, kühl aufblitzend. Durch trocken staubenden Schnee tanzen, springen, unwirklich. Die Eiskristalle in der Luft wie Konfetti im Scheinwerferstrahl der Zirkuskuppel. Elektrisch geladene Atmosphäre. Als Clown seine Narrenfreiheit genießen. Frei wie ein Vogel. Kühl, bizarr.

♓︎ Sich in den Fluß gleiten lassen. Schlingpflanzen, die wie Nixenhaare in der Strömung wehen. Sich im Fließen verlieren. Die Ufer werden weiter, weichen zurück – uferlos, grenzenlos. Verschwommene Grüntöne, in denen alles möglich ist. Traumland der Phantasie. Ich bin in allem, alles ist in mir.

Todesarten

♈ Unfalltod, Verletzungstod, rascher Tod; Tod durch Verbrennung, durch Schädeltrauma, durch Gehirnschlag, durch Gewalteinwirkung, durch Blutvergiftung

♉ Tod durch Fettleibigkeit (Überfressen), durch Genußsucht; seltener durch Gewalteinwirkung am Hals, durch Verschlucken, durch Erwürgen

♊ Tod durch Luftmangel, Tod im Straßenverkehr; relativ schneller Tod

♋ Tod durch Ertrinken; eher langsamerer Sterbeprozeß; Tod im Bett, Magenkrankheiten und Krankheiten der weiblichen Reproduktionsorgane als Todesursache; Tod durch seelische Kränkung; Tod in der Menge (Panik)

♌ Tod durch Herzkrankheit (Managerkrankheiten), Herzinfarkt; relativ rascher Tod, Unfalltod; Tod durch hektische Überaktivität

♍ Tod durch längere Krankheit, bevorzugt im Magen-Darm-Pankreasbereich; Tod durch Lebensangst; ›normaler‹, unauffälliger Tod

♎ Tod durch verzärteltes Leben (Abwehrschwäche); ›Dekadenztod‹; Tod durch Erkrankung der Nieren

♏ Suizid (Kamikaze/Harakiri); Tod durch infektiöse Erkrankungen; durch Gewalteinwirkung, oft unnatürlicher Tod; Suchttod; Tod durch fehlgegangene Operation; tödliche Erkrankungen der Geschlechtsorgane

♐ Tod durch übertriebenes Wohlleben und durch typische Zivilisationserkrankungen wie Herz-, Kreislauferkrankungen, Stoffwechselerkrankungen, Lebererkrankungen; Tod durch Sturz vom Pferd (wenn ›zu hoch zu Roß‹)

♑ Tod durch Auszehrung, oft sehr spät und langsam sterbend. ›Tod in der Gletscherspalte‹; Tod durch Unterernährung; Tod durch Überarbeitung

♒ Tod durch Abstürzen, durch Erhängen; relativ häufig: plötzlicher Tod und Unfalltod; Tod durch Explosion; Tod durch gefährliche Experimente (Erfindertod)

♓ Schleichender Tod; Tod durch Vergiftung, Medikamentenmißbrauch, Suchttod; Tod durch nicht überwundene Kränkung; mystischer, unaufgeklärter Tod; Tod durch Ertrinken

Zentrale Lernaufgabe

♈ Lerne Geduld und bewußtes Handeln! — Kein Zorn!

♉ Lerne Beweglichkeit und wo dein Platz ist! — Keine Gier!

♊ Lerne Beeindruckbarkeit und Synthese! — Keine Oberflächlichkeit!

♋ Lerne Selbständigkeit und Auftreten! — Kein Selbstmitleid!

♌ Lerne differenzieren und *echte* Autorität! — Kein Stolz!

♍ Lerne vertrauen! — Keine Skepsis!

♎ Lerne dich zu entscheiden!	Keine Unehrlichkeit!
♏ Lerne Abschied nehmen!	Keine Rache!
♐ Lerne dich zu stellen (auch dort, wo es unangenehm wird)!	Keine Arroganz!
♑ Lerne (auch andere) zu verstehen!	Keine Verallgemeinerung! ›Man...‹
♒ Lerne (dabei) zu bleiben!	Keine Unruhe!
♓ Lerne einsam zu sein!	Keine Illusion!

Anmerkung: Die Aufzählung könnte für jedes Zeichen beliebig erweitert werden und hat sicher keinen Anspruch auf Vollkommenheit. Nach dem Motto, daß weniger oft mehr sein kann, soll durch die obige Beschränkung die Möglichkeit gegeben werden, sich ohne Verzettelung auf ein Kernthema zu konzentrieren. Auf der Suche hierbei voranzukommen, wird man sich ohnehin mit anderen Aufgaben auseinandersetzen müssen. Denn in jedem Fall ist alles enthalten.

Zeichenentsprechungen zu anderen Symbolsystemen

Tierkreis und I Ging

♈ *Grundzeichen: Dschen.* Komplexe Zeichen: 21. Schi Ho (Das Durchbeißen); 25. Wu Wang (Die Unschuld); 43. Guai (Die Entschlossenheit); 51. Dschen (Die Erschütterung)

♉ *Grundzeichen: Kun.* Komplexe Zeichen: 11. Tai (Der Friede); 26. Da Tschu (Des Großen Zähmungskraft); 27. I (Die Ernährung); 45. Tsui (Die Sammlung)

♊ *Grundzeichen: Dui.* Komplexe Zeichen: 38. Kui (Der Gegensatz); 54. Gui Me (Das heiratende Mädchen); 56. Lü (Das Reisen); 57. Sun (Das Sanfte); 58. Dui (Das Heitere)

♋ *Grundzeichen: Kun.* Komplexe Zeichen: 2. Kun (Das Empfangende); 37. Gia Jen (Die Familie); 44. Gou (Das Entgegenkommen); 48. Dsing (Der Brunnen)

♌ *Grundzeichen: Kien.* Komplexe Zeichen: 1. Kien (schöpferische Kraft); 14. Da Yu (Der Besitz von Großem); 34. Da Dschuang (Die große Macht)

♍ *Grundzeichen: Sun.* Komplexe Zeichen: 10. Lü (Das Auftreten); 16. Yü (Die Begeisterung); 17. Sui (Die Nachfolge); 18. Gu (Das Verderben); 36. Ming I (Die Verfinsterung des Lichts); 46. Schong (Das Empordrängen); 53. Dsien (Die Entwicklung); 57. Sun (Das Sanfte); 60. Dsie (Die Beschränkungen); 62. Siau Go (Des Kleinen Übergewicht)

♎︎ *Grundzeichen: Sun.* Komplexe Zeichen: 13. Tung Jen
(Die Gemeinschaft); 22. Bi (Die Anmut); 31. Hien (Die Anziehung);
63. Gi Dsi (Nach der Vollendung)

♏︎ *Grundzeichen: Kan.* Komplexe Zeichen: 3. Dschun
(Anfangsschwierigkeiten); 4. Mong (Die Jugendtorheit); 5. Sü
(Das überlegte Warten); 6. Sung (Der Streit); 7. Schi (Das Heer);
23. Bo (Die Zersplitterung); 29. Kan (Die Gefahr); 64. We Dsi
(Vor der Vollendung)

♐︎ *Grundzeichen: Li.* Komplexe Zeichen: 14. Da Yu (Der Besitz von
Großem); 30. Li (Das Haftende); 34. Da Dschuang (Die große Macht);
35. Dsin (Der Fortschritt); 42. I (Die Mehrung); 50. Ding
(Die kosmische Ordnung); 55. Fong (Die Fülle)

♑︎ *Grundzeichen: Gen.* Komplexe Zeichen: 9. Siau Tschu (Des Kleinen
Zähmungskraft); 32. Hong (Die Dauer); 33. Dun (Der Rückzug);
39. Gien (Die Hindernisse); 41. Sun (Die Minderung); 47. Kun
(Die Bedrängnis); 52. Gen (Das Stillehalten)

♒︎ *Grundzeichen: Kien.* Komplexe Zeichen: 12. Pi (Die Stockung);
13. Tung Jen (Gemeinschaft mit Menschen); 24. Fu
(Die Wiederkehr); 28. Da Go (Des Großen Übergewicht); 40. Hie
(Die Befreiung); 49. Go (Die Revolution)

♓︎ *Grundzeichen: Kan.* Komplexe Zeichen: 8. Bi
(Das Zusammenhalten); 20. Guan (Die Betrachtung); 52. Gen
(Das Stillehalten); 57. Sun (Das Sanfte); 59. Huan (Die Auflösung);
61. Dschung Fu (Innere Wahrheit)

Anmerkung: Sollte ein I-Ging-Zeichen bei mehreren Tierkreiszeichen aufgeführt sein, so wird dadurch zum Ausdruck gebracht, daß es Charakteristika verschiedener Zeichen in sich vereint. Die Tatsache, daß nicht alle Tierkreiszeichen etwa gleich viele I-Ging-Zeichen auf sich sammeln, erklärt sich aus der Unterschiedlichkeit der Systeme, die nicht einfach ›technisch‹ auf einen Nenner gebracht werden können, will man sie nicht inhaltlich verfälschen.

Sprichwörter

♈ Wo ein Wille ist, ist auch ein Weg; Was du heute kannst besorgen, das verschiebe nicht auf Morgen; Frisch gewagt ist halb gewonnen; Wo gehobelt wird, fallen Späne; Wenn der Fuchs die Gans in Ruhe läßt, ist er krank (polnisch)

♉ Essen und Trinken hält Leib und Seel' zusammen; My home is my castle; Liebe geht durch den Magen; Ein voller Bauch studiert nicht gern; Die dümmsten Bauern ernten die größten Kartoffeln; Geld regiert die Welt; Die süßesten Kirschen sind aus Nachbars Garten; Besser zu fünft auf einem Kissen als allein auf einem Kaktus sitzen

♊ Sich regen bringt Segen; Morgenstund' hat Gold im Mund; Die Herzen, die sich am schnellsten geben, nehmen sich am schnellsten zurück (chinesisch); Reden ist Silber, Schweigen ist Gold

♋ Der Apfel fällt nicht weit vom Stamm; Aufgeschoben ist nicht aufgehoben; Trautes Heim, Glück allein; Wenn Männer den Kopf verlieren, wird er bestimmt von einer Frau gefunden (portugiesisch)

♌ Hochmut kommt vor dem Fall; Es ist nicht alles Gold, was glänzt; Eigenlob stinkt; Gott verbirgt sich dem Geist des Menschen, aber er offenbart sich seinem Herzen (Talmud)

♍ Vorsicht ist die Mutter der Porzellankiste; Wer den Pfennig nicht ehrt, ist des Talers nicht wert; Ein Zyniker ist ein Mensch, der von allen Dingen den Preis und von keinem den Wert weiß (Oscar Wilde); Ein Floh kann einem Löwen mehr zu schaffen machen als ein Löwe einem Floh (Kenia)

♎ Wer die Wahl hat, hat die Qual; Was sich liebt, das neckt sich; Die Menschen halten viel von der Gerechtigkeit, solange sie nicht selbst davon betroffen werden (Stefan Andres); Zu schön, um wahr zu sein

♏ Wer andern eine Grube gräbt, fällt selbst hinein; Wer zuletzt lacht, lacht am besten; Ein Unglück kommt selten allein; Eifersucht ist eine Leidenschaft, die mit Eifer sucht, was Leiden schafft; Besser allein auf einem Kaktus sitzen als zu fünft auf einem Kissen

♐ Alle guten Dinge sind drei; Wer angibt, hat mehr vom Leben; Jeder ist seines Glückes Schmied; Wer das Leben nicht genießen kann, wird bald ungenießbar

♑ Erst die Arbeit, dann das Spiel; Gut Ding will Weile haben; Kommt Zeit, kommt Rat; Lügen haben kurze Beine; Ehrlich währt am längsten; Steter Tropfen höhlt den Stein(bock); Aller Anfang ist schwer; Wenn du beliebt sein willst, komm selten (polnisch)

♒ Wer im Glashaus sitzt, soll nicht mit Steinen werfen; Eine Mischung, die sich niemals ändert, gleicht einem abgetragenen Rock (tartarisch)

♓ Stille Wasser gründen tief; Wenn die Menschen nur von dem sprächen, was sie verstehen, wäre bald großes Schweigen auf der Erde (chinesisch); Wer um eine Hoffnung ärmer ist, ist um eine Erfahrung reicher (ungarisch); Nichts tun ist besser, als mit viel Mühe nichts schaffen (chinesisch); Reden ist Silber, Schweigen ist Gold

Engel*

Engel der Monate	Engel der Planeten
♈ Machidiel (Engel des März)	Samael (Mars)
♉ Asmodel (Engel des April)	Aniel (Venus)
♊ Ambriel (Engel des Mai)	Michael (Merkur)
♋ Muriel (Engel des Juni)	Gabriel (Mond)
♌ Verchiel (Engel des Juli)	Raphael (Sonne)
♍ Hamaliel (Engel des August)	Michael (Merkur)
♎ Uriel (Engel des September)	Aniel (Venus)
♏ Barbiel (Engel des Oktober)	Samael (Mars)
♐ Adnachiel (Engel des November)	Zadkiel (Jupiter)
♑ Hanael (Engel des Dezember)	Kafziel (Saturn)
♒ Gabriel (Engel des Januar)	Jophiel (Uranus)
♓ Barchiel (Engel des Februar)	Zadkiel (Jupiter)

---

* nach Gustav Davidson, ›A Dictionary of Angels‹

Apostel Christi*

♈	Simon Zelotes aus Kana
♉	Judas Thaddäus
♊	Matthäus
♋	Philippus
♌	Jakobus der Ältere (›Donnerssohn‹)
♍	Thomas, der Zweifler
♎	Johannes (der Lieblingsjünger)
♏	Judas Iskariot
♐	Petrus
♑	Andreas (Bruder des Petrus)
♒	Jakobus (Bruder des Herrn)
♓	Bartholomäus-Nathanael

---

* nach A. Schult, ›Astrosophie‹ (Deutung des Heiligen Abendmahls von Leonardo da Vinci)

Biblische Geschichten der Thora
(Bücher Mose)

♈ Vertreibung aus dem Paradies;
Die frühen Kämpfe Israels; Landnahme in Kanaan

♉ Stammbaum von Adam über Noah bis Abraham;
Der Tanz ums Goldene Kalb

♊ Kain und Abel, die gegensätzlichen Brüder;
Bestellung Moses zum Mittler zwischen Gott und Israel
(5. Mose, Deuteronomium 5,23)

♋ Die Schöpfungsgeschichte (1. Buch Mose, Genesis)

♌ Der Turmbau zu Babel;
Der Auszug aus Ägypten nach dem Sieg über die Heerscharen des Pharao;
Der Zug durch die Wüste und Gottes Wunder zu Israels Rettung

♍ Erstellung, Ausstattung und Weihe des heiligen Zeltes (2. Mose 35)

♎ Verheißung des göttlichen Segens für die Erfüllung des Gesetzes
(5. Mose 7,12)

♏ Der Sündenfall im Paradies und die Schlange;
Der Untergang von Sodom und Gomorrha

♐ Gottes Bund mit Abraham, Abrahams Gastfreundschaft, seine
Fürbitten (für Sodom)

♑ Abrahams Prüfung: das Opfer Isaaks;
Die Verkündung der 10 Gebote;
Verkündung der Opferbestimmungen und Gesetze an Israel
(3. u. 4. Buch Mose, Leviticus u. Numeri)

♒ Geschichte Josephs (der Neid seiner Brüder, Verkauf nach Ägypten,
Aufstieg, im Gefängnis, Wiederaufstieg, Traumvision, Vorsorge für
die dürren Jahre, Josephs Großmut, Versöhnung)

♓ Noah und die Sintflut (Genesis)

Biblische Geschichten des Neuen Testaments

♈ Herodes' Kindermord in Bethlehem;
Die Vertreibung der Händler und Wechsler aus dem Tempelvorhof
(Joh. 2, 12−17)

♉ Der Stammbaum Jesu (Math. 1, Lukas 3, 23−28);*
Berufung der Jünger (Mark. 1, 14−20, Luk. 4, 14,15; 5, 1−11);
Die Speisung der 5000 (Luk. 9, 10−17);
Das Abendmahl (Luk. 22, 14−20)

♊ Jesus wandelt über das Wasser, Petrus versinkt an ihm zweifelnd
(Mark. 6, 45−52);
Jesu Missionsauftrag an die Jünger (Math. 28, 16−20);
Das Gleichnis vom verlorenen Sohn

♋ Jesus und die Jünger (Math. 18, 1−11) und das Gleichnis vom
verlorenen Schaf (Math. 18, 12−14);
Jesus, der Kinderfreund (Mark. 10, 13−16)

♌ Der Einzug in Jerusalem (Mark. 11, 1−11)

♍ Jesu Heilungen: Aussätzige (Math. 8, 1−4), Besessene (Math. 8, 28),
Gelähmte (Math. 9, 1−8), Blinde (Math. 9, 27−31)

---

* Alle Zitate nach Zürcher Bibel.

♎︎ Das Gleichnis vom Sämann (Math. 13, 1–23);
Das Gleichnis vom Unkraut unter dem Weizen (Math. 13, 24–30);
Das Gleichnis vom Fischnetz (Math. 13, 47–52);
Die Ankündigung des Jüngsten Gerichtes (Math. 25, 31–40)

♏︎ Der Verrat des Judas (Mark. 14, 17–21);
Kreuzigung (Mark. 15, 20–32);
Die Versuchung Jesu in der Wüste (Luk. 4, 1–13);
Die Wandlung des Saulus zum Paulus

♐︎ Die Weisen aus dem Morgenland (Math. 2);
Johannes der Täufer und die Taufe Jesu (Mark. 1, 9–11;
Joh. 1, 31–34)

♑︎ Weihnachten, die Geburt des Lichtes in die tiefste Dunkelheit;
Die Bergpredigt (Math. 5);
Der Tod Jesu (Joh. 19, 28–30) und seine Grablegung (Joh. 19, 38–42)

♒︎ Auferstehung, Christi Himmelfahrt;
Pfingsten und das Herabkommen des Heiligen Geistes (als Flamme oder Taube);
Jesus bricht das Sabbatgesetz (Math. 12, 1–8 u. 9–21)

♓︎ Der Leidensweg Christi (Math. 26);
Die Reden über die Endzeit (Math. 24, 1–36)

Tierkreis und Tarot

Zuordnung nach A. E. Thierens, ›Astrologie and the Tarot‹	Zuordnung nach kabbalistischer Überlieferung
♈ I Der Magier	V Der Hierophant
♉ II Die Hohepriesterin	VI Die Liebe(nden)
♊ III Die Kaiserin	VII Der Wagen
♋ IV Der Kaiser	VIII Die Gerechtigkeit
♌ V Der Hierophant	IX Der Eremit
♍ VI Die Liebe(nden)	X Das Glücksrad
♎ VII Der Wagen	XII Der Gehenkte
♏ VIII Die Gerechtigkeit	XIII Der Tod
♐ IX Der Eremit	XIV Die Mäßigkeit
♑ X Das Glücksrad	XV Der Teufel
♒ XI Die Stärke	XVI Der stürzende Turm
♓ XII Der Gehenkte	XVII Die Sterne

Anmerkung: Wie bei jedem Versuch, verschiedene Symbolsysteme zur Deckung zu bringen, finden wir vielleicht nicht alles auf Anhieb stimmig. Dennoch lohnt es sich, wie in der Vorbemerkung zu den Tabellen angedeutet, auch einmal die hier vorgeschlagenen Blickwinkel einzunehmen.

Sonderkapitel

Die Planeten der Urprinzipien

♂ *Mars:* Der rote Planet. Durch seine von der Erde aus mit bloßem Auge sichtbare Röte unterscheidet sich der Mars eindrücklich von den anderen Planeten und Fixsternen. Er ist der Planet mit den größten Entfernungsschwankungen zur Erde und der kompliziertesten Bahn. Die Marsoberfläche weist von allen Planeten die größte Ähnlichkeit mit unserer Erde auf, hat aber auch ihre Eigenarten, wie den Mons Olympus, einen 20 km hohen gigantischen Vulkan.

♀ *Venus:* Sie zeichnet sich vor allem durch zwei Besonderheiten aus. Zum einen macht ihr unübertroffen heller Glanz sie zum strahlendsten und damit schönsten Planeten, ist sie doch 18mal heller als Sirius, der strahlendste Fixstern. So stellt ihr alles überstrahlendes Licht die anderen Himmelskörper im wahrsten Sinne des Wortes in den Schatten. Zum anderen ist ihr Licht, bedingt durch die wechselnde Entfernung zur Erde, starken Schwankungen unterworfen. Dabei ist sie auch derjenige Planet, der der Erde am nächsten kommt. Ihre verschiedenen Phasen fördern obendrein noch den unsteten, wechselhaften Charakter. Dieser Intensitätswechsel und ihre zeitweilige Sichelform legen Ähnlichkeiten zur Mondsymbolik nahe. Ähnlich wie beim Merkur ermöglicht ihre Sonnennähe ein Auftreten sowohl als Abend- wie als Morgenstern und verhindert zugleich, daß sie zur Sonne in Opposition treten könnte. Ihre dreischichtige, dichte Atmosphäre verschleiert den Blick auf die Oberfläche, und ihr wirkliches Aussehen ist bis heute ein Geheimnis geblieben. Früher war Venus im Orient und in den Mittelmeerländern auch tagsüber sichtbar. Heute verschleiert uns die verschmutzte Atmosphäre den Blick auf den Liebesplaneten.

☿ *Merkur:* Er ist relativ schwer zu erspähen, da er sich nie sehr weit von der Sonne entfernt und so schon in der beginnenden Dämmerung untergeht. Die Sichtbarkeitsdauer in Mitteleuropa beträgt nur ca. 16 Stunden im Jahr. Seine Bahn ist äußerst verwickelt und unstet. Er kann im raschen Wechsel östlich der

Sonne als Abendstern und westlich von ihr als Morgenstern auftauchen. Dies alles im Verein mit seiner kurzen Umlaufzeit (nur ein Fünftel der der Venus) läßt ihn hektisch, ja geschäftig erscheinen. Aufgrund seiner Bahnstruktur kann auch er niemals in Opposition zur Sonne treten. Seine Atmosphäre ist dünn und besteht aus Edelgasen.

☾ *Mond:* Unser Erdtrabant zeichnet sich vor allem durch seine schnell wechselnden Phasen (in Form und Lichtintensität) aus, was ihn der stetigen Sonne gegenüber launenhaft (luna) erscheinen läßt. Während die Sonnenbahn den großen Rhythmus — das Jahr — bestimmt, legt dagegen der Mond den kleinen Rhythmus — die Mon(d)ate — fest und tritt damit in Konkurrenz zum Sonnenkalender. Er ist der erdnächste Himmelskörper, hat keinerlei Atmosphäre, keinen eigenen Strahlungsgürtel und darüber hinaus auch nur ein äußerst geringes Magnetfeld (1000mal schwächer als das der Erde), das unter Umständen gar nicht vom Mond selbst stammt, sondern von der Sonne induziert wird. Folglich hat unser Erdtrabant nur reflektierende Funktion, ist also reiner Spiegel der Sonne. Die Temperaturschwankungen zwischen seiner Tag- (+110°C) und Nachtseite (−170°C) sind beträchtlich, und die Trennungsgrenze ist scharf zwischen den beiden Zonen.

☉ *Sonne:* Sie spielt ihre lebensspendende Rolle so unübersehbar und eindrucksvoll, daß selbst eingefleischte Astrologiegegner keinen Widerspruch einlegen und ihre zentrale Stellung und Funktion für unsere Erde akzeptieren. Sie ist der örtliche Mittelpunkt, das Zentrum unseres ›Sonnen-Systems‹, wenn wir auch in der Astrologie von der Erde als Mittelpunkt ausgehen. In diesem Fall erscheint die Sonne als einer der Planeten, allerdings mit regelmäßiger Kreisbahn (Ekliptik). Die Oberflächentemperatur der Sonne beträgt 5700°C, die innere zwischen 10 und 16 Millionen Grad Celsius. Von der Erde aus sind drei Schichten beobachtbar: die Sonnenoberfläche (Photosphäre) mit ihren Sonnenfackeln und -flecken, die Chromosphäre und darüber die Korona mit den Protuberanzen und Temperaturen von mehreren Millionen Grad Celsius.

♃ *Jupiter:* Er ist nach Venus der hellste Planet, wobei sein goldenes (gelblich-weißes) Licht weit beständiger ist und alle Sterne der Umgebung überstrahlt. Sein maßvolles Bewegungstempo läßt ihn fast 12 Jahre für einen Umlauf brauchen. Die beständige Helle und die maßvolle Geschwindigkeit geben ihm etwas Abgeklärtes und Friedvolles. Er hat 15 Monde und ist der größte Planet und nach der Sonne überhaupt der größte Massekörper in unserem Sonnensystem. Aufgrund seiner hohen Rotationsgeschwindigkeit ist er stark abgeplattet. Seine Helligkeit ist so groß, daß sie zusätzlich zur reflektierten Sonnenenergie aus einer inneren Energiequelle gespeist sein muß. Aus diesem Grund und wegen der hohen Rotationsgeschwindigkeit gibt es auf Jupiter kaum Temperaturschwankungen. Er hat ein starkes Magnetfeld (mit zur Erde umgekehrter Polarität) und sendet deutliche Radiostrahlung (Dezimeterwellen) aus. Eine Besonderheit ist der ›Große Rote Fleck‹ auf seiner Oberfläche.

♄ *Saturn:* Seine beiden auffälligen Besonderheiten sind sein mattes bleifarbenes Licht und seine ebenfalls bleierne Geschwindigkeit oder eigentlich besser Langsamkeit. Er kommt im wahrsten Sinne des Wortes nicht vom Fleck und braucht annähernd drei Jahrzehnte für einen Umlauf. Nach Jupiter ist er der zweitgrößte Planet. In geringem Abstand ist er von einem System frei schwebender Ringe umgeben, die teilweise aus Eis, teilweise wohl aus Trümmern zerborstener Monde bestehen (Saturnringe).

♆ *Neptun:* Er gehört zu den transsaturninen Planeten, d. h. jenen Planeten, die noch jenseits und damit weiter entfernt zur Erde als Saturn liegen. Die Entfernung entspricht der Stellung im Horoskop, wo Neptun und Uranus auch die vom Individuum entferntesten und unpersönlichsten Zeichen beherrschen; im vierten Quadranten geht es ja vor allem um den überpersönlichen Bereich. Neptun ist von der Erde aus unsichtbar. Mit dem Fernrohr erkennt man ihn an seinem matten Licht, das eine bläuliche Nuance hat. Die Schleifen seiner Bahn können sich überlagern, und er braucht fast 14 Jahre für die Durchwanderung nur eines Tierkreiszeichens. Er hat zwei Monde, und seine Temperatur schwankt zwischen $-150°C$ und $200°C$.

♅ *Uranus:* Auch er konnte erst nach der Erfindung des Teleskops entdeckt werden (Herschel 1781), obwohl er zu wechselnden Zeiten auch mit bloßem Auge gesehen werden kann. Im Teleskop erscheint er grünlich bis bläulich. Falls er in früheren Kulturen, die noch keine Fernrohre besaßen, doch schon bekannt war, müßte er durch sein Auftauchen und wieder Verschwinden aufgefallen sein. Er ist der einzige Planet, dessen Rotationsachse in der Bahnebene liegt. Mitsamt seinen fünf Monden und einem Ringsystem benötigt er sieben Jahre, um ein Tierkreiszeichen zu durchlaufen.

♇ *Pluto:* Er ist der äußerste bisher bekannte Planet unseres Sonnensytems und wurde wegen seiner enormen Entfernung von der Erde erst 1930 entdeckt. Über seine Oberfläche und Atmosphäre ist noch nichts bekannt. Im Fernrohr erscheint er schwach gelblich leuchtend. Er braucht 21 Jahre, um ein Tierkreiszeichen zu durchwandern.

Planeten und Lebensphasen

Traditionell werden in der Astrologie einzelne Lebensphasen mit Planetenprinzipien in Bezug gesetzt. Das von alters her gebräuchlichste Bezugssystem, das nach der Schnelligkeit der Planetenumlaufzeit geordnet ist und sich damit an dem im Laufe des Lebens immer langsamer werdenden organischen Wachstumsprozeß des Menschen orientiert, sei hier vorgestellt:

☽ 0. bis vollendetes 6. Lebensjahr. Die Kleinkindentwicklung. Höhepunkt der Rezeptivität und zunächst ungeordneter, undifferenzierender Informationsaufnahme. Anhänglichkeit an die Mutter. Unselbständigkeit. Launen(Luna!)abhängigkeit.

☿ 7. bis vollendetes 13. Lebensjahr. Kindheit und Schulung. Höhepunkt der Wißbegier und schulischer Erfahrungen. Systematisches Lernen steht im Vordergrund.

♀ 14. bis vollendetes 20. Lebensjahr. Der Einbruch der Erotik in das Leben des Menschen. Pubertät. Partnerschaft als wichtigste Dimension dieser Zeit. Die körperliche Schönheit der Frau im Zenit.

☉ 21. bis vollendetes 27. Lebensjahr. Persönlichkeitsfindung. Phase des Lernens von Selbständigkeit. Persönliche Machtentfaltung. Höhepunkt im individuellen − im Gegensatz zum kollektiven − Reifungsprozeß.

♂ 28. bis vollendetes 34. Lebensjahr. Neubeginn. Kampf um das gesellschaftliche Bestehen. Schulung der Tatkraft. Die männliche Ausstrahlung im Zenit.

♃ 35. bis vollendetes 41. Lebensjahr. Höhepunkt persönlicher Entfaltung. Auf der Suche nach der Sinnhaftigkeit des Lebens. Beginn der religiösen Suche.

♄ 42. bis vollendetes 48. Lebensjahr. Midlifecrisis. Infragestellung des Lebens. Reifungskrise, die zur Abgeklärtheit hinhelfen kann. ›Bilanzierung‹ des bisherigen Lebens. ›Hüter der Schwelle‹: der ›Kleine Tod‹.

⛢ 49. bis vollendetes 55. Lebensjahr. Die Suche nach neuer Begeisterung, die über das Individuelle hinausführt. Der zweite Frühling. Der ›Aussteiger‹. Der geistreiche Mensch mit dem Witz der Lebenserfahrung.

♆ 56. bis vollendetes 62. Lebensjahr. Höhepunkt der Einfühlungsfähigkeit, aber auch Enttarnung von Lebenslügen, die die fest geglaubte Lebensbasis entziehen kann. Phase der Verunsicherung im Materiellen und der Hinwendung zum Metaphysischen.

♇ 63. Lebensjahr bis zum Tod. Zeit der großen Metamorphose. Lebensumstellung nach der Pensionierung. Abschied nehmen lernen. Tod.

Anmerkung: Diese auf Siebenerschritten aufbauende Einteilung kann natürlich nicht exakt die individuellen Entwicklungsschritte des einzelnen abbilden, die von der oben beschriebenen ›Norm‹ abweichen, sondern ist als archetypisches Entwicklungsmodell zu verstehen.

Elementezuordnung (nach Dr. Folkert)

♈ Cadmium (Cd,48), Zinn (Sn,50), Tellur (Te,52), Xenon (Xe,54), Barium (Ba,56), Cer (Ce,58), Neodym (Nd,60), Samarium (Sm,62)

♉ Palladium (Pd,46), Ruthenium (Ru,44), Molybdän (Mo,42), Zirkonium (Zr,40), Strontium (Sr,38), Krypton (Kr,36), Selen (Se,34), Germanium (Ge,32)

♓ Germanium (Ge,32), Zink (Zn,30), Nickel (Ni,28), Ferrum (Fe,26), Chrom (Cr,24), Thallium (Ti,22), Calcium (Ca,20), Argon (Ar,18), Sulfur (S,16)

♋ Sulfur (S,16), Silicium (Si,14), Magnesium (Mg,12), Neon (Ne,10), Sauerstoff (O,8), Kohlenstoff (C,6), Beryllium (Be,4), Helium (He,2)

♌ Wasserstoff (H,1), Lithium (Li,3), Bor (B,5), Stickstoff (N,7), Fluor (F,9), Natrium (Na,11), Aluminium (Al,13), Phosphor (P,15)

♍ Phosphor (P,15), Chlor (Cl,17), Kalium (K,19), Scandium (Sc,21), Vanadium (V,23), Mangan (Mn,25), Kobalt (Co,27), Kupfer (Cu,29), Gallium (Ga,31)

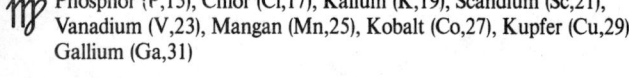

♎ Gallium (Ga,31), Arsen (As,33), Brom (Br,35), Rubidium (Rb,37), Yttrium (Y,39), Niob (Nb,41), Techneticum (Tc,43), Rhodium (Rh,45)

♏ Argentum (Ag,47), Indium (In,49), Antimon (Sb,51), Jod (J,53), Caesium (Cs,55), Lanthan (La,57), Praseodym (Pr,59), Promethium (Pm,61)

♐ Promethium (Pm,61), Europium (Eu,63), Terbium (Tb,65), Holmium (Ho,67), Thulium (Tm,69), Lutetium (Lu,71), Tantal (Ta,73), Rhenium (Re,75), Iridium (Ir,77)

♑ Iridium (Ir,77), Aurum (Au,79), Thallium (Tl,81), Wismut (Bi,83), Astatin (At,85), Francium (Fr,87), Actinium (Ac,89), Protaktinium (Pr,91)

♒ Uran (U,92), Thorium (Th,90), Radium (Ra,88), Radon (Rn,86), Pollonium (Po,84), Blei (Pb,82), Quecksilber (Hg,80), Platin (Pt,78)

♓ Platin (Pt,78), Osmium (Os,76), Wolfram (W,74), Hafnium (Hf,72), Ytterbium (Yb,70), Erbium (Er,68), Dysprosium (Dy,66), Gadolinium (Gd,64), Samarium (Sm,62).

Die Elementezuordnung basiert auf einem Gedanken von Dr. Wilhelm Folkert, der für die Zuordnung von Elementen zu den einzelnen Tierkreiszeichen von der überzeugenden Überlegung ausgeht, daß die Elemente mit dem leichtesten Atomgewicht den Sonne- und Mondzeichen Löwe und Krebs am besten entsprechen, und mit ansteigendem Atomgewicht den jeweils langsamer laufenden Planeten und den von ihnen beherrschten Zeichen zugeordnet werden müssen. So beginnt er mit Ordnungszahl 1 bei 0° Löwe und läßt die ungeraden Ordnungszahlen bis zu 30° Steinbock ansteigen. Entsprechend beginnt er mit Ordnungszahl 2 bei 30° Krebs und läßt die geraden Zahlen (im Uhrzeigersinn!) bis 0° Wassermann laufen, so daß die schwersten Elemente in die von Saturn beherrschten Zeichen fallen, was symbolisch sicherlich stimmig ist. Freilich berücksichtigt Folkert bei seiner (empirisch erprobten) Verteilung die in jüngster Zeit dazugekommenen Elemente mit den Ordnungszahlen 92 – 106 (noch?) nicht. Da sich sein System nach seinen Angaben in der Heilpraxis bewährt hat, soll es hier auch unverfälscht weitergegeben werden. (Näheres zur Erprobung in seinem Werk.)

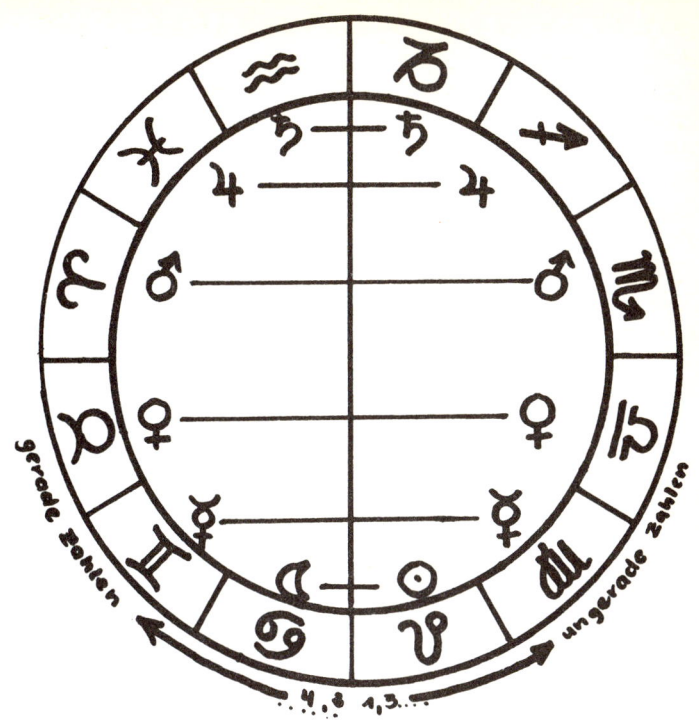

Korrelation zwischen Umlaufschnelligkeit und Schwere der Elemente; je schneller die Umlaufzeit (Schwingung), desto leichter das Element!

Tierkreis und Körperregionen

Bei der Zuordnung von Körperregionen zu Tierkreiszeichen muß man sich den Urmenschen, den Adam Kadmon, in den Tierkreis eingerollt vorstellen, und zwar so, daß er mit dem Kopf auf das Tierkreiszeichen Widder zu liegen kommt, und mit den Füßen bei den Fischen endet (vgl. Abb. 1 unten).

Auf diese Art und Weise wird eine Korrespondenz einzelner Körperregionen zu den Zeichen hergestellt. Daß diese nicht einfach willkürlich ist, sondern sehr einfach und stimmig abgeleitet werden kann, soll im folgenden gezeigt werden.

Abbildung 1

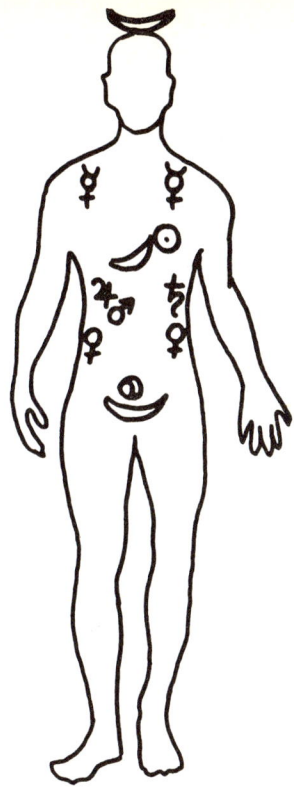

Abbildung 2 a

Skelettsystem	♄	
Muskelsystem	♂	(♃)
Verdauungssystem	☿	
Stoffwechselsystem	♃	
Respirationstrakt	☿	
Kreislaufsystem	☉	
Lymphsystem	☽	
Endokrinsystem	♀	
Nervensystem	♀	(☿)
Reproduktionssystem	(☽)	(♆)

355

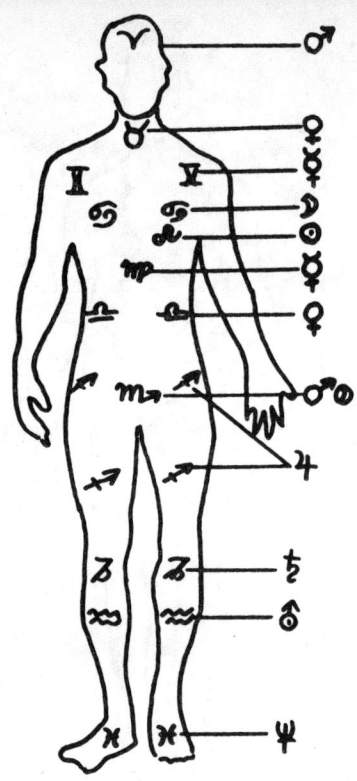

Abbildung 2 b

Skelettsystem	♄	
Muskelsystem	♂	(♃)
Verdauungssystem	☿	
Stoffwechselsystem	♃	
Respirationstrakt	☿	
Kreislaufsystem	☉	
Lymphsystem	☽	
Endokrinsystem	♀	
Nervensystem	☿	(⚷)
Reproduktionssystem	☽	(⚴)

356

Widder korrespondiert mit der *Kopfregion.* Im Kopf werden über das Gehirn die *Urimpulse* gesetzt, die für die menschliche *Aktivität* maßgeblich sind. Hier ist der kardinale Sitz des *Willens.* Nicht umsonst spricht der Volksmund davon, daß jemand ›mit dem Kopf durch die Wand‹ gehen will, was exakt der Widdersymbolik entspricht. Die *Stirn*seite des Balkens, mit dem Tore und Mauern zu erobernder Burgen *eingerammt* werden sollten, waren meist mit Widderhörnern aus Metall gepanzert, was uns ebenfalls auf diese Analogie hinweist. Auch *beginnt* die Entwicklung des Menschen im Mutterleib mit der Ausbildung des sogenannten Neuralrohres, aus dem sich dann als *Erstes* die *Kopf*verdickung entwickelt.

Dem *Stier* wird die *Hals-* und *Nacken*region zugeordnet, in der analog zur Stiersymbolik der *orale Schluckvorgang* und die für den Stier typische *Hartnäckigkeit* zu finden sind. Die *Einverleibungs*symbolik nicht nur im Sinne der *Nahrungsaufnahme* − Erdzeichen − (auch der Mund hat Stiercharakter), sondern auch im übertragenen Sinn des ›etwas hinunterschlucken Müssens‹ − werden in dieser Körperregion ebenso ausgedrückt wie die sich oft daraus ergebende *Hartnäckigkeit.* Denn, wer den Kopf scheingutmütig lange hängen läßt, überstrapaziert die Nackenmuskulatur und muß damit einen *Stiernacken* bekommen.

In der *Zwillingsregion verzweigt* sich nun der Körper über die *Schultern* in die *Arme* und *Hände,* was das äußere Erscheinungsbild dieser Körperregion anbetrifft. Innerlich verzweigen sich analog zum *Luft*zeichen Zwillinge aus der *Luftröhre* die *Bronchien, Bronchiolen* und *Alveolen* zu den *zwei Lungen.* Die *Verästelungssignatur* des *Merkur* ist hier ein ebenso deutlicher Hinweis auf das Zwillingezeichen wie die Tatsache, daß in dieser Körperregion der *Luftaustausch* auf einer *Kontaktfläche* stattfindet, die etwa Fußballfeldgröße hat (*Oberfläche* der Alveolen).

In den Bereich des Zeichens *Krebs* fallen die *weiblichen Brüste* (und die rudimentären männlichen) sowie der *Magen* als (stofflicher) *Eindrucksammler.* Im Magen findet − wie im Krebs − keine Differenzierung oder Verwertung der Nahrung, sondern vorläufig nur ein *Sammeln* und vorläufiges *Speichern* statt. Auch der Zwerchfellbereich, der in der Antike als Sitz der *Seele* (griech.: Phren) angesehen wurde, liegt hier.

Die *Löweregion* wird dagegen vorwiegend durch den *Solarplexus* gekennzeichnet. Bei einiger Großzügigkeit kann man die Nähe des *Herzens* (Herz analog Sonne/Löwe) zur Entsprechung heranziehen. Das Herz als Motor des Lebens, als Symbol für löwehaften Mut: ›Sich ein Herz fassen!‹

In der *Jungfrau*region finden wir den Großteil der Gedärme, vor allem die *Dünndarmabschnitte*. Die Wesensentsprechung zum Zeichen Jungfrau ergibt sich sowohl aus der Signatur des Darms (gehirnähnlich) als auch aus dessen ›*Pädagogenfunktion*‹. Hat der Dünndarm doch die Aufgabe, den undifferenzierten vermischten Speisebrei des (Krebs-)Magens zusammen mit Pankreasanteilen zu *analysieren,* und zwischen Fetten, Kohlehydraten und Eiweiß zu *unterscheiden,* um dann *systematisch* und *differenziert* den Stoff mit dem passenden Enzym *aufzuspalten* und so *verwertbar* zu machen. (Jungfrau-Zeit ist Erntezeit!).

In der der *Waage* zugeordneten *Lendenregion* befinden wir uns nicht nur in der Körperregion, wo der Körper in *Balance* ist, sondern finden die *Waagesignatur* auch in Erscheinungsbild und Funktion der in dieser Region gelegenen *Nieren*. Wie beim anderen Luftzeichen Zwillinge (alle Luftzeichen sind ambivalent) finden wir in den Nieren eines der wenigen *paarigen* Organe des Organismus. Die *Ausgleichs-* und *Balance*funktion der Waage liegt in der schwierigen Aufgabe der Nieren, das Säuren/Basen-*Gleichgewicht* und das homöostatische *Gleichgewicht* des Wasserhaushalts im Körper aufrechtzuerhalten. Darüber hinaus scheiden die Nieren Harnstoff und damit den Gegenspieler zu Mars/Widder aus.

Skorpion finden wir in der *Ausscheidungs-* und *Geschlechtsregion* wieder, also einer Region, wo wir sprichwörtlich das ›*Stirb* und *Werde*‹ dieses Zeichens erkennen können. Hier liegen *Tod* (in Form unverwertbar gewordener Substanzen, die ausgeschieden werden) und *Zeugung* in Form der *Genitalorgane* unmittelbar beieinander. Die dunkle Unterwelt der *Dickdarmabschnitte,* in denen Hades herrscht, lassen die für das Skorpionzeichen so typische Verbannung in die Unterwelt ebenso ahnen wie die Tatsache, daß diese Region so gerne verborgen wird. *Schamgefühl – Verdrängung – Vorliebe für das ›Okkulte‹.*

In der Schützeregion finden wir mit *Oberschenkel-* und (teilweise auch) *Gesäßmuskulatur* die *wuchtigsten Muskelpartien,* und zudem die, die den *Drang zur Weite* möglich machen (Weitsprung- und Schnellaufmuskulatur). Als Gegenzeichen zu Zwillinge liegt hier die zweite *große* Verzweigung des Körpers in die Beine, die die *weite Reise* möglich machen. (Die Arme gebraucht man zum Krabbeln = kleine Reise = Zwillinge.)

Mit dem Zeichen Steinbock korrespondiert die *Knieregion,* denn hier finden wir den *massivsten, kompaktesten Knochen* vor. Die *Härte* und *Unbeugsamkeit,* die zu Steinbock gehört, finden wir also in einer Region, die gleichzeitig im *Kniefall* oder dem *Kniebeugen* als *Achtungsbezeugung* Steinbockanalogie aufweist.

Die *Wadenregion* mit dem *Sprunggelenk* fällt mit dem Zeichen *Wassermann* zusammen. Wassermann gilt als ein Zeichen, das oft nur mit einem Bein auf dem Boden der Tatsachen steht und sprichwörtlich gerne abhebt – eine Möglichkeit, die sowohl das *Sprung*gelenk als auch die *Wadenmuskulatur,* also die typische *Hochsprung*-Muskulatur, zur Verfügung stellt. Gerade auch beim *Tänzer* spielt diese Muskulatur eine besondere Rolle.

Das *Fischezeichen* schließlich entspricht der *Fußregion.* Dies ist einmal einleuchtend aus Redewendungen wie: ›Jedermann die Füße küssen‹, die auf die zum Fischezeichen passende *Demutsbezeugung* anspielt, als auch durch die Tatsache, daß wir in den Füßen besonders deutlich den ganzen Körper des Menschen widergespiegelt finden (siehe Fußreflexzonen). Da jedes Zeichen die ihm vorangehenden Zeichen beinhaltet, finden wir im Zeichen der *Universalität,* den Fischen, den ganzen Tierkreis wieder, ebenso wie in den Füßen den ganzen Organismus.

Planeten- und Körperfunktionen

- ☉ tonisierend, aktivierend, entkrampfend
- ☽ aufnehmend, lockend, periodisch
- ☿ leitend, vermittelnd, austauschend, katalytisch
- ♀ filtrierend, ausgleichend, entgiftend, harmonisierend
- ♂ aktivierend, anfeuernd, anspannend, erweiternd
- ♃ produzierend, entgiftend, synthetisierend, wachstumsfördernd, organisierend
- ♄ stützend, zusammenziehend, verhärtend, abgrenzend, zusammenhaltend
- ⚷ verkrampfend, peristaltisch, rhythmisch erregend
- ♆ lösend, lähmend, versetzend, narkotisierend
- ♇ umwandelnd, opfernd, ausscheidend.

Tierkreis und Physiognomie

Bei der physiognomischen Betrachtung fällt auf, daß die vordere Gesichtshälfte (mit den Zeichen Widder bis Jungfrau) sehr viel differenzierter, ausdrucksvoller erscheint als der scheinbar sehr gleichmäßige, wenig differenzierte Hinterkopf (mit den Zeichen Wagge bis Fische).

Doch gerade darin ist eine weitere wichtige Analogie abzulesen. Denn die Zeichen Widder bis Jungfrau verkörpern ja die warme Jahreshälfte von Frühlingsbeginn bis Spätsommer, in der sich auch die Natur nach außen in Flora und Fauna sehr differenziert zeigt, während in Herbst und Winter (Waage bis Fische) die Natur nach außen hin viel gleichförmiger erscheint und ihre Aktivität unter die Oberfläche zurückzieht.

Entsprechend dazu finden wir auf der ›Sommerseite‹ des Kopfes, dem von Widder bis Jungfrau beherrschten *Gesicht,* den nach *außen* vielschichtigen *Ausdruck.* Darunter dagegen eher Hohles (Kopfhöhlen wie Mundhöhle, Nasennebenhöhlen, Stirnhöhle). Die ›Winterseite‹ des Kopfes, der Hinterkopf, zeigt dagegen analog zum Naturgeschehen eine Verlagerung des Wesentlichen unter die Oberfläche. Unter der ›Schneedecke‹ der Haare (analog Schnee, weil die Haare totes, hartes, nicht innerviertes bzw. durchblutetes und damit nicht ›durchlebtes‹ Gewebe darstellen) und dem durch keine Öffnungen durchbrochenen Schädeldach findet sich hier *innere* Differenzierung in Form verschiedener Gehirnbereiche mit verschiedenen Funktionen: Großhirn, Kleinhirn, Pons, Medulla oblongata etc.

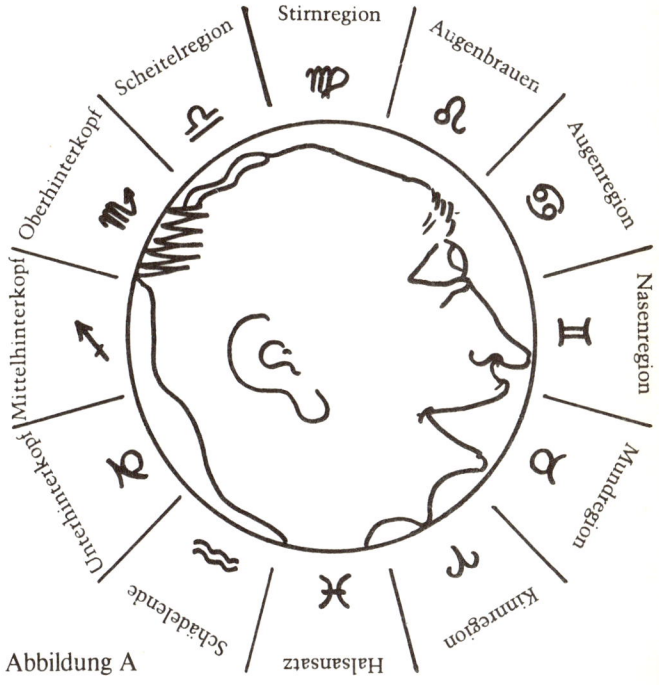

Abbildung A

Wenn Sie den hier abgebildeten Kopf so drehen, daß wie üblich Widder links und Steinbock senkrecht oben zu liegen kommen, so können Sie erkennen, daß die Quadrantenlehre ebenfalls stimmt:

1. Quadrant (Widder mit Zwilling) = Körper;
2. Quadrant (Krebs mit Jungfrau) = Seele;
3. Quadrant (Waage mit Schütze) = Denken;
4. Quadrant (Steinbock mit Fische) = Überpersönliches.

Physiognomie des Kopfes (1)

♈ *Die Kinnregion:* zum Zeichen der Kampfbereitschaft vorgereckter Unterkiefer; der massive Kinnbereich als Zeichen des primitiveren Typs; der Urmensch; die Region, in der das Haarwachstum stark ist (Haare = Mars = männlich)

♉ *Die Mundregion:* nicht wie beim Widder vorspringend (männlich!), sondern aufnehmend (weiblich); der Mund als Symbol für Sinnlichkeit (Venus), als Ort körperlicher Aufnahme (Essen); das Gebiet, wo es um das ›haben wollen‹ geht; Eintrittspforte zum Schlund

♊ *Die Nasenregion* einschließlich des Bereiches zwischen Oberlippe und Nase: die Region der ›Naseweisen‹; Nase als Symbol der Neugier: ›Seine Nase in alles stecken.‹ Nase als Verbindungspforte zum Zwillingshauptorgan, der Lunge; im Gesicht findet hier der Luftaustausch (Luftzeichen!) statt; Behaarungstendenz auf Oberlippe und Nase als Indiz für männliche Region

♋ *Die Augenpartie:* im Gegensatz zur vorspringenden (männlichen) Nasenregion findet hier wieder Aufnahme statt, aber weniger stoffliche als seelische: das ›Auge als Spiegel der Seele‹, als Eintrittspforte für bild(= Krebs)hafte Eindrücke

♌ *Die untere Stirnpartie:* Hier liegt das ›Dritte Auge‹ als Smybol göttlicher Einheit. Der Selbstbewußte (Löwe) bietet dem Leben die Stirn. Damit ist dieser knochenbewehrte (A·genbrauen, Augenwülste) Stirnteil gemeint, der leicht vorspringt und gewisse Verwandtschaft mit Widder (auch ein Feuerelement) zeigt. Behaarungstendenz (Brauen) als männliches Indiz

♍ *Der Bereich der ›Denkerstirn‹:* die hohe Stirn als Zeichen für Intellektualität; die Wissenschaftler(Jungfrau)stirn — sie springt im Gegensatz zum Löwestirnanteil (Überaugenwulst) nicht vor, sondern verläuft eher geradlinig (wie jungfräuliches Denken) oder leicht konkav. Dahinter liegt der typisch gewundene Großhirnanteil, der phänomenologisch an den Darm (Jungfrau) erinnert

♎︎ *Die Scheitelregion:* äußerlich viele Haare, die hier jedoch relativ früh ausfallen (Haare unterstehen vor allem Mars, der sich in seinem Exilzeichen Waage nicht lange hält); innerlich ähnlich der Jungfrau typische Großhirnanteile, in denen das analytische (Jungfrau) oder abwägende (Waage) Denken seinen Sitz hat; die Mitte (Waage) zwischen persönlichen (Kopfvorderseite) und unpersönlichen (Kopfhinterseite) Kopfregionen

♏︎ *Der oberste Hinterkopfanteil:* Der Bereich, in dem die Haare gerne tonsurartig ausfallen (Mönchssignatur des Skorpions)

♐︎ *Der ›philosophische‹ Hinterkopf:* Der Kopfbereich, der für synthetisches Denken steht, was sich hier sprichwörtlich als ›flach‹ oder ›rund‹ – je nach Kopfform – ausdrücken kann. Wir nähern uns hier schon den entwicklungsgeschichtlich alten Gehirnzonen, in denen die alten Götter wohnen: Jupiter in Schütze, Saturn in Steinbock, Uranus in Wassermann

♑︎ *Der untere Hinterkopf:* Beginn der letzten Zeichen, der entwicklungsgeschichtlich ältesten. Dabei verkörpert Steinbock den Bereich, in dem Erfahrungswissen gespeichert wird. Innerlich liegt hier das Kleinhirn, wo Körper*haltung, Koordination* von Bewegung und Gleichgewichtssinn (auch das Ohr als Steinbocksinnesorgan liegt in diesem Segment!) ihren Sitz haben

♒︎ *Der Übergang vom Hinterkopf zum Hals:* die Unterbrechung der Kontinuität (als wassermanntypisch) kann hier äußerlich in der Unterbrechung der Knochenstruktur gut gesehen werden. Innerlich liegt hier die Pons (›Brücke‹ als klassisches Wassermannsymbol) als Gehirnanteil, der insbesondere für die Atmung (Luftzeichen!) lebenswichtig ist

♓︎ *Halsansatzbereich:* äußerlich knochenlos (strukturlos); innerlich Sitz der medulla oblongata, die die meisten lebenswichtigen Körperfunktionen, wie etwa Herzaktion, Atmung u. a. beeinflußt

Physiognomie des Kopfes (2)

Über die Beschäftigung mit der astrologischen Symbolik werden Sie immer mehr lernen zu ›schauen‹, was, im Gegensatz zum Sehen oder Bemerken, bildhaftes Erfassen archetypisch-symbolischer Muster meint.

So können wir beispielsweise im Gesicht eines Menschen, wie dies die Zeichnung andeutet, astrologische Symbole schauen.

Abbildung B

Wir finden etwa im *Auge* phänomenologisch die Sonne wieder, was für die Iris gilt, die in das Weiße des Auges eingebettet ist, wie der Dotter (Sonne) in das Eiweiß (Mond). Wir sehen also, daß sich das gesamte Auge sowohl aus Sonne- als auch aus Mondanteilen zusammensetzt, einen Zusammenhang, den wir einerseits in Goethes Spruch: »Wär' nicht das Auge sonnenhaft, die Sonne könnt' es nicht erblicken«, andererseits in der Weisheit vom Auge als Spiegel (Mond) der Seele (Mond) wiederfinden. Die Signatur des Mondes entdecken wir in den Augenlidern (besonders deutlich im Oberlid), in deren Funktion, Schutz und Herberge der Augen für die Nacht wir auch die Mondanalogie erkennen können. Bei halbgeöffneten Lidern spricht man ja bezeichnenderweise auch vom sogenannten ›Schlafzimmer(= Mond)blick‹.

Um dies hier nochmals ausdrücklich zu erwähnen, könnten Sie also beispielsweise im ›senkrechten‹ (= analogen) Denken aus einer Verletzung des Augenoberlids eines Menschen auf die Verletzung der gesamten Mondanalogie, also die Verletzung der Psyche (Mond), des Magens (Mond) usw. Rückschlüsse ziehen.

In der *Nase* kann man die Signatur des Mars wahrnehmen, und zwar um so deutlicher, je mehr sich zwischen den Augenbrauen die sogenannte steile Zornes(Mars)falte bildet.

Im *Mund* finden wir schon sprachlich den Mond wieder, als Symbol für das Aufnehmende, Ernährende, und können sogar an den Varianten seiner Signatur die Gefühlslage (Mond) des Betreffenden ablesen: der nach oben geöffnete Mund als Zeichen der Heiterkeit, der nach unten geöffnete dagegen als Zeichen der Trauer und Verbitterung (herabgezogene Mundwinkel!).

Die sogenannten *Nasolabialfalten,* die sich als zum Strich verkümmerten Mond zeigen, gelten in der ganzheitlich-medizinischen Betrachtungsweise nicht umsonst als Belastungszeichen im Magen/Darmbereich.

Sehr deutlich wird die Signatur des *Ohres* im Saturnsymbol abgebildet. Den inneren Zusammenhang kann man in der im Vergleich zu anderen Sinnesorganen sehr mechanischen (♄) Weiterleitung des Sinnesreizes im Ohr über Trommelfell (Haut = Saturn!), Hammer und Amboß finden. Bezeichnenderweise sitzt ja auch das Gleichgewichtsorgan, welches für die *aufrechte Haltung* (Saturn) zuständig ist, hier. Ebenso im Steinbockbereich liegt das Kleinhirn, das die Bewegungskoordination lenkt.

Die *Haare* zeichnen besonders dann, wenn sie militärisch (!) kurz geschnitten sind oder als Bart in der Widderregion Kinn vorhanden sind, den Mars, auch wenn sie als Hautanhangsgebilde in ihrer Schutzfunktion und darüber hinaus als hornig verhärtete ›Organe‹ starke Saturnbeimengung verraten. *Haare* finden sich bezeichnenderweise vermehrt in Regionen, die den Marszeichen Widder (Kopfbehaarung) und Skorpion (Geschlechtsbehaarung) unterstehen.

Über die Marssignatur hinaus können wir die innere Richtigkeit der Analogie Haare = Mars auch daran erkennen, daß die Körperbehaarung beim Mann, und besonders beim martialischen Mann, stärker als bei der Frau (Venus) ist. Dies hat nicht nur für den Körper, sondern auch in der Kopfzuordnung Gültigkeit, wo Haare vermehrt in Regionen stehen, die männlichen Zeichen zugeordnet sind.

Kinnbehaarung (Widder), Schnurrbart und Nasenlochhaare (Zwillinge), Augenbrauen (Löwe), Beginn des Haupthaares (Waage), Haupthaar (Skorpion – Marszeichen!, Schütze), Nakkenbehaarung (Steinbock – starker Haarbezug, obwohl weibliches Zeichen! und Wassermann).

In den sogenannten ›Geheimratsecken‹ finden wir das Symbol des Jupiter, der ja in dieser Hinterkopfregion auch sein Domizil Schütze hat.

Wollen wir, wie in Abb. B gezeigt, nicht nur die Planetenzeichen, sondern auch die Tierkreissymbole in der Physiognomie des Kopfes finden, so können wir bei einiger Phantasie – und die ist für das Schauen im Gegensatz zum Sehen nötig – die Widdersignatur im *Kinn,* die Stiersignatur im geöffneten *Mund* (Stier ist wie Krebs = Mond = Mund ein aufnehmendes und ernährendes Zeichen), das Zwillingezeichen in der *Nase* (auch hier eine Ähnlichkeit zu Mars = Nase in der Vorwitzigkeit der beiden Zeichen Zwillinge und Widder = Mars), das Krebszeichen in den *Augen,* Löwe in den *Augenbrauen*, in der gefurchten Skeptiker*stirn* die Jungfrau wiederfinden.

Die andere Tierkreishälfte verbirgt sich, wenn auch ansatzweise erkennbar, ähnlich wie die Natur sich in der Herbst- und Winterhälfte unter die Oberfäche zurückzieht.

Iris und Planetenprinzipien

Bei der Suche nach Analogien zwischen Planetenprinzipien und der menschlichen Iris — ein Thema, das besonders für den Irisdiagnostiker Bedeutung haben mag — bietet sich vor allem eine Entsprechung zwischen unserem Sonnensystem und kreisförmig verlaufenden Iriszonen an (vgl. Abbildung 1).

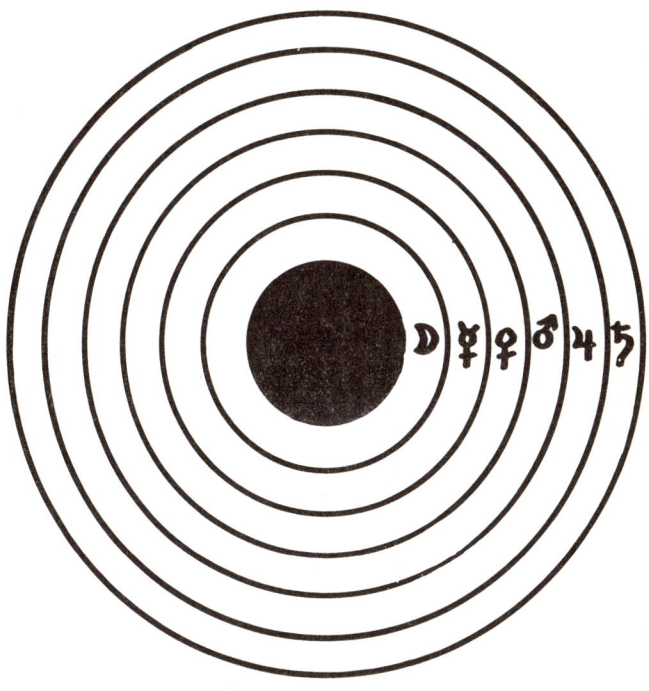

Abbildung 1

Wenn wir nämlich die Pupille analog zur Sonne setzen und von diesem solaren Zentrum die Planeten, nach ihrer Umlaufschnelligkeit geordnet, um die Sonne kreisen lassen, so ergibt sich ein Analogiemodell, welches sich mit den Erfahrungen der Irisdiagnostik nicht nur gut vereinbaren läßt, sondern selbst dem erfahrenen Irisdiagnostiker noch neue Anregungen zu bieten vermag.

In der Irisdiagnostik weiß man, daß pathologische Veränderungen der Pupille (etwa Abflachungen) auf Veränderungen der Gesamtpersönlichkeit des Menschen (Sonne!) schließen lassen, daß die sogenannte Krause (Mondzone!) für das Geschehen im *Magen* und der erweiterte Krausenrand (Merkurzone!) für *Dünndarm*probleme zuständig sind. Auch *nervliche* Belastungen findet man im Krausenrand, der der Merkurzone entspricht. Ferner weiß die Irisdiagnose davon zu berichten, daß sich *Stoffwech-*

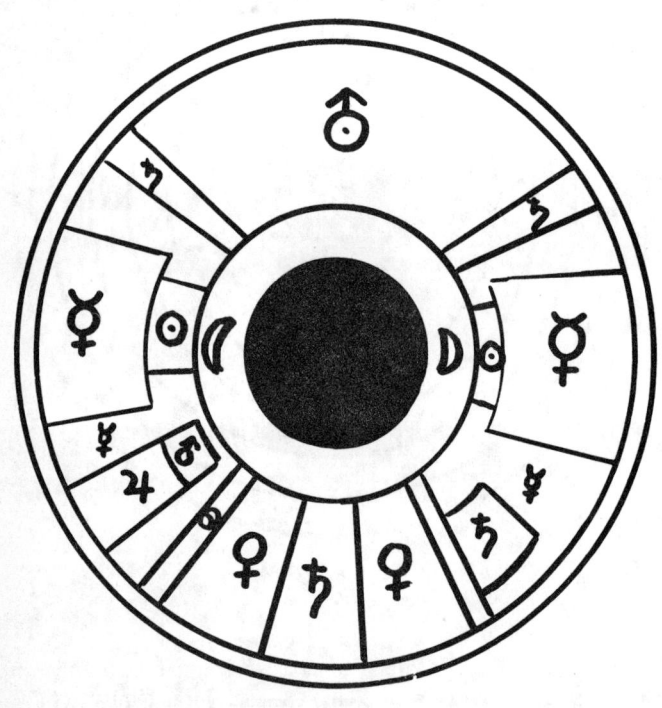

Abbildung 2

selstörungen bevorzugt in den Regionen der Iris zeigen, die nach unseren ›Planetenringen‹ im *Mars*- und *Jupiterring* liegen, etwa wolkig-weiße Ablagerungen bei rheumatischer Diathese, die von der Krankheitssymptomatik auch Störungen der Mars- und Jupiterfunktion zugeordnet werden müßte. Im Marsring finden wir (vgl. dazu Abbildung 2) bei ca. 8 Uhr auch das Marsorgan *Gallenblase* und im selben Sektor, aber im Jupiterring, das Jupiterorgan *Leber*.

Darüber hinaus gilt der Irisrand in der Irisdiagnose als sogenannter ›Hautring‹, was sich zwanglos mit der Saturnsymbolik zur Deckung bringen läßt. So verbleibt nur der Venusring, zu dem in der Irisdiagnose nichts Entsprechendes beschrieben ist. Da das System in allen anderen Bereichen eine verblüffende Schlüssigkeit ergibt, könnte man aus unserem Analogiemodell schließen, daß sich im Venusring beispielsweise Störungen im Endokrinum, in der Säure/Base-Balance oder ähnliches sehen lassen müßten.

Abbildung 2 zeigt Planetenanalogien zu den vereinfacht dargestellten Iris-Organ-Topografien. Der Wert einer solchen Umschreibung eines iridologischen Atlas in astrologische Symbole liegt vor allem darin, daß etwa aus dem Jupitersymbol bei ca. 8 Uhr nicht nur somatisch gesehen auf ein Lebergeschehen geschlossen werden kann, sondern auch auf alle anderen Jupiteranalogien, so etwa im psychischen Bereich auf eine Urvertrauensstörung oder ein gestörtes Verhältnis zu weiten Reisen und so fort.

Planetenentsprechungen in Händen und Füßen

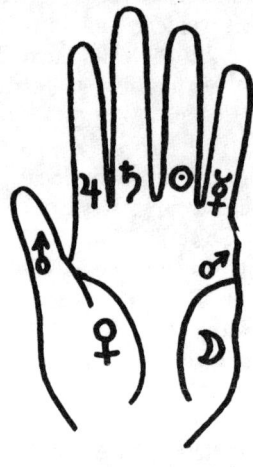

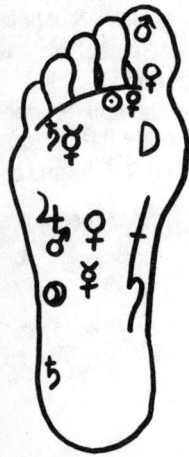

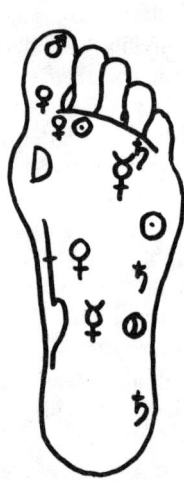

rechter Fuß   linker Fuß

Tierkreis und Zahlen

Möchte man den Tierkreis und Zahlen in Beziehung zueinander setzen, so bietet es sich natürlich einfachheitshalber an, mit dem Widder und der Zahl 1 zu beginnen und dann fortlaufend bis zu Fische mit der Zahl 12 weiterzuzählen, um so den Zahlenzyklus und den Tierkreis zur Deckung zu bringen. Daß diese einfache Entsprechung auch inhaltlich stimmig ist, sei nun im folgenden abgeleitet.

Freilich ergibt sich bei diesem System die Besonderheit, daß mit dem neunten Zeichen, Schütze, der Grundzahlenzyklus beendet ist, denn die 10 ist — wie die theosophische Reduktion zeigt: $10 = 1 + 0 = 1$ — schon die 1 des folgenden Zyklus. Das wird darüber hinaus auch deutlich in der Schreibweise der 10, die aus der 1 und der 0 als Symbol für den soeben vollendeten Zyklus besteht.

Diese Tatsache muß man allerdings nicht als Bruch der Systematik betrachten, da das zehnte Zeichen, Steinbock, mit dem Prinzip Saturn als Hüter der Schwelle zum Überpersönlichen, als nicht mehr Individuellem, gehörig (= Grundzahlen) angesehen werden kann.

Der ganze vierte Quadrant des mundanen Tierkreises (Steinbock bis Fische) hat typischerweise einen Charakter, der über die individuelle Entwicklungsfähigkeit (abgeschlossen mit dem 9. Zeichen Schütze) hinausweist, wie eben auch die Zahlen 10, 11, 12 als zusammengesetzte (gemeinschaftliche) Zahlen.

Stimmig erscheint diese einfache Zuordnung auch deshalb, weil auf diese Weise immer ungerade Zahlen (sie gelten in der Zahlensymbolik als männlich) auf männliche Tierkreiszeichen und gerade (auf der weiblichen Zweiheit basierende) Zahlen auf weibliche Zeichen fallen. Bei den letzten drei Zeichen gilt das für den individuellen Zahlenanteil.

Analog gehören also der *Widder* und die *Zahl 1* zusammen, was sich darüber hinaus auch zwanglos aus der Widdersymbolik des *ersten Schritts,* des Uranfangs, des ersten reinen Energieimpulses ableiten läßt.

Die Zuordnung der *Zahl 2* zu *Stier* läßt sich aus der Ver-*zwei*-gung, damit der dem Stierzeichen unterstehenden *Wurzelbildung* begründen. In der Zwei liegt die Suche nach dem Halt in der polaren Welt, so wie Stier als erdhaftes Symbol der Materie (= 2) zu verstehen ist.

Die *Zahl 3* zu *Zwillinge* analog zu setzen, rechtfertigt sich aus folgender Überlegung. Zwischen der 1 als dem Symbol des Himmels und der 2 als dem Symbol der Erde *vermittelt* der Götterbote Merkur als Herrscher des Zwillings.

Die *Zahl 4* gilt als Symbol der *Mater*-ie und steht so analog für *Krebs*. Denn das Kreuz der Materie (4) beginnt mit der Empfängnis im Mutterleib (Krebs). Daß die Zahl 4 sehr häufig und sicherlich auch stimmig dem Saturn zugeordnet wird, stört dabei gar nicht. Denn Steinbock/Saturn ist ja durch die gemeinsame ergänzende Achse (Gegenzeichen) mit dem Krebs eng verwandt. Manche Astrologen setzen die Mutter, die eigentlich klar dem Krebs/Mond zugeordnet wird, als Saturnentsprechung ein, was die nahe symbolische Verwandtschaft zeigt.

Die *Zahl 5* gilt als die Zahl der Mitte, denn sie bildet die Mitte der Grundzahlen 1–9: 1, 2, 3, 4, – 5 – 6, 7, 8, 9. Und *Löwe* gilt als Zeichen der Mitte, so wie sein herrschender Planet, die Sonne, Mittelpunkt unseres Planetensystems ist und den Persönlichkeitskern, unser Herz, symbolisiert.

Die *Zahl 6* kann als die Zahl verstanden werden, die die *Ökonomie* am besten umschreibt. Das kann man daran sehen, daß bei einem vom Kreis umschriebenen Sechseck die Kantenlänge eines Sechseckschenkels dem Kreisradius entspricht. Die Kantenlänge kann dabei als einzelner Entwicklungsschritt im Zyklus (Kreis) und der Radius als Aktionsradius gedeutet werden. Daraus ergibt sich, daß beim Sechseckschritt ein harmonisches, ökonomisches Verhältnis zwischen einzelnem Schritt und dem Aktionsradius vorliegt, was bei anderen Entwicklungsschritten (beim vom Kreis umschriebenen Viereck z. B. ist der einzelne Schenkel länger als der [Aktions-]Radius – Bremsanalogie des Quadrataspekts!) nicht der Fall ist. *Ökonomie* ist eine klassische *Jungfrauanalogie*.

Die *Zahl 7* ist aus 3 und 4 zusammengesetzt und kann so als die Zahl der *Harmonie* von Statik (= 4) und Dynamik (= 3) betrachtet werden. In der im Anschluß besprochenen Zuordnung von Zahlen zu Planeten wird auch auf die Verwandtschaft der Zahl 7 zu der Zahl 2 hingewiesen, die sich bei der hier zugrunde gelegten Systematik dadurch ausdrückt, daß die 2 dem Stier und die 7 der Waage beigeordnet sind, und beide Zeichen eine gemeinsame Herrscherin, nämlich die Venus, haben.

Die *Zahl 8* weist eine Entsprechung zum achten Zeichen, *Skorpion*, auf, da sie als doppeltes Kreuz der Materie (2 × 4) und auch als oft dem Sensenmann und Schwellenhüter Saturn zugeordnete Zahl einen engen Bezug zum Tod (Skorpion = 8. Haus = Todeshaus) hat. Der Tod als Pforte zur Unendlichkeit kann auch durch die liegende 8 (= Lemniskate) ausgedrückt werden.

Die *Zahl 9* als am weitesten entwickelte Grundzahl entspricht der größtmöglichen individuellen Entfaltung im Zeichen *Schütze*. 9 ist die potenzierte 3, also die potenzierte Dynamik, die ›weite Reise‹, die zur Schützesymbolik gehört.

Steinbock zur *10* in Entsprechung zu setzen, mag zwar an der Tradition gemessen unüblich sein, läßt sich gleichwohl aber gut begründen. Denn die *Zehn* kann als Symbol des Impetus (= 1) am 0-Punkt (= 0) gesehen werden. Der Impuls (= 1) muß durch die Null hindurch in eine Welt zusammengesetzter (gemeinschaftsbezogener) Zahlen. Steinbock/Saturn als Hüter der Schwelle zwischen altem (individuellem) und neuem (Gesellschafts-)Zyklus.

Wassermann hat einen Bezug zur *Zahl 11*, da die 11 als gutes Symbol für die *Aufhebung der Polarität* (Wassermannanalogie) betrachtet werden kann. Hier steht nämlich die 1 zweimal nebeneinander, ohne daß die Polarität männlich = 1 und weiblich = 2 wie etwa bei der Zahl 12 erkennbar wäre. Die 11 kann somit als Zahl der *Gleichgeschlechtlichkeit* angesehen werden. Der dem Wassermann zugeordnete Karneval beginnt traditionsgemäß am 11. 11. 11 Uhr 11.

Im Zeichen *Fische* herrscht bei Zugrundelegung der klassischen Siebenheit der Planeten traditionsgemäß Jupiter, dem üblicherweise die Zahl 3 zugeordnet wird. *12* ist bei theosophischer Reduktion eine 3: $1+2=3$; Fische als Zeichen der Universalität beinhaltet die Urprinzipien der Männlichkeit (1) und der Weiblichkeit (2) in Form der Synthese (3). Als zusammengesetzte Zahl zeigt die 12 darüber hinaus die gerade auch für das Fischezeichen typische Gemeinschaftlichkeit auf.

Planetenentsprechungen und Zahlen

☉ = 1

Die *Zahl 1* wird in der Astrologie nahezu unbestritten der *Sonne* zugeordnet. Die Analogie ergibt sich aus der *Sonne* als Symbol der *Einheit* und des Männlichen, Geistigen (ausgedrückt durch den Kreis mit dem Punkt in der Mitte als Sonnensymbol).

In der kabbalistischen Zuordnung finden wir allerdings die Entsprechung Sonne = 6. Der 1 kann sie in diesem System nicht zugeordnet werden, da in der Kabbalah die erste Manifestation erst mit der 3 beginnt. Die Zuordnung der 6 in der Kabbalah läßt sich daraus begründen, daß Tiphareth (= Sonne) die sechste, in der *Mitte* (Sonne als Symbol der Mitte) des Lebensbaumes gelegene Sephira ist.

☽ = 2

Die *Zahl 2* ist unter dem Gesichtspunkt der Zweiheit weiblich, ein *Mondsymbol.* Geometrisch ist die 2 durch den Halbkreis und damit durch die Mondsignatur dargestellt. Auch macht die 2 als Zahl des Objekts *Widerspiegelung* (= Mondanalogie) erst möglich.

Vertretbar erscheint auch noch die Entsprechung Mond = 9, wie sie in der Kabbalah gebräuchlich ist. Denn auch die 9 ist wie die 2 eine Zahl, die ›spiegeln‹ kann. Dies zeigt die theosophische Reduktion sehr schön: $59=5+9=14=1+4=5$; $39=3+9=12=1+2=3$; $69=6+9=15=1+5=6$; tritt die 9 nämlich bei zusammengesetzten Zahlen zu einer anderen hinzu, wie oben zu

5, 3 und 6, so beläßt sie als einzige Zahl die andere unberührt und spiegelt sie nur wider.

$$♃ = 3$$

Die *Zahl 3* gilt richtigerweise schon immer als Zahl des *Jupiter*. Das kommt nicht nur etwa in dem Volksspruch ›Aller guten Dinge sind 3‹ zum Ausdruck, sondern kann auch unter dem Gesichtspunkt der Zahl als Zahl 3 der Dynamik und Synthese nachvollzogen werden.

In der kabbalistischen Zuordnung wird dem Jupiter die 4 gegeben, wofür die Signatur des Planetensymbols einer unter vielen Hinweisen sein kann: 4 = ♃ .

$$♄ = 4$$

Die *Zahl 4* gilt oft als *Saturnzahl,* vor allem unter dem Gesichtspunkt der 4 als Kreuz der Materie. Empirisch und vielleicht auch aus der engen Verwandtschaft zu Saturn erklärlich erweist sich aber die Zuordnung zu *Uranus* unserer Meinung nach als noch stimmiger. Die Zahl 13, die theosophisch reduziert 4 ergibt (13 = 1 + 3 = 4), gilt aus der Volkserfahrung als Zahl *plötzlicher,* oft unangenehmer *Überraschung,* also einer Uranusanalogie. Auch spricht die innere Verwandtschaft der Zahl 1 mit der 4 (zahlensymbolisch ist die 4 die ›inkarnierte 1‹) durch die Achsenverwandtschaft der Domizile (Sonne = 1 = Löwe = Opposition zu Uranus = 4 = Wassermann) für die oben vorgeschlagene Zuordnung der *4 zu Uranus.*

$$☿ = 5$$

Die *Zahl 5* paßt sicher am besten zu *Merkur* als dem Planeten der ›Quinta Essentia‹, dem Hermaphroditen, dem Mittler. Denn die 5 mittelt zwischen 1, 2, 3, 4 einerseits und 6, 7, 8, 9 andererseits. Vertretbar erscheint auch die Gleichsetzung 6 = Merkur unter dem Gesichtspunkt der Ökonomie (vgl. 6 = Jungfrau) und aus der Tatsache heraus, daß aufeinanderfolgende Sonne/Merkur-Konjunktionen am Himmel einen Sechsstern zeichnen. Die kabbalistische Zuordnung des Merkurs zur 8 kann eigentlich nur mit dem doppelten Kreuz ($2 \times 4 = 8$), welches durch die Frucht vom Baum der Erkenntnis (= Merkur) auferlegt wurde, sinnvoll begründet werden.

$$♀ = 6$$

Die *Zahl 6* ist als Zahl der *Harmonie* zwischen oben und unten wohl am besten der *Venus* zuzuordnen. Geometrisch ist das auch aus der Tatsache ableitbar, daß das Sextilsegment im Kreis gleich dem Kreisradius ist, und damit der einzelne Entwicklungsschritt (= Segment) dem Aktionsradius (= Kreisradius) harmonisch angemessen ist. Man kann aus dieser geometrischen Betrachtungsweise auf Ökonomie (so geschehen bei der Zuordnung 6 = Jungfrau) oder auf *Harmonie* den Schwerpunkt legen, und kommt damit zwar zu unterschiedlichen Zuordnungen, was aber wegen der symbolischen Nähe von Venus und Merkur (z. B. Venus = Ausgleich, Merkur = Vermittlung) nicht gefährlich ist. Im übrigen spricht auch die Gleichsetzung von 6 = Sex für Venus.

$$Ψ = 7$$

Die *Zahl 7* findet trotz möglicher Zuordnung zu Venus wohl am besten bei *Neptun* ihren Platz. Wie bei Neptun häufig, ist eine logische Ableitung für diese Zuordnung kaum möglich. Andererseits werden Sie bei vorurteilsfreier längerer Beobachtung feststellen, daß empirisch für diese Zuordnung sehr viel spricht. In gewisser Weise kann man vielleicht auch die Verwandtschaft der ›Wasserplaneten‹ Mond und Neptun einerseits und die Verwandtschaft der Zahlen 2 und 7 andererseits zur Begründung heranziehen.

$$♄ = 8$$

Die *Zahl 8* ist liegend gezeichnet ein Symbol für die Unendlichkeit (Lemniskate), die mit *Saturn* als Schwellenhüter zu tun hat. Auch ist die 8 2×4 als Kreuz der Materie. Darüber hinaus weisen die sprachlichen Formulierungen ›Achtung‹, ›Hab acht‹ oder jemanden ›achten‹ auf Saturnanalogien hin.

σ = 9

Bei der Zuordnung der Zahlen 1–9 verbleibt die *Zahl 9* nunmehr nur noch für *Mars* (oder den ihm sehr ähnlichen Pluto). Auch hier fällt eine Ableitung, die wirklich überzeugt, kaum ein, so daß man wiederum auf eine empirische Überprüfung angewiesen ist. Nicht nur die Nummer 9 für den Mittelstürmer im Fußballfeld, sondern viele andere Erfahrungen bestätigen wohl die Zuordnung 9 = *Mars*. Vertreten läßt sich sicherlich – jedenfalls theoretisch – ein Platzwechsel mit dem Mond, was die Zuordnung Mond = 9 und Mars = 2 zur Folge hätte. Denn Mars als Planet der Ent-scheid-ung (= das Schwert ziehen) spaltet gerne die Einheit ent-*zwei*.

Das Wesen der Zahl in grafischer Darstellung

Die Zahlensymbolik an sich und damit auch ihre Analogie zu bestimmten Planetenprinzipien können Sie sich anhand der unten abgebildeten Grafik deutlich machen, in der das innere Wesen der Zahl grafisch ablesbar gemacht wird.

Der dieser Grafik zugrunde liegende Gedanke ist folgender: Jede Zahl muß eine Persönlichkeitsentwicklung wie ein Mensch durchmachen. Diese wird durch ein Entwicklungsquadrat grafisch sichtbar gemacht, in dem die Zahl 9 Schritte (für die 9 Grundzahlen) absolvieren muß, in der Hoffnung, die größtmögliche Grundzahlenentwicklung, nämlich die 9, zu erreichen. Dabei sind auf der Abszisse des Koordinatenquadrates die Entwicklungsschritte 1–9 und auf der Ordinate die Entwicklung in der Hierarchie nach oben abgetragen.

Jeder Entwicklungsschritt einer Zahl wird durch *Summierung mit dem eigenen Zahlenwert* dargestellt, z. B.:

1	= der 1. Schritt der 1
1+1=2	= der 2. Schritt der 1
1+1+1=3	= der 3. Schritt der 1
1+1+1+1=4	= der 4. Schritt der 1
1+1+1+1+1=5	= der 5. Schritt der 1
1+1+1+1+1+1=6	= der 6. Schritt der 1
2	= der 1. Schritt der 2
2+2=4	= der 2. Schritt der 2
2+2+2=6	= der 3. Schritt der 2
2+2+2+2=8	= der 4. Schritt der 2
2+2+2+2+2=10=1+0=1	= der 5. Schritt der 2
2+2+2+2+2+2=12=1+2=3	= der 6. Schritt der 2

So ergibt sich bei 9 Entwicklungsschritten ein grafisch abtragbares Entwicklungsprofil der jeweiligen Zahl, was etwa für die 8 lautet: 8-7-6-5-4-3-2-1-9.

Daraus ist für die Symbolik der 8 erkennbar, daß sie von einem sehr hohen Ausgangspunkt tief unter ihr Ausgangslevel hinabstürzen muß, um erst im letzten Schritt die ersehnte Endentwicklung, nämlich die 9, zu erreichen. So liegt es verständlicherweise nahe, die 8 dem Saturn zuzuordnen, der eine entsprechende innere Dynamik aufweist: Saturn = Luzifer = der gefallene Erzengel. Saturn muß in die Tiefe gehen, um erst ganz am Schluß sich wieder nach oben wenden zu können. Die Entwicklung der 1 dagegen zeigt kontinuierlichen Aufstieg ohne Rückschritt oder Absturz, wie er etwa für die Sonnensymbolik (1 = Sonne) typisch ist.

Die im vorangegangenen Text öfter zitierte Verwandtschaft der 2 mit der 7 wird grafisch hier dadurch deutlich, daß die Entwicklungssignatur der 2 wie die umgekehrte Entwicklungssignatur der 7 erscheint.

Die einzelnen zum Teil komplizierter zu erklärenden Zahlensignaturen zu begründen, würde den Rahmen und vor allem die Zielsetzung dieses Buches sprengen. Und so möchte nachstehende Tabelle, wie so vieles andere in diesem Buch, mehr zu eigener spielerischer Kreativität auffordern, als fertige ›Rezepte‹ zu vermitteln.

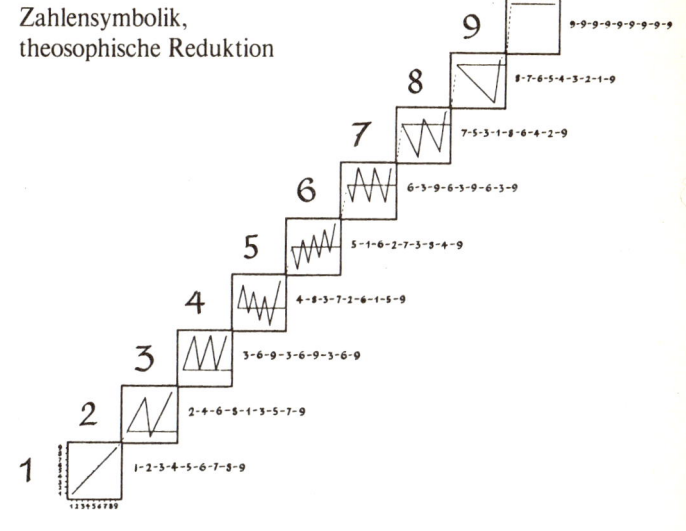

Zahlensymbolik, theosophische Reduktion

Tierkreis und Kabbalah

Zu dem Thema ›Analogien zwischen Tierkreis und Kabbalah‹ möchten wir Ihnen die zwei gebräuchlichsten Zuordnungssysteme, die beide recht stimmig erscheinen, vorstellen. Auf der gegenüberliegenden Seite finden Sie in der linken Senkrechtspalte die Analogien zu Abbildung A, in der rechten Senkrechtspalte die zu Abbildung B.

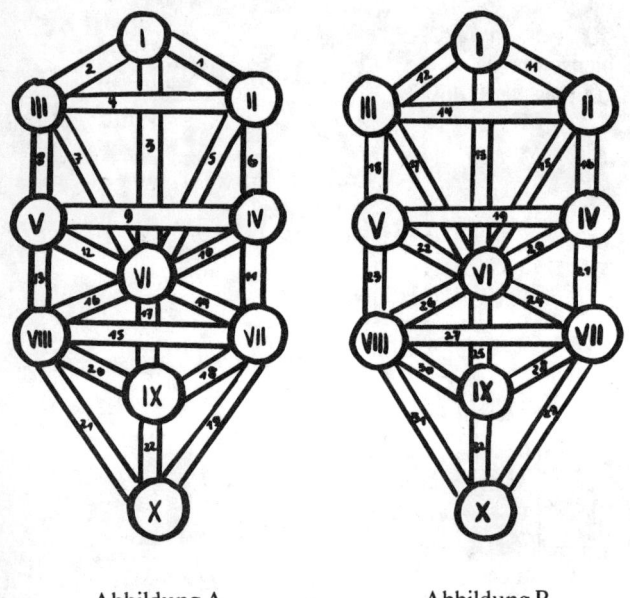

Abbildung A   Abbildung B

I	= Neptun	I	= Neptun
II	= Uranus (Pluto?)	II	= Uranus (Pluto?)
III	= Saturn	III	= Saturn
IV	= Jupiter	IV	= Jupiter
V	= Mars	V	= Mars
VI	= Sonne	VI	= Sonne
VII	= Venus	VII	= Venus
VIII	= Merkur	VIII	= Merkur
IX	= Mond	IX	= Mond
X	= Die 4 Elemente	X	= Die 4 Elemente
1	= Pluto	11	= Luft
2	= Mond	12	= Merkur
3	= Venus	13	= Mond
4	= Jupiter	14	= Venus
5	= Widder	15	= Widder
6	= Stier	16	= Stier
7	= Zwillinge	17	= Zwillinge
8	= Krebs	18	= Krebs
9	= Löwe	19	= Löwe
10	= Jungfrau	20	= Jungfrau
11	= Mars	21	= Jupiter
12	= Waage	22	= Waage
13	= Skorpion	23	= Wasser
14	= Schütze	24	= Skorpion
15	= Steinbock	25	= Schütze
16	= Wassermann	26	= Steinbock
17	= Fische (evtl. auch Merkur)	27	= Mars
		28	= Wassermann
18	= Mond	29	= Fische
19	= Sonne	30	= Sonne
20	= Saturn	31	= Feuer
21	= Neptun	32	= Saturn
22	= Uranus		

Tierkreis und Chakren (A)

Zunächst die Chakrenzuordnung, die für die Mehrheit der Menschen Gültigkeit hat, nämlich für die, die noch Todesangst haben, also den Hüter der Schwelle, Saturn, noch nicht überwunden haben, in ihrem Leben noch nicht zum zweitenmal geboren wurden.

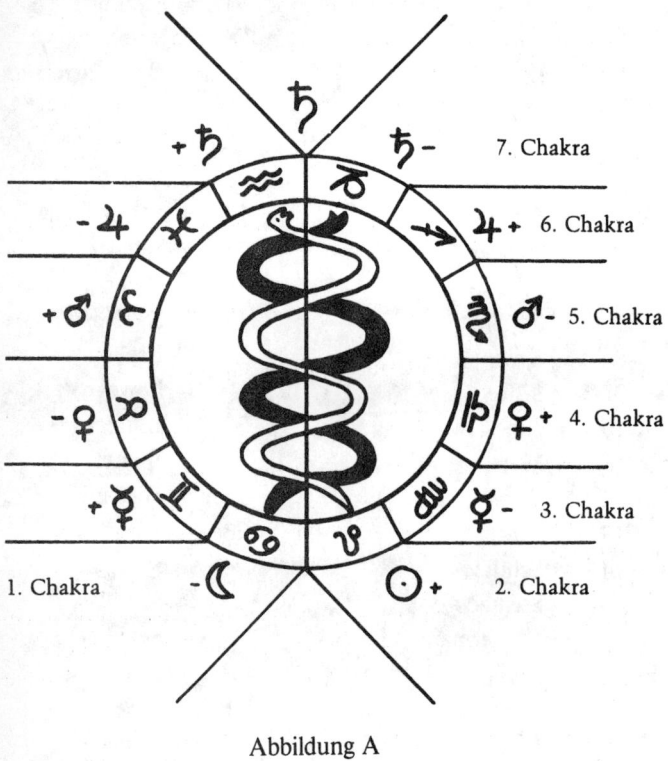

Abbildung A

1. Chakra, Muladhara-Chakra, sogenanntes ›Basischakra‹: Krebs/Mond/4. Haus
liegt in der Beckenregion zwischen Anus und Genitalien.

Wiege der Kundalini, Ursprung der weiblichen Schlange Idaa, die sich von hier über die weiblichen Zeichen (Jungfrau, Stier, Skorpion, Fische) bis zum weiblichen Saturnzeichen Steinbock schlängelt. Chakrenbedeutung: Nahrung und sichere Geborgenheit (Krebs!).

2. Chakra, Swadisthana-Chakra, sogenanntes ›Sexualchakra‹: Löwe/Sonne/5. Haus
liegt in der Sexualregion am Unterbauch.

Wohnsitz des Selbst, Ursprung der männlichen Schlange Pingalaa, die sich von hier über die männlichen Zeichen (Zwillinge, Waage, Widder und Schütze) zum männlichen Saturnzeichen Wassermann emporwindet. Chakrenbedeutung: Schöpfung, Zeugung (Löwe, 5. Haus!).

3. Chakra, Manipura-Chakra, sogenanntes ›Machtchakra‹: Zwillinge/Jungfrau/Merkur
liegt in der Oberbauchregion beim Solarplexus.

Bedeutung: Macht des Vorstellungsvermögens, das Denken herrscht, analog zu Zwillinge/Jungfrau/3. Haus/6. Haus. Die wahre Macht liegt im Denken.

4. Chakra, Anahata-Chakra, sogenanntes ›Hingabechakra‹: Stier/Waage/Venus/2. u. 7. Haus
liegt in der Herzgegend.

Bedeutung: die vollkommene Balance zwischen den drei oberen und drei unteren Chakren, Ausgewogenheit, Hingabe, Harmonie.

5. Chakra, Vishuddha-Chakra, Chakra der ›Herrschaft über sich selbst‹: auch ›Klangchakra‹ genannt: Widder/Skorpion/Mars/1. u. 8. Haus
liegt in der Halsregion etwa bei der Schilddrüse.

Bedeutung: Chakra der Schlagfertigkeit und Selbstbeherrschung.

*6. Chakra, Aja-Chakra, ›Drittes Auge‹: Fische/Schütze/Jupiter/
9. u. 12. Haus*
liegt leicht erhöht zwischen den Augenbrauen.
Bedeutung: Meisterschaft des Bewußtseins, Synthesechakra.

*7. Chakra, Sahasrara-Chakra, ›1000blütiger Lotos‹:
Wassermann/Steinbock: Saturn/10. u. 11. Haus*
liegt an der höchsten Stelle des Scheitels.
Bedeutung: Ebene der Wirklichkeit und Wahrheit (Satya-Loka) und Ebene des Egos (Ahamkara): Aham = Ich bin, Kara = Form; saturnales Prinzip der Klarheit und Form. Ebene des Hüters der Schwelle. Wer sie überwindet, stirbt körperlich oder seelisch (Zweimalgeborener).

Alle Chakren können, ebenso wie Tierkreiszeichenqualitäten bzw. Planetenqualitäten, geblockt oder geöffnet, unerlöst oder erlöst sein. Erlösung bezieht sich bei dieser Chakrenanalogie aber in erster Linie auf weltliche Dinge, an deren Ende Saturn/Luzifer als Herr dieser Welt prüft, was erreicht wurde aus seiner Sicht. Er ist zu gleicher Zeit der Hüter der Schwelle in die folgende Chakrenzuordnung.

Tierkreis und Chakren (B)

In Abbildung B sehen Sie die Anordnung der Chakren, wie sie sich zeigt, nachdem wir das 7. Chakra der weltlichen Ordnung überwunden haben.

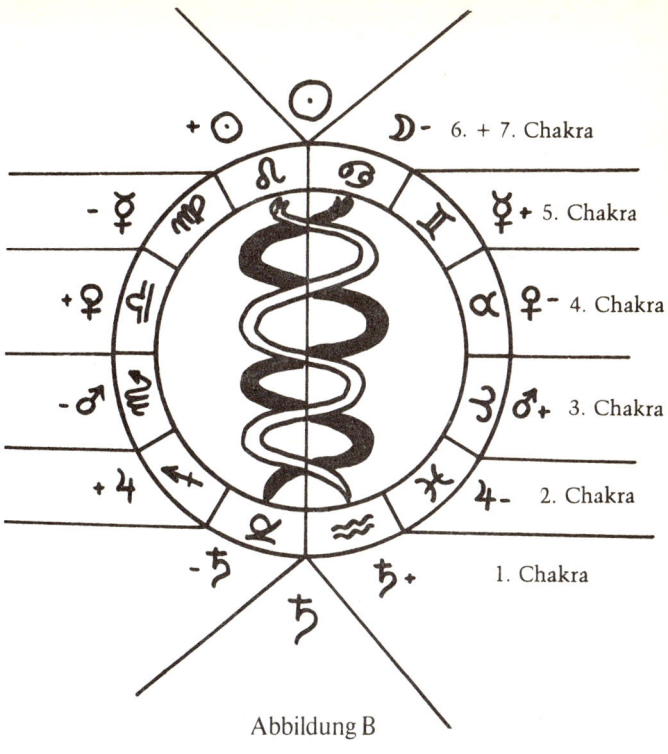

Abbildung B

Die beiden Schlangen Idaa und Pingalaa winden sich nun aus dem vom Hüter der Schwelle (Saturn) beherrschten Zeichen Wassermann (+) und Steinbock (−) zu ihren Zielen Löwe (+) und Krebs (−) empor. Ein Weg also, der aus der Härte (♄) und Kälte (♄) gesellschaftlichen Erfolges, aus Lebensangst, Egoismus und Neid, der Hingabe (Krebs/Mond) und Liebe (Löwe/Sonne) entgegenstrebt.

Wie wir sehen können, steht hier der Tierkreis, wie wir ihn üblicherweise verwenden − nämlich mit Steinbock/Saturn am MC − auf dem Kopf. Hier sind also ›die Lichter umgestellt‹. Dennoch erwartet uns ein Weg, auf dem es noch vieles zu erlösen gibt, bis wir bei der chymischen Hochzeit von Sonne (Wärme, Liebe) und Mond (Flexibilität, Hingabe) angekommen sind.

1. Chakra (Wassermann, Steinbock, Saturn)

›Basischakra‹: *unerlöst:* Lebensangst, Egoismus, Neid;
erlöst: der Hüter der Schwelle ist überwunden (die Todesangst), Klarheit und Sicherheit, Bescheidenheit und Verantwortungsbewußtsein als Lebensbasis.

2. Chakra (Schütze, Fische, Jupiter)

›Sexualchakra‹: *unerlöst:* wildes Zeugen (Zeus!), Gier nach Fülle;
erlöst: bewußter Umgang mit der Sexualität als Ausdruck der Vereinigung von Gegensätzen (Jupiter = der Planet der Synthese), Urvertrauen in die Sinnhaftigkeit des Daseins, Toleranz.

3. Chakra (Skorpion, Widder, Mars)

›Machtchakra‹: *unerlöst:* Machtkampf um des Kampfes willen, Rivalität, Aggression;
erlöst: Mut zum bewußten Handeln, Ritterlichkeit, ehrlicher Einsatz aller Eigenenergie in situationsadäquater Form.

4. Chakra (Waage, Stier, Venus)

›Hingabechakra‹: *unerlöst:* Schmeichelei als falsch verstandene Hingabe, Selbstbetrug bei rigider Scheinharmonie;
erlöst: innerer Frieden, gleichmütige Hingabe an alle Lebewesen und Lebensformen, Ausgeglichenheit und Harmonie.

5. Chakra (Jungfrau, Zwillinge, Merkur)

›Klangchakra‹: *unerlöst:* intellektuelle Manipulation anderer, List, Betrug, geistige Verführung für egoistische Zwecke;
erlöst: Quinta essentia, Zugang zu Akasha, Sprache als Sprachrohr (Prophetentum), Fähigkeit zu echter Neutralität.

6. Chakra/7. Chakra (Löwe, Krebs, Sonne/Mond)

Hier ist sowohl die Zuordnung 6. Chakra = Löwe = Sonne richtig, die den Aspekt des Dritten Auges (Sonne!) als Verschmelzung mit der Einheit erkennt und damit die Zuordnung 7. Chakra = Krebs = Mond (der tausendblättrige Lotus als Symbol der Verschmelzung mit der Welt im Tao), als auch die Zuordnung 6. Chakra = Krebs = Mond als Symbol für die Intuition (Mond reflektiert im Dritten Auge wie sein Metall Silber alles Leben) und damit auch die Zuordnung 7. Chakra = Löwe = Sonne, die den Gesichtspunkt der wiedergefundenen Einheit (☉) betont.

Im Bereich des 6. und 7. Chakras nach der ›himmlischen Ordnung‹ gibt es kein ›erlöst‹ bzw. ›unerlöst‹ mehr, da das 6. Chakra erst erreicht werden kann, wenn das 5. erlöst passiert wurde. 6. und 7. Chakra sind bereits Ausdruck der chymischen Hochzeit von Sonne und Mond, die jenseits der im 5. Chakra gefundenen Neutralität (Hermes/Merkur als Symbol für die erreichte Quinta essentia!) stattfindet.

Die klassischen sieben indischen Planetengottheiten

Mars entspricht dem *Anagaraka, Kuca* oder *Mangala.* Von roter Körperfarbe trägt er auch rote Kleider und Kränze. In seinen vier Händen hält er Speer, Spieß und Keule. Sein Wagen wird von acht rubinroten Rossen gezogen.

Venus entspricht dem *Bhargava, Sukra* oder *Usanas*. Weiß wie Jasmin und von angenehmem Äußeren hält dieser Gott Stab, Rosenkranz und Wassergefäß in den Händen. Sein Wagen ist reichlich geschmückt und wird von zehn irdischen Rossen gezogen. Manchmal erscheint er auch als Frau auf einem Kamel reitend und einen Reif in den Händen haltend.

Merkur entspricht dem *Buddha* und ist der Sohn des Mondgottes und der Tara (der Frau des Jupiter-Brhaspati). Er kleidet sich in gelbe Gewänder und Kränze und trägt Bogen und Gebetskranz als Attribute, ist sehr redegewandt und von unvergleichlicher, mit allen Vorzügen versehener Gestalt. Sein Wagen ist aus Wind- und Feuerstoffen und mit acht rotbraunen und windschnellen Rossen bespannt.

Der *Mond*gott ist *Candra, Sasin* oder *Soma*. Von weißer Körperfarbe trägt er auch ausschließlich weiße Gewänder, wie auch sein Wagen in der Farbe des Jasmin strahlt und von einer weißen Antilope gezogen wird. Er raubt Brhaspatis (Jupiters) Frau Tara und zeugt mit ihr den Buddha (Merkur). Wassertopf und Rosenkranz sind seine Attribute.

Der *Sonnen*gott *Surya, Rari* oder *Bhanu* umkreist auf seinem riesigen Wagen unaufhörlich die Erde. Sieben rotbraune Rosse, die die Gabe der Verwandlung und das heilige Wissen besitzen, ziehen ihn, einmal angeschirrt, ein ganzes Weltzeitalter hindurch. Im Wagen sitzen zwölf Sonnengötter oder Adityas, die die Welt erleuchten, zwölf Weise oder Rishis, die den Sonnengott preisen, zwölf Gandharven und zwölf Asarpas, die den Gott mit Gesang und Tanz unterhalten – insgesamt sieben mal zwölf Begleiter. Surya selbst ist von goldener Farbe, mit einem goldenen Glorienschein umgeben und von idealem Äußeren. In der Hand hält er die Lotusblüte oder einen Diskus als Symbole der Vollkommenheit.

Jupiter entspricht *Brhaspati,* dem Lehrer der Götter und Weisen. Selbst von goldener Körperfarbe fährt er auch in einem goldenen Wagen, der, mit acht fahlen Rossen bespannt, jeweils ein Jahr für die Reise durch ein Tierkreiszeichen benötigt. In seinen vier Händen hält er die Attribute Stab, Wassertopf und Gebetskranz.

Saturn entspricht dem *Manda* oder *Sani*. Er ist der Sohn des Sonnengottes Surya mit ›Chaya‹, dem Schatten, und von blauschwarzer Farbe; außerdem ist er alt, lahm, häßlich und boshaft. Seine Attribute sind Spieß, Speer und Bogen und sein Reittier ein schwarzer Geier oder ein Rabe.

Die indischen Hauptgötter

♈ *Agni,* der Gott allen Anfangs, ein Feuergott von roter Farbe, in eine Flammenhülle gekleidet, auf einem Widder oder Ziegenbock reitend; *Karthikheya* oder auch Kumara (Jüngling) genannter, von Shiva erschaffener Kriegsgott, trägt den Hahn als Gruß an den neuen Morgen in seinem Emblem. Jede Art von Angriff (kriegerischer wie auch erotischer) sind sein Herrschaftsbereich. Er befehligt das Götterheer und ist Schutzgott des dem Mars analogen Planeten Anagaraka.

♉ *Nandi,* der titanische Stier, Shivas Reittier, Symbol der Zeugungskraft, durch die das Leben der Erde (deren Symbol die Kuh Go ist) ständig neu erschaffen wird. Auf dem Stier reitend, symbolisiert Shiva die Überwindung der Triebe und Sinnlichkeit.

♊ *Vishnu,* der Erhalter-Gott, stimmt in einigen wesentlichen Punkten mit dem griechischen Hermes überein, sorgt er doch für das Gleichgewicht nicht nur auf Erden, sondern auch zwischen Göttern und Menschen. Er ist einer der vielschichtigsten indischen Götter und kommt in vielen verschiedenen Inkarnationen auf die Erde, um hier den Willen der Götter durchzusetzen. Zu den bekanntesten dieser Avatare gehören Rama, Krishna und Buddha. Wie Hermes von Zeus, wird Vishnu oft vom Götterkönig Indra zu Hilfe gerufen. Er ist das Vorbild der indischen Ritter, die sich als Erhalter der kosmischen Ordnung auf Erden verstehen. Ein deutlicher Zwillingsaspekt liegt auch bei Vishnus beiden Reittieren, dem Garuda, der die Tat symbolisiert und der Schlange ohne Ende, Shesha, die die ewige Wiederkehr darstellt. Der Gegensatz zwischen den beiden führt zu den für den Zwillingsmythos typischen Auseinandersetzungen innerhalb der Polarität.

♋ *Kali,* die schwarze Urmutter, Herrin der Nacht, der Welt und der Materie überhaupt. Sie ist Shivas weibliche Hälfte. Als große Mutter symbolisiert sie mit ihren vier Armen die vier Richtungen der Welt und ihre Herrschaft darüber. Auf Erden ist sie oft von Hexen umgeben, die sie in die Geheimnisse ihrer dunklen Magie einweiht. Sie gibt und nimmt alles Leben und wurde so für viele Hindus zur mächtigsten Gottheit überhaupt.

Neben ihr erscheint der fettleibige Mondgott Soma fast bedeutungslos, der mit seiner Gattin Hariti, der Schutzpatronin der Kinder, über Schmuck und andere Reichtümer wacht.

♌ *Brahma,* der Schöpfer, entsteigt zu Beginn der Schöpfung einer Lotusblüte, die sich aus dem Schoß des Urmeeres erhebt. Geborgen im goldenen Ur-Ei ist er der erste Lichtkeim. In seinen vier Händen liegen die vier Bücher des ewigen Wissens, die Veden. Er ist der Schöpfer hinter allem, der große Alte, der Urahn, jedoch selbst nicht in die Schöpfung verwickelt und wenig in Erscheinung tretend, nur selten verehrt und angebetet.

♍ *Ganesha,* mit dem Elefantenkopf, ist das Kind Shivas und Kalis. Sein großer Kopf steht für sein großes Wissen und sein hervorragendes Gedächtnis. Er reitet auf einer Maus, dem Symbol des geheimen nächtlichen Wissens und Wirkens. Mit seinen vier Armen und Händen beherrscht er die Welt. Zugleich ist er Herr der zeitlosen Überlieferung, die sich ewig durchsetzen wird. Als Gott des Lernens, der Klugheit, der Wissenschaft und Politik, ist er der Garant für Geschäftserfolg und ein beliebter Schutzgott aller Eingangspforten, im Materiellen wie im übertragenen Sinne. Sein unproportional großer Bauch und der Elefantenrüssel weisen Ganesha auch als Fruchtbarkeitsgott aus, und so wird er auch zum Gott des Ackerbaus, des Gedeihens und der Ernte.

♎ *Lakshmi,* die Göttin des Glücks und der Fülle, ist die Gattin und treue Begleiterin Vishnus. Wie Venus ist sie die Mutter des Liebesgottes Kama, der als Pfeile die verschiedensten Blumen benutzt und so zu Liebessymbolen macht. Lakshmis harmonisches Verhältnis zu Vishnu und allen seinen Inkarnationen ist Inbegriff der vollkommenen Liebe.

Einen etwas anderen Aspekt der Venus drückt *Saraswati* aus. Sie ist Symbol der Harmonie und Schönheit der Schöpfung ihres Gatten Brahma und wird als wunderschöne weiße Frau auf einer Lotusblüte, die Saite der Vina zupfend, dargestellt. Sie ist die Begründerin aller wirklichen Künste wie Musik, Dichtung und Bildhauerei. Ihr mit Brahma gemeinsames Reittier ist der weiße Schwan, ein Symbol der Reinheit und Schönheit.

♏ *Yama,* der Totenrichter und Unterweltsgott, reitet auf einem schwarzen Büffel durch die Unterwelt in Begleitung zweier schrecklicher Hunde (vgl. Zerberus). Seine Attribute sind Keule und Netz. Hierher gehören aber auch die *Asuras,* die dämonischen Gewaltherrscher, die Gegenkräfte des Lichtes. Ihr Herrscher ist *Ravana,* der Ramas Gattin Sita raubt, die eine Inkarnation der Glücksgöttin Lakshmi ist. Er wird von Vishnu, an dessen Seite der Affengott Hanuman kämpft, überwunden. Hanuman symbolisiert die schon gewandelte Seite des Skorpion.

♐ *Indra,* der Götterkönig, ist auch als Blitz- und Gewittergott bekannt, trägt er doch in seiner Rechten den Donnerkeil (Vajras-Zepter) als Zeichen seiner Macht. Er ist der erklärte Gegner der Gewaltherrschaft der Asuras. In einem prachtvollen Hof lebend, ist Indra von schönen Feen, Himmelstänzerinnen und Musikanten umgeben. Sein Reittier ist der Elefant, Sinnbild der Kraft und Weisheit. Indra ist auch der Hüter des Soma, jenes Trankes der Unsterblichkeit, ewiger Jugend und Weisheit. In seinen Kämpfen gegen die Asuras ruft er häufig den ihm nahe verwandten Gott Vishnu zu Hilfe. Es heißt, daß er in jener Zeit, als Vishnu in Gestalt des Krishna inkarniert war, Arjuna, der berühmte Held der Bhagavadgita war.

♑ *Shiva,* der Zerstörer alles Irdischen, ist von weißer Gestalt, obwohl für ihn – wie für seine Gattin Kali – an sich die Farbe Schwarz typisch ist. In seiner dunklen Welt ist er hell, weil er ständig über Vishnus helles Wesen nachsinnt. Vishnu dagegen ist in seiner hellen Welt dunkel (blau), weil er stets über Shivas dunkles Wesen nachdenkt. Als Gott der Zeit kennt Shiva all die Gesetzmäßigkeiten des Universums, und dieses Wissen um die letzten Dinge zeigt sich als Weisheit in seinen Zügen. Um den Hals trägt er eine Kette aus Totenschädeln, wie er auch den Rhythmus allen Lebens auf einer Trommel aus zwei halben Totenschädeln schlägt.

♒ *Garuda,* der leuchtende Wundervogel, Vishnus Reittier, ist so strahlend, daß er manchmal mit Agni, dem Feuergott, verwechselt wird. Sein Flug ist schnell wie das Licht, und mit der Kraft seiner Flügel kann er die Drehung der Welt anhalten. Seinen Kopf hat er vom kühnen Adler. Für die Götter stiehlt er das Unsterblichkeit verleihende Amrita. Er trägt Vishnu zu dessen Kämpfen und Lustreisen durch die Weiten der Himmel und ist das Urbild des östlichen Wundervogels (Simurgh), der die Helden und Götter durch die Lüfte trägt, um ihre übermenschlichen Aufgaben zu bewältigen und die großen Geheimnisse der Schöpfung zu lüften.

♓ *Ganga* und *Yamuna,* die beiden Flußgöttinnen, haben in der indischen Mythologie eine wesentlich bedeutendere Rolle als etwa griechische Flußgottheiten, weil die Flüsse dem Hinduismus in ihrer Fähigkeit, die Sünden der Lebenden und der Toten abzuwaschen, als heilig gelten. Während in Gangas Namen schon der heilige Fluß Ganges mitschwingt, ist Yamuna die Personifizierung des heiligen Flusses, an dem Krishnas Stadt Mathura liegt. Ganga reitet auf einem Seeungeheuer, Yamuna auf einer Schildkröte. Beide zusammen werden symbolisch als zwei Fische dargestellt.

Neben diesen beiden Göttinnen tritt der blaue Wassergott *Varuna* etwas zurück, der, auf einem Delphin reitend, die Lügner verfolgt, um sie mit seinem Attribut, der Schlinge, zu fesseln.

Vishnus Inkarnationen (die Avatare)

♈ *Rama mit dem Pfeil und Bogen:* Rama kämpft vor allem für die Frauen und die Ehe. Als der Dämon Ravana seine Frau Sita entführt, entfesselt er einen furchtbaren Krieg, an dessen Ende er in der Gestalt des größten menschlichen Helden, den die Erde je sah, die Festung des Dunklen erstürmt.

♉ *Kurma,* der Schildkröten-Avatar: Der Erhalter-Gott inkarniert als gigantische Schildkröte, durch deren kreisende Bewegungen im ›Milchmeer‹ all die wunderbaren Dinge und Wesen späterer Zeiten entstehen: der Baum des Paradieses und der Unsterblichkeitstrank Amrita, die Kuh der Fülle und die Göttin der Liebe (Lakshmi), das Roß der Himmlischen usw.

♊ *Vamana,* der Zwerg-Avatar: In der Gestalt eines Zwerges überlistet Vishnu einen Dämonenherrscher und rettet damit die Welt. Das Zwerglein bittet den übermächtigen Dämonen um drei Schritte Land, und als dieser die Bitte gewährt, verwandelt sich Vishnu in seine kosmische Gestalt und durchmißt mit drei Schritten die ganze Erde.

♋ *Varaha,* der Eber-Avatar: Die Erde ist aufs neue in den gewaltigen Wassern des Urmeeres versunken. Da nimmt Vishnu die mächtige Gestalt eines Ebers an, und auf seinen gewaltigen Hauern hebt er die Erde aus dem Urspung heraus ins helle Licht, wo sich die Erdteile bilden können.

♌ *Nara-simha,* der Löwe-Avatar: Ein furchtbarer Dämon hat die Macht usurpiert, und Vishnu hat eigentlich keine Chance mehr, die Welt zu retten. Da nimmt er die Gestalt des Mannlöwen an und vollbringt doch noch das Unmögliche. In dieser Löweninkarnation, die das Vorbild für die indischen Ritter darstellt, symbolisiert Vishnu unbezwingbaren Mut, unbeugsamen Stolz, die höchste Ehre und die Stärke des Menschen, die selbst aus aussichtslosen Situationen noch Rettung schafft.

♍ *Vamana,* der Zwerg-Avatar, erscheint hier allerdings weniger unter dem Aspekt des raffinierten Zwerges, der den Dämon überlistet, wie beim Zwillingsmythos, sondern unter dem Gesichtspunkt des kleinen Erdmannes, der die verschiedenen Ebenen der Wirklichkeit durchmißt. Sein Symbol ist der Schirm, der auch das Zeichen der Priesterheiler ist. Vamana macht deutlich, daß Unterwelt, Menschenreich und Götterhimmel nur drei Ebenen der einen Wirklichkeit sind, indem er diese drei Ebenen nach Belieben wechselt und in drei Schritten durchmißt.

♎ *Krishna:* Sein Symbol ist der kreisrunde Diskus, das Rad (Chakra) im wörtlichen wie im energetischen Sinn. Er ist von schöner, harmonischer Gestalt und äußerst liebenswürdig. Wo immer er auftaucht, verbreitet er Lebensfreude und -lust. Er liebt Geselligkeit, und seine vielen Liebesbeziehungen sind sprichwörtlich. In einer Zeit enormer äußerer Prachtentfaltung geboren, erkennt er die Entartung in den gottlosen Festen und Orgien. Der herrschende Tyrann bedroht ständig Krishnas Leben, er läßt sogar alle Hirtenknaben töten, in der Hoffnung, daß Krishna darunter sei. Der aber wird immer wieder durch göttliche Wunder gerettet und lebt sein glückliches Leben mit der Hirtin Radha und anderen Hirtenmädchen. Sein Flötenspiel wird berühmt, denn es verbreitet so vollkommene Harmonie, daß sogar wilde Tiere zahm werden und andächtig lauschen.

♏ Der Skorpionmythos hat keinen eigenen Avatar, kommt aber in Hanuman, dem Menschenaffenkönig an Ramas Seite, zum Ausdruck. Als treuer Gefährte hilft der Affenkönig dem Gott bei dessen Rache für den Raub seiner Gattin Sita. Hanuman sagt über sich zu Vishnu: »Wenn ich vergesse, wer ich bin, bin ich ich. Wenn ich mich aber erinnere, wer ich bin, bin ich du.« Er hat die innere Wandlung vollzogen.

Rama mit dem Beil: In dieser Inkarnation, die sich grundsätzlich von der des anderen Rama unterscheidet, geht es Vishnu um die Errichtung der göttlichen Ordnung. Er fällt die (Stammbäume der) übermütig und anmaßend gewordenen Ritter und Edlen. Dann aber läßt er Gnade vor Recht ergehen und sie wieder zu Kräften kommen, damit nicht ritterliche Gesinnung, Großzügigkeit und Tugend mit ihnen gänzlich von der Erde verschwinden.

Buddha, die neunte Inkarnation Vishnus: Als Königssohn geboren, entlarvt er den Schein der äußeren Welt und verläßt den Prunk des weltlichen Königtums, um in der Einsamkeit den Weg zur Befreiung von allen Verhaftungen an die Materie zu finden. Der Weg der Askese ist ihm Durchgangsstation zur großen Freiheit und zum Königtum auf einer anderen Ebene. Sein Zeichen ist die Lotusblüte, die Ordnung der Schöpfung im Mandala symbolisierend.

Kalki-Avatar: Dieser Avatar wird erst am Ende unseres Zeitalters kommen. Vishnu wird dann als strahlender Reiter auf dem weißen Pferd erscheinen, die dämonischen Mächte verjagen und so die Auferstehung der zeitlosen Tugend und Weisheit ermöglichen. Das Mahajuga löst dann das Kalijuga ab. Das Symbol dieser Zeit wird Vishnus ›feuerstrahlendes‹ Schwert sein, als Zeichen für den Kampf des Gottes für die neue, bessere Welt der Zukunft.

Matsya, der Fisch-Avatar: In der dunklen Nacht zwischen zwei Schöpfungszyklen schläft Brahma tief, die Veden in seinem Schoße haltend, als ein Dämon aus den Urwassern auftaucht und ihm die heiligen Bücher stiehlt, ohne die kein neuer Schöpfungszyklus beginnen kann. In dieser schlimmen Situation schlüpft Vishnu als Erhalter der Welten in die Gestalt eines Fisches, taucht hinab in die undurchsichtigen Tiefen des Urmeeres, überwindet dort den Dämon und kann Brahma so die heiligen Veden zurückbringen.

Die indischen Tierkreiszeichen

♈ Mesa

♉ Vrsa (bha)

♊ Mithuna

♋ Karka(taka)

♌ Simha

♍ Kanyā

♎ Taulin oder Tulā

♏ Vrścika

♐ Dhanvia oder Dhanuh

♑ Delphin (eigentlich Ziegenfisch), Makara

♒ Kumbha

♓ Mina

Germanische Göttersymbolik

♈ *Thor* oder *Donar,* der Donnerer, ist von blühender Gestalt mit rotem Haar und Bart. Unbestritten ist er der stärkste unter Göttern und Menschen, der große Verteidiger von Midgard und der Sohn Odins und der Jörd (Mutter Erde). Sein berühmter Wagen wird von zwei Böcken gezogen, und er besitzt drei wesentliche Attribute: Hammer, Kraftgürtel und Eisenhandschuhe. Auf seinen ausgedehnten Reisen leisten ihm diese drei Wunderwaffen wertvolle Dienste im Kampf gegen Riesen, Trolle und sogar die Midgardschlange, die er beim Weltuntergang, selbst sterbend, noch tötet. Sogar den Allwiss kann er überwinden und wird nur einmal von Loki getäuscht, an dessen schließlicher Gefangennahme er mitwirkt. Thor ist ein Krieger und Kämpfer, dessen Weg eine lange Reihe überwundener Gegner markiert und dessen furchtbarer Zorn sprichwörtlich geworden ist.

Tyr ist der ursprüngliche Gott des Krieges und Zweikampfes und steht für den Schlachtensieg. Er ist der Sohn Odins und der Frigg und wird auch der ›Einhändige‹ genannt, weil ihm der Fenriswolf die rechte Hand abbiß. Mit Thor zusammen zieht er zum Riesen Hymir und gewinnt dort den Braukessel, so daß die Götter seither immer genug Bier haben.

 Heimdall: Er wird auch der ›Weiße‹ genannt und ist der Wächter der Götter. Er bewacht beständig die Himmelsburg und bläst ins Gjallarhorn, sobald Gefahr von den Riesen droht. Heimdall hat eine starke Beziehung zum Gold und führt deshalb den Beinamen Gullintanni (Goldzahn). Sein Pferd heißt Gulltopp (Goldzopf) und hilft ihm, den Goldschmuck der Freyja wieder zu beschaffen, den Loki gestohlen hatte. Odin, sein Vater, hat ihn mit den neun Töchtern des Ran zugleich gezeugt.

Bragi ist ein Sohn Odins und der Frigg und Gatte der Idun, die die heiligen Äpfel der ewigen Jugend hütet. Er ist der Gott der Dichtkunst und der Schutzpatron der Skalden. Als Sprecher in der Asenhalle erzählt er dem Besucher die Abenteuer der Asen und klärt ihn über ihre Poesie auf. Er fällt durch seinen langen Bart auf.

♓ *Hermodhr* ist der Götterbote und wegen seiner Schnelligkeit berühmt. Er ist es auch, der nach Baldurs Tod den Weg in die Unterwelt zu Hel antritt, um Baldur wieder zurückzubekommen. Seinem Verhandlungsgeschick war es zu danken, daß die ansonsten unerbittliche Hel einwilligte, und hätte nicht Loki alles mit einer List hintertrieben, Hermodhr hätte Erfolg gehabt.

Höd, ›der Streit‹, und *Baldur,* die auf Erden feindlichen Brüder, die sich nach dem Weltenende versöhnen, leben deutlich den Mythos der gegensätzlichen Zwillinge. Höd, der blind ist, erschießt unfreiwillig, auf Lokis heimtückischen Rat, den Bruder mit einem Mistelzweig. Darauf rächt Baldurs Halbbruder Wali den Toten und tötet seinerseits den Höd. Nachdem die beiden Brüder nun zusammen im Totenreich leben, versöhnen sie sich und werden auf der neuen Erde in Freundschaft miteinander leben können.

♋ *Frigg* ist die Göttermutter, die alle Menschenschicksale kennt, ohne aber der Versuchung zur Weissagung je zu erliegen. Als Odins Gemahlin ist sie die Mutter von Baldur. Als Göttin der Ehe und Liebe steht sie den gebärenden Frauen bei und besitzt wie Freyja, der sie in vielem gleicht, ein Gewand aus Vogelfedern (Falke). Die Ehe mit Odin macht sie zur Königin der Asen, und so wird sie zur Nebenbuhlerin der Mutter Erde ›Jörd‹, die ebenfalls mit dem Götterherrscher Odin verbunden ist.

Jörd, die Mutter Erde, ist eine Tochter der Nott (der Göttin der Nacht) und des Anar. Als eine der ursprünglichsten Naturgottheiten ist sie weit älter als Odin, dessen Gemahlin sie später wird und dem sie den Donnergott Thor zur Welt bringt.

Der männliche Mondgott Mani, der Sohn des Mundlifari und Bruder der Sonne, spielt nur eine untergeordnete Rolle.

♌ *Sol,* die Sonne, ist die Tochter des Mundlifari, die Schwester des Mani (Mond) und die Gemahlin des Glen (›Glanz‹). Die beiden Geschwister wurden von den Göttern geraubt und an den Himmel versetzt. Sols Sonnenwagen wird von den beiden Pferden Alswinn und Arwakr gezogen.

♍ *Freyr* ist der Gott des Wachstums, der Ernte, des Friedens und Wohlstands. Er reitet den goldborstigen Eber Gullinbursti oder bedient sich seines Schiffes Skidbladnir, das er so klein zusammenfalten kann wie ein gewöhnliches Tuch. Bei den Wanen, zu denen er von der Abstammung her gehört, ist er auch als Geldgeber bekannt.

♎ *Freyja:* Ihr Name bedeutet ›Frau Herrin‹, und sie ist die ebenso schöne wie mächtige Göttin der Fruchtbarkeit, Liebe und Zärtlichkeit. Als Tochter des Njörd ist sie Wanin. Sie besitzt den kostbarsten Schmuck und ein berühmtes Federgewand, reitet auf einem Eber oder bedient sich eines Katzengespannes. Sie pflegt Liebesbeziehungen zu fast allen Asen, ja, sogar zu ihrem Bruder Freyr und selbst zu vier Zwergen. Begehrt wird sie auch von fast allen, einschließlich der Riesen.

Auch *Baldur,* den wir schon als Teil des Zwillingsmythos trafen, gehört in vieler Hinsicht unter die Waagesymbolik. Ist er doch der schönste unter den Göttern und so licht, daß strahlender Glanz von ihm ausgeht. Er ist Odins Sohn und gilt als so vortrefflich und gerecht, daß er überall nur lobend erwähnt wird. Sein Sinn steht nach Harmonie, und er ist niemandes Feind oder höchstens der jeden Unrechts. In der Liebe zu seiner Frau Nanna erwächst ihm allerdings in Hödur dann doch ein feindlicher Bruder, der ihn schließlich mit Hilfe eines Zauberschwertes oder Mistelzweiges umbringt. Odin versucht, ihn sogar noch aus der Unterwelt Hel zurückzuholen, was allerdings von Loki hintertrieben wird.

Forseti, Sohn des Baldur und der Nanna, ist, genauso wie schon sein Vater, ein Gott des Friedens, der Versöhnlichkeit und Eintracht. Neben dem Vater ist er der weiseste Richter im Himmel und auf der Erde. Er bewohnt in Asgard, der Götterwelt, den schimmernden Palast Glitnir.

♏ *Hel,* die dunkle Göttin und Herrscherin des Totenreiches, ist die Tochter Lokis und einer Riesin und die Schwester des ungeheuerlichen Fenriwolfes und der Midgardschlange. Odin hat sie hinab nach Niflheim, das unter der Weltesche Yggdrasil gelegene Totenreich, gestürzt, wo sie alle Toten aufnimmt, die nicht in der Schlacht als Krieger gefallen sind. Sie ist voller Haß gegen die Asen und erbarmungslos zu den Toten, die einmal durch die Gatter und Zäune von Helgrind geschritten sind. Hels Palast trägt den Namen ›Elend‹, ihr Tisch heißt ›Hunger‹, ihr Messer ›Verschmachtung‹, ihre Magd hört auf den Namen ›Trägtritt‹, ihr Knecht nennt sich ›Langsamtritt‹, die Türschwelle heißt ›Fallende Gefahr‹, ihr Bett ist ›Kor‹, der Sarg, und ›Blikjandabol‹ (›Blinkendes Unheil‹) ist der Name des Bettvorhangs. Sie hat die Schlange Nidhögg und den Hund Garm zu ihrer Unterstützung.

Alle ihre Kinder kämpfen mit ihr gegen die Asen und sind ähnlich abscheulich anzusehen wie sie selbst, ist ihr Körper doch nur zur Hälfte mit Menschenhaut bedeckt und ansonsten stark behaart und schwarzblau.

♐ *Odin* oder *Wodan,* der Allvater und das unbestrittene Oberhaupt der zwölf Asen, ist zugleich Walvater, was Totenführer bedeutet, und weist in dieser Funktion den gefallenen Helden die Plätze in Walhall zu. Er ist nicht nur Ordner des Weltgeschehens, sondern auch Gott der Weisheit und Dichtkunst, oberster Schamane. Als Kriegsgott reitet er das achtbeinige Asenpferd Sleipnir, das Loki gezeugt hat. Von seinem Hochsitz überblickt er die ganze Welt. Mit Frigg zeugt er den lichten Baldur, den blinden Hödur und den Skaldengott Bragi. Odin ist Meister im Wechseln seiner Gestalt. Er kann auf Sleipnir unendlich weit und schnell reisen, und sein Wort hat nicht nur Macht über Menschen und Götter, sondern auch über die Elemente. Alles Heil, Glück und Gedeihen geht von ihm aus.

♑ *Loki:* Als Kind von Riesen zeugt er mit der Riesin Angrboda drei Monsterwesen: den Fenriswolf, die Midgardschlange und Hel, die Herrin des Totenreiches. Äußerlich schön anzusehen, ist er von böser Wesensart. Er tötet den Otr und den Diener Fimafeng, lediglich weil ihn die Lobreden der Asen stören. Er selbst hält ewig Zankreden, in denen er alle Götter ohne Ausnahme anklagt. Die Göttinnen bezichtigt er vor allem des Ehebruchs und der Sinnenlust, während er Odin der Zauberei beschuldigt. Sif schneidet er die schönen Haare im Schlaf ab, und Idun liefert er der Macht der Riesen aus. Er stiftet den Hödur zum Brudermord an und verhindert Baldurs Rettung aus Niflheim. Mit dieser Tat aber überspannt er den Bogen, wird von den Göttern schließlich gestellt und von seinem alten Widersacher Heimdall bezwungen und schrecklich bestraft. Seine Schmerzen und Leiden sind ohne Pause, und die Götter kennen kein Erbarmen mit ihm. In seiner Ambivalenz als Freund der Götter (er verschafft ihnen wertvolle Hilfsmittel) und ihr Feind und in seiner großen Beweglichkeit hat er auch Ähnlichkeit mit dem Götterboten Hermes-Merkur.

♒ *Wali,* Odins Sohn mit Rinda, ist ein tapferer Kampfgenosse und ausgezeichneter Schütze. Er rächt Baldurs ungerechten Tod, indem er Hödur, den blinden Mörder, tötet. Dazu wächst er in nur einer einzigen Nacht zum stärksten Asen heran und sendet Hödur hinab ins Totenreich, wo er sich mit Baldur, dem Bruder, wieder versöhnt.

Widar, Sohn Odins mit einer Riesin, bringt mit seinem merkwürdig großen Schuh den Fenriswolf um. In der Endzeit der Götterdämmerung ist er überhaupt einer der tapfersten Kämpfer, der dann aber doch untergeht.

Das dem Fortschritt und der Entwicklung verpflichtete Prinzip des Wassermanns findet im kriegerischen Weltbild der Germanen allerdings keinen idealen Repräsentanten.

♓ *Njörd* ist der germanische Meeresgott, der über Wind und Meer herrscht und für die Seefahrt und den Fischfang angerufen wird. Mit seiner Schwester zeugt er den Freyr und die Freyja. Er ist ursprünglich ein Gott aus dem Geschlecht der Wanen und kehrt nach Odins Tod auch zu ihnen zurück. Dort wird er auch ›Gott der Reichtumsgaben‹ genannt.

Tierkreis und Mythos*

Der Widder-Mythos

Jasons Überwindung des ›gefährlichen Vaters‹ auf dem Weg zum Goldenen Vlies

Jason, der rechtmäßige Thronerbe, wird von seinem Onkel aus der Heimat vertrieben und mit dem Tod bedroht. Der weise Kentaur Cheiron nimmt sich des verwaisten Knaben an, erzieht ihn und lehrt ihn schließlich das Kriegshandwerk. Erwachsen und voller Mut kehrt Jason zurück, um sein Recht zu fordern. Der verschlagene Onkel erkennt seine Forderung scheinbar an, schickt ihn aber zuerst auf die Suche nach dem Goldenen Vlies, in der Hoffnung, Jason werde dabei umkommen. Der junge Held aber sammelt nun die Argonauten um sich und beginnt seine gefahrvolle Abenteuerreise. Mit Hilfe der Magierin Medea erschlägt er schließlich den das Vlies bewachenden Drachen und bringt die wunder-volle Siegestrophäe in die Heimat zurück, wo er seinen verräterischen Onkel entmachtet.

Ödipus, als der ungestüme rothaarige Kämpfer, der Kampf und Tod über seine Familie bringt, lebt ebenfalls den Widdermythos; auch wenn der nach ihm benannte Komplex eher ein Krebsthema darstellt.

---

* Vergleiche hierzu auch das entsprechende Kapitel in Liz Greene, ›Schicksal und Astrologie‹, Hugendubel 1985

Der Stier-Mythos

Theseus, der Überwinder von Gier und Habsucht, Besieger des Minotaurus

Minos war der Sproß aus der Verbindung von Europa mit dem in einen weißen Stier verwandelten Zeus. Er hatte mit Hilfe der magischen Erscheinung eines von Poseidon gesandten Stieres den Thron errungen, aber gleich anschließend den Meeresgott um das versprochene Opfer des betreffenden Stieres betrogen. Ob dieser Mißachtung erzürnt, ließ Poseidon des Minos' Weib in Liebe zu dem Stier entbrennen. Aus dieser Verbindung entsteht der Minotaurus, jenes grauenerregende Mischwesen aus Mensch und Stier, desen Gier nur mit dem Fleisch von Jungfrauen und Jünglingen zu besänftigen ist. Theseus, ein Sohn des mit dem Stier so eng verbundenen Poseidon, muß nun ins Zentrum des von Dädalus erbauten Labyrinths vordringen und jenes dunkle Stiersymbol besiegen, dessen helle Variante er selbst repräsentiert.

Auch Mitras, der Erlöser der persischen Religion, gilt als der Überwinder des Stieres.

Der Zwillinge-Mythos

Kastor und Pollux, die gegensätzlichen Zwillinge

Der Zwillinge-Mythos begegnet uns in den Mythologien fast aller Kulturen, von Romulus und Remus bis zu den Asvins der indischen Überlieferung.

Das Dioskurenpaar der griechischen Tradition, Kastor und Pollux, entschlüpfte den Eiern, die Leda nach ihrer Verführung durch Zeus geboren hatte. Die beiden gegensätzlichen Jünglinge geraten bald in einen Kampf mit einem anderen Zwillingspaar, Idas und Lynkeus. Als der sterbliche Kastor dabei fällt, ist sein unsterblicher Bruder Pollux untröstlich. Bei aller Gegensätzlichkeit sind die beiden doch auch unzertrennlich. Schließlich erreicht Pollux bei Zeus, daß er einen Tag mit Kastor in der Unterwelt verbringen und ihn am darauffolgenden Tag mit sich auf den Olymp nehmen darf. Seither wechseln die beiden zwischen Licht- und Schattenwelt, beide somit verbindend.

Der Krebs-Mythos

*Achill, der sensible, verletzliche Held
wider Willen*

Der Krebs-Mythos spiegelt sich in all den Schöpfungsgeschichten, die die große Mutter in den Mittelpunkt stellen. In der griechischen Mythologie finden wir hier als Beispiel die Meeresgöttin Thetis.

Ihre Kinder mit Göttern wären nach der Prophezeiung so mächtig, daß ihnen niemand gewachsen wäre. Aus dieser Angst ziehen die olympischen Götter es vor, daß Thetis den sterblichen Peleus heiratet.

Aus der Ehe geht der Held Achill hervor, der den Krebstyp sehr anschaulich verdeutlicht. Er erscheint seiner göttlichen Mutter so verletzlich und schutzlos, daß sie ihn ins Wasser des Unterweltflusses Styx taucht, um ihn so unsterblich zu machen. Dabei hält sie ihn aber an der Ferse fest, wodurch diese Stelle — die Achillesferse eben — ungeschützt bleibt.

Später hält sich Achill, in Frauenkleider gehüllt, verborgen, um nur nicht mit in den Krieg ziehen zu müssen. Odysseus aber entdeckt ihn trotzdem unter den Frauen und nimmt ihn daraufhin mit nach Troja.

Dort bleibt Achill so lange schmollend in seinem Zelt, bis ihn der Tod seines Freundes Patroklus so tief bewegt, daß er den Kampf doch aufnimmt. Während des Krieges wird er von seiner überfürsorglichen Mutter stets unterstützt mit Speise und Trank und selbst frischen Kleidern. Schließlich findet er, getroffen von einem Pfeil in seine schutzlose Ferse, sein frühes, aber ruhmreiches Ende.

Der Löwe-Mythos

Apoll, der Sonnengott

Am eindringlichsten begegnet uns das Löwe-Prinzip in der griechischen Mythologie in Apoll, dem strahlenden Sonnengott. Stets ist dieser große Heiler von einer Aura der Ehrfurcht umgeben. Sein Beiname ›Phoebus‹ weist ihn als ›rein‹ oder gar ›heilig‹ aus. Er ist der Gott mit der ausgeprägtesten Individualität, der Sieger auch im alles entscheidenden Kampf mit dem Unterweltsungeheuer Python. Seine Kreativität äußert sich nicht nur in der Musik, mit der er direkt auf die Herzen einwirken kann, sondern auch in seiner Heilkraft und in seinem klaren Geist. Über dem Eingang seines Tempels zu Delphi ist der Kernsatz des Löwe-Prinzips eingemeißelt: »Mensch, erkenne dich selbst.«

Parzival, der Held, auf der Suche nach dem ›heiligen‹ Vater (Selbst)

Parzival ist wohl der bekannteste Vertreter des Löwe-Prinzips. Er wächst vaterlos auf, und seine Mutter versucht, ihn über die Zeit als Kind zu halten (Kinderkleider). Im Gegensatz zu Achill, der sich gern in seinen Frauenkleidern versteckt, nimmt Parzival aber die erste Gelegenheit wahr, seiner Mutter zu entkommen und sich auf die Suche nach dem Abenteuer seines Lebens zu machen, die erst mit dem Finden des Grals (des Selbst) endet.

Auch Herakles und besonders sein Kampf mit dem lernäischen Löwen gehören hierher.

Der Jungfrau-Mythos

Im Goldenen Zeitalter, als es auf Erden weder Krieg noch Haß gab, lebte die Göttin Astrea unter den Menschen, das Prinzip der gerechten Ordnung in der Natur verkörpernd, und die Menschen in diese Richtung belehrend. Das Zeitalter aber verfiel, die Menschen waren immer weniger geneigt, die Naturgesetze zu achten, und Astrea begann, sie für ihre Untaten zu hassen. Schließlich verließ sie die Erde, und Zeus erhob sie zum Sternbild der Jungfrau in den Himmel.

Persephone-Kore, die Jungfrau zwischen Himmel und Hölle

Einen komplexeren Jungfrau-Mythos finden wir in der Geschichte von Demeters Tochter. Als Persephone hat sie sich entschieden, Jungfrau zu bleiben und sich ausschließlich den hellen Seiten des Lebens zu widmen. Doch diese Unschuld, in der sie Hades, blumenpflückend, antrifft, ist nur eine Seite ihres Wesens. Die andere, ungelebte, macht sie empfänglich für den räuberischen und lüsternen Hades und seine dunklen Absichten. Nachdem er sie geraubt hat, lebt sie diese Seite ein Drittel des Jahres in der Unterwelt, während sie für zwei Drittel als Kore ins helle Licht der Welt zurückkehrt. Für das Samenkorn, eine andere symbolische Parallelebene dieses Mythos, der ideale natürliche Kompromiß und offensichtlich auch für das Jungfrau-Prinzip.

Der Waage-Mythos

Paris und die Not-wendigkeit des Schuldigwerdens

Die Legende von Paris, dem Königssohn von Troja, beginnt mit jenem Orakelspruch, der den Königssohn als Ursache für den Untergang des Reiches ausweist. Daraufhin wird Paris, wie so viele andere Helden, auf einem Berg in der Wildnis ausgesetzt. Das verlassene Kind aber wächst zu einem so außerordentlich schönen und urteilssicheren Jüngling heran, daß Zeus ihn auswählt, als er in einer heiklen Angelegenheit eines Schiedsrichters bedarf. Paris soll entscheiden, wer von den drei Göttinnen Hera, Athene und Aphrodite (Venus) die schönste sei. Seiner (Waage-) Natur entsprechend windet sich Paris, aber schließlich muß er sich entscheiden, und dabei helfen ihm die Göttinnen indirekt. Hera verspricht ihm weltliche Macht, Athene Unbesiegbarkeit im Kampf, Aphrodite aber verspricht ihm die schönste Frau der Welt zum Weib, nämlich Helena. Natürlich wählt Paris Aphrodite, was schließlich zum Trojanischen Krieg und damit, wie vorhergesagt, zum Untergang von Troja führt. Denn Helena ist ja verheiratet, und das sich entwickelnde bedrohliche Dreiecksverhältnis verschlingt schließlich den Helden selbst. So erfüllt er sein Schicksal, das ihn für seine Vorzüge (Schönheit, Urteilskraft) so hart zahlen läßt, indem es ihm eine Entscheidung abverlangt, zu der nicht einmal die Götter fähig waren.

Der Skorpion-Mythos

Der abenteuerliche Wandlungsweg des Perseus

Nicht nur in Perseus, der seine Geburt einem Wunder verdankt, sondern auch in seiner Gegenspielerin Medusa finden wir den skorpionischen Archetyp. Wie so oft bilden die Hauptfiguren eine psychologische Einheit (vgl. auch Faust und Mephistopheles, Siegfried und Hagen). Medusa, ehedem eine schöne Frau, wird nach einer erotischen Nacht im Tempel der Athene von dieser zur Strafe für die Tempelentweihung in jenes grauenerregende Ungeheuer verwandelt, dessen Anblick allein genügt, jeden Sterblichen erstarren zu lassen. Von nun an ist sie voll Bitterkeit und Haß gegen alles Leben. Perseus muß sie enthaupten, um seine eigene Mutter vor einer aufgezwungenen Heirat zu retten, d. h. er muß die dunkle Frau, Medusa, überwinden, um die helle zu erlösen. Um diesen Kampf zu bestehen, bedient er sich auf Vermittlung der Götter allerlei magischer Hilfsmittel. Im Augenblick, wo das Haupt der Medusa fällt, erlöst er auch noch das magische Pferd Pegasus aus deren Hals. Das überwundene Dunkel wird ihm in den folgenden Kämpfen zur Hilfe (symbolisiert durch das abgeschlagene Medusenhaupt in seiner Hand). Das giftige Blut des Ungeheuers ergibt später noch jenes Heilmittel, mit dem Asklepios Tote wiedererweckt. So kann das Dunkle von Perseus letztlich nicht zerstört, sondern muß überwunden und damit verwandelt werden (Metamorphose).

Hierher gehören auch all die mythologischen Drachenkämpfe (germ.: Siegfried gegen den Drachen Fafner, Herakles gegen die vielköpfige Hydra) sowie Goethes ›Faust‹.

Der Schütze-Mythos

Cheiron, der in den leidenden Körper gefesselte Weise, der sich selbst erlösen muß

Als Kronos von Rhea überrascht wurde, wie er bei Philyra, der Tochter des Okeanos, lag, entfloh er in der Gestalt eines Hengstes. Die solcherart verlassene Philyra gebar darauf Cheiron, halb Mensch, halb Pferd, der später aufgrund seiner Weisheit und Gerechtigkeit zum König der Kentauren wird. Seine Gelehrsamkeit und sein Ruf als Heilkundiger und Prophet sind so groß, daß Götter und Menschen ihre Söhne zu ihm in die Lehre schikken. Unter ihnen ist auch Asklepios, dem er all sein medizinisches Wissen übergibt. So weise und gerecht Cheiron ist, so ungerecht erscheint sein Schicksal. Nachdem er den Herakles dabei unterstützt hatte, den erimanthischen Eber zu fangen, wird er ›zufällig‹ von einem der Pfeile des Helden an der Hüfte, also in seinem tierischen Teil, verwundet. Der Pfeil ist an sich tödlich, da Herakles ihn ins Blut der Hydra getaucht hatte. Weil aber Cheiron zu den Unsterblichen gehört, ist es ihm nicht vergönnt zu sterben, und er zieht sich unter großen Qualen in seine Höhle zurück. Erst viel später wird ihm Erlösung von seiner unheilbaren Wunde zuteil, als er den Tod des Prometheus auf sich nimmt und an dessen Stelle in die Unterwelt einzieht.

Der Steinbock-Mythos

Der Held, der den alten, das Leben einschränkenden Vater (König) überwinden muß

Die Geschichte des Steinbocks läßt sich ähnlich wie schon beim Stier vom Bild des Symboltieres aufrollen. Kronos (Saturn), der alte Ziegenbock (das Symbol für das Einbringen der Ernte), verfolgt seinen Sohn Zeus mit verschlingender Eifersucht. Die Ziegennymphe Amaltheia nimmt sich des jungen Gottes an, säugt ihn und rettet ihm so das Leben. Um seine Dankbarkeit auszudrücken, setzt Zeus später das Bild des Steinbocks an den Himmel. Wiederum erscheint uns der Archetyp in den verschiedenen Figuren (Kronos, Zeus, Amaltheia) gleichzeitig.

Eine typische Steinbockfigur ist auch der alte, an seiner unheilbaren Wunde leidende Gralskönig Amfortas. Es heißt, ihm ›fehlt‹ etwas, und er könne nicht mehr zeugen (Kastration?). So wartet er auf seine Erlösung durch den jungen König.

Schließlich gehören auch alle jene Legenden hierher, die das Sterben des alten Königs zur Voraussetzung für die Wiedererstarkung des Reiches oder auch der Natur machen. (Vor allem in den frühen matriarchalischen Kulturen wurde der alte König alljährlich geopfert, um Platz für das Neue in der Natur zu schaffen.)

Der Wassermann-Mythos

Ganymedes, der Mundschenk der Götter

Ganymedes war der schönste Jüngling unter den Sterblichen, und Zeus hatte sich in ihn verliebt. In der Gestalt eines Adlers entführte er ihn auf den Olymp und machte ihn zum Mundschenk der Götter. Sein Bild setzte er als das des Wasserträgers ans Himmelszelt.

Prometheus, der revolutionäre Kämpfer für die Evolution auf seinem Weg zum Licht

Viel deutlicher kommt die Wassermann-Symbolik noch im Mythos von Prometheus zum Tragen. Obwohl selbst ein Titan, stellt sich Prometheus im Kampf der Götter gegen die Titanen auf Zeus' Seite. Da er hellsichtig ist, hat er den Ausgang des Kampfes nämlich vorausgesehen. Als Zeus einmal – vor Zorn außer sich – die Menschheit vernichten will, rettet sie nur noch Prometheus' Einspruch. Auch in anderer Hinsicht setzt er sich ständig für Wohl und vor allem Fortschritt der Sterblichen ein. So lehrt er sie, Schiffe und Häuser zu zimmern, Mathematik und die Metallurgie, das Hellsehen und vieles andere mehr. Als der menschliche Fortschritt Zeus' schließlich zu weit geht und er ihnen das Feuer entzieht, ist es wiederum Prometheus der gegen diese Ungerechtigkeit aufbegehrt und die heilige Flamme für seine Schützlinge stiehlt. Die harte Strafe — er wird an einen kaukasischen Felsen geschmiedet und ein Geier frißt allnächtlich seine Leber — nimmt er dafür auf sich und wird erst durch Herakles' Einsatz und das Opfer des Kentauren Cheiron erlöst.

Der Fische-Mythos

Dionysos, der Erlöser auf seinem Leidensweg

Dionysos, aus einem heimlichen Verhältnis des Zeus mit der Mondgöttin *Selene* entstanden, war schon vor seiner Geburt von Hera und ihrer Eifersucht bedroht, und tatsächlich starb seine Mutter lange vor seiner Geburt. Dionysos wurde von Hermes in Zeus' eigenen Schenkel eingenäht und hier im Verborgenen ausgetragen, woher auch sein Beiname ›der Zweimalgeborene‹ rührt. Kaum herangewachsen zu einem weichen Jüngling mit feinen Zügen, bedroht Hera ihn abermals und läßt ihn von den Titanen in Stücke reißen. Diesmal rettet ihn Rhea und fügt ihn zu einem neuen, gewandelten Gott wieder zusammen. Als Mädchen verkleidet, wächst er nun im Verborgenen auf, und tatsächlich entwickelt er sich zu einem sehr weiblichen Gott, dem auch fast nur Frauen folgen. Von Hera gejagt, ist sein Leben unstet.

Dionysos (was der ›Leidende‹ bedeutet) verbreitet den Weinbau überall wo er hinkommt und wird zum Gott der Orgien und der religiösen Ekstase. (Das Motiv des zerstückelten Gottessohnes finden wir ähnlich in der ägyptischen Mythologie, wo Horus der erleidende Erlöser ist.)

Auch der Leidensweg Christi ist solch ein typischer Fische-Weg. Christus hat mit ihm das Fische-Zeitalter eingeleitet, unser jetziges Zeitalter, das nun gerade ins Wassermann-Zeitalter überwechselt. Die 2000 Jahre davor werden dem Widder zugerechnet (die jüdische Kultur und Religion), die davorliegende ägyptische Epoche dem Stier (›das goldene Kalb‹).

Tierkreis und Märchen*

Das Widder-Märchen

Der Königssohn, der sich vor nichts fürchtet

Dieses Märchen zeigt den Entwicklungsweg des Widder vom naturhaften zum geistigen Menschen. Dem jungen Königssohn gefällt es, ähnlich wie Parzival, nicht mehr in der Heimat, in des Vaters Haus. Und da er sich vor nichts fürchtet, zieht er in die Welt hinaus, den Eingebungen des Augenblicks gehorchend und auf sein Schicksal vertrauend.

Fällt ihm der Aufbruch (aus dem ersten Haus — Widder) noch leicht, verwickelt er sich auf der nächsten Stufe schon tiefer in die Welt (zweites Haus — Stier). Er begegnet hier dem Riesen, der weit in der Welt herumgekommen ist und viele Schätze zusammengetragen hat, aber den ›Apfel vom Baum des Lebens‹ nicht finden kann, nach dem seine Braut (seine Seele) so sehr verlangt. Der furchtlose Königssohn verspricht, im blinden Vertrauen auf seine Kraft und ergeben in sein Schicksal, den Apfel schon zu besorgen. Er durchwandert die Welt mit ihren Höhen und Tiefen (drittes Haus — Zwillinge) und erreicht schließlich den Wundergarten (viertes Haus — Krebs), der allerdings von einem starken Eisengitter eingegrenzt ist, und von einem an sich wilden, aber jetzt schlafenden Löwen bewacht wird. Der Königssohn meistert alle Schwierigkeiten und gewinnt nicht nur den Apfel, sondern auch einen magischen Ring, der die Ganzheit symbolisiert. Jetzt erwacht der Löwe und folgt ihm als seinem Herrn und Meister nach. Damit sind die gefährlichen Leidenschaften zu Kräften der Freundschaft und Liebe (fünftes Haus — Löwe) gewandelt, die den furchtlosen Helden schützen, als er nun dem Riesen wiederum begegnet. Dessen Braut, eine schöne und kluge Jungfrau, will nicht nur den Apfel des Lebens, sondern auch den Ring, der in seiner Vollkommenheit ein Heilssymbol ist. Um ihn kämpfen

---

* Zuordnung nach Arthur Schult

nun Riese und Königssohn. Als er nicht gewinnen kann, versucht der Riese es mit einer List (sechstes Haus – Jungfrau). Der arglose Königssohn, der von Falschheit nichts weiß (siebentes Haus – Waage), fällt auf den Trick herein, und der Riese kann ihm beide Augen ausstechen. Der Held ist nun in der Katastrophe, dem Wendepunkt (achtes Haus – Skorpion – Stirb und Werde) angelangt. Jetzt übernimmt der treue Löwe die Führung, überwindet nicht nur den Riesen, sondern führt den Königssohn auch zu einem heilenden Bach, dessen Wasser ihm das innere Licht schenkt (neuntes Haus – Schütze). Dadurch sieht er heller und klarer als je zuvor, und sein Entwicklungsweg ist abgeschlossen. Die kommenden Aufgaben richten sich auf die überpersönlichen Bereiche des vierten Horoskopquadranten. Etwa wenn er das verwunschene Schloß mit der schwarzen Jungfrau auf seinem weiteren Weg erlöst, indem er den ›Weg der drei Nächte‹ mit ihr geht. Schließlich schwingt er sein Schwert dreimal über der Treppe des entzauberten Schlosses und tritt damit seine Herrschaft an, die erlöste Prinzessin an seiner Seite.

Das Stier-Märchen

Die Kristallkugel

Dieses Märchen erzählt uns von der Überwindung der Stierkräfte im Menschen und in der Natur. Eine böse Zauberin will drei Brüder, die sich lieben, in ihre Gewalt bringen. Den ältesten verwandelt sie in einen Adler und schickt ihn ins hohe Felsengebirge. Den zweiten verhext sie in einen Walfisch, der nur im tiefen Meer leben kann. Damit hat sie die Kräfte des Denkens (im Luftreich des Adlers symbolisiert) und die der Seele (im Walfisch der Meerestiefe ausgedrückt) in ihrer Macht. Der jüngste Bruder hat jetzt mit Recht Angst, daß sie ihn in ein reißendes Raubtier verwandelt, um so auch noch die feurigen Kräfte des Willens zu unterjochen. Deshalb flieht er heimlich. Auf seinem Weg hört er die Botschaft vom Schloß der goldenen Sonne, in dem eine verwunschene Königstochter auf Erlösung wartet, bewacht von einem bösen Zauberer. Obwohl schon 23 Jünglinge an der Erlösungsaufgabe gescheitert sind und nur noch ein weiterer die Chance bekommt, nimmt der jüngste Bruder die Aufgabe an. Mit tiefem Vertrauen macht er sich auf den Weg und kommt in einen großen Wald, wo sich zwei Riesen streiten. Anders aber als der furchtlose Königssohn beginnt er nun keinen Kampf, sondern verdient sich durch seine Ratschläge den Wunschhut des einen Riesen. Schließlich findet er die Königstochter, ist aber entsetzt von ihrer Häßlichkeit. Da leiht sie ihm ihren Spiegel, und nun kann er sie wirklich in ihrer Schönheit sehen. »Wie kannst du erlöst werden?« ist die einzige Frage des Jünglings, und sie eröffnet ihm die Möglichkeit, das Geheimnis der Kristallkugel, Symbol des Grals, zu schauen. Nach dieser Einweihung hat er genug Einsicht und Kraft, die Aufgabe zu bewältigen und klettert den Berg hinunter zu jener Quelle, wo der wilde Auerochse brüllt. Nach langem Kampf gelingt es ihm, den starken Stier mit seinem Schwert zu töten und so die Kräfte des erdgebundenen Körpers zu überwinden. Danach stellen sich ihm die Gedankenkräfte in Form eines Feuervogels in den Weg, der das Ei mit der Kristallkugel stiehlt. Doch mit Hilfe des Adler-Bruders wird das Ei gerettet. Nun kann die Kristallkugel unversehrt aus dem Ei befreit werden, der Gral ist wiedergefunden. An seiner Kraft zerbricht die Macht des bösen Zauberers, die beiden verhexten Brüder erhalten ihre menschliche Gestalt zurück, die Königstochter erblüht in überirdischer Schönheit, der Schatten über dem goldenen Schloß wird vom Licht verdrängt. Die Hochzeit kann stattfinden.

Das Zwillinge-Märchen

Die Goldkinder

Einem armen Fischer, der kaum genug zu essen für sich und die Frau hat, geht ein Goldfisch ins Netz, der sogleich fordert, daß er ihn in sechs Stücke zerschneiden möge; zwei davon solle die Frau essen, zwei das Pferd und zwei möge er in die Erde senken.

Bald darauf wachsen zwei goldene Lilien aus den Erdstücken, bekommt das Pferd zwei goldene Füllen und die Fischersfrau zwei goldene Kinder. Damit ist aus der Einheit (dem Goldfisch) der Schritt in die Zweiheit, sowohl im Pflanzen- als auch im Tier- und Menschenreich getan, und ein Schöpfungszyklus beginnt. Die goldenen Zwillinge machen sich nun auf dem Rücken der goldenen Pferde auf in die Welt. Als aber die Menschen die goldenen Gestalten erblicken, lachen sie und machen sich über sie lustig, worauf der eine Zwilling sich so sehr schämt, daß er auf die Welt verzichtet und zum Vater heimkehrt. Sein Zwillingsbruder aber reitet weiter und dringt bis auf den Grund der Schöpfung – bis in die Ver-zwei-flung und Erstarrung. Erst gewinnt er zwar ein wunderschönes Mädchen und geht auf die Jagd nach dem mächtigen Hirsch, dann aber trifft er auf eine Hexe. Er hat sich schon so weit von seiner Heimat entfernt, daß er die Hexe beschimpft und dann sogar bedroht. Diese Verirrung nutzt das Zauberweib und verwandelt ihn in einen Stein. Zu Hause aber fällt im selben Moment die Goldlilie um, und so macht sich der in der Heimat gebliebene Goldzwilling auf, seinen Bruder zu retten. Er bringt die Hexe dazu, den Stein mit dem Finger zu berühren, und sogleich erwacht der versteinerte Bruder zu neuem Leben – und die Lilie richtet sich wieder auf. Nun reiten die Goldkinder zusammen aus dem dunklen Wald, der eine zu seiner irdischen Braut, der andere heim zum Vater. (Vgl. das griechische Dioskurenpaar Kastor und Pollux und das biblische Gleichnis vom verlorenen Sohn.)

Das Krebs-Märchen

Jorinde und Joringel

Jorinde und Joringel wandern unbeschwert durchs Land, als sie eines Abends, in der Zeit zwischen Sonnenuntergang und Mondaufgang, zu nahe an das alte, steinerne Waldschloß einer bösen Hexe geraten. Diese geistert tagsüber als Katze oder Nachteule durch die Welt, nachts aber verwandelt sie sich in ihre Hexengestalt und herrscht über die dunklen Mond- und Saturnkräfte. Wer ihrem Schloß zu nahe kommt, erstarrt zu Stein und kann sich nicht mehr rühren, so daß es ihr ein leichtes ist, den Unglücklichen gefangenzunehmen. Jorinde und Joringel geraten zusammen in ihren Zauberbann, aber während Jorinde (als Symbol der Seele) sogleich in Erstarrung verfällt und als Nachtigall in Gefangenschaft gerät, ist Joringel zwar zu Tode erschreckt und ebenfalls erstarrt, die Hexe kann ihn (als Geistsymbol) aber nicht einsperren. Er entkommt dem dunklen Wald mit seinem Zauberbann und weint und jammert lange Zeit um seine Jorinde. Schließlich wird er zum Schafhirten und beklagt durch all die Zeit seinen schmerzlichen Verlust. Eines Nachts aber träumt ihm, er fände eine blutrote Blume mit einer wunder-vollen Perle in ihrer Mitte und würde dadurch seine Jorinde wiederbekommen. Sogleich macht er sich auf die Suche nach der Wunderblume, und am Morgen des neunten Tages findet er sie. Mit ihrer Hilfe kann er unbeschadet in den dunklen Zauberwald (das unbewußte Schattenreich) eindringen und das ›Schloß‹ der Materie öffnen und so Jorinde erlösen. Aus der schwermütigen Nachtigall wird eine strahlende Braut, und Joringel kann mit der Wunderblume auch all die anderen gefangenen Jungfrauen erlösen.

(Vgl. zur ›Wunderblume mit der Perle in der Mitte‹ das Tibetische Mantram ›Om mani padme hum‹, das übersetzt etwa bedeutet: ›Heil dem höchsten Kleinod im Inneren des Lotos‹. Dieses Kleinod gilt den Tibetern als das höhere Selbst des Menschen.)

Das Löwe-Märchen

Das singende, springende Löweneckerchen

Als der Kaufmann zu einer längeren Reise aufbricht, gewährt er jeder seiner drei Töchter einen Wunsch. Die älteste Tochter wünscht sich daraufhin Diamanten (und wird so zum Symbol des körperlichen Menschen), die nächste möchte Perlen (und wird damit Symbol des Seelischen). Die jüngste aber wünscht sich den Sonnen-Vogel, das singende, springende Löweneckerchen (der

Vogel Lerche als Geistsymbol). Die Diamanten und Perlen sind für den Vater sehr einfach durch Kauf zu erwerben, die Lerche aber, das singende, springende Löweneckerchen, sucht er vergebens. Schließlich gelangt er auf seiner Suche in den geheimnisvollen Wald um das Löwenschloß, dessen Schloßherr nur nachts Menschengestalt annimmt; tagsüber ist er ein wilder und bedrohlicher Löwe.

Der Kaufmann kann nur dadurch sein Leben retten und den begehrten Vogel gewinnen, daß er verspricht, das erste, was ihm zu Hause begegnet, dem Löwen zu schenken. Und natürlich ist das gerade die jüngste Tochter, die sich das Löweneckerchen gewünscht hatte.

Furchtlos tritt sie nun ihren Weg ins Reich des Löwen an, denn des Vaters Versprechen ist ihr heilig, und sie ist guten Mutes, den Löwen zu besänftigen. Tatsächlich wird es nun ihre Aufgabe, den verwunschenen Schloßherrn, der sie zur Frau nimmt, durch selbstlose Liebe zu erlösen. Ihr zuliebe verläßt er sein Löwenschloß und folgt ihr in des Vaters Haus, das für ihn gefährlich ist, denn schon der kleinste Strahl künstlichen Lichtes kann ihn, der dem Sonnenlicht so sehr verbunden ist, weiter verzaubern. Natürlich geschieht das Unvermeidliche: Das Licht einer Kerze trifft ihn, und im selben Moment verwandelt er sich in eine weiße Taube (vgl. die weiße Taube, die bei Jesu Taufe vom Himmel herabkommt und ebenfalls das Geistprinzip symbolisiert). Die Taube fliegt für sieben Jahre in die Welt, läßt aber alle sieben Schritte einen roten Blutstropfen und eine weiße Feder fallen, so daß die jüngste Tochter ihr durch alle Welt folgen kann (vgl. die roten Blutstropfen im weißen Schnee, die Parzival auf seiner Gralssuche leiten). Nach sieben Jahren treuer Gefolgschaft verliert die jüngste Tochter die Spur der Taube, und nur Sonne, Mond und die vier Winde können ihr noch weiterhelfen. Von der Sonne bekommt sie ein Kleid, so glänzend wie die Sonne selber, vom Mond ein Ei, aus dem eine Glucke mit 12 goldenen Küchlein schlüpft, vom Nordwind eine Nuß, und der Südwind weiß schließlich Rat, wo der Geliebte zu finden ist. Tatsächlich findet sie ihn nun wieder als Löwe und unterstützt ihn in seinem Kampf mit dem Drachen, um ihn anschließend noch einmal zu verlieren. Im Tausch gegen ihre himmlischen goldenen Geschenke aber kann sie ihn endgültig erlösen, diesmal aus den Armen der teuflischen Königin. Zusammen entfliehen sie deren Zauberschloß und kehren im Gefieder des Vogels Greif heim, nun für immer vereint.

Das Jungfrau-Märchen

Marienkind

Ein Holzfäller und seine Frau waren so arm, daß sie nicht mehr wußten, was sie der Tochter, ihrem einzigen Kind, zu essen geben sollten. Als die Verzweiflung am größten ist, steht plötzlich die Jungfrau Maria vor ihnen mit ihrer leuchtenden Sternenkrone um den Kopf. Sie nimmt das kleine Mädchen zu sich, um ihm Mutter zu sein und läßt es bei sich im Himmel aufwachsen. Als das Kind 14 Jahre alt geworden ist, muß die Jungfrau Maria auf Reisen und übergibt ihm die Schlüssel zu den 13 Toren des Himmelreiches in Verwahrung. 12 von diesen Türen, die 12 Tore zu den himmlischen Tierkreiszeichen, darf Marienkind öffnen, nicht aber die 13. Hinter den 12 Türen findet es, von großem Glanz umgeben, je einen der Apostel als Repräsentanten eines Urprinzips. Damit ist Marienkind aber noch nicht zufrieden, vielmehr wird es von brennender Neugier und Wißbegier erfaßt und schließt am Ende auch noch die verbotene Tür auf, trotz aller Warnungen der Engel vor solcher Sünde. Hinter dem 13. Tor sieht es da die Göttliche Dreieinigkeit in Feuer und Glanz erstrahlen.

Kaum heimgekehrt, weiß die Jungfrau Maria, die hier auch den Weisheitsaspekt der Maria-Sophia verkörpert, sogleich, was geschehen ist. Da Marienkind seine Sünde (= Absonderung) hartnäckig leugnet und keinerlei Reue zeigt, wird es aus dem Himmel verstoßen und versinkt in einen tiefen Schlaf. Als es wieder erwacht, hat es einen weiten Abstieg hinter sich und findet sich tief unten im Irrwald auf Erden, wo es in einen hohlen Baum kriecht.

Schließlich findet der König Marienkind auf einem Jagdausflug und nimmt es zur Gemahlin, was für das Mädchen aber noch nicht Erlösung, sondern erst Beginn eines langen schwierigen Weges bedeutet. Die drei Kinder, die dem Paar geschenkt werden, holt die Jungfrau Maria noch in der jeweils folgenden Nacht zurück zu sich in den Himmel, weil Marienkind weiterhin leugnet und keine Reue zeigt. Auch kann sie kein Wort zu ihrer Rechtfertigung sagen, sondern verharrt ganz still und stumm bei allen Fragen der Leute vom Hof nach den Kindern.

Schließlich gerät Marienkind bei den einfachen Menschen aus ihrem Volk in den Verdacht, eine Menschenfresserin zu sein, die ihre eigenen Kinder verschlungen hat. Und da sie kein Wort zu ihrer Verteidigung hervorbringt, landet sie schließlich auf dem Scheiterhaufen.

Erst als das Feuer schon brennt und die Flammen nach ihr greifen, vollzieht sich die Wende, und die Reue siegt schließlich über den Stolz. Bei den Worten: »Ja, Maria, ich habe es getan!« strömen Regenbäche vom Himmel und löschen das Feuer. Die Jungfrau Maria steigt selbst vom Himmel herab und bringt der bereuenden Königin ihre drei Kinder zurück. Mit den Worten: »Wer seine Sünde bereut und eingesteht, dem ist sie vergeben«, löst sie ihr die Zunge und stellt ihr Leben von nun ab unter einen glücklichen Stern.

Das Waage-Märchen

Der Vogel Greif

Ein König hat nur eine einzige Tochter, die so krank war, daß ihr niemand, auch nicht der beste Doktor, helfen konnte. In seiner Verzweiflung verspricht er demjenigen, der doch noch Hilfe wüßte, die Hand der Tochter und das Reich. Als ein Bauer, der drei Söhne hat, davon hört, schickt er seine beiden Ältesten hintereinander aus, ihr Glück zu versuchen. Auf halbem Weg zum Schloß begegnen beide einem kleinen, eisgrauen Männlein, das gleichsam als Hüter der Schwelle fungiert und jedem sein Maß zumißt. Ulrich und Samuel, die beiden älteren Brüder, sind viel zu erdgebunden und entbehren der nötigen Hingabe und Liebe für die Erlösungsaufgabe. Der erste wird aus dem Schloß hinausgeworfen, der zweite gar hinausgepeitscht.

Nun macht sich Hans, der jüngste Sohn, der zu Hause als dummer Nichtsnutz gilt, mit einem Korb voller Äpfel unter dem Spott und Gelächter des Vaters auf den Weg. Bis er aber im Schloß angekommen ist, hat er ›gold-gelbe Äpfel‹ in seinem Korb, und schon nach ein paar Bissen davon ist die Königstochter wieder gesund.

Der alte König aber erweist sich nun als treulos und will nicht zu seinem Versprechen stehen. Erst müsse Hans ihm noch einen Kahn bauen, der auf dem Land noch besser führe als auf dem Wasser. (Vgl. Freyrs ›Faltboot‹, mit dem er sowohl das Sternenmeer als auch alle irdischen Bereiche durchschifft.) Wieder versuchen zuerst die beiden älteren Söhne ihr Glück und scheitern wie beim ersten Mal.

Hans aber gelingt es abermals mit Hilfe des eisgrauen Männleins und seiner ungebrochenen Demut und Liebe, die Aufgabe zu meistern. Als nächstes fordert der König, er müsse hundert Hasen einen Tag lang hüten, und wenn nur einer entflöhe, könne er die Tochter nicht bekommen.

Wiederum hilft das eisgraue Männlein und schenkt Hans eine Flöte mit sieben Tönen, deren Klang so harmonisierend wirkt, daß der junge Hirte und die Hasen sich gegenseitig verstehen können und auf diese Weise einen friedlichen Tag zusammen verbringen.

Noch immer ist der alte König nicht befriedigt und verlangt als dritte und schwerste Forderung eine Feder vom Schwanz des Vogel Greif. Nun kann nicht einmal das eisgraue Männlein mehr helfen, die Kraft und Liebe in Hans' Herzen aber sind ungebrochen, und er macht sich auf den Weg zu dieser wiederum unlösbar scheinenden Aufgabe.

Der Vogel Greif ist hier Symbol des Bösen, der zwar alles weiß, dem aber die Kraft der Liebe fehlt. Nach vielen gemeisterten Abenteuern verbindet sich Hans mit der Frau des Vogel Greif und gewinnt so die Feder und damit die Fähigkeit, seinen Erlösungsaufgaben gerecht zu werden. Heimgekehrt, erringt er endgültig die Königstochter, nachdem den treulosen König die gerechte Strafe ereilt hat.

Das Skorpion-Märchen

Der Teufel mit den 3 goldenen Haaren

Armen Leuten wird ein Kind geboren, kein gewöhnliches Kind allerdings, sondern eines mit einer Glückshaut, von dem sogleich prophezeit wird, es werde mit 14 Jahren des Königs Tochter zur Frau nehmen und selbst König werden. Um solches zu verhindern, kauft der alte König den armen Leuten das Kind für viel Geld ab, packt es in eine Kiste und wirft es in ein tiefes Wasser. Ähnlich aber wie Moses überlebt das Kindlein in seiner Arche und wird von Müllersleuten an deren Mühle gefunden und zu einem tugendhaften, schönen Jüngling erzogen. Als der Vierzehnjährige schließlich zum Königshof gelangt und sich der Königstochter nähert, verlangt der Vater vorher 3 Haare vom Haupt des Teufels von ihm. Der Jüngling zaudert nicht und beginnt den Abstieg in die Finsternis der Hölle. Auf dem abenteuerlichen Weg verspricht er manchem, der unter der Dunkelheit leidet, Erlösung auf seinem Rückweg. Ähnlich wie er auch allen Gefahren im Räuberhaus getrotzt hat, schreitet er auch jetzt mutig aus, und sein Wahlspruch bleibt: »Ich fürchte mich nicht, mag kommen, was will!« Dabei weiß er sehr wohl um die Leiden der Welt, und sowohl dem Fährmann, der ohne Pause sein Boot steuern muß, als auch den Torwächtern zur Unterwelt antwortet er: »Ich weiß alles... wartet nur, bis ich wiederkomme!« Mit dieser Haltung überwindet er die großen Flüsse und dringt bis in die Tiefe der Hölle. Hier nun kommt ihm wieder sein Glück zu Hilfe. Denn der Teufel ist gerade nicht zu Hause, nur dessen Großmutter. In ihr findet der Jüngling eine Hilfe, und er verbindet sich mit dieser urweiblichen Kraft der Unterwelt. Diese Vereinigung (mit seinem eigenen dunklen, weiblichen Teil) ermöglicht es ihm, dem Teufel die drei goldenen Haare und damit die Macht zu entreißen. Auf seinem Rückweg erfüllt der (um seinen Schatten) gewachsene Jüngling all seine Aufgaben, und nachdem auch in diesem Märchen der böse König seine Strafe erleidet, verbindet sich der Jüngling für immer mit der Königstochter (seinem Selbst).

Das Schütze-Märchen

Der Eisenhans

Ähnlich wie Cheiron, der Träger des griechischen Schütze-Mythos, ist der Eisenhans ein Doppelwesen; einerseits ein wilder Mann, der im tiefen Walde lebt, dessen Haare bis zu den Knien herabhängen und dessen Haut so braun wie rostiges Eisen ist, woher auch sein Name stammt, ist er andererseits der lichte Herr des Goldbrunnens, der ›hell und klar wie Kristall‹ ist. Genau wie Cheiron wird auch er zum weisen Lehrer und Erzieher.

Nach längeren vergeblichen Versuchen gelingt es schließlich einem furchtlosen Jäger des Königs, den dunklen Kräften des Waldes zu trotzen und den wilden und unbeherrschten Eisenhans gefangenzunehmen.

Als der junge Königssohn eines Tages mit einem goldenen Ball spielt, verliert er ihn, und das ist das Zeichen, daß er nicht länger in der heilen Welt (der Einheit) des väterlichen Schlosses verweilen kann. Der Eisenhans setzt ihn sich auf die Schultern und trägt ihn in den dunklen Wald (Polarität) davon. Am Goldbrunnen erkennt der junge Königssohn zwar noch sein göttliches Spiegelbild, als er sich ihm aber nähern will, fallen seine langen Haare ins Wasser und zerstören das klare Bild. Die Haare allerdings sind im selben Moment vergoldet. Nun beginnen Ausbildung und Erziehung des Königssohnes im Dienst in der Küche, später im Garten und schließlich im Krieg. All die hier herrschenden Kräfte muß er bewältigen, und er schafft es und bleibt seinem Weg treu. Als er von der Königstochter goldene Dukaten geschenkt bekommt, behält er sie nicht, sondern schenkt sie weiter, und selbst nachdem er im Krieg den Sieg errungen hat, kehrt er zurück auf seinen Weg, auch wenn es ihm Unverständnis und sogar Spott einbringt. Der König läßt zum Dank für den Sieg ein großes dreitägiges Fest abhalten, und seine Tochter soll an jedem Tag einen goldenen Apfel werfen. Der Königssohn nimmt am ersten Tag als roter Ritter, am zweiten als weißer und am dritten als schwarzer Ritter am Fest teil und fängt jeweils den goldenen Apfel. Als schließlich noch die goldenen Haare über seine Schultern fallen, ist das Werk vollbracht, und er bekommt die schöne Königstochter zur Braut. Bei der (chymischen) Hochzeit verstummt plötzlich die Musik, die Türen tun sich auf, und ein König mit großem Gefolge betritt den Saal. »Ich bin der Eisenhans und war in einen wilden Mann verwünscht, aber du hast mich erlöst. Alle Schätze, die ich besitze, die sollen dein Eigentum sein.«

Das Steinbock-Märchen

Das Borstenkind

Dieses nicht aus der Sammlung der Gebrüder Grimm stammende Märchen erzählt einen Einweihungsweg, der sich in 12 Nächten vollzieht und schon daher einen Bezug zu den 12 heiligen Nächten zwischen Weihnachtsabend und Heilige-Drei-Könige und damit zur Steinbockzeit aufweist.

Eine Königin sitzt äpfelschälend unter einer Linde, als sie, in einem plötzlichen Anflug von Ärger, ihren dreijährigen Sohn ›Schweinchen‹ schimpft, und im selben Augenblick ist er auch schon eines – und flieht sogleich zur Schweineherde. Von armen Leuten wird er trotz seines Schweinekörpers an Kindes Statt aufgenommen, und siehe da! Er benimmt sich nachts ganz wie ein Kind, lernt sprechen und braucht 17 Jahre, um zu einem großen Eber zu wachsen.

Als nun der König ausrufen läßt, daß nur derjenige, der drei Aufgaben löse, seine Tochter zur Gemahlin bekäme, drängt der Ebersohn so lange, bis der vor Angst schlotternde Vater mit ihm zum König zieht. Der aber ist erzürnt über die Anmaßung und den Anblick des Schweines und läßt Vater und Ebersohn in den Kerker werfen, auf daß sie am nächsten Morgen hingerichtet würden. So ist die erste Nacht voller Angst und Schrecken. Bis zum nächsten Morgen besinnt sich aber der König eines Besseren, und wenn der Ebersohn in der zweiten Nacht die erste Aufgabe erfülle, nämlich den Palast in Silber zu verwandeln, solle ihr Leben vorerst geschont bleiben.

Am nächsten Morgen glänzt der Palast in purem Silber, und auch die folgenden Aufgaben der dritten und vierten Nacht, die Erschaffung eines Goldpalastes und einer Brücke aus Diamantkristall bewältigt der Ebersohn.

In der folgenden fünften Nacht nimmt er nun die Königstochter zur Braut und verwandelt sich dafür vor ihren staunenden Augen in einen wunderschönen Jüngling. Die Königstochter aber kann das Geheimnis nicht wahren, und in der sechsten Nacht erspäht ihre neugierige Mutter die Verwandlung durch eine Mauerritze.

Als die Mutter in der darauffolgenden siebenten Nacht das abgelegte Borstenkleid wegnimmt und verbrennt, ist die Erlösung vereitelt, und der Jüngling ist verwünscht bis ans Ende der Welt. Alles steinerweichende Jammern und Klagen der Königstochter bringen ihn nicht zurück, und so muß sie selbst sich aufmachen, ihn am Ende der Welt zu suchen.

Auf ihrer langen Reise kommt sie schließlich zum Hain des Windes, zum Mond, zur Sonne und in der achten Nacht bis zum Abendstern.

Von allen bekommt sie Geschenke, ein kleines graues Mäuschen, eine silberne, eine goldene und eine sterngefleckte Nuß, und schließlich gelangt sie mit Hilfe des Abendsternes ans Ende der Welt. Dort steht gerade die Hochzeit der Königstochter vom Ende der Welt mit ihrem eigenen Bräutigam bevor.

Mit Hilfe der Geschenke verschafft sich die Königstochter nun Zutritt zum Schlafgemach ihres verwunschenen Gemahls, scheitert aber in der neunten und zehnten Nacht an dessen verstopften Ohren und seinem rauschhaft tiefen Schlaf. Erst in der elften Nacht gelingt es dem Mäuslein, die Ohrstöpsel durchzunagen und den Schlaftrunkenen mit seinen scharfen Zähnen wachzubeißen. Der erkennt sofort seine wirkliche Gemahlin, und sie fliehen zusammen vom Ende der Welt.

Noch auf dem Heimweg schenkt die Königstochter einem wunderschönen Knaben das Leben; sein Gesicht ist silberweiß wie der Mond, die Locken sind vom Gold der Sonne und die Augen dem Abend- und Morgenstern gleich. In der zwölften Nacht schließlich kehren sie heim in ein, ob dieses Wunders, überglückliches Reich.

Das Wassermann-Märchen

Schneeweißchen und Rosenrot

Die arme Witwe lebt einsam in ihrem kleinen Häuschen mit ihren beiden Töchtern, die sie nach den beiden Bäumchen vor ihrer Hütte ›Schneeweißchen‹ und ›Rosenrot‹ ruft, denn das eine trägt schneeweiße, das andere rote Rosen. So gegensätzlich wie die Bäumchen sind auch die Mädchen: Schneeweißchen, von stiller und sanfter Art, besorgt das Haus im Winter, während die muntere Rosenrot im Sommer dem Haushalt vorsteht, und wo die Schwester die Kälte aus dem Haus aussperrt, öffnet sie der Wärme des Sommers Tür und Tor. Die beiden sind trotz oder gerade wegen ihrer Verschiedenheit unzertrennlich, und der Satz: »Wir wollen uns nicht verlassen, solange wir leben« zeigt uns sehr schön, daß es sich hier um die beiden Seiten einer Seele handeln muß. Die harmonische Verbindung der beiden Seiten bewahrt sie vor allen möglichen Gefahren, und selbst als der Bär in ihr Haus und Leben tritt, gewinnen sie ihn sogleich lieb und leben in Harmonie zusammen. Kaum ist der Winter vorbei, verabschiedet sich der gutmütige Bär und bleibt beim Verlassen des Hauses mit seinem Pelz am Türhaken hängen. Seine Haut reißt ein Stückchen auf, und für einen Moment glaubt Schneeweißchen, es golden darunter schimmern zu sehen; ein erster Hinweis auf das im Bären verborgene Lichtwesen. Nun schickt die Mutter die beiden Schwestern dreimal hinaus: zuerst zum Reisig sammeln, dann zum Fische fangen und schließlich, um in der Stadt einzuholen. Auf jedem der drei Wege begegnen sie einem frechen Zwerg, den sie aus einer Not befreien und der trotzdem nur garstig zu ihnen ist. Dieser Zwerg, von dem erzählt wird, daß er den Königssohn in einen Bären verwandelt habe und die Schätze der Erde für sich allein zusammenraffe, ist ein Symbol der dunklen Mächte. Während die beiden Schwestern ihn aus verschiedenen Zwangslagen befreien, etwa als sein langer Bart in einen Baumstamm eingeklemmt ist oder die Schnur seiner Angel sich im Bart verfangen hat, schwächen sie ihn zwar, durchschauen aber sein Wesen noch nicht. Auf ihrem Rückweg vom Einkauf in der

Stadt treffen die beiden Mädchen noch einmal auf den Zwerg, wie er gerade einen Sack mit gestohlenen Edelsteinen vor sich ausgebreitet hat. Der Zwerg wird ganz rot vor Wut. Bevor er aber den Schwestern etwas antun kann, ist der Bär zur Stelle und tötet ihn. Damit sind Schneeweißchen und Rosenrot gerettet, aber auch der Bär selbst ist erlöst und wieder der strahlende Königssohn. Er hat noch einen Bruder, der nicht verzaubert war, und so gibt es eine brüderliche Doppelhochzeit. Die Trennung der beiden königlichen Brüder, die verschiedene Wege gegangen sind und die der ungleichen, aber unzertrennlichen Schwestern wird endgültig in dieser großen (chymischen) Hochzeit aufgehoben.

Das Fische-Märchen

Das Mädchen ohne Hände

Ein Müller war trotz seiner vielen Arbeit nach und nach in Armut geraten. Als er eines Tages im Schweiße seines Angesichts im Wald Holz macht, tritt der Versucher an ihn heran und bietet ihm Reichtum im Überfluß, wenn er ihm dafür verspricht, ›was hinter seiner Mühle steht‹. Der nur auf Materielles bedachte Müller denkt dabei nur an den dort wachsenden Apfelbaum und willigt ein. Seine weniger verblendete Frau erkennt sogleich, daß es der Teufel auf ihre Tochter abgesehen hat. Nun ist es aber zu spät. Der Handel ist abgeschlossen, und tatsächlich kehrt auch schon bald irdischer Reichtum in die Mühle ein. Dann aber ist die Frist abgelaufen, und der Teufel fordert seinen Teil. Da aber des Müllers Tochter so außerordentlich rein ist, kann er nicht an sie heran, nicht einmal mit Hilfe des erbarmungslosen Vaters. Schließlich zwingt der Teufel den Vater sogar, der Tochter die Hände abzuschlagen, damit das Blut ihre Seele beflecke. Das Mädchen aber weint so sehr, daß ihre Tränen die Stümpfe reinwaschen und der Teufel fürs erste das Nachsehen hat. Trotz aller Versuche des Vaters, sie materiell zu entschädigen, verläßt die Tochter nun ohne Hände den Platz ihres Leides und begibt sich im Vertrauen auf hilfreiche Kräfte in die Heimatlosigkeit. Tatsächlich stehen ihr hilfreiche Mächte zur Seite, und schließlich trifft sie einen König, der sie zur Frau nimmt. Sogleich aber ist der Teufel wieder zur Stelle, und wo er die reine Seele schon nicht bekommen kann, treibt er sie wenigstens wieder aus dem Schloß.

Er lenkt den König in einen Krieg und zwingt die Königin mit ihrem inzwischen geborenen Kind zur neuerlichen Flucht. Wieder hilft ein Engel und geleitet sie aus dem ›großen, wilden Wald‹ zu einer kleinen Hütte, wo Mutter und Kind wohlversorgt sieben Jahre lang leben. ›Durch Gottes Gnade und wegen ihrer Frömmigkeit‹ wachsen der Königin in dieser Zeit die abgeschlagenen Hände nach.

Als der König schließlich aus dem Felde zurückkehrt, sucht er sieben Jahre lang vergeblich nach Weib und Kind. Ohne Essen und Trinken und nur im Vertrauen auf Gottes Gnade sucht er die ganze Welt ab, bis er endlich die Hütte findet. Weil aber noch ein schwerer Stein auf seinem Herzen lastet, kann er nicht eintreten, muß erst Frau und Kind wiederfinden. Jetzt tritt die Königin zusammen mit ihrem Sohn, den sie aufgrund der erlittenen Leiden ›Schmerzenreich‹ nennt, hinaus zum König. Der am Leid gewachsene Sohn erlöst nun auf Veranlassung der Mutter den König und eigenen Vater, und der schwere Stein fällt von seinem Herzen. Er erkennt Frau und Kind wieder. Noch einmal speist der Engel sie in der Hütte, nun alle drei zusammen, bevor sie in die Heimat zurückkehren und sich neuerlich vermählen.

Schluß

Wer gelernt hat, sich mit Hilfe des senkrechten Denkens im Wissenswald zurechtzufinden, hat viele Vorteile. Analoges Denken eröffnet uns nicht nur den Zugang zu esoterischen Disziplinen, sondern erleichtert auch wieder das wissenschaftlich waagerechte Denken, da es – allerdings nicht kausal – Rückschlüsse von einer Waagerechten zur anderen ermöglicht. So mag es etwa einem Therapeuten viel Zeit und Mühe ersparen, wenn er über das gemeinsame senkrechte Venusprinzip sofort den Zusammenhang zwischen einer vom Klienten geschilderten Nierenerkrankung und dessen (sich darin zeigenden) Partnerschaftsproblemen erkennt.

Ob wir aus Kleidung, Gang oder Physiognomie auf die Zuverlässigkeit und Einsatzbereitschaft eines neuen Mitarbeiters schließen, aus der Wohnungseinrichtung eines Bekannten auf dessen Wesen, aus Geburtsort und Datum eines potentiellen Partners auf dessen Verträglichkeit mit der eigenen Persönlichkeit oder spielerisch aus dem Eßverhalten von Partygästen auf andere Ebenen des Venusprinzipes wie etwa erotische Veranlagung, immer gewinnen wir durch diesen ›senkrechten Durchblick‹ mehr Wissen und somit Macht.

Wie jede Form von Macht kann auch diese ›Macht des Röntgenblicks‹ ebenso zerstörerisch wie hilfreich eingesetzt werden.

Deshalb ist es sehr begrüßenswert, daß sich das bildhafte Sehen als esoterische Form des Sehens wie jedes esoterische Wissen weitgehend selbst schützt, und nicht in kurzer Zeit einfach nur angelesen werden kann. Langjährige und oft durch die scheinbare Widersprüchlichkeit der Symbolik mühsame Erfahrung ist nötig, um sich schließlich sicher und nicht zerstörerisch auf diesem Gebiet bewegen zu können.

Wer sich also auf den Weg des bildhaften Schauens machen möchte, tut gut daran, sich nicht nur mit — sicherlich sehr wichtigem — Buchwissen auseinanderzusetzen, sondern die Analogien immer wieder im praktischen Leben zu suchen und zu überprüfen. Obwohl es den eigenen Erfahrungsweg nicht ersparen kann, ist es auch sehr hilfreich, sich sein eigenes Geburtsbild von einem esoterisch ausgerichteten Astrologen erklären zu lassen, da man dann die Wirksamkeit der einzelnen Prinzipien an der eigenen Person er-leben kann. Daß sich aus diesem *bewußten* Erleben eine größere Lebensgewandtheit, Lebenskunst entwickeln kann, etwa durch klareres Erkennen beruflicher Eignungen oder dem Finden der Lebensaufgabe, ist selbstverständlich.

Und doch kann dieser Weg des Immer-Mehr-Wissens auch zu einer Egoaufblähung führen, wie schon ganz am Anfang der Griff zum Apfel vom Baum der Erkenntnis zur Vertreibung aus der Einheit des Paradieses führte.

Dieser Weg ist weder schlecht noch gut, er ist not-wendig, und wer ihn weiter verfolgt, wird irgendwann zurückkehren, wie der ›verlorene Sohn‹ in der Bibel.

Denn mit Hilfe des bildhaften analogen Denkens dringen wir hinter die Ebene der alltäglichen Wirklichkeit und vermögen zu erkennen, daß der scheinbar undurchdringliche ›Wissenswald‹ sich auf Spielarten der 12 Urprinzipien reduzieren läßt. So fangen wir an, hinter die Dinge zu blicken und ihren Scheincharakter zu durchschauen. Unter der Oberfläche der Erscheinungsebenen werden wir so ›wirklichere‹ Gesetze erkennen, und auch diese Gesetzesebenen lassen sich noch weiter durchschauen, bis wir auch in ihrer Tiefe eine neue Ebene entdecken, die noch einmal ›wirklicher‹ ist.

Und so geht der Weg weiter, bis schließlich die Wirklichkeit ihre Anführungszeichen verliert, jene Anführungszeichen, zwischen die wir ehrlicherweise unser ganzes Leben setzen müssen, so lange, bis wir eben durchschauen können zu jener einen, alles umfassenden *Wirklichkeit*, die *eins* ist, und kein anderes mehr kennt.

Bibliographie

1. *Dethlefsen, Thorwald,* ›Schicksal als Chance‹, Bertelsmann, München 1980
2. *Dethlefsen/Dahlke,* ›Krankheit als Weg‹, Bertelsmann, München 1983
3. *Ranke-Graves, Robert von,* ›Griechische Mythologie‹, Rowohlt, Hamburg 1960
4. *Strauß, H. A.,* ›Psychologie und astrologische Symbolik‹, Kindler, München
5. *Schult, Arthur,* ›Astrosophie Bände 1 und 2‹, Turm Verlag, Bietigheim 1971
6. *Feerhov, Friedrich,* ›Astrologie als Grundlage der Heilkunst‹, Baumgartner Verlag, Worpke-Bitterbeck
7. *Sicuteri, Roberto,* ›Astrologie und Mythos‹, Aurum, Freiburg 1983
8. *Golther, Wolfgang,* ›Handbuch der germanischen Mythologie‹, Magnus Verlag
9. *Herbert, Jean,* ›Indischer Mythos als geistige Realität‹, O.W. Barth Verlag, München 1953
10. *Seitz, Margit,* ›Meditationsführer‹, Schönberger, München 1985
11. *Greene, Liz,* ›Schicksal und Astrologie‹, Hugendubel, München 1985
12. *Schult, Arthur,* ›Mysterienweisheit im deutschen Volksmärchen‹, Turm Verlag, Bietigheim
13. *Derolez, R. L. M.,* ›Götter und Mythen der Germanen‹, VMA-Verlag, Wiesbaden 1963
14. *Folkert, Wilhelm,* ›Sphäron, Eine westöstliche Synthese der Heilkunst − Diagnose u. Therapie mit den 92 Elementen −‹, Frankfurt am Main 1958, Eigenverlag

Über den Autor:

Dr. med. Rüdiger Dahlke, Jahrgang 1951, Medizinstudium in München, Weiterbildung in Psychotherapie, Homöopathie und Naturheilverfahren. Erarbeitung eines ganzheitlichen Psychosomatikkonzeptes: »Krankheit als Sprache der Seele«. Seit 1981 Fasten- und Meditationskurse und Seminare in esoterischer Medizin. 1990 Gründung des Heil-Kunde-Zentrums in 84381 Johanniskirchen.

Veröffentlichungen:

Bewußt fasten. Ein Wegweiser zu neuen Erfahrungen. München 1980

Krankheit als Weg. Deutung und Bedeutung der Krankheitsbilder. München 1983 (mit T. Dethlefsen)

Mandalas der Welt. Ein Meditations- und Malbuch. München 1985

Das senkrechte Weltbild. Symbolisches Denken in astrologischen Urprinzipien. München 1986 (mit N. Klein)

Habakuck und Hibbelig. Das Märchen von der Welt. München 1986

Der Mensch und die Welt sind eins. Analogien zwischen Mikrokosmos und Makrokosmos. München 1987

Die Psychologie des blauen Dunstes. Be-Deutung und Chance des Rauchens. München 1989 (mit M. Dahlke)

Gewichtsprobleme. Be-Deutung und Chance von Über- und Untergewicht. München 1989

Herz(ens)probleme. Be-Deutung und Chance von Herz-Kreislauf-Problemen. München 1990

Verdauungsprobleme. Be-Deutung und Chance von Magen- und Darmproblemen. München 1990 (mit R. Hößl)

Okkultismus. Der Esoterik-Boom: Ursachen – Gefahren – Chancen. München 1990 (mit M. Dahlke) – Neuauflage unter dem Titel »Die spirituelle Herausforderung«. München 1994

Krankheit als Sprache der Seele. Be-Deutung und Chance von Krankheitsbildern. München 1992

Reisen nach innen. Geführte Meditationen auf dem Weg zu sich selbst. München 1994
Lebenskrisen als Entwicklungschance – Be-Deutung der Übergänge und ihrer Krankheitsbilder, München 1995
Krankheit als Symbol. Ein Handbuch der Psychosomatik. Symptome, Be-Deutung, Einlösung, München 1996
Das spirituelle Lesebuch. Mit Texten von Khalil Gibran, Dalai Lama, Thorwald Dethlefsen, David Steindl-Rast, Oliver Sacks, Lama Anagarika Govinda, C. G. Jung, Rabindranath Tagore, Bern 1996
Wege der Reinigung. Entgiften – Entschlacken – Loslassen. Kreuzlingen/München 2000 (mit D. Ehrenberger)
Die Säulen der Gesundheit. Körperintelligenz durch Bewegung, Ernährung und Entspannung. Kreuzlingen/München 2000 (mit Baldur Preiml und Franz Mühlbauer)

Audiokassetten, CDs und Videokassetten

Nicolaus Gferer, Brucker Allee 14, A-5700 Zell a. See, Tel. + Fax: 00 43/65 42/5 52 86:
Vorträge: 1. Der Mensch und die Welt sind eins; 2. Krankheit als Weg; 3. Krankheitsbilder unserer Zeit; 4. Sucht und Suche; 5. Fasten – gesund durch Verzicht; 6. Krankheit als Sprache der Seele; 7. Heilung durch Meditation – Reisen nach innen; 8. Gesunder Egoismus – Gesunde Aggression; 9. Lebenskrisen – Lebenschancen; 10. Medizin der Zukunft; 11. Krankheit als Symbol; 12. Spirituelle Herausforderung; 13. Wunden des Weiblichen; 14. Wege der Reinigung – Entgiften, Entschlacken, Loslassen; 15. Säulen der Gesundheit; 16. Gesundheit in eigener Verantwortung; 17. Fragen und Antworten; 18. Krankmachende und heilende Rituale; 19. Reinkarnationstherapie; 20. Möglichkeiten ganzheitlicher Heilung; 21. Beziehungen von Anfang bis zum Ende; 22. Beziehungen Seminar; 23. Medizin am Scheideweg.

Neptun Music, München, Tel. 0 89-33 92 22:
Reihe »Ganzheitliche Medizin«: Tiefenentspannung; Innerer

Arzt; Leber; Verdauungsprobleme; Gewichtsprobleme; Hoher Blutdruck; Niedriger Blutdruck; Rauchen; Krebs; Allergie; Rückenprobleme; Angst; Suchtprobleme; Kopfschmerzen; Lebenskrisen als Entwicklungschancen.

Reihe »Sternzeichen-Meditationen« (zusammen mit M. Dahlke) zu jedem Tierkreiszeichen.

Reihe »Kindermeditationen«: Lieblingstier; Märchenland.

Bauer Verlag, Freiburg:
Elemente-Rituale; Heilungs-Rituale (Musik: jeweils Shantiprem)

Dieter Eichler, Stuttgart, Tel.: 0711-628099:
Videokassette »Reinkarnation« (60 Min. mit M. und R. Dahlke)

Ausbildungen:

Grundausbildung »Esoterische Medizin«.
Weiterführende Ausbildungen zu AtemtherapeutIn, MeditationslehrerIn, FastenberaterIn und ReinkarnationstherapeutIn.
Informationen: Heil-Kunde-Zentrum, Schombach 22,
D-84381 Johanniskirchen, Tel. 08564-819, Fax: 08564-1429

Liebe das Leben wie Dich selbst

Louise L. Hay
Buch der Hoffnung
Trost und Inspiration zum Jahrtausendbeginn
Gebunden mit Schutzumschlag
ISBN 3-453-16408-3

Außerdem sind von Louise L. Hay erschienen:
Du selbst bist die Antwort
Die Kraft einer Frau
Das Leben lieben
Gesundheit für Körper und Seele
Wahre Kraft kommt von Innen
Du bist Dein Heiler!
Meditationen für Körper und Seele
Deine innere Stimme
Louise L. Hay / John C. Taylor
Die innere Ruhe finden

HEYNE